O poder do ator

Ivana Chubbuck

O poder do ator
A Técnica Chubbuck – método de atuação para criar personagens dinâmicos em 12 etapas

Tradução de
Bruna Fachetti*
Livia Almeida

Revisão técnica de
Marina Rigueira*

*Professoras certificadas pela Técnica de Ivana Chubbuck

8ª edição revista e ampliada

CIVILIZAÇÃO BRASILEIRA

Rio de Janeiro
2025

Copyright © 2004, 2025 by Ivana Chubbuck
Edição publicada mediante acordo com a Defiore and Company Literary Management, Inc.
Direitos adquiridos com a Agência Literária Riff Ltda.

Copyright da tradução © Civilização Brasileira, 2018, 2025

Título original: *The Power of the Actor (Revised and Updated): The Chubbuck Technique – The 12-Step Acting Method for Creating Dynamic Characters.*

Diagramação: Abreu's System

A editora agradece Bruna Fachetti pela indicação deste livro.

Todos os direitos reservados. É proibido reproduzir, armazenar ou transmitir partes deste livro, através de quaisquer meios, sem prévia autorização por escrito.

Texto revisado segundo o Acordo Ortográfico da Língua Portuguesa de 1990.

Direitos desta tradução adquiridos pela
EDITORA CIVILIZAÇÃO BRASILEIRA
Um selo da
EDITORA JOSÉ OLYMPIO LTDA.
Rua Argentina, 171 – 3º andar – São Cristóvão
Rio de Janeiro, RJ – 20921-380
Tel.: (21) 2585-2000.

Seja um leitor preferencial Record.
Cadastre-se no site www.record.com.br
e receba informações sobre nossos lançamentos e nossas promoções.

Atendimento e venda direta ao leitor:
sac@record.com.br

CIP-BRASIL. CATALOGAÇÃO NA PUBLICAÇÃO
SINDICATO NACIONAL DOS EDITORES DE LIVROS, RJ

C483p

Chubbuck, Ivana
 O poder do ator: A Técnica Chubbuck – método de atuação para criar personagens dinâmicos em 12 etapas / Ivana Chubbuck; tradução Bruna Fachetti e Livia Almeida; revisão técnica de Marina Rigueira. – 8. ed. – Rio de Janeiro : Civilização Brasileira, 2025.

 Tradução de: The Power of the Actor (Revised and Updated): The Chubbuck Technique – The 12-Step Acting Method for Creating Dynamics Characters
 ISBN 978-85-200-1366-3

 1. Artes cênicas. 2. Performance (Arte). I. Fachetti, Bruna. II. Rigueira, Marina. III. Título.

25-97697.0
CDD: 792.028
CDU: 792.028

Meri Gleice Rodrigues de Souza – Bibliotecária – CRB-7/6439

Impresso no Brasil
2025

Para Claire.
Você deu propósito à minha jornada.

Sumário

Introdução — 9

PARTE 1
Os 12 passos da Técnica Chubbuck de atuação

Capítulo 1.	Ferramenta nº 1: Objetivo geral	23
Capítulo 2.	Ferramenta nº 2: Objetivo de cena	44
Capítulo 3.	Ferramenta nº 3: Obstáculos	64
Capítulo 4.	Ferramenta nº 4: Substituição	77
Capítulo 5.	Ferramenta nº 5: Objetos internos	102
Capítulo 6.	Ferramenta nº 6: Unidades e ações	117
Capítulo 7.	Ferramenta nº 7: Momento anterior	134
Capítulo 8.	Ferramenta nº 8: Lugar e quarta parede	152
Capítulo 9.	Ferramenta nº 9: Atividades	170
Capítulo 10.	Ferramenta nº 10: Monólogo interno	195
Capítulo 11.	Ferramenta nº 11: Circunstâncias anteriores	215
Capítulo 12	Ferramenta nº 12: Deixe fluir	226

PARTE 2
Diários emocionais

Capítulo 13.	Diários emocionais	235

PARTE 3
Outras ferramentas e exercícios de atuação

Capítulo 14.	Criando química	257
Capítulo 15.	Interpretando um adicto	267
Capítulo 16.	Interpretando um assassino ou alguém que é assassinado	284
Capítulo 17.	Criando medo orgânico	294
Capítulo 18.	Criando sentimentos orgânicos de morte e agonia	301
Capítulo 19.	Perdendo ou recuperando a consciência	310
Capítulo 20.	Experimentando a sensação de gravidez (do ponto de vista feminino e masculino)	312
Capítulo 21.	Vivenciando a parentalidade	315
Capítulo 22.	Interpretando um paraplégico ou tetraplégico	317
Capítulo 23.	Criando realidades emocionais para cicatrizes e ferimentos	319
Capítulo 24.	Incorporando de forma orgânica o ofício, profissão ou carreira da personagem	321
Capítulo 25.	Escuta ativa	329
Capítulo 26.	Cenas com três ou mais pessoas	333

PARTE 4
A aplicação prática das 12 ferramentas

Análise do roteiro de *Tio Vânia* utilizando as 12 ferramentas	341
Epílogo – E agora uma ou duas palavras sobre testes	437
Apêndice A – Dez conselhos para atores	442
Apêndice B – Técnica Chubbuck: checklist em 12 passos	444
Agradecimentos	445
Sobre a autora	446

Introdução

A ARTE DE ATUAR É COMPLEXA E DIFÍCIL DE DEFINIR. NO ENTANTO, quase todo mundo consegue distinguir uma atuação boa de outra ruim, ou uma atuação boa de outra brilhante. O que faz um ator conseguir ser cativante em um determinado trabalho enquanto outro, fazendo o mesmo papel e dizendo as mesmas palavras, pode ser maçante e chato? Se isso dependesse apenas do roteiro, da beleza da linguagem, de uma construção habilidosa da frase, bastaria ler o texto. Mas as palavras não se limitam a uma leitura estéril da página impressa. Elas são interpretadas e ganham vida por meio dos atores.

Todo ator sabe que descobrir e compreender a própria dor é uma parte inerente à arte da atuação. Isso tem sido uma verdade desde Stanislavski. A diferença entre a Técnica Chubbuck e outras desenvolvidas no passado é que eu ensino atores a usarem a emoção não como um resultado final, mas como um meio de potencializar o seu objetivo. A minha técnica ensina aos atores como vencer.

Se você olhar com atenção para praticamente todos os dramas e todas as comédias – na verdade, para toda a literatura –, irá descobrir que o desejo de vencer é o único elemento em comum a todas as histórias: sempre há uma personagem que deseja ou necessita de algo relacionado a valores como amor, poder, honra, absolvição, vingança... ou algo que, no fundo, se resume a uma necessidade humana primitiva. As histórias documentam o modo como a personagem tenta alcançar essa necessidade específica. A forma exata como ela tenta conquistá-la é definida de várias maneiras e assume diferentes formas, comportamentos e estratégias. Mas, em todos os casos, a luta dramática da personagem envolve o enfrentamento e a superação dos conflitos e obstáculos que impedem a realização desse objetivo.

Arqueólogos descobriram artefatos e pinturas rupestres que indicam que os primeiros homens praticavam jogos de disputa e esporte. A atuação começou há pouco mais de dois mil anos, na Grécia Antiga. Façamos as contas: a necessidade do homem de "vencer" tem milhões de anos, enquanto o teatro tem apenas milhares.

Eu ensino aos atores como o conceito de vitória pode ser inserido em suas construções emocionais. Pessoas interessantes e dinâmicas vão atrás do que desejam de formas interessantes e dinâmicas, criando mais emoção e intensidade na realização desses objetivos. Elas fazem isso de modo inconsciente, enquanto os atores devem estar conscientes, trabalhando para descobri-los. O fator "vitória" é essencial para recriar necessidades humanas fundamentais na nossa análise de roteiro e torna nosso trabalho mais convincente. A Técnica Chubbuck não apenas estimula a busca por ricas informações emocionais internas, mas também ajuda a ativar de forma proativa e eficaz nossas emoções para vencer.

A Técnica Chubbuck surgiu da minha busca de tentar entender e superar meus próprios traumas e como eles impactaram minha atuação e minha vida pessoal. Fui criada por um pai distante, disfuncional e viciado em trabalho – um homem bom, mas afetivamente indisponível – e por uma mãe fisicamente violenta e emocionalmente abusiva. Minha mãe nunca foi diagnosticada, mas meu irmão Joe Gottfried, psiquiatra, disse que os seguintes transtornos seriam compatíveis com seus comportamentos: "transtorno de ansiedade social, transtorno de personalidade mista com traços narcisistas e histriônicos e transtorno de estresse pós-traumático complexo (TEPT-C)". A suposição era de que o TEPT-C decorria de traumas graves na infância. (Nossa mãe foi abusada sexualmente por um parente quando era adolescente, depois, quando contou aos pais, foi espancada e apontada como culpada.) Ela também manifestava um caso severo de acumulação compulsiva, de modo que meus seis irmãos e eu dividíamos a casa com vermes que viviam felizes entre as pilhas de lixo mofado e em decomposição. Como resultado do abuso perpetrado por ela e da ausência do meu pai para me proteger, desenvolvi todas as formas de me odiar e de me autodestruir. Como adulta e como atriz, chafurdei nos horrores da minha infância e adolescência. Como qualquer ator ou atriz almejaria, eu estava em pleno contato com a minha ferida emocional.

No entanto, comecei a me questionar: "Qual é o propósito desses sentimentos? Como os sentimentos e as emoções do meu passado influenciam minha atuação?" Trabalhando como atriz, via muitos colegas trazendo à tona emoções profundas e dolorosas, mas cujo trabalho parecia ser autoindulgente. Percebi que ter sentimentos profundos não necessariamente me tornava uma atriz profunda. Percebi que "adular" a dor, na vida e no palco, criava quase o efeito oposto ao desejado: soava egocêntrico, autocomplacente e fraco – as principais características de uma vítima. Para um ator, não é a melhor opção.

Então passei a investigar de que maneira eu poderia colocar o legado de emoções que havia herdado a serviço do meu trabalho, de um modo mais eficiente. Ao estudar a vida de pessoas bem-sucedidas, percebi que elas pareciam usar seus traumas físicos e emocionais como um estímulo, não para sofrer de forma indulgente, mas para *inspirar* e *impulsionar* suas conquistas.

Ocorreu-me que a mesma fórmula poderia ser aplicada aos atores e à sua abordagem de trabalho. Observei os grandes atores do nosso tempo e vi nas suas performances o mesmo impulso emocional para superar a adversidade; e, de fato, eles transformavam os obstáculos em uma necessidade de atingir seus objetivos e vencer. Nas suas performances, os grandes atores de maneira intuitiva espelhavam o comportamento e a natureza das pessoas bem-sucedidas.

Eu precisava criar um sistema que pudesse refletir e orientar esse processo; um sistema que reproduzisse o comportamento humano de maneira real e dinâmica; um sistema que, uma vez que o ator se comprometesse a fazer suas escolhas sem medo, fosse capaz de guiá-lo e encorajá-lo a usar sua dor pessoal para alcançar o objetivo da sua personagem; um sistema que também proporcionasse escolhas técnicas arriscadas que permitiriam ao ator *quebrar as regras* e *criar novas regras*, inspirando trabalhos e personagens excepcionais; um sistema que criasse uma personagem emocionalmente heroica em vez de uma vítima.

Eu percebi que um ator deve identificar a necessidade principal da sua personagem, sua meta ou OBJETIVO. Com esse OBJETIVO em mente, o ator deve encontrar a dor pessoal mais adequada para impulsioná-lo nessa direção. Depois de trabalhar essa ideia por um tempo, compreendi que a dor deve ser poderosa o suficiente para inspirar um ator a se comprometer, sem medo, a fazer *o que for necessário* para ATINGIR seu OBJETIVO. Se as emoções não forem fortes o bastante, faltará motivação ao ator para sustentar e vencer sua luta. No entanto, quando a dor pessoal adequada está associada a um OBJETIVO, ela conecta o ator ao dilema da personagem, fazendo com que conquistar esse OBJETIVO se torne algo real e imprescindível para ele enquanto pessoa, não apenas como ator interpretando um papel. Dessa nova abordagem, nasceu minha técnica.

Comecei a aprimorar essa teoria de superação da própria dor para elevar uma performance ao patamar de uma técnica. Tive que descobrir como ajudar os atores a encontrar um caminho para personalizar de forma psicológica o desejo de vencer das personagens.

Depois que comecei a aplicar esses conceitos, o processo me enriqueceu tanto que ele literalmente tomou conta da minha vida. Passei a dedicar sete dias por semana, várias horas por dia, para dar aulas sobre o assunto. Como eu ensinava e preparava sobretudo atores profissionais, a notícia logo se espalhou pela comunidade artística, e abri um estúdio. Em pouco tempo, havia uma longa lista de espera. Nunca publiquei anúncios e me recusei a divulgar o estúdio ou a ter minha escola listada em publicações comerciais para atores. Não tinha sequer um site. Na verdade, por muitos anos, o número de telefone da escola não era nem divulgado. Eu não estava sendo esnobe ou arrogante, apenas imaginava que se um ator realmente quisesse me encontrar, ele conseguiria. Muitos se esforçavam para assistir às minhas aulas. Às vezes, levavam meses só para obter o telefone do estúdio. Como consequência, atraí aqueles que estavam de fato interessados na profissão, fossem escritores, diretores ou atores. Acredito com sinceridade que a qualidade dos meus alunos, na maioria atores profissionais comprometidos com a própria arte, contribuiu para elevar e melhorar a qualidade da minha técnica.

Já preparei milhares de atores para milhares de papéis em milhares de filmes, programas de televisão e peças de teatro. Esses atores são um laboratório vivo (e atuante) de pesquisa para minha técnica. Vi de perto o que funciona e o que não funciona. Com o tempo, identifiquei os denominadores comuns mais eficazes. Quando eu via certas abordagens ter sucesso repetidas vezes, eu as desenvolvia, estudava e refinava para torná-las facilmente reproduzíveis. À medida que meus atores conseguiam papéis ou recebiam excelentes críticas ou prêmios, eu percebia que isso, em geral, vinha do uso de ferramentas fundamentais semelhantes, todas ancoradas na psicologia, na ciência comportamental e na antropologia cultural – em suma, na ciência.

Outro padrão que observei ao longo dos anos é que minha técnica de atuação tende a fazer parte da vida pessoal do ator. *Usar* a adversidade como forma de superá-la e de vencer é tão inspirador e eficaz que muitos dos meus atores, inconscientemente, incorporaram isso como estilo de vida, tornando-se mais realizados e empoderados. Eles retiram a vitimização de suas vidas, tal como fazem com uma personagem.

Este livro dará a você a metodologia exata da Técnica Chubbuck, que é basicamente um sistema prático e rigoroso de análise, passo a passo, de um roteiro: um sistema que ajudará você a acessar as suas emoções e mostrará uma maneira de não apenas senti-las, mas de *usá-las* com magnitude e poder. *O poder do ator* mostra como se apropriar dos seus conflitos, desafios e sofrimentos transformando-os em algo positivo, do seu ponto de vista e do da personagem que você está interpretando.

Ao longo da minha carreira como professora, recebi inúmeros cartões, bilhetes e cartas de alunos manifestando sua gratidão pela técnica, a qual parece sempre mudar a vida e a carreira de atores, escritores e diretores. Que este livro seja meu modo de dizer "obrigada", pois tenho aprendido tanto com meus alunos – com quem eles são e com suas experiências de vida diversas – quanto eles têm aprendido comigo, ou até mais.

PARTE 1
Os 12 passos da Técnica Chubbuck de atuação

Um ator que apenas sente tende a tornar sua performance introspectiva, sem transmitir energia e sem inspirar a si nem ao público; ao passo que assistir a alguém que faz *tudo e qualquer coisa* para dominar a dor e, assim, atingir uma meta ou OBJETIVO, prende a atenção do público, porque o resultado é uma atuação viva e imprevisível. Tomar atitudes resulta em riscos e, portanto, em uma jornada inesperada. Não basta que o ator seja sincero. Seu trabalho é fazer escolhas que gerem resultados emocionantes. É possível pintar uma tela com a melhor tinta a óleo, mas se a pintura final não for uma imagem atraente, ninguém irá olhar para ela.

Esta técnica irá ensiná-lo a usar seus traumas, suas dores emocionais, obsessões, medos, necessidades, desejos e sonhos para alimentar e guiar a personagem na direção do seu objetivo. Você irá aprender que os obstáculos da vida da sua personagem não estão lá para serem aceitos, mas para serem superados de forma heroica. Em outras palavras, minha técnica ensina aos atores *como vencer*.

Há mais de dois mil anos, Aristóteles definiu o esforço do indivíduo para vencer como a essência de todo drama. Superar e vencer todos os obstáculos e conflitos da vida é o que torna as pessoas dinâmicas. Martin Luther King Jr., Stephen Hawking, Susan B. Anthony, Albert Einstein, Beethoven, Madre Teresa e Nelson Mandela tiveram que derrotar obstáculos quase intransponíveis para atingir seus objetivos. Na verdade, quanto maiores os obstáculos e mais paixão essas pessoas empenharam para superá-los, mais profundas foram suas conquistas e suas contribuições. Elas não se tornaram pessoas extraordinárias e bem-sucedidas apesar dos seus desafios, mas por causa deles. Essas são as qualidades que queremos reproduzir nas interpretações. É muito mais instigante observar alguém que se esforça para vencer, apesar de todas as adversidades, do que alguém que cede às dificuldades da vida. Um vencedor não precisa necessariamente vencer para ser um vencedor – um vencedor tenta vencer; um perdedor aceita a derrota.

Quanto melhor você se conhecer, melhor ator será. Você deve entender o que o motiva de forma profunda e intensa. As 12 ferramentas de atuação a seguir irão ajudá-lo a mergulhar na sua psique, permitindo que descubra coisas sobre si e encontre um modo de expor e canalizar todos esses maravilhosos demônios (que todos nós temos). Seu lado obscuro, seus traumas, crenças, prioridades, medos, o que satisfaz seu ego, o que o envergonha e o que o faz sentir-se orgulhoso são suas cores, suas tintas para criar como um ator.

As 12 ferramentas:

1. **OBJETIVO GERAL:** O que sua personagem quer da vida, acima de tudo, considerando todas as cenas em todo o roteiro. O OBJETIVO GERAL é formulado como uma necessidade ou missão humana universal. O OBJETIVO GERAL é sempre uma necessidade primária, que é emocionalmente motivada e capaz de gerar identificação. Isso significa que, de alguma forma, o coração tem que estar em risco.
2. **OBJETIVO DE CENA:** O que sua personagem quer de outra personagem ao longo de uma cena inteira. Deve dar suporte ao OBJETIVO GERAL. O OBJETIVO DE CENA é sempre formulado como o desejo de obter algo da outra personagem, diferentemente do OBJETIVO GERAL. Dessa forma, você sempre será proativo ao tentar alcançar o OBJETIVO DE CENA.

3. **OBSTÁCULOS:** Os obstáculos físicos, emocionais e mentais que dificultam que sua personagem alcance o OBJETIVO GERAL e o OBJETIVO DE CENA. Primeiro, você considera os OBSTÁCULOS da personagem no roteiro e, em seguida, ao fazer suas personalizações (as etapas seguintes), adiciona OBSTÁCULOS pessoais que façam sentido para essas escolhas.
4. **SUBSTITUIÇÃO:** Atribuir ao ator com quem você contracena características de alguém da sua vida pessoal que faça sentido para o seu OBJETIVO GERAL e/ou OBJETIVO DE CENA, o que adicionará mais história, urgência e desespero. Dessa maneira, você tem todas as diversas camadas que a necessidade real de uma pessoa real desperta em você.
5. **OBJETOS INTERNOS:** As imagens que passam na sua mente sobre uma <u>pessoa, lugar, coisa ou acontecimento</u>. Há sempre um filme natural que passa dentro da nossa cabeça quando falamos ou ouvimos. As imagens escolhidas devem fazer sentido para os OBJETIVOS e para a SUBSTITUIÇÃO. Tudo deve ser preenchido com OBJETOS INTERNOS para que ativemos uma resposta humana real.
6. **UNIDADES e AÇÕES**: Um pensamento é uma UNIDADE. Sempre que há uma mudança de pensamento, há uma mudança de UNIDADE. AÇÕES são pequenos OBJETIVOS, ligados a cada UNIDADE, que apoiam o OBJETIVO DE CENA e, portanto, o OBJETIVO GERAL. Uma AÇÃO é formulada como tentativa de fazer com que a outra pessoa faça ou sinta algo, permitindo que você avalie com precisão se está alcançando ou não esse OBJETIVO. UNIDADES e AÇÕES fornecem diferentes táticas para obter o que você deseja.
7. **MOMENTO ANTERIOR:** O que ocorre antes de você iniciar uma cena, e que fornece a você um ponto de partida, tanto físico quanto emocional. Ele fornece o *como* e o *porquê*, desencadeando com urgência e desespero a necessidade de obter o OBJETIVO DE CENA. Você escolhe um acontecimento baseado no roteiro, mas emprega sua vida real ao executar o MOMENTO ANTERIOR. Deve apoiar e fazer sentido para as personalizações que você fez em seu trabalho interno.

8. **LUGAR e QUARTA PAREDE:** Usar o lugar e a quarta parede significa que você incorpora à realidade física da sua personagem atributos de um LUGAR da sua vida real para criar privacidade, intimidade, história, significado e realidade. O LUGAR e a QUARTA PAREDE também devem apoiar e fazer sentido para suas personalizações.
9. **ATIVIDADES:** A manipulação de objetos de cena gera comportamentos que nos permitem nos recompor, encontrar segurança, fazer uma declaração, expor ou esconder o que realmente estamos pensando, revelar as fraquezas e vícios de uma personagem, entre outros aspectos. As ATIVIDADES também adicionam peso à cena, pois em circunstâncias de alta tensão, é difícil permanecer inerte.
10. **MONÓLOGO INTERNO:** O diálogo que se passa na sua mente, o que você não diz – e na maioria dos casos, não deveria dizer – em voz alta. Em suma, qualquer coisa que não pode ser dita em voz alta sem gerar algum tipo de consequência. O MONÓLOGO INTERNO deve ser expresso em sua mente com detalhes e em frases completas e, em geral, é influenciado por suas escolhas de OBJETOS INTERNOS.
11. **CIRCUNSTÂNCIAS ANTERIORES:** O histórico de uma pessoa. O acúmulo de experiências que determina quem ela é – *por que* e *como* ela age no mundo. Primeiro, você determina esse histórico para a personagem. Depois, personaliza as CIRCUNSTÂNCIAS ANTERIORES com aquilo que faz sentido à sua vida, assim abrangendo de forma mais completa – e isenta de julgamentos – as camadas que fazem um ser humano agir de determinada forma.
12. **DEIXE FLUIR:** Depois de concluir todos os passos, é preciso confiar no trabalho realizado e... DEIXE FLUIR. Isso abrirá caminhos para impulsos orgânicos e surpresas de pensamento e comportamento. Assim você terá a liberdade de verdadeiramente se tornar, em toda a sua plenitude, a personagem. E é aqui que a diversão começa.

*

Essas 12 ferramentas criam uma base sólida que irá manter você no momento presente e inspirar uma atuação forte, profunda, dinâmica e poderosa.

O trabalho que desenvolvi com Halle Berry no filme *A última ceia* é um bom exemplo de como minha técnica funciona. A partir de uma cena central, darei uma ideia de como utilizamos alguns elementos dessa técnica – mostrarei como usamos, nessa cena, apenas algumas das ferramentas de atuação do meu sistema de análise de roteiro. Tenha em mente que utilizamos todos os 12 passos na interpretação final, mas analisar cada cena adotando as 12 ferramentas daria por si só um livro. Então aqui vai uma amostra para ilustrar como a técnica pode ser eficaz.

A última ceia é uma história bastante comovente, e Leticia, a personagem de Halle, é uma mulher trágica. Tivemos que encontrar uma maneira de impedir que Halle, como Leticia, fosse uma vítima das circunstâncias e se tornasse, assim, resignada ao acúmulo de tragédias da vida de sua personagem. No filme, o sofrimento começa quando Leticia leva o filho obeso para visitar o pai pela última vez. Seu marido está no corredor da morte, prestes a ser executado. Logo após a morte do marido, seu filho morre atropelado, e então Leticia é demitida do emprego e despejada de casa. À medida que a história se desenrola, ela descobre que seu novo namorado – e única esperança – tem um pai bastante racista. Como se tudo isso não bastasse, no final do filme Leticia fica sabendo que o namorado participou da morte do seu marido e nunca lhe contou. Leticia fica furiosa e destruída.

Como fazer com que Halle absorvesse esses acontecimentos sem desistir? Quais das suas experiências pessoais poderiam relacionar-se com as da personagem? Como dar um toque de esperança para essa história tão opressiva, e assim permitir que, no final, a personagem fosse vitoriosa? Quando alguém desiste de lutar e se rende, a história acaba e deixa o público insatisfeito. Nós aplicamos as 12 ferramentas, começando por determinar qual era o OBJETIVO GERAL da personagem. Em seguida, encontramos um sofrimento da própria Halle que, de maneira emocional, se conectava ao de Leticia, e nos propusemos a superá-lo por meio da interpretação.

Cena da traição

Ilustrando o uso do OBJETIVO GERAL (Ferramenta nº 1), OBJETIVO DE CENA (Ferramenta nº 2) e MONÓLOGO INTERNO (Ferramenta nº 10).

- A cena: a traição acontece quando Leticia descobre que Hank participou da execução do seu marido e nunca lhe contou.
- O OBJETIVO GERAL de Leticia: *ser amada e cuidada*.

Com tudo o que Leticia experimentou no passado e no presente, o que ela mais precisa é sentir que está amparada e segura ao ser amada e cuidada. O OBJETIVO DE CENA deve apoiar o OBJETIVO GERAL para que se completem o arco do roteiro e a jornada para o ator, a personagem e o público. Essa é a última cena do filme, então ela deve resolver sua jornada vencendo seus OBSTÁCULOS, alcançando e *conquistando* seu OBJETIVO GERAL. Para que isso aconteça, seu OBJETIVO DE CENA não pode ser focado na traição, mas, sim, em como ela consegue o que quer; ou seja, ser amada. Então:

- O OBJETIVO DE CENA de Leticia: *fazer com que eu me sinta segura no seu amor*.

A cena final de *A última ceia* começa com Leticia descobrindo, nos pertences de Hank, seu namorado, um retrato dele desenhado por seu falecido marido. Isso indica que Hank conheceu seu marido, provavelmente quando ele estava no corredor da morte, e nunca disse nada a ela. O diretor Marc Forster tinha a intenção de deixar o final da história em aberto, nada que fosse muito clichê. Embora filmes de arte e independentes muitas vezes tenham finais sombrios, minha opinião é de que todas as pessoas, inclusive as que gostam desse estilo, querem sentir esperança (*a vitória*) no final do filme. Em outras palavras, proporcionar aos espectadores uma experiência que lhes permita esperar que suas tragédias pessoais tenham uma resolução positiva, assim como teve a de Leticia.

Nós não podíamos alterar o roteiro, que não indicava um final feliz, então a responsabilidade de incutir esperança e outras possíveis resoluções dependia da interpretação de Halle.

A omissão de Hank é uma enorme traição e outra decepção para a longa lista de Leticia. Para ela, é a gota d'água. Leticia fica furiosa. Ficamos imaginando se ela escolheria o assassinato, matá-lo, se suicidar, ou os dois (seguindo a ideia do diretor). Por meio do MONÓLOGO INTERNO, que apoia o OBJETIVO DE CENA *fazer com que eu me sinta segura no seu amor* (em vez de *eu preciso sentir raiva e desespero* – quem, em seu juízo perfeito, iria querer isso?), mudamos o final sem modificar a visão do diretor, pois é importante que o ator, o roteirista e o diretor estejam contando a mesma história.

Para descobrir o MONÓLOGO INTERNO, tivemos que personalizar a dolorosa descoberta de Leticia, e isso ajudou Halle a desenvolver uma raiva intensa. No filme, a ira no seu rosto diz: "Como ele pôde fazer isso comigo?!". Para que o MONÓLOGO INTERNO produzisse essa transição da raiva para a esperança, Halle e eu conversamos sobre o instinto de sobrevivência de Leticia. Nessa cena, a protagonista precisa lutar para que o amor de Hank seja verdadeiro, senão ela morrerá. Leticia poderia encarar a descoberta como uma vil traição, o que significaria sofrer uma morte emocional, ou até mesmo uma morte física. Devido à sua necessidade de ser amada por Hank, ela é obrigada a achar uma maneira de perceber a mentira dele sob um ângulo diferente. É possível que a motivação de Hank para mentir não fosse um ato de enganação, mas em vez disso uma ação que expressasse um sacrifício supremo de amor. Leticia poderia racionalizar o comportamento de Hank, pensando: "Talvez ele me ame tanto que teve medo de me contar e de me perder se eu descobrisse. Ele estava disposto a viver e ser oprimido pela culpa do seu segredo porque me amava profundamente. Ele achava que não conseguiria viver sem mim, então não fez isso para me enganar, mas por amor…".

Assim, sem que essas palavras fossem ditas, usando apenas o MONÓLOGO INTERNO, o público foi capaz de ver com clareza o que ela estava pensando e sentindo. O arco que foi criado pelo seu MONÓLOGO INTERNO começou da seguinte forma:

- A surpresa da descoberta...
- que se transformou em uma fúria assassina...
- que se transformou em sofrimento e confusão...
- que se transformou na necessidade de sobrevivência para encontrar uma maneira de mudar o horror da sua descoberta...
- para então encontrar uma solução, ao enxergar a traição como algo positivo... o que lhe permitiu se sentir amada de forma incondicional (algo que nunca havia experimentado antes).

Esse processo é demonstrado pelo comportamento e pelas expressões faciais da Halle. No filme, ela elabora tudo isso antes de Hank voltar. Então, quando ele chega em casa e lhe oferece uma colher de sorvete na varanda, ela é capaz de olhá-lo com amor e dizer, em seu MONÓLOGO INTERNO: "Depois de tudo o que sofri na minha vida, seu amor vai melhorar as coisas." Ela olha para o céu e, por meio de seu MONÓLOGO INTERNO, ela agradece a Deus por ter lhe enviado alguém capaz de amá-la tanto. Dessa forma, criamos uma jornada satisfatória para Leticia, além de transmitirmos ao público o sentimento de que, por mais tragédias que nos acometam, há sempre esperança de que as coisas mudem e a felicidade venha.

*

Espero que essa história específica do meu trabalho com a Halle em *A última ceia* tenha proporcionado a você um entendimento mais nítido da técnica. Em minha experiência com ensino, percebi que usar relatos de casos do meu trabalho auxiliou a compreensão de uma determinada ferramenta ou aspecto do método. Nas explicações das 12 ferramentas a seguir, farei o mesmo, utilizando uma variedade de histórias – de atores que ganharam o Oscar, atores de televisão, teatro e novela, até os promissores atores da minha escola.

CAPÍTULO 1

Ferramenta nº 1: OBJETIVO GERAL

> O que sua personagem quer da vida, acima de tudo, considerando todas as cenas em todo o roteiro. O OBJETIVO GERAL é formulado como uma necessidade ou missão humana universal. O OBJETIVO GERAL é sempre uma necessidade primária, que é emocionalmente motivada e capaz de gerar identificação. Isso significa que, de alguma forma, o coração tem que estar em risco.

O OBJETIVO GERAL É A FERRAMENTA QUE DÁ AO ROTEIRO UM COmeço, meio e fim. Ele define o percurso tanto para o ator quanto para o público. Todas as outras ferramentas devem servir e dar suporte ao OBJETIVO GERAL.

Para ser um ator vivaz e poderoso, você deve reproduzir o comportamento de pessoas influentes e poderosas. E essas pessoas sempre são, de uma forma ou de outra, orientadas por metas. Muitos atores caem na armadilha de acreditar que se comportar de forma real ou ter emoções reais é atuar – não é. Muitos atores estão convencidos de que, se chorarem de verdade durante uma atuação, terão representado bem o papel. Mas é a maneira como você usa as emoções para atingir seu propósito que torna a arte de atuar estimulante, tanto para o ator quanto para os espectadores. Sem a meta, sem o esforço para tentar vencer, um ator puramente emocional será uma vítima das circunstâncias do roteiro, e ninguém gosta de assistir a uma vítima se vitimizar. Nós queremos assistir a alguém transformar sua vida, sem se conformar com os abusos.

Um ator deve aprender a usar suas emoções não como um resultado final, mas como uma ferramenta que lhe proporcione a paixão necessária para superar o conflito do roteiro.

Além de fornecer ao ator e ao espectador algo pelo que torcer e uma jornada para embarcar, o OBJETIVO GERAL também incute senso de urgência na ação. Sabemos que o tempo voa quando estamos ocupados tentando fazer algo. Como o ator persegue sua meta no presente (e com grande paixão), isso comprime a noção de tempo tanto do ator quanto do público, fazendo o tempo passar mais rápido e tornando tudo mais empolgante, uma experiência na qual tudo pode acontecer. Quanto melhor for o ator em acessar as próprias experiências de vida para criar a paixão e a urgência necessárias aos propósitos de um roteiro, mais elevada será sua arte.

Pergunte-se: O que minha personagem quer da vida? Qual é a sua maior meta? Este é o OBJETIVO GERAL.

O OBJETIVO GERAL é a principal *necessidade* que move a personagem. Seu OBJETIVO GERAL deve sempre ser uma necessidade humana básica, algum propósito primordial como: *quero encontrar o amor verdadeiro; quero retomar meu poder; preciso ser valorizado; ter amor-próprio; deixar um legado* ou *família*.

Todas as ferramentas subsequentes existem para dar suporte à jornada (seu OBJETIVO GERAL) e para torná-la mais detalhada, profunda, significativa e verdadeira. O instinto humano de sobrevivência nos leva a ter metas. Nossa vida emocional é *apenas* a consequência de termos – ou não – conseguido alcançá-las. Digamos que o OBJETIVO GERAL é *ser amado sem dor*. Se você conquistar sua meta (OBJETIVO GERAL), ficará feliz; caso contrário, ficará triste e com raiva.

FERRAMENTA Nº 1: OBJETIVO GERAL

As emoções são uma reação a uma ação, não o contrário.

Encontrar de início seu OBJETIVO GERAL impede que você tenha que reabastecer suas emoções antes de começar a atuar, e permite que a emoção surja de modo mais natural e humano. É muito mais simples do que passar uma hora antes de atuar evocando lembranças terríveis e tentando mantê-las frescas na memória. Se você estiver tentando buscar emoções provenientes de um momento aleatório da sua vida, o resultado será um vômito emocional. E, como na vida real, o vômito é tão desagradável tanto para quem sofre como para quem o assiste: vira uma explosão emocional que não leva a lugar algum.

Mais importante ainda, ir de cena em cena buscando conquistar seu OBJETIVO GERAL cria um comportamento real em todas elas. À medida que você luta para que sua personagem supere cada obstáculo, a fim de atingir seu OBJETIVO GERAL, um comportamento real e único emergirá, de forma instintiva, na sua jornada para alcançá-lo. Ao se concentrar apenas em conquistar sua meta, você deixa de prestar atenção na atuação, e naturalmente manifesta suas peculiaridades e maneirismos únicos. É esse tipo de comportamento real que gera tensão no momento presente e faz com que o público fique sem fôlego e torça pela sua personagem. Os espectadores podem ver o OBJETIVO GERAL físico e emocional ser resolvido diante dos seus olhos e se relacionar com ele como se fosse a resolução das suas próprias questões. As pessoas ficarão mais dispostas a apoiar uma personagem se sentirem que a luta dela é idêntica às suas.

Há muitos anos, Catherine Keener estava estudando comigo. Ela tem uma vida emocional riquíssima que pode servir-lhe de inspiração; no entanto, naquele momento, ela usava suas emoções sem a motivação e os benefícios de um OBJETIVO GERAL. Em aula, semana após semana, cena após cena, ela apresentava performances construídas com emoção. Embora eu e seus colegas pudéssemos ver sua dor, nós não nos comovíamos. Nós, como público, não compreendíamos seus sentimentos, porque todas essas emoções, maravilhosas, profundas e acessíveis não estavam ligadas a uma razão, à necessidade de atingir um objetivo. Catherine achava que perseguir um objetivo a qualquer custo transformaria suas personagens em seres manipuladores e antipáticos. Mas vejo a manipulação como um grande esforço consciente para conseguir o que se quer. O uso da manipulação para atingir um OBJETIVO GERAL importante torna a personagem eficiente, e pessoas eficientes são sempre muito atraentes. Basta pensar em Elizabeth Taylor em *Quem tem medo de Virginia Woolf?*, ou em Jude Law em *O talentoso Mr. Ripley*. Eu disse a ela: "Quando você perceber que não há nada de errado em usar a manipulação no seu trabalho é que você passará a ser de fato reconhecida por ele." Naquela época, Catherine tinha uma carreira sólida, mas sem reconhecimento público.

Por fim, foi interpretando o papel da sensual e intensamente *manipuladora* Maxine no filme *Quero ser John Malkovich* que o público e a crítica notaram seu trabalho. A personagem de Catherine estava imbuída de um sentimento tão calculista de desejo e vitória que ela teve que abraçar o OBJETIVO GERAL da sua personagem e uma atitude de "eu não ligo para mais nada a não ser conseguir o que quero". E a preocupação de Catherine, de que perseguir um OBJETIVO a todo custo faria o público odiá-la, era sem fundamento. Na verdade, gerou o efeito contrário. O público não se importou com o fato de Maxine ser uma cobra, já que ela tinha um motivo justificável para ir com obstinação em busca do seu objetivo, motivo esse com o qual todos podiam se identificar: *retomar o poder da minha vida*. Os espectadores se identificaram com seu desejo profundo, e torceram por ela pela sua determinação de fazer qualquer coisa, de se rebaixar ao máximo, de escalar com unhas e dentes apenas para retomar seu poder, porque estava claro que sua necessidade de ter poder no presente era uma reação por terem-na feito se sentir impotente no passado. Como Catherine tomou a decisão de alcançar o OBJETIVO GERAL de Maxine, ela foi capaz de personificá-la e de se comportar de acordo com a personagem. Assim, pela primeira vez na sua carreira, ela foi indicada ao Oscar, ao Globo de Ouro, e ganhou o Film Independent Spirit Awards de melhor atriz. Mas, para além dos prêmios, ela aprendeu o quanto é importante perseguir um OBJETIVO GERAL, e isso mudou sua carreira.

Para um ator, o OBJETIVO GERAL preenche aspectos da trama oferecendo a ele um caminho viável, cheio de riscos interessantes, para personalizar o papel. Em suma, o OBJETIVO GERAL constrói um percurso para o ator e para o público. No começo de uma peça ou de um filme, a personagem e o ator começam em A, no marco zero. É aí que precisam definir o objetivo a ser alcançado. O restante da peça ou do filme mostra como a personagem faz para atingir esse objetivo e chegar a Z.

O roteiro fornece o material bruto a ser analisado, com a informação específica que leva a personagem a fazer o que precisa ser feito. Isso inclui o contexto socioeconômico da personagem; o histórico de acontecimentos traumáticos; o lugar geográfico onde a personagem nasceu e foi criada; a época; o histórico de sucessos e derrotas pessoais e profissionais; seus sonhos; o *modus operandi*; como ela se vê e como é vista pelas outras personagens. Depois, o ator personaliza esses elementos, reproduzindo-os a partir da sua própria vida. Isso irá gerar, de forma natural, comportamentos e padrões de fala idiossincráticos.

O OBJETIVO GERAL da personagem deve ser formulado de modo a estabelecer uma mudança de vida que seja necessária para sua sobrevivência física e/ou emocional.

Essas são questões humanas universais que podem guiar toda a jornada de uma personagem em um roteiro, seja no decorrer de um dia ou de uma vida inteira. Exemplos de OBJETIVOS GERAIS que incluem necessidades humanas básicas são:

- Retomar o poder
- Ter filhos
- Família (por exemplo, ter uma…, reparar uma…, pertencer a uma…)
- Encontrar absolvição da culpa
- Deixar um legado
- Ser adorado/venerado
- Ter autoestima
- Ser valorizado
- Ser empoderado
- Encontrar um propósito (por que estou neste planeta?)
- Corrigir erros
- Ser uma força da natureza

Se for sobre amor, não pode ser apenas "encontrar o amor", pois isso é genérico e amplo demais. Deve haver uma especificação:

- Encontrar o amor sem dor
- Ser amado e cuidado
- Receber amor para retomar meu poder
- Ser amado sem julgamentos
- Receber amor sem ser abandonado
- Ser amado apesar do que fiz
- Ser amado apesar e por causa dos meus defeitos
- Encontrar o amor na amizade
- Receber amor com provas de que não serei machucado (isso se encaixa na categoria de testar as pessoas)

Se a morte e o ato de morrer são o tema do roteiro, isso deve ser verbalizado no OBJETIVO GERAL.

- Encontrar amor antes que eu morra
- Resolver meu relacionamento com meu pai/mãe/irmã/irmão/esposa/marido/etc. antes de morrer
- Ser absolvido da culpa antes de morrer
- Ter uma família antes de morrer
- Fazer meus pais se orgulharem de mim antes de morrer

O OBJETIVO GERAL não deve ser confundido com a trama. George Bernard Shaw dizia que não existem tramas novas, apenas formas novas de pessoas negociarem e criarem relacionamentos. Considerando que cada pessoa é única, a maneira *como* ela negocia e cria relações também será singular e especial. *Como* a sua personagem faz para alcançar seu OBJETIVO GERAL, que é baseado em uma necessidade humana primordial, é a jornada.

Não precisamos que a interpretação de um ator apresente a trama.
O roteiro já nos dá isso.

Você sempre deve ter em mente que o público vai ao teatro, ao cinema ou assiste à televisão para ver como as relações humanas se desenvolvem. Não importa se a trama nos transporta para o inexistente planeta Nebulosa, para uma batalha da Segunda Guerra Mundial ou se conta uma história de baratas gigantes causando um caos de sujeira: o público sempre se identifica com o fator humano de pessoas tentando estabelecer, construir ou ajustar um relacionamento, não importando em que lugar ou situação a história aconteça.

No filme *Por um triz*, Eva Mendes interpretou o papel de uma policial chamada Alex, que trabalhava junto com seu parceiro policial e ex-marido, Matt, interpretado por Denzel Washington, em um caso de homicídio. À medida que investiga o assassinato, parece cada vez mais que a personagem de Denzel cometeu o crime. A história termina com a revelação de que ele havia sido incriminado injustamente, e o casal se reconcilia.

Eva poderia ter trabalhado com o OBJETIVO GERAL da trama: *solucionar o crime*. Mas isso seria seco, frio e sem paixão, e estaria faltando algo com que o público de fato se importasse: uma relação humana. Então, em vez disso, Eva e eu abordamos sua personagem a partir do OBJETIVO GERAL de *trazer o Matt* (personagem de Denzel) *de volta e fazê-lo me amar novamente*. Isso tornou necessário que ela resolvesse o caso por duas razões: primeira, ela precisava impressioná-lo com sua habilidade como policial; segunda, desconsiderando suas suspeitas de que ele talvez fosse culpado, ela precisava ajudá-lo a limpar seu nome. Esse OBJETIVO GERAL tornou a personagem de Eva indispensável na vida de Matt – tanto em caráter pessoal quanto profissional. Assim, ela *ganha* o direito de tê-lo de volta na sua vida, não apenas *desejando* isso, mas tomando atitudes viáveis para *consegui-lo*. Isso também despertou mais reações emocionais em Alex, porque a cada pequena mudança que acontecia na história tornava-se mais difícil para ela superar e cumprir seu OBJETIVO GERAL de tê-lo de volta. É assim que as complexidades e nuances da trama são inseridas na atuação. A personagem deve enfrentar todas as voltas e reviravoltas da história e ainda ser capaz de alcançar seu OBJETIVO GERAL. Essas complexidades só podem emergir se o OBJETIVO GERAL for guiado por uma necessidade humana simples e básica. Isso permite que o ator não deixe a experiência ser um processo racional, intelectual, mas, ao contrário, que a transforme em uma experiência corporal.

O OBJETIVO GERAL deve ser simples, básico e ativo

Manter um OBJETIVO GERAL simples e humano também cria uma situação na qual o ator pode parar de atuar e estar em cena de verdade. O erro mais comum que as pessoas cometem é de tornar o OBJETIVO GERAL complicado demais e, portanto, difícil demais de ser interpretado.

Quando eu estava preparando Jessica Biel para estrelar o papel principal da nova versão de *O massacre da serra elétrica*, encontramos esse problema. Teria sido fácil escolher como OBJETIVO GERAL da personagem: *quero ficar longe desse maluco e evitar minha morte e a dos meus amigos, porque o assassino está fora de controle e sedento de sangue e nós somos apenas um grupo de jovens, e eu também estou grávida e meu namorado não sabe...* É difícil atuar com um objetivo tão complicado e guiado pela trama. Para simplificar, estipulamos como OBJETIVO GERAL: *proteger meu filho ainda por nascer*. Isso permitiu que Jessica tivesse um desejo imperativo de sobrevivência, pois se ela morresse, seu bebê também morreria. Também permitiu que ela atuasse em uma perspectiva desesperada, hiperalerta e primitiva (nada é mais primitivo do que proteger seu filho que ainda não nasceu). Esse OBJETIVO GERAL também criou mais tensão e veracidade no seu relacionamento com os outros, em especial com seu namorado, pois ela achava que não podia revelar a gravidez até sentir que o bebê estaria emocionalmente seguro nas mãos dos seus amigos e do pai da criança. Um OBJETIVO GERAL simples permitiu-lhe mais dimensões no que teria sido, de outro modo, uma história de terror piegas.

Durante a edição final dessa nova versão, cortaram todas as referências à gravidez da personagem de Jessica. Mas, embora ela não estivesse grávida na versão que chegou ao público, usar o OBJETIVO GERAL de proteger seu filho ainda por nascer deu à performance de Jessica uma urgência primitiva de sobrevivência e de salvar as pessoas que estavam à sua volta. Não importava que os espectadores não soubessem da sua gravidez, porque interpretamos suas atitudes como uma necessidade extrema de proteger seus amigos e de sobreviver. Como consequência, sua atuação, que poderia ter sido vista como uma performance genérica de filme de terror, foi, na verdade, elogiadíssima, e Jessica recebeu o tipo de ofertas de filmes (e de salários) que jamais havia recebido.

Ferramenta nº 1: objetivo geral

Não decida seu OBJETIVO GERAL com seu intelecto.

Em vez disso, escolha três ou quatro objetivos – determinados pelas circunstâncias do roteiro – e teste cada um deles nos ensaios. Ao final da segunda página do diálogo, a escolha do OBJETIVO GERAL mais simples e eficaz ficará evidente.

Hedda Gabler é uma das personagens mais complexas do teatro. Ela com frequência é interpretada como uma mulher má, calculista e egoísta. Judith Light me procurou para tentar uma abordagem diferente. Ela estava se preparando para uma temporada no Kennedy Center, em Washington. Juntas, demos um passo atrás e examinamos as circunstâncias da vida de Hedda. Seu pai, um general do exército, queria um filho para continuar o legado militar da família. É claro que, naquela época, era impossível para uma mulher ingressar em qualquer carreira militar. Portanto, ter uma filha, Hedda, nada significava para ele.

Tendo em vista os fatos mencionados, faria sentido supor que, durante sua infância, Hedda tenha ouvido seu pai discutir de forma calorosa táticas e estratégias de guerra e jogar jogos de guerra, tudo isso enquanto ignorava a menina. Toda criança que é ignorada por um pai ou uma mãe fica obcecada em querer transformar essa relação em uma de orgulho, aceitação e, mais importante, de amor. Seu OBJETIVO GERAL era *fazer meu pai me amar*. Esse OBJETIVO GERAL dá uma justificativa compreensível ao comportamento duro e calculista de Hedda. Mesmo após seu pai morrer, ela está tentando se tornar o tipo de pessoa que ele *poderia* amar: um general do exército.

Para conseguir isso, eu precisava que Judith se comportasse como o general da casa. Em cada interação, conversa e gesto, ela estava na guerra mobilizando tropas, utilizando subterfúgios, espionando, persuadindo a sra. Elstead a destruir evidências etc. Seu comportamento pode ter sido vil, mas por Judith estar trabalhando com uma razão básica e justificável – conquistar o amor do seu pai –, Hedda foi vista pelo público e pelos críticos como uma mulher real e vulnerável fazendo o que fosse necessário para vencer, em vez de uma mulher calculista, incapaz de amar. Encontramos o OBJETIVO GERAL que faria mais sentido para aquelas circunstâncias, um objetivo que daria a ela um motivo básico para se comportar tão mal. Mesmo os maiores criminosos têm alguma razão compreensível para sua conduta. Cabe ao ator encontrá-la.

O OBJETIVO GERAL deve ser uma necessidade simples, fundamental e primitiva que fará sentido durante todo o roteiro.

Seja um roteiro de duas páginas ou de duzentas, abrangendo um período de cinco minutos ou de toda uma vida, seu OBJETIVO GERAL deve fornecer uma "linha condutora" coerente e bem definida. Os pontos de partida e de chegada da sua personagem dão as pistas necessárias para descobrirmos qual é o melhor OBJETIVO GERAL. Ele deve fazer sentido em todas as cenas em que sua personagem aparece. Isso simplifica a determinação do OBJETIVO GERAL, concentrando-se no que a impulsiona ao longo da história. O melhor OBJETIVO GERAL será aquele que sustenta até as cenas sem diálogo – todas as cenas contam.

No meu trabalho com Aubrey Plaza na premiada série *The White Lotus*, tivemos que definir qual seria o OBJETIVO GERAL de sua personagem ao longo dos oito episódios – e ele precisava ser verdadeiro para todas as cenas em que ela aparecesse. Durante toda a temporada, Harper, sua personagem, esforçava-se para consertar seu casamento problemático. Precisávamos reduzir isso a uma realidade primitiva com a qual as pessoas de qualquer lugar pudessem se identificar, pois nem todas são casadas ou possuem relacionamentos semelhantes. As escolhas que fazemos devem ser acessíveis a qualquer espectador. E uma coisa que aprendi ao trabalhar com pessoas de todo mundo é que os seres humanos são seres humanos, independentemente do país, cultura, religião, crenças políticas etc. Compartilhamos as mesmas questões: medo do abandono, solidão, sensação de ser incompreendido, sentir-se abusado, ser ignorado, baixa autoestima etc. Além disso, muitos já sofreram traumas significativos, como abuso sexual, mental ou físico; relações inapropriadas com figuras de autoridade; mortes de entes queridos etc. Praticamente qualquer problema que você possa citar já foi vivido por pessoas em diferentes partes do mundo. É por isso que precisamos que o OBJETIVO GERAL seja algo com o qual todos possam se identificar, não importa onde se encontrem. Isso promoverá o engajamento do público, que ficará ansioso por acompanhar você, não importa quais sejam seus antecedentes.

O que decidimos para o OBJETIVO GERAL de Harper, que abrangeria toda a sua jornada e seria uma necessidade primordial, foi *voltar a ser amada*. Todo mundo já passou pela experiência de encontrar o amor e depois perdê-lo. Esse OBJETIVO GERAL não se limita apenas à perda de um par romântico, mas abrange qualquer tipo de amor perdido – seja de um pai, um irmão ou um amigo. Portanto, ele promove uma ampla identificação. Isso posiciona Aubrey, no papel de Harper, como uma heroína emocional à medida que luta para resgatar o amor do marido e superar os desafios de seu casamento. São problemas como o fato de seu marido parecer estar mais interessado num amigo do que nela, priorizando mais essa amizade do que o relacionamento do casal na maioria dos episódios. A vida sexual está tão atrofiada que o marido parece preferir a pornografia à sua companhia. Harper começa a suspeitar de uma traição. O parceiro parece entediado e cansado. Seus problemas são obstáculos que se tornarão intransponíveis, a menos que ela recorra a um armamento pesado – qualquer coisa para salvar seu casamento e recuperar o amor de sua vida.

Embora Harper às vezes parecesse cáustica (o que é compreensível para uma mulher que precisa se proteger emocionalmente), nós a amávamos e torcíamos por ela porque qualquer comportamento seu – incluindo fazer com que o marido se perguntasse se ela o traíra com o amigo dele – era um comportamento justo, pois era justificável dentro de sua luta para reconquistá-lo! Isso também lhe conferia uma forte vulnerabilidade subjacente. Por mais que ela parecesse cínica ou sarcástica, tudo era impulsionado pelo amor e pelo medo de abandono. (Claro, nós personalizamos isso para tornar o OBJETIVO GERAL ainda mais monumental para Aubrey, no papel de Harper, conquistar.)

Harper, que se sente ignorada e incompreendida, poderia parecer áspera, o que pode torná-la uma personagem "desagradável". Para evitar essa caracterização, nós também fizemos com que suas carências viessem de um lugar infantil. Afinal de contas, uma criança fará qualquer coisa para vencer, e não será julgada por isso.

Por exemplo, se uma criança realmente quer um brinquedo, ela encanta, negocia, reclama, acusa, se vitimiza, tem um acesso de raiva e, em geral, se comporta mal... e nós perdoamos tudo porque esse comportamento decorre da inocência, de uma pureza de espírito. Ir em busca do OBJETIVO GERAL a partir de um ponto de vista infantil deu a Aubrey a inocência necessária para transformar Harper em uma personagem simpática. Se um adulto mantém as carências e os comportamentos infantis, ficamos mais propensos a perdoá-lo. Basta observar Jack Nicholson em *Melhor é impossível*. Ele, da mesma forma, criou a personagem a partir de um ponto de vista infantil, uma personagem que teria sido vista como abusiva e cruel se ele a tivesse interpretado como um adulto maduro. Tudo isso nos faz torcer para que Harper atinja SEU OBJETIVO GERAL cercada de apoio e amor.

Leia o roteiro todo mais de uma vez

Para encontrar o OBJETIVO GERAL da sua personagem, é importante ler todo o roteiro mais de uma vez. Fazendo isso, você poderá determinar mais elementos específicos sobre a sua personagem e começar a pensar em como as outras personagens se relacionam com ela e o que falam dela na sua ausência.

Sem ter lido e relido o roteiro de *O silêncio dos inocentes*, Anthony Hopkins nunca teria entendido que seu OBJETIVO GERAL como Hannibal Lecter não consistia em se tornar um assassino em série ainda mais perigoso, mas sim conquistar a amizade da agente Clarice Starling (Jodie Foster). O roteiro começa com uma cena na qual Lecter submete Clarice a um teste para decidir se ela merece seus conselhos e sua amizade. Hopkins utiliza de modo muito eficaz a conduta bizarra e assustadora da sua personagem para testar o lado intelectual, emocional e físico de Clarice. Hannibal Lecter é um homem muito perturbado, dano que quase sempre é decorrente de maus-tratos severos na infância. Ele precisa se assegurar de que Clarice não se tornará abusiva também, e suas estranhas táticas são de fato a única maneira de proteger seu emocional. Ela passa no teste rigoroso. Como? Ela não só demonstra integridade intelectual e emocional, mas o mais importante, ambos percebem que compartilham certos demônios internos a serem superados. Os dois escutam na sua mente "o grito dos inocentes", mas eles encontraram diferentes soluções para lidar com isso: Clarice salva vidas, Hannibal acaba com elas. Unidos pelo sofrimento, eles se envolvem em uma amizade tão forte que o espectador acredita que, não importa a circunstância, Hannibal Lecter nunca machucaria ou prejudicaria Clarice. Na verdade, o elo criado pelos atores é tão poderoso que, no final do filme, quando a personagem de Hopkins diz a Clarice, com um toque de sarcasmo, "Eu vou receber um velho amigo para o jantar", o público, longe de se assustar, ri, embora saiba que, literalmente, o amigo será o jantar. Por quê? Porque o OBJETIVO GERAL – *ter um amigo que realmente me compreenda* – torna esse comentário aceitável e até mesmo engraçado, visto que era uma conversa entre amigos, não entre um canibal sedento por carne humana e uma agente novata do FBI. O OBJETIVO GERAL de Anthony Hopkins baseado em relacionamentos humanos fez com que *O silêncio dos inocentes* se tornasse um filme sobre a amizade improvável entre duas pessoas, em vez de só mais um filme comum de suspense. Seu OBJETIVO GERAL aumentou muito a relevância e a integridade do filme e o tornou mais comercializável.

É importante notar que Hopkins não via sua personagem como um homem mau. Ele não julgou a personagem. Ele via Hannibal como alguém ferido pelas CIRCUNSTÂNCIAS ANTERIORES de sua vida, e que cometia assassinatos em série como reação a um passado terrível e doloroso. E por não carregar o fardo do julgamento moral, Hopkins pôde desfrutar da liberdade para explorar todas as facetas de um homem muito complexo, e, com isso, criou uma performance igualmente complexa.

Nunca julgue os OBJETIVOS da sua personagem

Noël Coward disse: "Não se pode julgar a arte." Da mesma forma, não se pode julgar sua personagem, nem os OBJETIVOS dela. Uma pessoa estúpida nunca se enxerga estúpida. Uma pessoa má não se acha má – ela sempre tem uma razão justa para agir como age. Um cafetão, uma prostituta ou uma dançarina de *striptease* não necessariamente odeiam o que fazem para viver ou consideram que seja algo errado e desprezível. Você não deve contaminar a tela em que você pinta com dogmas morais ou valores sociais. Alimentar-se dos próprios valores retira energia e foco da sua personagem e dos seus objetivos. A arte precisa de espaço para respirar e ter a liberdade necessária para descobrir sem restrições. As cores que você usa no seu trabalho devem incluir uma grande variedade de atributos, sejam as partes boas e agradáveis de quem você é, mas também as partes ruins, os elementos mais obscuros que residem em todos nós. Isso talvez faça você se sentir mal, mas a verdade é que em geral são as partes mais obscuras do ser humano que nos fazem seguir um propósito com fúria, paixão e urgência, tornando a jornada pelo OBJETIVO GERAL ainda mais emocionante.

No momento de decidir seu OBJETIVO GERAL, não tenha medo de explorar e utilizar suas partes mais obscuras e desagradáveis. Você pode interpretar alguém que, de acordo com as normas sociais, é mau, mas essa pessoa sente que o que faz é certo. Isso precisa estar refletido no seu OBJETIVO GERAL. Por exemplo, se for um estuprador, o OBJETIVO GERAL não é *estuprar pessoas*, mas *retomar meu poder* da pessoa que o retirou quando me estuprou ou abusou de mim. Como veremos mais à frente, os abusadores, estupradores e assassinos tendem a ver suas vítimas como um símbolo ou representação da pessoa responsável pelos maus-tratos ou estupros que sofreram. Então, quando eles agem – abusam, estupram e matam – sentem que estão ferindo e se vingando da pessoa que tirou seu poder de maneira cruel. Revidar contra um algoz simbólico é com frequência a única maneira de o abusador/estuprador/ assassino conseguir lidar com o terrível abuso sofrido na infância. É um meio de deixar de se sentir vítima e, em vez disso, sentir-se poderoso. Isso transforma o ato de estuprar/matar em uma performance justificável.

O mesmo se aplica à questão do suicídio: não se pode julgá-lo. Para alguns, é uma solução viável para um sofrimento esmagador e insuportável. *Despedida em Las Vegas* conta a história de Ben (Nicolas Cage), que pretende cometer suicídio bebendo até morrer, e que cruza o caminho de Sera, uma prostituta (interpretada por Elisabeth Shue). Elisabeth e eu trabalhamos juntas para seu teste e, depois, durante as filmagens.

O primeiro passo era ser aprovada no teste, uma tarefa difícil, pois o diretor Mike Figgis não acreditava que Elisabeth fosse a pessoa certa para o papel. Seu raciocínio não era infundado. Antes desse filme, ela só havia interpretado "mocinhas", do tipo certinhas. Mas Elisabeth queria muito esse papel, e Figgis, por fim, concordou em se encontrar com ela. Eu e ela sabíamos que, na melhor das hipóteses, seria uma entrevista como gesto de delicadeza. Cabia a nós mudarmos a visão dele e fazê-lo enxergar Elisabeth como a Sera perfeita.

Com base no roteiro, parecia que o OBJETIVO GERAL de Sera era *impedir Ben de cometer suicídio e fazer com que ele sentisse vontade de viver*. No entanto, esse OBJETIVO GERAL julgava o ato de se suicidar como algo imoral e errado – o que, como você já deve ter imaginado, vai contra minha opinião de não julgar as personagens e suas ações. Ensaiamos algumas ideias e, em seguida, perguntei para Elisabeth: "E se Sera também visse o suicídio como uma solução para si mesma e, em vez de tentar impedir que Ben morra, ela se conecte com ele porque ambos encontraram a mesma solução para suas dores?" Então, seu OBJETIVO GERAL passou a ser *encontrar o amor de sua alma gêmea*, o tipo de amor que vem de duas pessoas que compartilham a mesma resposta para uma agonia emocional insuportável. Isso transformaria uma história deprimente e dramática sobre suicídio em uma grande história de amor. Em uma história de amor entre duas pessoas que estão prestes a morrer e que têm a urgência de viver em poucas semanas o que, em outras circunstâncias, levaria cinquenta anos de relacionamento amoroso. Isso fez com que a pergunta que Sera dirige a Ben no diálogo do roteiro – "Por que você quer cometer suicídio?" – adquirisse um significado diferente. Em vez de significar: "Por que você iria querer fazer uma coisa dessas?", o que implicaria juízo de valor, a pergunta significa: "Suas razões para cometer suicídio são as mesmas que as minhas?", o que enfatiza as semelhanças entre os dois e permite um vínculo mais estreito. Mantendo a mentalidade de não julgar, decidimos também que ela gostava mesmo de ser uma prostituta – afinal, essa era a única ocupação que poderia proporcionar a alguém como Sera uma sensação de poder, e isso é sempre algo bom.

Elisabeth fez o teste e apresentou nossa visão do roteiro para Figgis. Essa interpretação o deixou intrigado e surpreso. Ele tinha visto várias outras atrizes, e todas concordavam que o OBJETIVO GERAL de Sera era tentar salvar Ben; ou seja, uma prostituta com bom coração. O resultado de um OBJETIVO como esse é paternalista e degradante para a linha de ação de Ben. Figgis não conseguiu tirar da cabeça a nova visão de Sera. Ele não só escolheu Sera para o papel, como reescreveu o roteiro levando em conta o seu OBJETIVO GERAL: duas pessoas que encontram o amor alimentado pelo desejo comum de suicídio. Elisabeth também conseguiu trazer esperança e amor verdadeiro para uma história de vício, prostituição e estupro. Peter Travers, da revista *Rolling Stone*, escreveu a seguinte crítica ao filme: "Dirigido por Mike Figgis, baseado em um romance autobiográfico escrito por John O'Brien em 1991, o filme é uma tragédia que se desenrola com surpreendente vivacidade e toques de humor, como se ninguém tivesse dito aos amantes que sua história deveria ser deprimente." Na verdade, a maior parte das críticas ecoaram a opinião de que o filme "é uma história sobre suicídio estranhamente inspiradora". Elisabeth Shue foi indicada ao Oscar, Nicolas Cage ganhou o Oscar, e Mike Figgis foi indicado como Melhor Diretor e Melhor Roteirista.

Você deve analisar a psique da personagem e encontrar um jeito de justificar o seu comportamento, investigando a questão primária capaz de fazer com que ela se comporte assim no presente. Você olha para a psique da personagem e, assim, descobre como ela se assemelha com sua vida emocional, fazendo, então, o comportamento amoral e escandaloso da personagem realmente ter sentido.

Em *Um bonde chamado desejo*, a personagem Blanche DuBois é uma das anti-heroínas mais famosas do teatro dos Estados Unidos. Seu OBJETIVO GERAL é *afastar Stella* (sua irmã) *de Stanley* (marido de Stella) *e trazê-la de volta para mim*. Na tentativa de recuperar sua irmã,

Blanche está disposta a mentir e roubar, mas, o pior de tudo, a fazer sexo com Stanley, seu cunhado, seduzindo-o para que ele a estupre. Por que pressionar seu cunhado a esse ponto? Blanche faz *tudo e qualquer coisa* para conquistar seu OBJETIVO GERAL, porque se não fizer, morrerá. E não apenas no sentido figurado: se ela não conseguir fazer Stella abandonar Stanley e ficar com ela, acabará sem dinheiro, sem teto e completamente sozinha.

Personalize o OBJETIVO GERAL da sua personagem

Trabalhei com Travis Fimmel, que interpretou Ragnar Lothbrok, lendária personagem da tradição Viking, na aclamada série *Vikings*. Acredito que, quando um ator trabalha em uma série por várias temporadas, o OBJETIVO GERAL pode – e frequentemente deve – mudar de uma temporada para a outra. Também percebo que, ao personalizar o OBJETIVO GERAL no momento da atuação, os roteiristas muitas vezes, mesmo de forma inconsciente, levam isso em consideração ao escrever episódios futuros. Eles intuem o trabalho interno do ator – suas motivações específicas e gatilhos emocionais – e acabam criando enredos que se alinham a essa jornada. A princípio, Ragnar Lothbrok foi apresentado como um homem ambicioso, que desejava assumir um papel de líder e ser adorado no mundo Viking. Explorar e conquistar terras para obter a glória. No entanto, essa nunca foi a jornada pessoal de Travis, então decidimos que o OBJETIVO GERAL de seu Ragnar seria *família*. Essa escolha tornou a jornada de Ragnar mais relacionável com o mundo em que vivemos hoje, ao mesmo tempo que legitimou o universo Viking – um período sobre o qual há poucos registros históricos detalhados que tratem de suas existências e motivações. Dessa forma, permitimos que o público enxergasse os Vikings como uma cultura complexa, capaz de despertar empatia e compreensão.

O primeiro passo foi analisar a personagem conforme estava escrito no roteiro (sempre a primeira etapa do processo). Ragnar tinha uma esposa, um filho e uma filha. Ele queria que sua família se orgulhasse de suas conquistas. Encaramos a ambição inerente de Ragnar como um desejo de sucesso para o bem de sua família – ele queria ser um modelo a ser seguido. A família de Ragnar pôde testemunhar, com amor e orgulho, suas explorações e conquistas de terras estrangeiras, algo que ninguém havia feito antes na história Viking. Ragnar sofre perdas devastadoras: a morte de sua filha pequena, o aborto espontâneo de um filho muito desejado, o desfecho da primeira temporada quando a esposa o abandona e leva o filho pequeno para um lugar distante e desconhecido. Tudo isso contribui para dar sentido ao OBJETIVO GERAL *família*. A separação de seus entes queridos se torna mais significativa por conta desse OBJETIVO GERAL. Ragnar fica mais do que arrasado: ele não apenas perdeu a família, mas também a oportunidade de demonstrar seu valor como pai e marido. Esse conflito forneceu a Michael Hirst, criador e roteirista da série, material para construir uma representação ainda mais rica de uma personagem Viking. Ator, roteirista e diretor devem sempre trabalhar juntos como uma equipe, seja de maneira consciente ou subconsciente. No fim das contas, todos devem contar a mesma história.

Escolher *família* como OBJETIVO GERAL também permitiu a criação da forte relação de amor e amizade entre Ragnar e Athelstan, o monge cristão capturado. Inicialmente inimigos, eles se tornam amigos, pois Athelstan não o julga, e Ragnar, por sua vez, vê nele a chance de aprender sobre o cristianismo – não para se converter, mas para entender o mundo além do seu próprio. A curiosidade o transformaria num líder mais parecido com o que almeja: um rei paternal (em sintonia com seu OBJETIVO GERAL de *família*) e não uma figura que inspira medo e terror. Isso também lhe permite assumir o papel de mentor para seus filhos e protetor de sua esposa. A cena em que Ragnar oferece a esposa para Athelstan, para que mantenham relações sexuais, não trata de sexo. Interpretamos mais como uma forma de introduzir Athelstan à família. Essa escolha narrativa reforçava o OBJETIVO GERAL *família*, tornando a cena mais rica e inesperada, tanto para o ator quanto para o público. Curiosamente, Athelstan foi originalmente planejado para ter um curto arco narrativo, mas essas decisões tornaram o monge essencial para a jornada de Ragnar, estendendo sua presença por várias temporadas.

É importante primeiro tomar decisões para a personagem.
Só então você pode personalizá-las.

O OBJETIVO GERAL de Ragnar poderia ter sido *retomar o poder*; *ser venerado* ou *família*. Todos esses se encaixam. Travis e eu escolhemos *família* porque replicava seu próprio OBJETIVO GERAL pessoal na vida. Portanto, ficou mais fácil e significativo para contar a história.

Mais do que dinheiro, fama ou poder, Travis queria uma família para amar e nutrir. A verdadeira arte envolve escolhas; cabe a você fazer as mais eficazes para explorar a verdade oculta da personagem.

O OBJETIVO GERAL pode ser também uma oportunidade de fazer uma declaração maior, uma mensagem subliminar que cria oportunidade para uma mudança universal.

Criar uma performance verdadeira é importante, mas às vezes há ainda mais a fazer: temos a plataforma para mudar o mundo por meio das artes. Com o OBJETIVO GERAL, lidar com um problema universal pode ser uma maneira de encontrar uma solução. Os atores têm a capacidade de empoderar o público (e a nós mesmos) por meio de nossas escolhas.

Quando trabalhei com Beyoncé Knowles em *Dreamgirls – Em busca de um sonho*, seu OBJETIVO GERAL serviu também a uma missão vital e pertinente. Usando pontos da trama para nos guiar, determinamos que o OBJETIVO GERAL para sua personagem, Deena Jones, seria *empoderamento feminino*. Um ponto essencial da trama era que as mulheres no grupo musical feminino estavam sendo controladas por um homem em um mercado dominado por homens. Curtis, seu empresário, trabalhava ativamente para destruir a antiga amizade entre Deena e Effie, principal vocalista do grupo original. Seu primeiro gesto empresarial foi tornar Deena a vocalista principal, em vez de Effie, em uma manobra de poder de dividir para conquistar. Curtis também fazia sexo com Effie enquanto flertava publicamente com Deena. Curtis acaba demitindo Effie – o golpe de misericórdia na amizade das duas cantoras. Ele destruiu o sistema de apoio que a amizade feminina proporciona, mantendo Deena longe de qualquer um que pudesse amá-la e protegê-la, o que a coloca em uma posição em que depende ainda mais dele. Deena se casa com Curtis, que aumenta o abuso controlando cada movimento dela – tanto em casa quanto no palco. Com o negócio da música nas mãos dos homens na década de 1960, Deena sente-se impotente para lidar com a situação.

Tudo isso deixa Deena isolada e em desespero, sentindo que não há saída. Mas para uma performance forte, não poderíamos permitir que a derrota fosse o fim do jogo. Ao usar o OBJETIVO GERAL de *empoderamento feminino*, ela toma a decisão de superar o abuso de Curtis e vencer. Isso dá à personagem uma maneira sólida de resolver, evoluir e conquistar o direito de um futuro satisfatório criado por si mesma. Esse OBJETIVO GERAL também a leva ao rompimento com Curtis e a reunir-se com Effie da maneira mais gloriosa – na frente dos fãs e com música vibrante. É uma declaração poderosa de empoderamento e autoestima não apenas para Beyoncé como Deena, mas também para qualquer um que esteja assistindo a essa performance.

Falando em música, apenas um adendo:

Quando Beyoncé e eu trabalhamos nas músicas de *Dreamgirls – Em busca de um sonho*, nós separamos cada uma usando as 12 etapas. Exploramos as letras como se fossem um monólogo. Já tínhamos o OBJETIVO GERAL e fizemos uma análise adequada do roteiro do "monólogo" (letras) como se fosse uma cena normal. Usando todas as ferramentas, continuamos a contar a história por meio das músicas, bem como do diálogo. Eu segurava uma foto da SUBSTITUIÇÃO para Beyoncé (ferramenta nº 4), e ela fazia seu trabalho interno em voz alta para a foto, então falava a letra da música da mesma forma que um ator faz ao executar um monólogo.

Um monólogo deve ser pensado da mesma forma que um diálogo, a diferença é que a outra pessoa não está respondendo vocalmente, embora a necessidade de obter uma resposta ainda esteja lá. Quando já tínhamos trabalhado o suficiente para que Beyoncé se sentisse verdadeiramente envolvida, então, só então, estava na hora de adicionar a música. Isso deu substância às músicas, que não eram apenas interrupções momentâneas ao drama do roteiro, mas partes integrais da narração. Nada em um roteiro é descartável. Tudo pode ser dividido para criar uma história mais importante usando a análise do roteiro.

E mais um adendo ao adendo: o processo de pensar em trabalhar primeiro em uma canção como um monólogo pode ser usado mesmo se você estiver cantando músicas que não fazem parte de um roteiro. Algumas semanas antes do lançamento de "Single Ladies", da Beyoncé, do seu primeiro álbum sobre empoderamento feminino, ela me ligou e me disse para adquiri-lo. Ela queria que eu soubesse que estava orgulhosa de como havia aplicado o trabalho que fizemos juntas. Ela esperava que esse álbum ajudasse as mulheres a perceber que haviam sido desvalorizadas por tempo demais. Foi algo que eu disse várias vezes enquanto criávamos Deena – que a declaração que ela estava fazendo ao interpretar essa personagem era tão essencial quanto ser verdadeira. Os artistas precisam dar esperança às pessoas por meio das escolhas que fazem em seu trabalho, e a dor pode ser um caminho para a prosperidade, emocional ou não.

De fato, a música realmente ressoou no mundo como uma declaração feita para empoderar aqueles que se sentem impotentes. "Single Ladies" foi a primeira incursão de Beyoncé para trabalhar mudanças por meio da arte, e o sucesso desse álbum é a prova de que as pessoas o abraçaram.

O OBJETIVO GERAL e o OBJETIVO DE CENA são as forças motrizes da minha técnica de análise de roteiro.

Sem OBJETIVO GERAL e OBJETIVO DE CENA (que é o foco do próximo capítulo), não há necessidade, sentido, consequência, jornada e, mais importante, nenhum começo, meio ou fim de uma história.

CAPÍTULO 2
Ferramenta nº 2: OBJETIVO DE CENA

> O que sua personagem quer de outra personagem ao longo de uma cena inteira. Deve dar suporte ao OBJETIVO GERAL. O OBJETIVO DE CENA, diferentemente do OBJETIVO GERAL, é sempre formulado como o desejo de obter algo da outra personagem. Dessa forma, você sempre será proativo ao tentar alcançar o OBJETIVO DE CENA.

O OBJETIVO DE CENA DEVE APOIAR O OBJETIVO GERAL. AO LONGO de todo o roteiro, nenhum OBJETIVO DE CENA pode negar o OBJETIVO GERAL. Isso porque cada cena é um elo na sequência, e juntas elas formam uma corrente que une toda a história. Se o OBJETIVO GERAL da sua personagem é *encontrar uma alma gêmea*, as cenas seguintes formarão o caminho que sua personagem irá percorrer para obter esse tipo de amor. Isso significa que, ainda que em uma cena sua personagem peça outra em casamento, e em outra cena peça o divórcio, o OBJETIVO GERAL ainda está sendo sustentado. Por quê? Porque o segundo OBJETIVO DE CENA é motivado pelo OBJETIVO GERAL. Sua personagem não está recebendo amor no seu atual casamento, então suas circunstâncias levam-na a procurar amor em outro lugar. Assim, o divórcio não nega o OBJETIVO GERAL *encontrar uma alma gêmea*, mas o enfatiza.

O OBJETIVO DE CENA é o fio condutor específico da comunicação entre você e a outra personagem dentro da cena. Já o OBJETIVO GERAL é, em linhas gerais, o que sua personagem busca ao longo de todo o roteiro. O OBJETIVO DE CENA é o caminho preciso que você irá percorrer para alcançar o OBJETIVO GERAL, com base no diálogo e nas ações da cena específica que você está analisando.

Em *Patton – Rebelde ou herói?*, o OBJETIVO GERAL de George C. Scott – que interpretou a personagem que dá nome ao filme, General Patton, um militar importante da Segunda Guerra Mundial – era *retomar o poder* sobre qualquer um, fosse seu inimigo ou suas próprias tropas. No monólogo que ele tornou famoso, Scott está de pé em frente à bandeira dos Estados Unidos e tem como OBJETIVO DE CENA *empoderar e inspirar você* (as tropas). Isso motiva suas tropas a fazerem tudo que lhes pedir, inclusive morrer por ele. Inspirar esse tipo de lealdade só torna Scott, interpretando Patton, um homem ainda mais poderoso – fazendo, desse modo, com que o poder que ele dá aos seus homens volte para ele em dobro. Ao usar o OBJETIVO DE CENA, forma-se uma relação simbiótica da qual todos se beneficiam. Scott poderia ter apenas falado algo *para* as suas tropas, mas em vez disso optou por fazer um monólogo sobre a intercomunicação e criação de relações humanas. Por essa razão, essa cena é considerada uma das mais memoráveis dos filmes de guerra.

Seu OBJETIVO DE CENA deve ser formulado de modo a exigir uma resposta

Por exemplo, *fazer você ser meu amigo*. Em outras palavras, algo que se pode *obter* do outro na cena. A tentativa de alcançar o OBJETIVO DE CENA deve *incluir* a outra pessoa, evitando que um ator fale algo *para* o outro; em vez disso, obriga-o a falar *com* o outro. Dessa forma, você busca uma resposta, e não uma caixa de ressonância. Você deve responder a esta pergunta: "Consegui formular meu OBJETIVO DE CENA de modo a gerar uma reação?" Você deve resumir suas necessidades, retirando os aspectos intelectuais e exprimindo o OBJETIVO DE CENA de forma simples, imprescindível e primordial. Isso fará você atuar com seu corpo, não com o cérebro. Quando você está sendo racional, você está sob controle. Mas quando os riscos são grandes – se você está com muita raiva ou precisando de sexo, por exemplo – a racionalidade do seu cérebro o abandona, seu corpo e suas emoções tomam a frente e você acaba se comportando de uma forma que com frequência o surpreende. "De onde isso veio? Eu nunca ajo assim" – é o pensamento que deve surgir como consequência de um OBJETIVO DE CENA simples, relativo a uma necessidade básica, primordial e de alto risco. Dois exemplos de um processo de pensamento cerebral e racional para o OBJETIVO DE CENA são:

- *Eu quero descobrir como sua mente funciona para ver se o que temos em comum é suficiente para nos apaixonarmos.*
ou
- *Você precisa entender que eu faço as coisas que faço porque sofri abuso quando era criança, e me pergunto se você consegue compreender isso.*

Como você pode perceber, esse tipo de formulação para o OBJETIVO DE CENA é racional e confuso demais para criar uma jornada clara. Fique longe de conceitos esotéricos ou muito intelectualizados. Não importa o quão bitolada ou inteligente seja sua personagem, as necessidades básicas são sempre as mesmas – são básicas. Tanto Albert Einstein quanto a personagem com deficiência intelectual de Lenny, em *Ratos e homens*, possuem os mesmos instintos humanos, como, por exemplo, a necessidade de serem amados. Eles apenas a manifestam de formas diferentes.

Você pode evitar intelectualizar demais o OBJETIVO DE CENA testando três ou quatro OBJETIVOS no diálogo. Aquele que parece fazer mais sentido, que envolve seu corpo e suas emoções à medida que você lê seu texto em voz alta, é o melhor. E será óbvio, porque o OBJETIVO DE CENA mais eficaz cairá como uma luva.

O OBJETIVO DE CENA nunca muda durante a cena.

Se o OBJETIVO DE CENA mudar ou der a impressão de mudar em algum ponto da cena, você errou na hora de escolhê-lo. Um OBJETIVO DE CENA deve fazer sentido tanto no começo quanto no final da cena, de modo a ter início, meio e fim.

O OBJETIVO DE CENA deve ser um simples processo de pensamento – que não se encaminhe a uma nova direção com novos pensamentos, usando mais de um OBJETIVO DE CENA. A complexidade da atuação vem da maneira como sua personagem manifesta as necessidades dela. Em outras palavras, o modo *como* o papel é interpretado irá mudar de modo radical de acordo com o conhecimento, as experiências, a personalidade e as prioridades únicas que emanam da personagem *e* do ator que a está interpretando. É o quem-sou-eu da personagem assim como o quem-é-você como pessoa que trazem as nuances do comportamento individual dessa personagem.

O OBJETIVO DE CENA deve ser algo que você pode processar com a mente, o coração, as vísceras e a sexualidade: necessidades humanas simples. E deve ser formulado de maneira a fazer com que o outro faça ou sinta algo, criando comunicação e um movimento proativo adiante. Exemplos:

- Fazer você se apaixonar por mim
- Fazer você me amar apesar das minhas falhas, e por causa delas
- Fazer você me amar apesar do que eu fiz
- Fazer você me amar sem julgamento
- Fazer você acreditar em mim
- Fazer de você meu aliado ou meu sistema de apoio
- Fazer com que você me faça sentir bem
- Fazer você me devolver meu poder
- Fazer você estar errado para que eu possa estar certo
- Fazer você assumir a culpa para que eu não precise assumir
- Fazer você ser o cara mau para que eu possa ser o cara bom
- Fazer você me dar esperança
- Fazer você me adorar
- Fazer você me confortar
- Desafiar você a me desafiar
- Fazer você me deixar partir
- Ser o vencedor (fazer você admitir a derrota)
- Fazer você absolver minha culpa
- Empoderar você para me empoderar
- Fazer você consertar o relacionamento (se você sentir que a outra pessoa o destruiu)
- Fazer você me provar que você pode me amar sem me machucar (para testar você...)

- Fazer você me provar que pode me amar sem me abandonar (para testar você...)
- Fazer você me provar que é meu igual (para testar você...)

A formulação do OBJETIVO DE CENA é muito importante, pois pode dar vida a uma cena ou simplesmente fazer com que você fique preso à sua necessidade.

Abordagens erradas para o OBJETIVO DE CENA seriam frases como:

- Eu quero amor
- Preciso de apoio
- Preciso de um aliado
- Quero poder
- Quero estar certo
- Quero esperança
- Quero conforto
- Quero ser adorado
- Quero ter poder
- Quero ser livre de culpa

Os exemplos acima estão errados porque a estrutura e a conceituação das frases não demandam uma resposta. Você não está afetando o outro ator ao formular o OBJETIVO DE CENA dessa maneira.

Atuação é a interação entre pessoas.

Existe uma enorme diferença entre alguém dizer: "Eu quero amor" e alguém dizer: "Eu vou fazer *você me* amar." A primeira declaração pode fazer você sacudir os ombros e dizer: "Tudo bem, ótimo, boa sorte, não é isso que todos queremos?" Já a segunda declaração *muda* a atitude da outra pessoa. Ela é obrigada a reagir. Pode ficar extasiada, destruída ou com medo da situação, mas sua reação será real. Isso contribui para pensarmos que o OBJETIVO DE CENA é uma atitude afetiva que você precisa tomar para estabelecer uma relação humana com alguém.

Você precisa mudar a outra pessoa para, por fim, conseguir o que deseja.

Seu OBJETIVO DE CENA *deve* ser formulado de modo a exigir uma reação; deve afetar o outro ator de maneira que gere nele a necessidade

Ferramenta nº 2: objetivo de cena

de lhe dar uma resposta. O vai e vem da interação entre dois atores tentando obter o que querem um do outro é tão emocionante quanto assistir a uma boa luta de boxe. Quanto mais poderoso for o OBJETIVO DE CENA escolhido, mais poderosa a reação e, portanto, mais poderosa a cena. Correr atrás de um OBJETIVO DE CENA que exija uma reação mantém você sempre presente, por não fazer ideia de como o outro ator irá reagir. E, considerando essa reação desconhecida, você também não sabe como você irá reagir. Isso mantém o trabalho de interpretação sempre vivo e presente.

De fato, é útil pensar no jogo cênico como uma luta de boxe. Se você está no ringue, não sabe quais serão os movimentos que o outro boxeador terá no jogo para tentar vencer a partida. Só saberá o que o outro irá fazer quando ele de fato o fizer. Você começa a luta com seu melhor soco. Vamos dizer que o outro reaja com um gancho. Você, então, responde a isso primeiro assimilando o golpe, depois revida com o melhor contra-ataque que tiver, tentando ganhar vantagem. Seu oponente assimila a reação ao gancho e reage com seu próprio contra-ataque na esperança de vencer, e assim por diante. Toda a ação acontece no momento presente.

O objetivo (GERAL OU DE CENA) é sua ferramenta mais importante

Sim, sua vida emocional é importante. Mas sem o senso de movimento que um OBJETIVO lhe dá, e sem usar suas emoções para estimular essa meta (OBJETIVO), suas emoções apenas ficam ali – uma massa de sentimentos inúteis. Quando um ator se limita a expressar emoções, o público encara isso como uma performance de autopiedade. O trabalho interno por si só, sem um OBJETIVO, cria uma atmosfera de cena emocional e estática, pois as emoções sozinhas não impulsionam a história para a frente. Emoções são uma *reação* a um acontecimento ou estímulo. O que você faz com essas emoções para atingir o OBJETIVO DE CENA resulta em uma performance poderosa. Deixe que as emoções sejam o ímpeto ou a motivação para atingir seu OBJETIVO DE CENA, e não um fim em si mesmas.

A primeira vez que trabalhei com Gal Gadot foi em um workshop/masterclass que dei em Israel. Eu passei para ela uma cena do filme *Hitman: Assassino 47* em que sua personagem, Nika, era amante do antagonista principal. A outra personagem nessa cena era o Agente 47, que, embora parecesse ser o vilão, acabava se apaixonando por ela e salvando sua vida. Eles não acabam juntos porque o Agente 47 estava ajudando Nika de reconhecer seu valor (sem fazer sexo, como era o *modus operandi* de seu agressor), mas para ajudá-la a escapar e ter uma vida nova e mais poderosa. Nós determinamos que o OBJETIVO GERAL de Nika era *retomar meu poder*, e o OBJETIVO DE CENA era *fazer você se apaixonar por mim para retomar meu poder*. Dessa forma, não a faríamos ser a donzela em perigo que precisa de um homem para salvá-la; em vez disso, ela seria capaz de usar sua inteligência para obter o que precisa para si mesma. Vimos isso como uma forma de conduzir o que acontece com ela, em vez de deixar que as circunstâncias do roteiro a conduzissem. Não importa em que circunstâncias sua personagem esteja – boas ou ruins – é crucial que você conduza o resultado final. Portanto, você nunca deve julgar o resultado, mas encontrar força e empoderamento em qualquer coisa que aconteça com a personagem. Ser proativo sempre contribui para uma jornada mais dinâmica: em geral, observamos o motorista, não o passageiro. Especialmente em um filme dirigido por homens, como esse, queríamos fazer com que a única personagem feminina principal tivesse a mesma carga de energia que todos os seus colegas homens. Esses OBJETIVOS permitem que ela incorpore isso.

Os insights que vêm do uso do OBJETIVO GERAL *retomar meu poder* e do OBJETIVO DE CENA *quero que você devolva meu poder* surgiram repetidas vezes em muitas das sessões particulares de coaching que estávamos fazendo. Era algo que Gal também precisava descobrir. Vamos admitir: não é incomum que pessoas de todas as esferas da vida tenham o problema de abrir mão de seu poder – seja no amor, no trabalho ou em ambos. Quando um ator consegue entender a importância de escolhas internas empoderadas, fica mais fácil percorrer uma jornada geral mais dinâmica. Queremos ver alguém que chegou ao fundo do poço, mas que encontra uma maneira de vencer, apesar e por causa dos obstáculos.

Coincidentemente (ou não?), com todo o trabalho que empenhamos juntas para fazer escolhas poderosas por meio de OBJETIVOS baseados no poder, o papel que transformou Gal em estrela foi o de Mulher Maravilha.

O OBJETIVO DE CENA *sempre* deve enfatizar o relacionamento – não interprete a trama

Se tudo o que público quisesse ver fosse a trama, não precisaríamos de atores. Bastaria colocarmos o roteiro na tela para as pessoas lerem. Os atores existem para interpretar o roteiro introduzindo nele humanidade. Isso se resume a criar algum tipo de relação humana. Ainda que alguém esteja com uma arma apontada para sua cabeça, você precisa criar um relacionamento com essa pessoa, senão ela irá atirar assim que você tentar fugir. Um bom exemplo disso é o filme *Louca obsessão*. James Caan é drogado e amarrado por uma fã lunática, obsessiva e com tendências homicidas, interpretada por Kathy Bates. Quando ele tenta enfrentá-la ou repreendê-la, isso só a deixa mais irritada – e acaba lhe causando ainda mais danos físicos. A personagem de Caan percebe que o único modo de sobreviver é fazê-la acreditar que ele gosta dela, que se identifica com ela e que confia nela. Ao criar um relacionamento com ela, ele salva sua vida.

Na série *West Wing: Nos bastidores do poder*, a atriz Janel Moloney foi, a princípio, contratada como estrela convidada de um único episódio, com possibilidade de regressar em outros, para desempenhar o papel de Donnatella Moss, a assistente de Josh Lyman. O diálogo, no roteiro, era uma conversa impessoal no seu local de trabalho – conduzida pela trama. Entretanto, Janel não viu as cenas com seu "chefe" como uma oportunidade de mostrar o quanto era boa no seu trabalho na Casa Branca (trama), mas criou um OBJETIVO DE CENA guiado pela relação humana: *fazer você se apaixonar e se sentir sexualmente atraído por mim*. Ela trouxe a questão da sexualidade, porque é uma necessidade básica com a qual *todos* se identificam. Janel aprendeu isso repetidas vezes quando fazia minhas aulas. O fato de o OBJETIVO DE CENA incluir amor e sexo abriu um mundo de possibilidades para interpretar a dinâmica do relacionamento entre funcionária e patrão (sempre perigosa e arriscada para ambos, porque existe a possibilidade de se perder o emprego e levar muito tempo para achar outro); há o risco decorrente de ele ser casado e ela não, o que coloca a esposa dele como uma inimiga em potencial; e, é claro, há a questão de cumprir com as obrigações do trabalho, o que acaba sendo mais complicado quando sua mente está vagando em pensamentos carnais. Esse OBJETIVO DE CENA permitiu que Janel transformasse uma personagem simples e rotineira em outra complexa, multifacetada, de muitas camadas, alguém com quem todos nós poderíamos nos identificar. Como consequência, ela conseguiu entrar para o elenco de uma série de sucesso e recebeu duas indicações ao Emmy.

O OBJETIVO DE CENA fornece à cena início, meio e fim.

O OBJETIVO DE CENA dá à cena fio condutor claro e uma jornada bem definida: um início, um meio e um fim. Também dá um sentido à cena, pois responde à pergunta: "Por que essa cena existe?" O OBJETIVO DE CENA faz com que o material tenha mais sentido, pois dá a cada personagem movimento e direção para suas emoções e ideias na cena. As emoções puras, por si só, não fazem parte do espírito humano; elas evoluem da necessidade humana de ganhar ou realizar algo. Djimon Hounsou, que estrelou *Amistad* e *Gladiador* e foi indicado ao Oscar pela sua atuação em *Terra de sonhos*, procurou-me logo depois de chegar aos Estados Unidos vindo da África (ele é nativo de Benin, na África Ocidental). Djimon falava inglês, mas não era sua língua materna. Na sala de aula, seu trabalho cênico era incompreensível devido ao sotaque carregado. Eu sabia que ele tinha talento e uma vida emocional rica, mas quem se importa com isso quando o público – seus companheiros de aula e eu – não entende que diabos ele está dizendo? Tudo mudou quando ele fez uma cena da peça *Mulheres de Manhattan*. A cena referia-se a um encontro às cegas no qual a personagem de Djimon, Duke (um afro-americano), encontrava-se com uma mulher branca que não sabia que Duke era negro. A primeira parte da cena foi confusa porque, mais uma vez, seu sotaque bastante carregado impedia que compreendêssemos o que dizia; ele poderia muito bem estar falando latim. Djimon parecia estar apenas interpretando o que se passava no seu interior – o desconforto com a atitude racista da mulher –, sem a ajuda de um OBJETIVO DE CENA. Eu disse a ele que precisava ter um OBJETIVO DE CENA para dar sentido à história. O OBJETIVO DE CENA era simples e básico: *fazer você gostar de mim do jeito que sou*. Era uma forma eficaz de superar o preconceito da mulher e conseguir fazer sexo com ela, como costuma ocorrer em fins de noite. Ele repetiu a cena, dessa vez realmente perseguindo OBJETIVO DE CENA. Usou charme, humor, sexualidade, disponibilidade e desafio. De repente, o sotaque deixou de ser um obstáculo. A turma e eu compreendíamos muito bem do que se tratava, e ele arrancou risadas (a peça é uma comédia) onde antes não tinha provocado nada além de olhares confusos. A questão é que você pode até estar falando uma língua estrangeira, mas se tiver um OBJETIVO DE CENA forte, o público e os outros atores compreenderão.

Descubra onde e como uma cena específica se encaixa no roteiro

O OBJETIVO DE CENA deve dar suporte ao OBJETIVO GERAL, de modo que sua personagem percorra uma jornada que comece em A e, é claro, termine em Z. O caminho deve ser simples e fácil de acompanhar, tanto para o ator que interpreta a personagem quanto para o espectador. Para isso, você deve levar em conta exatamente onde uma determinada cena se encaixa dentro de todo o roteiro: no começo, no meio ou no final? À medida que o tempo avança no roteiro, o drama e os riscos aumentam exponencialmente. A melhor forma de compreender essa construção cena a cena é pensar como um relacionamento evolui. Vejamos um primeiro encontro que termina em casamento. Digamos que a primeira cena seja o primeiro encontro. Não há tanta paixão nela, pois as personagens não têm uma história em comum. No primeiro encontro, os riscos vêm das relações dolorosas do passado, não de acontecimentos comuns entre as duas pessoas presentes. Nesse primeiro encontro, as personagens estão se olhando e se perguntando: "Será que você é parecido com meu ex que me fez sofrer?" Em uma outra cena, que se passa seis meses depois, as personagens decidem morar juntas. Então, existe uma história entre elas. Há o medo do compromisso, o medo de se machucar e a tensão criada pelas dificuldades pelas quais certamente passaram nesses seis meses. Os riscos são maiores, porque cada um deles é capaz de ferir o outro e causar um sofrimento muito maior do que no primeiro mês de relacionamento. A cena seguinte acontece quando eles já moram juntos. A mulher descobre que o homem a estava traindo, mas ela quer continuar com o relacionamento. Agora, os riscos são ainda maiores, porque os dois têm vários obstáculos a superar a fim de manter seu relacionamento vivo. De algum jeito, eles conseguem. A próxima cena acontece na noite anterior ao casamento. Os riscos são ainda maiores; o casamento é um grande compromisso. É para sempre. Todos os "e se?" tornam-se cruelmente aparentes. E se ele me trair de novo? E se não tivermos dinheiro? E se eu encontrar alguém melhor? E se ele mudar? E se ela virar a mãe dela?! Como você pode perceber, saber exatamente onde a cena se encaixa ajuda você a analisar melhor e com mais precisão os mínimos detalhes daquele momento no tempo do roteiro.

Carrie-Anne Moss aprendeu a ver uma cena em conexão com um roteiro inteiro durante as aulas de interpretação, e fez bom uso desse conhecimento no seu teste para *Matrix*. Moss tinha que ler uma cena que acontecia no início do roteiro, aquela em que sua personagem recruta Neo (Keanu Reeves) em uma boate. Primeiro, ela leu todo o roteiro e determinou que seu OBJETIVO GERAL era *ter poder*. Então, estudou a cena. Embora o diálogo fosse um simples discurso de recrutamento em uma linguagem de ficção científica, ela fez do OBJETIVO DE CENA uma necessidade humana básica: *empoderar você para me empoderar*. Isso permitiu que Carrie-Anne estabelecesse o ponto de partida da sua história que, por fim, iria levá-la a alcançar seu OBJETIVO GERAL. Como isso ocorreu no início do roteiro, quando as personagens de Trinity e Neo ainda não tinham uma história juntas, seu OBJETIVO DE CENA se manifestou em um comportamento com força emocional. Ela transformou seu OBJETIVO DE CENA em uma necessidade humana que exigia uma resposta, gerando assim uma interação entre as personagens. Ela foi uma das poucas atrizes testadas que não interpretou a trama da ficção científica, mas estabeleceu, em vez disso, o início de um relacionamento poderoso. Ela foi a escolhida dentre centenas de outras candidatas.

Conquiste o direito de chegar ao fim do roteiro

Um ator também deve ter em mente como o roteiro termina, e conquistar o direito de chegar até o final, cena por cena. Se no roteiro você e a outra personagem terminam juntas, cada cena deve se tratar, de alguma maneira, da busca pelo amor. Se no final do roteiro vocês se separam, então deve conquistar o direito de romper a relação. No filme *Nosso amor de ontem*, as personagens interpretadas por Barbra Streisand e Robert Redford terminam separadas. Por isso, ainda nas primeiras cenas, quando estão juntas, devem ser evidentes as diferenças insuperáveis entre elas. O filme nos mostra como tentam resolver essas diferenças, com as quais precisam lidar e superar para ter um relacionamento saudável. Ele é um W.A.S.P.*, refinado, lindo e consegue tudo sem esforço. Ela é judia, barulhenta, teimosa, grosseira e teve que batalhar muito para conseguir qualquer coisa. Na tentativa de estabelecer um relacionamento, eles descobrem que precisam renunciar a muitas coisas, o que contradiz suas necessidades inatas de crescer e evoluir como seres humanos. Em outras palavras, eles não fazem bem um para o outro. Ambos sentem que estão se esforçando muito com as palavras e atitudes para fazer o impossível: misturar óleo e água. Em uma das cenas, a personagem de Redford vai à casa de Streisand para terminar com ela. No entanto, a personagem de Streisand está disposta a fazer o que for preciso para que ele não a abandone. Ela se dispõe a mudar sua aparência; aprender a cozinhar pratos sofisticados; morar em Los Angeles, uma cidade que abomina; e a fazer parte da indústria do cinema, na qual se sente vendida. Se analisarmos essa cena sozinha, sem

---

* N. do T.: *sigla em inglês para branco, anglo-saxão e protestante, denominação usada para as classes altas dos Estados Unidos.*

observá-la no contexto do roteiro, parece que o OBJETIVO DE CENA de Barbra é *fazer você me amar*. Mas, como o relacionamento não perdura e ela precisa conquistar o direito de se separar no fim do filme, o OBJETIVO DE CENA, em vez disso, é *fazer você ficar comigo a qualquer custo*. Esse OBJETIVO DE CENA lhe dá esse direito ao fim, pois implica que, com o tempo, sua personagem ficará insatisfeita e ressentida com ele (e ele com ela), porque eles precisam mudar e renunciar a muito do que são como indivíduos para ficarem juntos. Incluindo a ideia de "a qualquer custo" no OBJETIVO DE CENA, é inevitável que em algum momento o custo vá se tornar alto demais – e que a única maneira de ambos sobreviverem emocionalmente será se separando.

Mesmo quando sua personagem vai morrer, é necessário conquistar o direito de morrer.

Em outras palavras, em vez de encarar sua personagem como uma vítima, você pode encontrar uma maneira de fazer com que sua morte seja uma escolha. Dessa forma, é construída uma morte com dignidade. Você também precisa usar o conhecimento da morte iminente da sua personagem para o OBJETIVO DE CENA na cena em que a personagem está morrendo ou morre. Trabalhei com Cody Fern em *O assassinato de Gianni Versace: American Crime Story*, em que ele interpretou David Madson, o namorado de Andrew Cunanan, o homem que matou Versace.

Andrew Cunanan acaba matando David Madson. Cody e eu concordamos que ele não interpretaria David Madson como uma simples vítima de homicídio. Poderíamos ter focado exclusivamente no medo real que David experienciou, mas queríamos que a personagem fosse uma pessoa empoderada ao fazer sua escolha de ser morta por Andrew. A jornada de David no roteiro inclui Andrew obrigando-o a assistir ao assassinato brutal de um homem que tinha uma queda por David. Há cenas posteriores em que os dois estão em um bar comendo, em quartos de hotel se escondendo, dirigindo um carro juntos – em essência, trata-se de uma jornada que a maioria dos atores faria como sendo de medo e terror.

Decidimos ver sua morte como algo que poderia (por meio de personalizações) resolver alguns problemas específicos de vergonha para Cody. Ao interpretar alguém que busca ser morto, ele está matando a vergonha que atrapalhava Cody. (Esse é o conceito de MORTE ENERGÉTICA que é discutido em mais detalhes no capítulo 16, "Interpretando um assassino ou alguém que é assassinado".)

Estabelecemos que o OBJETIVO DE CENA de Cody quando David é realmente assassinado era *preciso que você me mate*. E, nas cenas anteriores, construímos isso com OBJETIVOS como *quero que você se apaixone por mim para que eu possa partir seu coração* e *preciso que você queira me matar* (o que funcionou porque David partiu o coração de Andrew na cena anterior, o que motivaria Andrew a querer feri-lo). Isso cria um arco de história que nos leva ao último OBJETIVO DE CENA para a cena principal de *preciso que você me mate*.

As escolhas de Cody eram inegáveis, e consequentemente os roteiristas sentiram a necessidade de escrever mais para ele. O que começou como uma participação em um episódio se tornou um papel que durou metade da temporada! Eles também escreveram uma adorável cena de *flashback* inspirada nas escolhas internas de Cody para David/Cody enquanto David está morrendo. Isso fez da cena da morte um momento sincero de resolução e paz. Tudo isso a partir de escolhas internas que Cody fez para "desvitimizar" sua interpretação de uma vítima, e do uso de ações normalmente consideradas deprimentes e tristes como uma forma de celebrar o espírito humano, mostrando que mesmo quando o pior acontece, você pode transformar qualquer coisa em algo para prosperar. Especialmente no mundo da fantasia e da arte, já que ninguém está matando ninguém e ninguém está realmente morrendo – é apenas encenação.

É provável que você esteja se perguntando: "Bem, e se minha personagem não sabe que vai morrer no final? Como minha personagem sabe que haverá um acidente, que ela terá câncer terminal ou que sofrerá outro tipo de morte imprevisível?" Embora seja óbvio que os atores tenham que utilizar os cinco sentidos para recriar o comportamento humano, eles devem também confiar no seu sexto sentido, que é uma ferramenta viável e genuína. De uma maneira ou de outra, sempre pressentimos quando o perigo ou a tragédia está prestes a acontecer. O ator deve desenvolver e apelar ao seu sexto sentido para criar a performance mais completa possível. Se uma enorme tragédia se abate sobre sua personagem, você precisa ter alguma noção do que vai acontecer e fazer os ajustes necessários ao seu OBJETIVO DE CENA. Em *O poderoso chefão 2*, Fredo é assassinado a mando do irmão, Michael Corleone. Enquanto ainda vive, Fredo deve ter plena consciência de que Michael é capaz de matar até mesmo o próprio irmão. Ele pensa nisso toda vez que comete algum erro, e Fredo comete muitos erros. Um OBJETIVO DE CENA como *fazer você me amar apesar do que eu fiz* talvez pudesse evitar que seu irmão o assassinasse. Um ator que desempenhe o papel de Fredo não deve perder de vista a ideia de que pode ser assassinado a qualquer momento. Esse OBJETIVO DE CENA provocará sentimentos intensos de medo e pânico (justificados por se tratar de um ambiente da Máfia), o que por sua vez cria resultados mais dramáticos mesmo nas cenas dos irmãos em grandes grupos, quando os deslizes de Fredo não são o foco. Isso permite que a personagem se destaque em cena, mesmo quando a cena não foca essa personagem. Nunca considere que uma cena é descartável por não ser "escrita" para você. Se sua personagem estiver em cena, há uma razão para isso. Cabe a você *encontrá-la*.

Se você mata alguém, também deve conquistar o direito de fazê-lo.

Com frequência, utilizo nas minhas aulas a peça *Edmond*, de David Mamet, como material de estudo, porque é um bom exemplo de como interpretar um assassino em série (o tipo de personagem que costuma aparecer em muitos filmes e séries de televisão). Em uma das cenas, a personagem de Edmond tem relações sexuais com uma garota que acaba de conhecer. Após o sexo, Edmond tenta provocá-la, para que ela fique brava e o insulte, comportando-se de maneira atroz e, por isso, merecendo morrer. O OBJETIVO DE CENA é *fazer com que você mereça morrer*. Ele usa a intolerância, a violência e o sexo para fazer com que ela se sinta estúpida, mas nada funciona. Por fim, ele a humilha por nunca ter trabalhado como atriz, embora ela se diga uma. Sob o pretexto de ajudar sua vítima a encarar a realidade, Edmond diz: "Repita comigo: 'Eu sou uma garçonete... Eu sou uma garçonete...'" Mas sua verdadeira intenção é irritá-la até que exploda de raiva. E eis que funciona – ela se torna uma bomba humana. Age com raiva e crueldade (do jeito que ele pretendia), justificando, assim, o OBJETIVO DE CENA de Edmond. Do ponto de vista dele, ela agora merece ser morta, e ele é só o cara certo pra isso. (Esse tema também é tratado com mais detalhes no capítulo 16, "Interpretando um assassino ou alguém que é assassinado".)

Não julgue seu OBJETIVO DE CENA

Não contamine suas escolhas com opiniões da sociedade, com moralidade ou questões pessoais. Esse julgamento é uma forma de censura, e a censura contradiz a arte. Em certas ocasiões, algo que aparenta ser horroroso pode ser visto de forma positiva. Se sua personagem leva uma surra no final de uma cena, existe uma boa chance de que ela quisesse isso. Em *Touro indomável*, há uma cena em que Jake LaMotta questiona sua esposa, Vikki, sobre onde ela teria passado a tarde toda. Ela mente. São mentiras óbvias que insinuam que ela o traía. Vikki não precisa mentir. Ela não estava traindo o marido e tem testemunhas para provar isso. Ainda assim, ela conta mentiras que sabe que farão o sangue de Jake ferver. Por quê? Ela quer que ele bata nela, porque depois disso farão sexo – um sexo violento, do jeito que ambos gostam. É uma espécie de jogo que fazem para que seu relacionamento prospere... para eles. E, como os maus-tratos a levam a conseguir o que quer, torna-se um ato positivo. O OBJETIVO DE CENA dela é *incitar você à violência para fazermos amor.*

Mesmo quando você está interpretando uma personagem que se supõe tímida e humilde, de caráter despretensioso, cujo comportamento pareça inofensivo, você deve usar o OBJETIVO DE CENA.

A personagem de Laura, na peça clássica *O zoológico de vidro*, ilustra bem isso. À primeira vista, Laura parece ser uma mulher tímida, submissa e sem aspirações. Mas, se você fizer uma leitura mais a fundo, verá que Laura tem grandes desejos e que, na verdade, utiliza a timidez para obter o que quer. Ao longo da peça, ela consegue muitas coisas usando sua timidez: se livra de assistir às aulas de datilografia; mantém seu irmão morando em casa com ela; faz com que sua mãe continue a sustentando; e consegue um encontro com um homem por quem sempre teve interesse. Ela consegue tudo isso usando sua incapacidade, seu medo e a vitimização da sua perna com deficiência para fazer com que as pessoas a amem e cuidem dela. Na cena do encontro, ela alcança seu OBJETIVO DE CENA *fazer com que você me ame para que eu me sinta especial*. Ele conversa com ela, dá conselhos, se abre, diz que gosta dela, dança com ela e a beija. Ela obteve o que a maioria das mulheres considerariam um encontro bem-sucedido. O sucesso de Laura é conduzido pela habilidade de usar suas supostas fraquezas para conseguir o que quer.

Há sempre uma meta, ou um OBJETIVO DE CENA, quando você está se comunicando e conversando com outra pessoa. Sempre.

Seu OBJETIVO DE CENA nunca será *fazer você me deixar em paz* ou *fazer a outra pessoa partir*. Se uma conversa inclui mais de duas frases, deve existir uma razão para que se queira dialogar com a outra pessoa. Pense em como você se comporta na vida real. Se realmente quiser ir embora, você vai. Se deseja se separar de vez de alguém e está decidido a fazê-lo, a maneira mais fácil é enviar uma carta, um e-mail ou uma mensagem, algo que não precise da sua presença física ou emocional. Foi assim que me separei do meu primeiro marido: deixei uma carta no escritório enquanto ele estava fora tendo um dos seus inúmeros casos. Quando você se dispõe a ter uma conversa longa, é porque vocês ainda têm questões para resolver. Talvez você não queira se separar, no fim das contas (ou seja, *fazer você me querer de volta*); talvez você queira encerrar um assunto ou ficar com a consciência tranquila (ou seja, *fazer você assumir a culpa para que eu não precise assumir* ou *fazer você me devolver meu poder*); ou talvez queira fazer o outro sofrer – uma vingança ou algo do gênero (ou seja, *fazer você se sentir culpado*). Em qualquer um desses casos, existe uma razão para permanecer ou querer que o outro permaneça.

Sempre faça escolhas egoístas

Sempre nos esforçamos mais para conseguir algo quando existe a chance de haver algum benefício para nós mesmos. Ajudar outra pessoa de forma altruísta, sem interesses, pode fazer você se sentir bem, mas não tem paixão, porque não implica em um risco pessoal para você. Você poderia ajudar um amigo com um problema, com o OBJETIVO DE CENA *fazer você se sentir melhor*, mas o que *você* ganharia com isso? Por outro lado, o OBJETIVO DE CENA *fazer você se sentir melhor para que me ame* lhe dá algo em troca pelo seu trabalho árduo. Também lhe proporciona a possibilidade de fracassar. Se você não consegue fazer a outra pessoa se sentir melhor, o mais provável é que ela não irá gostar de você. O receio de que seu OBJETIVO DE CENA não seja bem-sucedido faz com que você fique imaginando o pior e, portanto, continue se esforçando cada vez mais. Isso é o que transforma o comum em algo extraordinário. Joana d'Arc é uma personagem histórica que foi interpretada inúmeras vezes no teatro e no cinema. A essência da história dessa mulher é que ela ouve vozes vindas de Deus e acredita que sua missão na Terra seja conectar Deus com o povo. Imagine ficar duas horas assistindo a uma atuação que revela Joana d'Arc como uma mulher que tem plena confiança nas suas vozes e que acredita que seu papel é ajudar as pessoas, aproximando-as da religião. Isso faz com que Joana d'Arc pareça arrogante e superior, porque, sob essa ótica, não há vulnerabilidade, nenhum aspecto humano a ser visto em sua história. Por outro lado, pense na mesma mulher que, mediante experiências dolorosas da vida, tornou-se tão desesperada para fazer com que as pessoas a amem que ela *precisa* acreditar nas vozes, *precisa* que as pessoas a sigam e a admirem – na verdade, suas *necessidades* são tão terríveis que ela está disposta a sofrer a morte na fogueira para atingir seu OBJETIVO DE CENA de *fazer você* (todos que dela se aproximam) *me adorar*. Isso traz a possibilidade de que ela talvez questionasse as vozes, mas não se permitisse a descrença, já que se afastar de Deus eliminaria qualquer razão para ser amada. E isso não pode acontecer de jeito nenhum. Isso sim é trágico!

O OBJETIVO DE CENA funciona para comerciais, esquetes de comédia e dublagens de desenhos animados.

Se você está atuando com um OBJETIVO DE CENA, você está criando relacionamentos. Não importa em qual mídia esteja atuando – seja um grande drama ou um esquete de comédia, um anúncio ou até mesmo um desenho animado. O OBJETIVO DE CENA tornará a comédia mais engraçada, o comercial mais eficiente e a voz do desenho animado será mais real, porque ele introduzirá o elemento humano na equação, produzindo um resultado de apelo universal.

Quando Rob Schneider estava no *Saturday Night Live* ele interpretava uma personagem fixa muito popular chamada Rich, o garoto das cópias. Rich se sentava ao lado da máquina de xerox aguardando um colega de trabalho se aproximar da sua mesa para jogar conversa fora. Por exemplo, se a colega de trabalho se chamava Sandy, Rich lhe dava as boas-vindas dizendo: "Sandy! A Sandster... Tirando cópias... Sandarama... Sandana... precisando de uma xerox...", e continuava até que Sandy se irritasse e fosse embora. Quando conversei sobre essa personagem com Rob, não consideramos seu comportamento sendo o de uma personagem cômica exuberante, mas o de um homem assustado e muito solitário. Decidimos que a personagem de Rich era um homem que voltava para casa sozinho, morava sozinho, e pedia seu jantar todas as noites pelo serviço de entrega – não pela comida, mas pela companhia do entregador. É possível imaginar Rich abrindo a porta e dizendo: "O homem da pizza entregando uma pizza! O grande homem da pizza! O pizzarama!...", até que o homem fugisse, com os ouvidos pegando fogo pela tagarelice de Rich. Esse é um homem solitário. Expliquei a Rob que Rich se comportava desse modo por causa de sua solidão insuportável. O único contato humano que ele tinha era quando alguém ia fazer uma cópia, então ele precisava aproveitar, ao máximo, cada visita rápida. O humor desses esquetes vinha do seu desespero e da sua vontade de fazer *qualquer coisa* (não importava o quão boba ou estranha fosse) para atingir seu OBJETIVO DE CENA *fazer você ser meu melhor amigo*.

Ferramenta nº 2: Objetivo de cena

*Toda cena tem um OBJETIVO DE CENA – sem exceções!
E com isso em mente...*

Os OBJETIVOS GERAL e DE CENA são as ferramentas mais importantes!

Todas as ferramentas a seguir existem apenas para tornar seus OBJETIVOS mais reais e urgentes. Você deve estabelecer primeiro seu OBJETIVO GERAL, e depois cada OBJETIVO DE CENA, antes de partir para outras escolhas. Dessa forma, você conduz a cena com um propósito, tornando-a ativa e interativa.

> *Não faça seu trabalho interno primeiro para depois tentar encaixar os OBJETIVOS de acordo com ele – como dizem, não coloque a carroça na frente dos bois. Se você fizer isso, o OBJETIVO DE CENA deixará de conduzir a cena.*

Depois de achar o melhor e mais eficaz OBJETIVO GERAL e os OBJETIVOS DE CENA correlatos, será bem mais fácil escolher as outras ferramentas de atuação, pois elas se encaixarão de maneira lógica.

CAPÍTULO 3
Ferramenta nº 3: OBSTÁCULOS

> Os obstáculos físicos, emocionais e mentais que dificultam que sua personagem alcance o OBJETIVO GERAL e o OBJETIVO DE CENA. Primeiro, você considera os OBSTÁCULOS da personagem no roteiro e, em seguida, ao fazer suas personalizações (as etapas seguintes), adiciona OBSTÁCULOS pessoais que façam sentido para essas escolhas.

OS OBSTÁCULOS DÃO PODER E INTENSIDADE AOS SEUS OBJETIVOS, tornando-os mais difíceis de serem alcançados. Se seus OBJETIVOS têm riscos, eles adicionam a possibilidade de fracasso e perigo físico e emocional à meta. Escalar o Monte Everest é uma história muito mais emocionante de se interpretar (e de se assistir) do que caminhar sobre uma colina em um dia ensolarado. O Everest apresenta o perigo de avalanches, ar rarefeito, e uma pisada em falso pode custar a vida do alpinista. A colina em um dia de sol quase não oferece riscos. Embora ambos sejam metas, um deles possui OBSTÁCULOS muito maiores e mais emocionantes.

Vencer só é gratificante quando existe a possibilidade do fracasso.
Essa possibilidade surge dos OBSTÁCULOS.

Primeiro você deve descobrir os OBSTÁCULOS no roteiro que fazem sentido para a personagem e para os OBJETIVOS GERAL e DE CENA. Então, você pode voltar para a cena e personalizá-los, de modo que os

OBSTÁCULOS façam sentido para *sua* vida. Por exemplo, se você está trabalhando em uma cena de sedução, os OBSTÁCULOS da personagem poderiam ser rejeição, algum tipo de inadequação sexual, problemas de autoestima, insegurança com o corpo ou histórico de mágoas passadas causadas por outros parceiros ou amantes. Após identificar os OBSTÁCULOS da personagem, você precisa encontrar OBSTÁCULOS pessoais que se correlacionem com sua história pessoal e única, que pode incluir rejeição, medos sexuais, imagem corporal (a parte do seu corpo que você mais odeia: seios, barriga, pernas, braços, não importa. Escolha uma: a pior). Você é tímido, autoritário ou submisso? Como isso o atrapalha? Você tem problemas de peso, sofre de uma infecção crônica de bexiga ou tem chulé? Os OBSTÁCULOS são internos e externos; *tudo e qualquer coisa* que atrapalhe a conquista dos seus OBJETIVOS.

Tentar superar os OBSTÁCULOS, grandes e pequenos, para então conquistar seus OBJETIVOS GERAL e DE CENA é o que adiciona paixão e riscos à sua interpretação e ao roteiro.

Usar OBSTÁCULOS cria o desafio

Quanto mais difícil e arriscado for atingir os OBJETIVOS GERAL e DE CENA, melhor será a jornada para você, como ator, e para o público. Quanto mais OBSTÁCULOS você colocar em uma cena, mais difícil será para conquistar seu OBJETIVO DE CENA. A cena começa. Sua personagem começa a enfrentar e a tentar superar os OBSTÁCULOS inerentes ao caminho do seu OBJETIVO DE CENA. À medida que a cena progride, a personagem continua se esforçando para superar os numerosos OBSTÁCULOS que vão surgindo. Quanto mais sua personagem tenta superá-los sem sucesso, mais ela vai se esforçar. Esse esforço cria o "arco" da cena. Trabalhar com OBSTÁCULOS faz com que a intensidade continue aumentando, direcionando a necessidade e o significado da cena, o que, finalmente, levará ao crescendo que toda cena deve ter. Também é verdade que quanto mais difícil for alcançar algo, mais satisfatório será realizá-lo e assistir à personagem conquistando isso.

*Os OBSTÁCULOS geram a dificuldade
que torna o resultado mais dramático.*

Pense na cena das cobras em *Indiana Jones: Os caçadores da arca perdida*. A personagem de Indiana Jones tinha pânico de cobras, porém ele precisava passar por montes de serpentes grandes e escamosas se contorcendo para fugir. Se o público não soubesse que Jones tinha uma fobia terrível de cobras (OBSTÁCULO físico e emocional), a travessia seria rotineira. Mas a menção explícita do medo dessas criaturas aterrorizantes e, com frequência, incompreendidas, torna a cena aterrorizante e faz de Indiana Jones um herói.

Seria inútil (e interminável) listar cada possível OBSTÁCULO que se pode encontrar na análise de um roteiro. Tudo aquilo que é uma barreira ou cria um conflito é um OBSTÁCULO. No entanto, a maioria dos OBSTÁCULOS se encaixa em uma dessas três categorias: física, mental e emocional.

OBSTÁCULOS físicos

- **Deficiência física:** Membros quebrados; mancar; paralisia; tiques; cegueira ou deficiência visual; surdez; impotência.
- **Raça e religião:** Racismo; questões religiosas; intolerância ou rivalidade religiosa.
- **Tamanhos físicos extremos:** Muito baixo; muito alto; gordo; muito magro; pênis muito grande ou pequeno demais; seios muito grandes ou muito pequenos; nariz muito grande.
- **Aparência:** Uma vítima de queimaduras; feio ou bonito demais e, portanto, inacessível; muito velho; muito jovem; dismorfia corporal; diferenças etárias.
- **Finanças:** Rico demais; pobre demais.
- **Alterações mentais:** Você está bêbado ou drogado? Você tem um vício que precisa ser superado, como heroína, cocaína ou álcool?

- **Problemas médicos:** Você ou alguém que você ama está à beira da morte? Você precisa superar a morte de um ente querido, a perda de um membro, um aborto, uma doença degenerativa?
- **Riscos profissionais:** Profissões perigosas, como policial, prostituta, agente secreto, militar, traficante de drogas, gângster, ladrão de bancos. Ou trabalhos estressantes, tais como os de área financeira. Político, executivo de grandes empresas; ator; advogado; atleta profissional; aluno; vendedor; médico; professor; jornalista; psiquiatra.
- **Status social:** Ser um imigrante; diferenças de classe; homossexualidade; transtorno sexual; vítima de fofocas.
- **Lugar:** Casa mal-assombrada; beco escuro; campo de concentração; um local onde se esconde um assassino; um lugar cheio de obstáculos físicos; um lugar que lembra um acontecimento traumatizante; um lugar distante e desconhecido.
- **Acontecimentos:** Guerra; dar à luz; formatura; encontro de alunos do ensino médio; o último dia para pagar uma dívida com um agiota ou traficante de drogas; briga entre gangues; velório; sequestro; homicídio culposo; estupro; vingança; aniversário; uma competição; gravidez indesejada; casamento; divórcio; ter um caso; a Grande Depressão; ser executado no corredor da morte; ser pego por um crime.

Obstáculos mentais

- **Capacidade mental:** Muito inteligente; muito analítico; muito estúpido; com deficiência intelectual; pensa excessivamente sobre tudo; no espectro.
- **Convicções políticas:** Lutar contra o sistema; ser fiel aos seus ideais; desafiar convenções; arriscar o emprego, estabilidade e vida na defesa das crenças da personagem.
- **Doença mental:** Fobias; personalidade múltipla; esquizofrenia; depressão; TOC; paranoia.
- **Segredos e mentiras:** Ter um segredo; sustentar mentiras.
- **Educação formal ou a falta dela:** Disparidade educacional – uma personagem é instruída, e a outra, não.

Obstáculos emocionais

- **Problemas de relacionamento:** Problemas na intimidade; história de amor que deu errado; histórico de problemas familiares; histórico de problemas com um amigo; histórico de problemas no casamento; raiva reprimida; rivalidade entre irmãos; histórico de problemas com ex-cônjuge; obsessão; questões raciais envolvendo o amor; ciúmes; histórico de problemas com os pais; personalidades contraditórias; histórico de trair ou ser traído; amor não correspondido; rivalidade entre pessoas do mesmo gênero.
- **Questões pessoais:** Ganância e ambição extremas; timidez; aversão a si próprio; personalidade autoritária e controladora; sentir-se um perdedor; problemas de abandono; histórico de promiscuidade; culpa; raiva avassaladora; ser um adulto virgem; ser antissocial; solidão; histórico de comportamento de autossabotagem; paranoia; medo de ser julgado.
- **Desvio de conduta:** Tendências homicidas; incesto; tendências violentas; obsessões incestuosas; problemas decorrentes de maus-tratos, estupro ou molestamento no passado; percepções de outras pessoas sobre uma preferência sexual desviante.

Tudo o que cria um empecilho, um conflito, uma barreira ou uma pedra no caminho para atingir o OBJETIVO GERAL e o OBJETIVO DE CENA é um OBSTÁCULO.

A primeira noite de um homem é cheio de OBSTÁCULOS em todas as categorias, tanto para a sra. Robinson quanto para Benjamin.

O OBJETIVO GERAL da Sra. Robinson: ter autoestima

Os OBSTÁCULOS da sra. Robinson:

- Benjamin pode rejeitá-la. (A possibilidade de fracassar, de não conseguir o que quer, será sempre um OBSTÁCULO, em todos os roteiros que você analisar.)

- Ela é muito mais velha do que Benjamin, o que significa que irá se sentir desconfortável com seu corpo. Ela irá comparar o corpo de alguém da idade dele – que teria um corpo sem rugas, firme, magro e com seios empinados – com suas próprias rugas, celulite e flacidez.
- O marido não a toca há muito tempo, fazendo com que necessite de alguma atenção masculina. Isso, combinado às questões da sua idade, traz um medo muito real de estar naquela idade sem gênero em que a mulher deixa de ser bela e passa a ter "boa aparência".
- Benjamin é seu vizinho e filho de sua melhor amiga. Se isso não der certo, Benjamin pode contar aos outros. Como resultado, ela perderia o marido e a posição social e, de modo geral, seria ridicularizada.
- Benjamin se apaixona por sua filha, Elaine. Isso aumenta o risco de Elaine descobrir a traição, o que destruiria o relacionamento entre a sra. Robinson e sua filha.
- Ela pode ser descoberta por amigos, vizinhos, ou por um conhecido intrometido no hotel onde se encontra com Benjamin.
- Ela se apega a ele. Talvez até o ame, o que faz com que seja extremamente difícil desistir dele ou suportar o amor que Benjamin sente por sua filha.
- Seu amor por Benjamin também faz com que ela tenha ciúmes do amor dele por sua filha. Não é incomum que o ciúme faça parte de uma relação entre mãe e filha.

O esforço que a sra. Robinson faz para vencer todos esses OBSTÁCULOS corrobora seu OBJETIVO GERAL e seus OBJETIVOS DE CENA.

O OBJETIVO GERAL de Benjamim: ser digno de amor

Os OBSTÁCULOS de Benjamin (em relação à sra. Robinson):

- Possível rejeição.
- Ele é muito mais jovem do que a sra. Robinson. Ele se sente intimidado pela experiência sexual dela, já que, em comparação, ele quase

não tem conhecimento sobre o assunto. Será que ele irá ejacular rápido demais? Será que ele conseguirá ter uma ereção? Será que vai conseguir tocá-la de um modo que não pareça imaturo ou bobo?
- Sua falta de conhecimento. Sobre o que eles irão conversar? Será que ele irá parecer idiota e ingênuo?
- Ela é a melhor amiga da sua mãe, o que faz com que o sexo com a sra. Robinson seja quase incestuoso.
- Ela o viu crescer e o conhece bem demais. Ela sabe de cada momento embaraçoso da vida dele – saberia, por exemplo, se fazia xixi na cama ou se era considerado um nerd, ou se passou a infância comendo meleca.
- Medo de que o caso deles seja descoberto pelo marido da sra. Robinson, pelos seus próprios pais e pela filha da sra. Robinson, Elaine.
- Quando ele se apaixona pela filha dela, a sra. Robinson trava uma guerra contra ele.

Como se pode ver, os OBSTÁCULOS de Benjamin coincidem com os da sra. Robinson, embora sejam pontos de vista diferentes. Quando se analisa um roteiro em busca de OBSTÁCULOS, é preciso encontrar o maior número possível – físicos, emocionais e mentais –, porque quanto mais OBSTÁCULOS a personagem tiver que superar, mais complexa será sua atuação.

Os OBSTÁCULOS que você incorpora ao seu trabalho devem ser sempre os mais difíceis, exigentes, problemáticos e desafiadores.

Quanto maior a dificuldade para vencer, maior a satisfação que você sente quando atinge sua meta. Os OBSTÁCULOS dão a você o fator da dificuldade. Um OBSTÁCULO desafiador faz você lutar com mais paixão. Você irá se esforçar mais se tiver uma montanha de OBSTÁCULOS para superar, o que faz da sua jornada para alcançar o OBJETIVO GERAL, por intermédio do arco dos seus OBJETIVOS DE CENA, muito mais emocionante.

Ferramenta nº 3: Obstáculos

Os OBSTÁCULOS produzem desespero, e o desespero cria a comédia.

Os OBSTÁCULOS existem para aumentar e intensificar o drama, e quanto mais OBSTÁCULOS você tiver que superar para realizar seu OBJETIVO DE CENA, mais desesperado você estará para perseguir esse OBJETIVO DE CENA. Quando queremos muito alguma coisa, com frequência nos deparamos com um comportamento bobo, louco e estranho vindo de nós. Pense em um encontro que você teve com alguém de quem realmente gostava e a quem queria causar uma boa impressão. Claro, quanto mais esperto e relaxado você tentava aparentar, mais estranho e estúpido ficou: tropeçando, esbarrando em paredes, errando de porta, deixando escapar comentários tolos, derramando bebida em si mesmo ou na outra pessoa, quebrando alguma coisa etc.

Mesmo algo tão comum como soltar gases pode ser devastador nas circunstâncias erradas – pode-se dizer que se torna um OBSTÁCULO potente. Em *Seinfield*, a personagem de Kramer, interpretada por Michael Richards, apresentava todo tipo de comportamento cômico. Mas sua motivação não era ser engraçado. Seu comportamento vinha do desejo urgente e desesperado de atingir o OBJETIVO DE CENA usado, com frequência, por sua personagem: *fazer você* (Jerry) *me amar*. Durante a gravação de um episódio, Kramer, a personagem de Richard, aproveita que Jerry está do outro lado da sala e solta um peido que há um tempo estava segurando. Mas, nesse exato momento, Jerry decide se aproximar dele. Consciente de que sua silenciosa, mas fatal bomba de gás iria acabar com qualquer interesse de Jerry por ele, Richard (sem sair da personagem Kramer) começa a abanar o ar nas suas costas, na altura do traseiro. Cada vez que Jerry tentava se aproximar dele, Kramer fugia e abanava. O comportamento humorístico surge da necessidade desesperada que Kramer tem de vencer esse OBSTÁCULO "fedido" para atingir seu OBJETIVO DE CENA.

Lembre-se de Jim Carrey no papel de uma das suas personagens mais engraçadas, Loide, de *Debi & Loide*. Tudo era um OBSTÁCULO, porque tudo era difícil para Loide fazer, e ele tinha que superar o OBSTÁCULO de ser "debiloide".

Os OBSTÁCULOS ajudam você a entender melhor as motivações da personagem.

Quando comecei a trabalhar com Kat Graham na aclamada série *Diários de um vampiro*, os produtores estavam prontos para matar sua personagem, Bonnie, no meio da primeira temporada. Seu papel foi escrito como o de uma mulher fraca que, apesar de ter os poderes de uma bruxa, nunca parecia usá-los em benefício próprio. Ela estava sempre ajudando os outros de forma altruísta e se sacrificando por seus amigos, sem receber quase nenhuma gratidão das outras personagens. Bonnie também não tinha um interesse romântico pelo qual se obcecasse ou que fosse obcecado por ela (como acontecia com a maioria das outras personagens principais).

Diante disso, Kat fez a escolha que a maioria dos atores faria ao interpretar um papel semelhante: aceitar a fraqueza da personagem. Não é incomum que atores que interpretam personagens escritos como impotentes vejam essa fraqueza como um defeito inevitável que deve apenas ser retratado. E era isso o que Kat estava fazendo – uma atuação sincera, profunda e honesta de uma jovem lidando silenciosamente com a situação que lhe foi imposta. O problema dessa abordagem é que ela não empolga o público. As pessoas se envolvem emocionalmente ao assistir alguém tentando superar suas dificuldades. É aqui que entram os OBSTÁCULOS.

Em vez de deixar Bonnie ser esmagada pelo peso de seu próprio fardo, transformamos todas as características que expressavam sua impotência em OBSTÁCULOS que ela precisava superar para alcançar seu OBJETIVO GERAL. O OBJETIVO GERAL que ajudou Bonnie em sua jornada para superar a fraqueza da personagem foi *encontrar empoderamento e valor*. O que Bonnie teve que suportar não precisava definir seu destino. Agora, ela poderia ver seus OBSTÁCULOS como motivação para encontrar soluções e mudanças. Ela começou a enxergar que aquilo que tentava destruí-la era inaceitável. Em vez de interpretar Bonnie como alguém que simplesmente aceitava seu destino, Kat começou a interpretá-la como uma personagem determinada a mudar sua trajetória – saindo de um caminho de destruição para um caminho de empoderamento. Assim que Kat mudou a abordagem, Bonnie se tornou uma heroína emocional para todos aqueles fãs que sentiam que também tinham sofrido nas mãos dos outros. Essa mudança não só criou uma base de fãs forte e dedicada, mas também transformou Bonnie em um pilar da série ao longo de suas muitas temporadas. Ver Bonnie fazendo algo a respeito de sua situação – ou pelo menos tentando, já que é o esforço que admiramos – deu aos fãs de *Diários de um vampiro* a esperança de que eles também poderiam fazer o mesmo em suas próprias vidas.

Nem todos os OBSTÁCULOS da sua personagem estão, necessariamente, escritos no roteiro

Ao determinar os OBSTÁCULOS que sua personagem deverá enfrentar, verá que alguns serão óbvios – estarão escritos com clareza no roteiro –, enquanto outros surgirão das hipóteses e suposições baseadas nos fatos do roteiro. Mas, mesmo quando sua personagem parece não ter OBSTÁCULOS, é sua responsabilidade encontrá-los. Sem OBSTÁCULOS e conflitos, a jornada da sua personagem para alcançar os OBJETIVOS GERAL e DE CENA será fácil demais, e, portanto, insatisfatória. É estimulante observar uma tempestade, e enfadonho observar a calmaria.

Quando eu estava trabalhando com Tasha Smith em *Por que eu me casei também?*, de Tyler Perry, sua personagem, Angela, era escrita como uma mulher barulhenta, tomada pelo ciúme. Mas o comportamento de Angela era mais louco do que sua história pregressa, criando uma personagem que poderia facilmente ter sido vista como doida e irritante.

Claro, Angela sentia ciúmes – seu marido, Marcus, a havia traído no passado, levando-a a perder o juízo. Mas a intensidade das ações de Angela foi muito além de qualquer coisa que pudesse ser motivada por mero ciúme. O que está na página tem que ser substanciado por OBSTÁCULOS que ajudem seu comportamento ultrajante a fazer sentido, permitindo que o público a apoie e talvez até ria por se identificar com aquilo. Precisávamos encontrar mais OBSTÁCULOS enterrados nos fatos da trama no roteiro.

- **FATO**: Angela é uma cabeleireira e possui seu próprio salão. O salão não está indo muito bem.

- **OBSTÁCULO presumido**: Marcus (seu marido) consegue um emprego como apresentador de um programa esportivo de sucesso na TV. Comparativamente, ela se sente uma perdedora. Por que Marcus iria querer uma perdedora como esposa?

- **FATO**: Marcus era jogador de futebol e, como a maioria dos astros dos esportes, ele tinha fãs fervorosas.
- **OBSTÁCULO presumido**: Ele a traiu quando era jogador de futebol, então agora que ele tem um emprego de alto nível com ainda mais visibilidade, é provável que aconteça novamente. Como ela pode competir?

- **FATO**: Uma de suas melhores amigas, Patricia, é uma autora e psicóloga famosa.
- **OBSTÁCULO presumido**: Mais uma vez, Angela se sente uma perdedora. Tanto o marido quanto a melhor amiga são figuras públicas respeitadas, e as pessoas devem achar que ela é apenas uma aproveitadora. Ela se sente invisível. Ser barulhenta e descontrolada impede que isso aconteça. Ela pensa algo como: "Posso estar na sombra dessas estrelas, mas você não pode ignorar minha presença. Por mais que tente."

- **FATO**: Angela é uma mulher na casa dos quarenta anos. A idade é sempre um problema, sobretudo para as mulheres. Os homens costumam ver a juventude como um valor e, portanto, uma mulher jovem vale mais.
- **OBSTÁCULO presumido**: O medo de que Marcus a deixe por alguém mais jovem, ou pelo menos não a ache mais atraente. Além disso, se Marcus a deixar, as opções de Angela para se recuperar e encontrar outro amor são limitadas. Ela está apavorada. E a agressividade pode realmente ser o comportamento de uma pessoa apavorada. O medo pode fazer as pessoas agirem de forma exagerada.

- **FATO**: Marcus não apenas a traiu no passado, como também se recusa a lhe dar a senha do seu celular.

- **OBSTÁCULO presumido**: Angela tem dificuldades em confiar. Pode parecer exagerado fazer dessa única coisa – a resistência de Marcus em não compartilhar a senha do telefone – um problema tão grande. Quer dizer, ela fala sobre isso durante a maior parte do filme. Mas como ela foi traída e não tem autoestima ou um emprego bem-sucedido, fica obcecada por isso.

- **FATO**: Angela (e Tasha) nasceu e foi criada em Camden, Nova Jersey, que é chamada no filme de "gueto". Por sua própria natureza, um gueto é repleto de pobreza, opressão e intolerância.
- **OBSTÁCULO presumido**: Respondendo ao seu ambiente opressivo de infância, ela estava sempre em modo de sobrevivência, o que resultou em seu comportamento de confronto.

Além de encontrar OBSTÁCULOS, podemos deduzir desses fatos que um OBJETIVO GERAL eficaz para Angela seria *ser uma força da natureza*. Isso também nos permite apoiá-la e ver seus comportamentos desvairados como justificados.

É sempre essencial olhar além dos OBSTÁCULOS que estão claramente escritos no roteiro. Seja um detetive, analise os fatos da trama e as reações dos outros aos comportamentos da sua personagem. Você sempre pode criar mais camadas e riqueza, mas deve ser curioso na investigação.

Após identificar os OBSTÁCULOS mais desafiadores, não desista do seu OBJETIVO DE CENA, mesmo que os OBSTÁCULOS pareçam insuperáveis.

Nunca aceite a derrota; sempre existe a possibilidade de superar um OBSTÁCULO. Mesmo que as chances sejam pequenas, saiba que há sempre esperança. No geral, quem se rende com facilidade é visto pelo público como um perdedor. Você deve sempre encarar sua atuação a partir de um ponto de vista vencedor, no qual tudo é possível. A cena acaba quando a luta contra os OBSTÁCULOS para atingir seu OBJETIVO DE CENA termina. Isso significa que, se a cena não acabou e sua luta para superar o conflito cessa, a cena para de progredir e o público se desinteressa. Então, tenha sempre em mente que a cena *só acaba quando termina*. Continue sua luta para vencer os OBSTÁCULOS, mesmo algum tempo após ter saído de cena, de o diretor dizer "Corta" ou a cortina cair.

OBSTÁCULOS: a aplicação prática

Pode parecer óbvio, mas quando se trata de identificar os OBSTÁCULOS de uma cena, o primeiro passo é analisar a cena com um lápis na mão e tomar notas à medida que for lendo o roteiro. Assim, você pode voltar e adicionar outra camada, e mais outra. Os OBSTÁCULOS devem ser escritos a lápis (o que lhe permite apagar, caso mude de ideia) diretamente no roteiro.

Quando estiver lendo o roteiro, não leve em conta apenas suas cenas ou falas para identificar os OBSTÁCULOS, porque muitos dos seus OBSTÁCULOS serão resultado das ações e falas das outras personagens.

Neste capítulo, vimos como identificar os OBSTÁCULOS da sua personagem, os quais você pode encontrar no roteiro ou deduzir quais fariam mais sentido à sua personagem. O passo seguinte consiste em torná-los pessoais a você e à sua vida. A personalização dos seus OBSTÁCULOS só pode ser determinada pela escolha da sua SUBSTITUIÇÃO (próximo capítulo, Ferramenta nº 4). E as suas escolhas de SUBSTITUIÇÃO irão mudar as que você fizer para personalizar os OBSTÁCULOS.

A ordem inicial para a análise de roteiro é a seguinte:

1. Encontre o OBJETIVO GERAL.
2. Encontre o OBJETIVO DE CENA.
3. Encontre OBSTÁCULOS que façam sentido para o roteiro e para sua personagem.

As primeiras três ferramentas precisam se examinadas a partir do ponto de vista da personagem no texto. Só então você pode começar a personalizar.

CAPÍTULO 4
Ferramenta nº 4: SUBSTITUIÇÃO

> Atribuir ao ator com quem você contracena características de alguém da sua vida pessoal que façam sentido para o seu OBJETIVO GERAL e/ou OBJETIVO DE CENA, o que adicionará mais história, urgência e desespero. Dessa maneira, você tem todas as diversas camadas que a necessidade real de uma pessoa real desperta em você.

VAMOS EXPLORAR COMO IDENTIFICAR E APLICAR A MELHOR ESCOlha de SUBSTITUIÇÃO. Tendo encontrado a SUBSTITUIÇÃO, mostrarei como analisar os OBSTÁCULOS da personagem e, considerando sua escolha de SUBSTITUIÇÃO, torná-los pessoais e relevantes para sua vida. Em outras palavras, primeiro você irá encontrar a SUBSTITUIÇÃO mais convincente e adequada. Depois, aprenderá como personalizar os OBSTÁCULOS que você já identificou no roteiro (Ferramenta nº 3), para que façam sentido na sua escolha de SUBSTITUIÇÃO.

Aplicando e identificando a SUBSTITUIÇÃO

A SUBSTITUIÇÃO dá a você um histórico imediato com a outra personagem, ou um conflito, e todas as camadas de reação emocional que partem disso. O recurso da SUBSTITUIÇÃO permite que você vincule emoções – de profundidade e de complexidade que costumam levar anos para se desenvolver – ao outro ator. Você pode ter conhecido o ator com quem irá trabalhar há apenas poucos dias, e, no entanto, sua personagem no roteiro tem um relacionamento complicado, de longa data, com a outra personagem. Graças à SUBSTITUIÇÃO, você pode dotar a atriz que interpreta sua mãe, por exemplo, da complexa história que você tem com sua mãe verdadeira – o amor dela; a certeza ou incerteza do amor dela por você; e as lembranças, felizes e dolorosas. Trabalhar com sua mãe verdadeira como SUBSTITUIÇÃO tornará sua interação com a outra atriz tão nuançada e complexa quanto a relação que você tem com sua mãe real – em cada fala, olhar e gesto. Em outras palavras, a SUBSTITUIÇÃO cria um relacionamento humano verdadeiro, e não uma interpretação motivada apenas pelo intelecto.

Todos sabemos que agimos de modo diferente dependendo de quem nos cerca. Da mesma maneira, uma interpretação também pode experimentar mudanças radicais dependendo de em quem você está pensando e a quem está reagindo (sua SUBSTITUIÇÃO). Pense nisso. Você se comporta de modo diferente com seu filho, sua mãe, seu amor, alguém por quem tem uma queda, seu cônjuge, inimigo, amigo ou chefe. Temos uma infinidade de reações emocionais a cada pessoa com quem mantemos contato. A maioria dos atores, levados pela imaginação, aborda uma cena de amor tentando recriar os sentimentos de amor. Isso resulta em uma interpretação monótona. Ninguém *só* ama. Na vida real, o amor traz junto momentos de raiva, dor, competição, ciúmes, ódio e tristeza. Poucas minúcias e complexidades de um relacionamento amoroso real – as camadas do passado e das emoções – surgem da representação de um relacionamento amoroso a partir da nossa imaginação. A eficácia da SUBSTITUIÇÃO reside precisamente na singularidade de nossas reações a cada indivíduo. Os diferentes aspectos da nossa personalidade se manifestam quando nos encontramos com pessoas diferentes, e cada SUBSTITUIÇÃO escolhida despertará diferentes estímulos e reações.

É importante usar pessoas reais no seu trabalho de atuação, porque você não sabe como realmente irá se comportar diante de uma pessoa quando há muito em jogo. Você pensa que sabe, mas não sabe.

Depois da primeira leitura do roteiro, é comum que o ator tenha uma imagem precisa de como a cena deveria ser e acontecer. Então, tenta criar essa imagem do jeito que imaginou. No entanto, a vida raramente acontece como planejamos. Pense em alguém que tem sido traído ou enganado e quer que o cônjuge mude de atitude. Esse alguém imagina como enfrentará o parceiro desleal. Pensa: "Vou encará-lo e, dessa vez, serei forte. E vou dizer: 'Sou ótimo, especial, e sem mim sua vida seria péssima. Então pare de mentir, senão vou embora. Mesmo! Na próxima, sumo de vez!'" Na fantasia dessa pessoa descontente, o outro ficará intimidado por essa abordagem brusca, perceberá o mal que tem causado, vai se ajoelhar e implorar pelo seu perdão com os olhos cheios de lágrimas. Essa é a imagem mental de como tudo irá de fato acontecer na cena: *Eu me recuso a continuar sendo sua vítima*. Mas sabemos que nunca é assim. Nunca. A pessoa descontente pode começar o confronto com essa imagem na cabeça, mas quando se vê de frente com a *pessoa real* que tem seu futuro nas mãos, a *pessoa* que *de fato* tem o poder de condená-la a uma vida de potencial solidão, toda essa força desaparece. A imaginação pode tê-la inflado, mas no fim o medo vence. Com frequência, aceita-se o comportamento detestável do cônjuge, porque ainda é melhor do que a solidão. A fantasia de um ator de como a cena deveria acontecer funciona do mesmo jeito. Em vez de atuar partindo dessas imagens, que raramente refletem a realidade, é preferível usar a SUBSTITUIÇÃO, personalizando seu trabalho de modo que as ações e reações partam do coração e do corpo. Em outras palavras, a SUBSTITUIÇÃO faz com que seu comportamento seja real.

A SUBSTITUIÇÃO fundamenta o trabalho do ator, proporcionando-lhe pessoas reais para interagir e reagir. Isso gera um comportamento apropriado, real e original, capaz de surpreender até você, o ator. Por quê? Achamos que sabemos como iremos agir perto de determinadas pessoas, mas a maneira como realmente nos comportamos é sempre muito diferente do que imaginamos. Somos fracos quando achamos que seremos fortes; seduzimos quando pensamos que seremos antipáticos; somos brincalhões quando acreditamos que vamos ser chatos. Uma SUBSTITUIÇÃO da sua vida real cria um espaço para você ser quem quer que seja quando está ao lado dessa pessoa – com todas as camadas que possam surgir.

Antes de analisar como encontrar e escolher a SUBSTITUIÇÃO correta, você precisa compreender o funcionamento dessa ferramenta, em um nível prático e físico.

SUBSTITUIÇÃO: a aplicação prática

Ao criar essa SUBSTITUIÇÃO, comece encontrando algo no rosto do outro ator que o lembre da pessoa que você está usando como SUBSTITUIÇÃO. Qualquer detalhe serve: os olhos, as sobrancelhas, a cor da pele, o nariz, os lábios, as maçãs do rosto, a testa etc. É muito importante que seja algo específico, porque a mente tem dificuldade para se ater a ideias vagas. Tendo decidido o que é, concentre-se nessa característica, até que o sentimento relativo à pessoa esteja nas suas entranhas. Não, você não precisa ficar com a vista embaralhada para enxergar sua SUBSTITUIÇÃO; você deve apenas esperar até sentir a essência da pessoa que está na sua frente. Conforme faz isso, lembre-se de acontecimentos-chave (alegres e traumáticos) com a pessoa que você está usando como sua SUBSTITUIÇÃO enquanto olha para aquela característica facial. Todo esse exercício deve levar poucos segundos.

No começo, trabalhar assim pode parecer estranho, mas depois de tentar algumas vezes, você irá ver que esse processo se tornará tão fácil e natural quanto respirar.

Identificando quem usar como SUBSTITUIÇÃO

Você deve encontrar a pessoa (SUBSTITUIÇÃO) capaz de fornecer as reações físicas e emocionais adequadas. Como você encontra essa pessoa? Seu OBJETIVO DE CENA responde a essa pergunta. Se o OBJETIVO DE CENA é *fazer você me amar*, pergunte-se de quem você mais precisa de amor. Sua mãe, seu irmão, sua ex-esposa, seu ex-namorado, algum amigo que se afastou? Não se preocupe com a adequação da sua personagem do roteiro com sua escolha de SUBSTITUIÇÃO. Trabalhe a partir do seu OBJETIVO DE CENA. Como nossa psique é muito estranha, complicada e, muitas vezes, incompreensível, nem sempre nos damos conta dos nossos verdadeiros sentimentos pelas pessoas que fazem parte das nossas vidas e da necessidade que temos delas. Então, é importante fazer o teste com cada pessoa que pareça até remotamente adequada para responder à pergunta de quem melhor representa a necessidade expressa no seu OBJETIVO DE CENA. Nos ensaios, teste cada possibilidade, indo até a metade da primeira página do diálogo. A escolha de SUBSTITUIÇÃO que gera as emoções mais poderosas e adequadas para a cena e, portanto, a SUBSTITUIÇÃO que você poderá querer usar, logo se tornará clara.

Ou talvez seu OBJETIVO DE CENA seja *fazer você me devolver meu poder*. Nesse caso, uma boa SUBSTITUIÇÃO poderia ser seu chefe exigente, um diretor que lhe deu muito trabalho no seu último filme, sua mãe impiedosa, uma sogra deplorável, alguém que maltratou você de alguma forma, um ex, uma colega maldosa, aquele cara que deu uma surra em você em uma briga, um professor nada razoável ou o membro de uma equipe que compete sem tréguas com você. A questão do poder se apresenta de diversas formas. Não fique preso ao mundo físico – faça escolhas que tenham sentido emocional. Os resultados serão muito mais eficazes.

Não seja literal na escolha da sua SUBSTITUIÇÃO – olhe para ela de um ponto de vista emocional.

Só porque a cena é sobre um amante não significa que você tenha que sair em busca de uma pessoa da sua vida real que é, ou foi, seu amante. Você quer encontrar uma SUBSTITUIÇÃO com quem você tenha questões emocionais parecidas.

Digamos que você tenha que interpretar uma cena na qual o OBJETIVO DE CENA da sua personagem seja *fazer você provar que pode me amar sem me magoar* e, no roteiro, esse OBJETIVO DE CENA seja dirigido a um amante. Seu primeiro instinto pode ser utilizar um amor atual ou antigo como SUBSTITUIÇÃO. Mas, e se as circunstâncias da sua vida incluem um pai que abandonou você e sua mãe quando você tinha 8 anos? Para a maioria das pessoas, essas circunstâncias teriam uma carga emocional muito maior do que qualquer acontecimento na vida amorosa. Ao usar a figura do seu pai como SUBSTITUIÇÃO do seu cônjuge na cena *fazer você provar que pode me amar sem me magoar*, você será capaz de encontrar uma base emocional mais rica, profunda e poderosa para seu OBJETIVO DE CENA. Além disso, em geral, em termos psicológicos, costumamos nos envolver sentimentalmente com pessoas que substituem nossos pais. É um conceito psicológico simples de que a maioria de nós está mais sujeito a se sentir conectado e atraído por alguém com as mesmas questões não resolvidas que temos com um de nossos pais, ou com ambos, do que por alguém que não acione o gatilho dessas emoções. É tão legítimo usar o pai ou a mãe em uma cena sobre o namorado quanto usar de fato um amor seu.

Sua SUBSTITUIÇÃO nem sempre vai seguir um caminho literal ou linear a partir da personagem no roteiro.

Uma vez passei em sala de aula uma cena de *Desafio à corrupção* para uma dupla interpretar. O filme narra a história de Fast Eddie, um jogador de sinuca descarado e trapaceiro que desafia o melhor jogador da cidade, perde, e acaba em um mar de autopiedade e nos braços de uma mulher chamada Sarah. Na cena que escolhi, Fast Eddie está dizendo a Sarah que vai partir, não sabe por quanto tempo, mas que, definitivamente, irá voltar para ela. Sarah fica brava, não acredita que ele irá voltar e usa todas as táticas possíveis para atingir seu OBJETIVO DE CENA *fazer você ficar para provar que me ama*. Shawna, a aluna que interpretava Sarah, estava fazendo um bom trabalho perseguindo seu OBJETIVO DE CENA, mas faltava algo na performance. Eu não sentia que sua vida emocional estava correndo perigo suficiente se Fast Eddie decidisse partir para nunca mais voltar. Shawna estava usando como SUBSTITUIÇÃO seu namorado. Não achei que ele fornecia a ela riscos suficientes. Se perdesse o namorado, ela, uma mulher belíssima e inteligente, poderia achar outro homem com facilidade. Eu também sabia que quando Shawna era mais jovem, seus pais se divorciaram e o pai a abandonou. Essa, sim, era uma situação muito mais dramática e traumática, cheia de riscos e de dor. Achei que fazia sentido supor que ela ainda tinha medo de ser abandonada por causa desse acontecimento. Pedi a Shawna que fosse à fonte primária dos seus temores e usasse seu pai como SUBSTITUIÇÃO. Só para dar uma ideia, as lágrimas fluíram livremente, assim como sua vontade de vencer. No segundo ensaio da cena, os alunos e eu *sentimos* que Sarah precisava que Eddie ficasse. Ela estava tentando de maneira selvagem, desesperada, vulnerável, violenta e poderosa *fazer você ficar para provar que me ama*. Isso fez com que todos nós desejássemos que ela atingisse seu objetivo. Torcemos para que ela vencesse, porque sentimos que ela *precisava* vencer seu objetivo para sobreviver.

Os membros da sua família serão, com frequência, sua escolha de SUBSTITUIÇÃO.

Em uma entrevista ao *The New York Times* sobre sua atuação em *Creed: Nascido para lutar*, Sylvester Stallone falou sobre o processo.

Segundo o jornal, para o papel, o sr. Stallone contratou uma preparadora de atuação em tempo integral, Ivana Chubbuck; seu conjunto de habilidades, ele disse, "tinha basicamente atrofiado". Quando a produção começou, ele ainda estava paralisado pela perda devastadora de seu filho mais velho, Sage, que teve um ataque cardíaco fatal no verão de 2012, aos 36 anos.

Ele imaginou que sua dor ficaria de fora do trabalho, mas a Sra. Chubbuck o obrigou a se aprofundar. "Você simplesmente se sente responsável", disse ele, sobre a morte de Sage. "Por não ter estado lá. Aqui você salva todas essas pessoas fictícias e não consegue nem salvar seu filho." Uma vez que a comporta se abriu, ele disse, suas emoções fluíram, mudando tanto sua atuação quanto o luto. "Ajudou", disse o Sr. Stallone. "Agora consigo falar sobre o assunto. Há algum consolo nisso."

No programa *The Frame* da NPR, Stallone disse que se preparar comigo utilizando a filosofia da minha técnica "foi muito catártico".

Normalmente não revelo o que meus atores estão usando para sua SUBSTITUIÇÃO. É nosso tempo privado e secreto juntos, muito parecido com um relacionamento terapêutico, e segredos criam um rico estofo para o trabalho interno. Mas como Sylvester Stallone revelou essa informação em uma matéria do *The New York Times*, posso dizer que estávamos usando a morte de seu filho Sage em seu trabalho naquele filme, e discutir como a usamos dentro dos limites do enredo do roteiro.

Vamos começar com a realidade de que a perda mais devastadora que qualquer pai pode sofrer é a morte de seu filho. O papel se tornou uma maneira de Stallone não apenas fazer as escolhas mais dinâmicas e verdadeiras para seu desempenho, mas também de encontrar catarse e uma resolução pessoal. Os espectadores com trauma também podem encontrar algum tipo de resolução em suas próprias vidas ao se relacionar com Rocky e sua dolorosa jornada para encontrar a paz – tornando-a uma experiência ainda mais profunda.

No roteiro de *Creed: Nascido para lutar*, Rocky perdeu a esposa, o melhor amigo e seu treinador (que era um mentor para ele). O relacionamento de Rocky com seu filho é tenso e já faz muito tempo. Quando o filho de Creed, Adonis, aparece, surge uma segunda chance para Rocky se tornar um pai melhor por meio de seu relacionamento de pai e filho com Adonis. Fizemos a escolha de que quando Rocky recebesse a notícia de que morreria de câncer se não fizesse o tratamento de quimioterapia, ele não ficaria devastado pela notícia, porque ele sente que não tem muito pelo que viver – já que a maioria de seus entes queridos importantes se foram. Talvez ele até considerasse aquilo uma oportunidade de se encontrar novamente na vida após a morte com aqueles que perdeu. Isso ajudou a justificar como Rocky lida com a reação de Adonis ao seu diagnóstico. Fizemos a escolha, também, para a personagem Rocky – como morrer não era algo tão ruim, ele usaria isso para obrigar Adonis a fazer jus ao papel de grande lutador e a parar de choramingar sobre como sua vida é ruim. Usando um amor duro, Rocky diz a Adonis que ele fará quimioterapia e decidirá viver apenas se Adonis se esforçar mais e tiver uma atitude de verdadeiro lutador (dentro e fora do ringue). Para reproduzir um evento tão catastrófico, precisávamos de algo da vida pessoal de Stallone que pudesse replicá-lo.

Como Stallone nunca teve a chance de ter qualquer resolução com seu próprio filho antes de morrer, usar Sage como SUBSTITUIÇÃO para Adonis deu a Stallone uma segunda chance de ser o pai que ele sempre quis ser. Em vez de causar mais dor, o filme permitiu que Stallone encontrasse aquela segunda chance que a maioria das pessoas nunca tem. Isso poderia facilmente ter sido deprimente, mas essa perspectiva tornou transformadora a experiência para Stallone.

Quando nos encontramos para começar a análise de roteiro, falamos sobre Sage. Eu disse a Stallone para escolher qualquer cena para experimentar essa SUBSTITUIÇÃO. A única maneira de saber que você tem a escolha mais relevante é experimentando. Eu disse a Stallone para pensar em algumas das coisas que ele nunca conseguiu dizer a Sage e, então, começar a cena. Eu estava lendo/atuando como Adonis, e digamos que nós dois começamos a chorar depois de algumas falas, constatando que essa era definitivamente uma boa escolha. Tanto para o coração de Stallone quanto para sua arte.

A grande epifania que encontramos ao usar esse trabalho pessoal foi de que a luta crucial para Rocky em *Creed: Nascido para lutar* não era no ringue, mas sim na vida, pela vida. Isso lhe rendeu a merecida aclamação da crítica por ser corajoso o suficiente para enfrentar, em sua arte, as mesmas coisas que ele precisava superar em sua própria vida.

Você não sabe se irá funcionar até testar.

As melhores escolhas de SUBSTITUIÇÃO são pessoas atualmente importantes para sua vida e que carregam muitas emoções. Isso o mantém no presente e o impede de tentar remoer problemas que já foram resolvidos. O que não quer dizer que você só possa usar uma pessoa como SUBSTITUIÇÃO se ela estiver presente na sua vida. Às vezes, temos sentimentos fortes por pessoas do nosso passado, mas esses sentimentos permanecem atuais porque não estão resolvidos. O ponto complicado é que nem sempre sabemos quais relacionamentos estão resolvidos e quais não estão. É comum sentirmos que superamos um relacionamento quando, na verdade, não o fizemos. Esses sentimentos estão escondidos no nosso subconsciente. Como nosso subconsciente não joga limpo, ele raramente se comunica de modo sincero com nossa mente consciente. Então, já que só nosso subconsciente sabe, a única forma de descobrirmos se uma SUBSTITUIÇÃO irá funcionar ou não é experimentando-a.

Há muitos anos, quando eu trabalhava como atriz, precisava de uma SUBSTITUIÇÃO para uma personagem por quem eu deveria estar loucamente apaixonada. Naquela época, não tinha namorado, então era uma tarefa difícil. Tentei com uma multidão de caras por quem me interessei, mas nenhum servia. Continuei tentando com ex-namorados e nada. Tentei usar meu pai. Foi inútil. Eu já estava no limite da minha sagacidade quando decidi, por desespero, tentar meu ex-marido. Ele era alguém em quem eu não pensava havia anos (juro!), e quando isso acontecia, tudo o que conscientemente emergia eram pensamentos de como seria bom vê-lo fervendo no óleo, com a pele caindo aos pedaços, e ainda se desculpando por todas as coisas abusivas e sórdidas que aquele desgraçado imprestável fez comigo (tudo bem... respira). Era um tiro no escuro. Precisava de uma SUBSTITUIÇÃO que funcionasse para o amor, e estava tentando usar uma pessoa por quem eu não sentia nada além de ódio e ressentimento? Mas, para minha grande surpresa, funcionou. Ao usar meu ex-marido como SUBSTITUIÇÃO, percebi que ainda tinha muitos sentimentos não resolvidos por ele. Também descobri que não é possível odiar tanto sem amar tanto. Assim, com essa sabedoria digna de biscoito da sorte, descobri uma SUBSTITUIÇÃO útil para aquele caso e, depois, para muitos outros projetos. Sendo assim, não é possível saber o que irá funcionar até testar. A arte raramente é racional. Não intelectualize suas escolhas. Como eu, a maioria das pessoas não tem consciência do que está ou não resolvido. Seus problemas com aquela SUBSTITUIÇÃO estão resolvidos e, portanto, são inutilizáveis? A única maneira de saber é experimentando. Se você se sentir conectado, fez a escolha certa; se não se sentir conectado, fez a escolha errada. É simples assim.

Ferramenta nº 4: Substituição

Nem todas as cenas requerem uma substituição.

A SUBSTITUIÇÃO é uma ferramenta que está disponível caso você precise dela. Por vezes, a pessoa com quem você está contracenando (incluindo o produtor de elenco em um teste) já fornece a motivação necessária para atingir seu OBJETIVO DE CENA, e você pode usar a pessoa que está bem na sua frente.

Quando comecei a ajudar Jessica Capshaw a se preparar para seu papel no programa de TV *O Desafio*, descobrimos que ela não precisava de uma SUBSTITUIÇÃO nas cenas com Camryn Manheim. Jamie Stringer, a personagem de Jessica, era uma advogada jovem e supostamente se sentia intimidada e inexperiente diante da personagem de Camryn Manheim (Ellenor Frutt), outra advogada com uma longa carreira. Como Jessica já tinha grande respeito e admiração pelas habilidades e experiência de atuação de Camryn, sentia necessidade de agradá-la assim como Jamie precisava agradar a Ellenor. Ela não precisava de uma SUBSTITUIÇÃO para sentir deferência.

SUBSTITUIÇÃO é uma ferramenta que você usa
caso precise de um histórico emocional.

Por exemplo, para uma conexão sexual você não usaria uma SUBSTITUIÇÃO, usaria o ator que está bem na sua frente. Por quê? Porque usar uma SUBSTITUIÇÃO retira a intimidade. Uma SUBSTITUIÇÃO existe para fornecer uma forte conexão emocional, não física. Conexões sexuais ajudam a criar química entre dois atores – o que é essencial para o sucesso de qualquer espetáculo, programa de televisão ou filme. Não importa quão bem escrito um roteiro seja, se não há química, não vale a pena para o público torcer pelo relacionamento. (Conferir Ferramenta nº 14, "Criando química", para um exercício completo de como fazer isso).

Você descobrirá que há poucas pessoas na sua vida poderosas o
suficiente para serem usadas como SUBSTITUIÇÃO.

Pouquíssimas pessoas realmente afetam e definem nossa vida emocional. Para a maioria de nós, essas pessoas são da família: mãe, pai e irmãos. À medida que a vida passa, esse grupo aumenta e passa a incluir um cônjuge, filhos e um chefe. Como esses relacionamentos são compostos de muitas camadas emocionais que precisam ser compreendidas e resolvidas, essas pessoas podem e devem ser usadas repetidas vezes como SUBSTITUIÇÃO. Nesses casos, Jack Nicholson com frequência utiliza sua mãe. Por quê? Porque o relacionamento de Jack com a mãe é muito complexo.

Durante a infância, Jack foi levado a acreditar que uma mulher chamada June era sua irmã e que uma mulher chamada Ethel era sua mãe. Quando sua "irmã" June estava prestes a morrer, Jack recebeu uma oferta para trabalhar no filme *O golpe do baú*, de Mike Nichols. Ele disse a June que não iria abandoná-la naquelas circunstâncias, que permanecer ao seu lado era muito mais importante do que qualquer papel. June lhe assegurou que estava bem. Ela disse que estaria viva quando ele voltasse e que ele deveria ir e aceitar o papel. Ele foi. Poucos dias depois, June morreu. Arrasado, Jack voltou para casa. E para aumentar seu choque, descobriu mais tarde que June não era sua irmã – era sua mãe; e que Ethel, a mulher que ele pensava ser a mãe, na verdade, era sua avó. Ethel tinha morrido poucos anos antes, e agora que June estava morta, não havia ninguém com quem Jack pudesse conversar ou perguntar: "Por quê?" Jack teve que desvendar esse mistério sozinho – mental e emocionalmente. Ele teve que investigar o que havia acontecido e por quê. E uma das maneiras de fazer isso foi usando sua mãe/irmã como SUBSTITUIÇÃO no seu trabalho. Seus sentimentos não resolvidos de raiva, amor e poder dão grande força à SUBSTITUIÇÃO. Em vez de sentir pena de si mesmo, o que é uma reação comum a um trauma como esse, Jack usou a dor como combustível para o trabalho. O resultado: personagens completas, sempre presentes e maravilhosamente excêntricas. O toque pessoal de Jack torna seus papéis tão "Nicholson" que eles são impossíveis de copiar.

Ferramenta nº 4: Substituição

A SUBSTITUIÇÃO gera catarse.

Atuar nos permite fazer coisas que não podemos fazer normalmente, porque os acontecimentos e as convenções da vida real nos impedem. A morte põe fim a um relacionamento, mas na nossa fantasia da atuação podemos manter a pessoa viva. Essa fantasia pode se estender a muitas questões. Quando atuamos, tudo aquilo com que sonhamos, o que de fato queremos ser ou fazer se torna possível. Como as fantasias não são reais, nelas podemos matar pessoas (que achamos que merecem morrer), casar-nos (mesmo que não estejamos namorando alguém), ter filhos (mesmo sendo estéreis), odiar (aqueles a quem não é politicamente correto menosprezar), divorciar-nos (da pessoa que não podemos abandonar) e ser gay ou hétero. Atuar permite que nossas fantasias ganhem forma. Para Natasha Gregson Wagner, filha da falecida grande atriz Natalie Wood, a fantasia de ter uma mãe era formidável, e o trabalho de SUBSTITUIÇÃO que ela fez teve um efeito muito positivo em sua vida.

Natasha era muito próxima de sua mãe. Quando Natalie morreu, Natasha só tinha 11 anos, ficou arrasada, em um sofrimento terrível. Durante os anos em que trabalhamos juntas, descobrimos que sua mãe funciona como uma SUBSTITUIÇÃO poderosa para Natasha. É evidente que seus pensamentos sobre a mãe são provocados pelo tipo de questões fortes que uma SUBSTITUIÇÃO precisa ter: abandono, perda e um amor gigante. Como Natasha é atriz, ela pode fazer o que é impossível para muita gente: viver a fantasia de como seria sua vida se a mãe ainda estivesse viva. Por exemplo, se ela está interpretando um papel que envolve amor e perda, com frequência ela irá usar a mãe como SUBSTITUIÇÃO. De certo modo, essa SUBSTITUIÇÃO lhe permite conectar-se com a mãe de uma maneira que nunca pôde, já que sua mãe morreu quando ela ainda era muito nova. Alguns podem pensar que isso não é saudável; mas manter a mãe viva no seu trabalho, por mais que possa parecer piegas, também a mantém viva no seu coração.

Sempre que você usa uma SUBSTITUIÇÃO imbuída de um assunto muito pesado, o relacionamento mal resolvido é um pouco mais processado, tanto no seu consciente quanto no inconsciente. Coisas que você gostaria de dizer ou fazer para essa pessoa significativa do seu presente ou passado – mas *não pode* fazer na vida real – são possíveis na arte.

Esteja aberto às mudanças

Quando uma nova crise agita nossa vida, nossa mente não consegue parar de pensar no trauma recente. Os dramas de ontem dão lugar aos de hoje. Se algo doloroso, crucial ou mais importante acontecer na sua vida quando você estiver trabalhando em uma peça, em um filme ou programa de televisão e isso justificar a escolha de uma SUBSTITUIÇÃO mais eficaz, por favor, mude sua SUBSTITUIÇÃO. Aconteceu isso quando eu estava trabalhando com Charlize Theron no filme *Poderoso Joe*, que relata a história de Jill Young (a personagem de Charlize), que é encarregada de cuidar de um bebê gorila quando seu pai, um pesquisador americano, é assassinado por caçadores ilegais na África. A personagem de Charlize tem que criar o macaco e garantir que ele cresça bem, mesmo quando é transferido do seu hábitat nativo na África para um santuário na Califórnia. Jill se sente na obrigação de proteger Joe, o gorila de duas toneladas, dos perigos da civilização moderna. Tínhamos escolhido uma SUBSTITUIÇÃO para Joe, e trabalhamos muito sua personagem quando, poucos dias antes das filmagens, o irmão de Charlize morreu em um acidente de carro. Naturalmente, esse fato inesperado e traumatizante ofuscou todo o resto na sua vida. Como acontece com muitas pessoas que perdem membros da família, em especial irmãos, Charlize se sentiu impotente. Ela se perguntava o que poderia ter feito para mantê-lo vivo. O que ela poderia ter dito antes que ele morresse e que nunca mais terá a chance de dizer? O que ficou pendente? Quando voltou ao trabalho, ela mudou sua SUBSTITUIÇÃO para Joe para seu irmão, e usou seu trabalho como uma segunda chance de cuidar dos sentimentos não resolvidos que tinha pelo irmão. Isso não só tornou sua atuação presente e viva, como também catártica. Em cada cena, Charlize tinha que trazer seu irmão de volta e lutar para que ele ficasse vivo, aliviando a impotência que sentia na vida real.

Claro que a morte não é o único acontecimento relevante capaz de mudar suas escolhas. Outros incluem divorciar-se, ser processado, ser pego fazendo algo ilegal ou imoral, estar brigado com uma pessoa amada, ser assediado sexualmente, ser enganado, engravidar – apenas para citar alguns exemplos.

Assuma riscos com suas escolhas

Acho que ficou claro que estou realmente convencida da necessidade de correr riscos. Se eu ganhasse uma moeda toda vez que dissesse para um ator: "Sempre, sempre se arrisque!", teria que comprar um cofrinho gigante. Para criar riscos, é preciso que haja OBSTÁCULOS grandes e arriscados a serem superados. Se você escolher uma SUBSTITUIÇÃO que lhe permita atingir com facilidade seu OBJETIVO DE CENA, não haverá necessidade de fazer algo emocionante para conseguir o que deseja. Vejamos, por exemplo, como nos comportamos com nossos amigos. Em geral, temos dois tipos de amigos: o que faria qualquer coisa por nós – levar um tiro, se necessário –, e aquele com quem nos esforçamos demais para parecer mais inteligentes, úteis e divertidos, porque ainda estamos tentando conseguir sua aprovação e carinho. Pode-se observar, então, que em uma cena sobre amizade, o segundo tipo de amigo seria a SUBSTITUIÇÃO mais interessante. O mesmo vale para todas as ferramentas:

Sempre deve haver OBSTÁCULOS inerentes às suas SUBSTITUIÇÕES.

Antes de escolher uma SUBSTITUIÇÃO, pergunte-se sempre:

- De quem eu mais preciso para conquistar meu OBJETIVO DE CENA? E dessa lista...
- Quem é a pessoa mais *improvável* de me proporcionar isso?

Isso traz à situação a possibilidade do fracasso, o que trará imprevisibilidade para você, para o outro ator e para o público. A possibilidade do fracasso também permite que seus defeitos pessoais apareçam, o que criará afetações e peculiaridades que são exclusivamente suas.

Encontrando suas SUBSTITUIÇÕES

Começar com o OBJETIVO DE CENA para ajudar você a descobrir quem é a melhor e mais eficaz SUBSTITUIÇÃO serve para adicionar realidade e profundidade à sua performance. Vamos ver como isso funciona para a personagem Bonasera, na cena inicial de *O poderoso chefão*. O filme começa com o casamento da filha de Don Corleone. De acordo com a tradição da história, no dia do casamento de uma filha, o chefe da família deve estar aberto a receber e considerar pedidos. Bonasera, um agente funerário, tem uma solicitação a fazer para o poderoso chefão. Ele está à mesa, sentado de frente para Don Corleone.

O PODEROSO CHEFÃO
por Mario Puzo e Francis Ford Coppola
© 1972 Paramount Pictures

Bonasera – Eu acredito na América. A América fez minha fortuna. E criei minha filha à moda americana. Eu lhe dei liberdade, mas lhe ensinei nunca desonrar a família. Ela arrumou um namorado, não italiano. Foi ao cinema com ele e ficou fora até tarde. Não reclamei. Dois meses atrás, ele a levou para um passeio com um amigo. Fizeram-na tomar uísque. E então tentaram abusar dela. Ela resistiu; manteve sua honra. Então, espancaram-na como um animal. Quando fui para o hospital, seu nariz estava quebrado. O queixo estava estraçalhado, preso por um arame. Ela não conseguia nem chorar por causa da dor. Mas eu chorei. Por que chorei? Ela era a luz da minha vida, uma menina linda. Agora ela nunca mais será bonita de novo.
[Ele desaba a chorar]
Desculpe... eu... eu fui à polícia, como um bom americano. Esses dois rapazes foram julgados. O juiz condenou-os a três anos de prisão, mas suspendeu a sentença. Suspendeu a sentença! Eles foram soltos naquele mesmo dia! Fiquei no tribunal como um idiota. E aqueles dois desgraçados, eles sorriram para mim. Então eu disse à minha esposa: "Para ter justiça, devemos procurar Don Corleone."

Bonasera esperava obter justiça para sua filha que, do seu ponto de vista, havia sido estuprada três vezes. Duas vezes pelos homens e a terceira pelo sistema jurídico americano, no qual ele outrora confiara. Sentindo-se impotente para enfrentar os homens que machucaram alguém que ele tanto amava, recorreu ao padrinho a fim de vingança.

- OBJETIVO DE CENA de Bonasera: *fazer você* (Don Corleone) *matar por mim*.

Na hora de escolher suas SUBSTITUIÇÕES, sempre considere os OBSTÁCULOS do roteiro, que nesse caso são:

1. Possível rejeição.
2. Medo do padrinho. Por ser agente funerário, Bonasera sabe em primeira mão do que Don Corleone é capaz.
3. Medo de ficar em dívida com o padrinho.
4. Se o padrinho recusar seu pedido, Bonasera será consumido por uma culpa terrível e um profundo sentimento de inadequação.
5. Na história, Bonasera tem evitado qualquer contato social com Don Corleone, atitude que enfurece o mafioso. Don Corleone se sente particularmente desrespeitado nesse caso, pois sua esposa é madrinha da filha de Bonasera. Por isso, Don Corleone está menos inclinado a atender ao pedido de Bonasera.
6. Corleone fará o que bem entender. Bonasera deve se mostrar submisso, o que lhe gera uma sensação de extrema fraqueza.
7. Seu desejo desesperado por justiça por meio de retaliação.
8. Se Corleone não conceder seu pedido, Bonasera não terá outras opções.

Depois de refletir sobre seu OBJETIVO DE CENA *fazer você* (Don Corleone) *matar por mim* e os OBSTÁCULOS ligados a isso, você precisa descobrir como isso acontece em sua vida, perguntando-se: "De quem, atualmente, na minha vida pessoal, eu preciso de um grande favor, mas me sinto intimidado, porque nosso nível de poder é muito desigual?" Ou: "Para quem seria emocionalmente doloroso pedir algo?"

Ao examinar as pessoas da sua vida que vêm à mente como resposta a essas perguntas, você deve decidir qual delas o afetaria *mais* como SUBSTITUIÇÃO. Em geral, surgem três ou mais nomes concebivelmente apropriados como SUBSTITUIÇÕES para a outra personagem do roteiro. Como atuar é uma arte física, você nunca deve decidir intelectualmente quem é a melhor opção de SUBSTITUIÇÃO. Repito: é necessário de fato testar as escolhas – de pé, falando o diálogo em voz alta. Desse modo, torna-se claro qual das possíveis escolhas o afeta mais. Busque estas reações:

- Afeta seu lado emocional.
- Gera paixão em você para conseguir alcançar seu OBJETIVO DE CENA.
- Tem OBSTÁCULOS inerentes.
- Ativa uma resposta física no seu corpo.

É possível que alguém lhe venha de imediato à mente e você sinta que é a escolha perfeita. Ainda assim, você deve pensar em pelo menos mais duas SUBSTITUIÇÕES alternativas, porque nem sempre temos consciência – até testarmos – de quem em nossa vida nos afeta mais. Não presuma que a escolha mais óbvia de SUBSTITUIÇÃO irá funcionar – às vezes é a pessoa que você menos suspeita que lhe motivará mais paixão para vencer seu OBJETIVO DE CENA.

Algumas possíveis escolhas de SUBSTITUIÇÃO para Don Corleone são:

- **Seu pai:** Uma dinâmica comum nos relacionamentos entre pai e filho é de o filho sentir-se intimidado pelo pai e com medo dele. Um filho coloca seu pai em um pedestal e sente que, não importa o que faça, sempre acaba, de alguma forma, decepcionando o pai. Isso faz com que o filho esteja sempre se esforçando para deixar o pai orgulhoso, ao mesmo tempo que sente que nada do que faz seja o bastante. Ou, se o pai apresenta tendências abusivas, a necessidade de o filho superar seus maus-tratos e conseguir seu amor não tem limites. Uma escolha básica como um pai estabelece uma luta de poderes desiguais, que é inerente à relação parental.

- **Sua mãe:** Talvez, na dinâmica de sua família, a mãe seja a pessoa poderosa da casa. Tal como acontece com a SUBSTITUIÇÃO do pai, o filho coloca a mãe em um pedestal e sente que, não importa o que faça, de alguma forma está decepcionando-a. Isso o leva a se esforçar para que sua mãe se orgulhe dele, mas sentir que nunca é suficiente. Se a mãe for muito exigente, ou abusiva verbal ou fisicamente, não há limites para a necessidade de o filho conseguir seu amor. Mais uma vez, uma escolha básica como uma mãe desencadeia uma luta de poderes desiguais, inerente à relação parental.
- **Sua madrasta/seu padrasto:** É comum as crianças terem problemas com pessoas que surgem na sua vida como autoridade, sem que tenham recebido esse direito pelo laço sanguíneo. E, muitas vezes, elas culpam essa pessoa por destruir a unidade familiar original. Os relacionamentos com padrasto/madrasta são cheios de questões, reais ou imaginárias (já que, para uma criança, não há diferença entre elas). Um dos problemas mais comuns é a luta pelo poder de captar a atenção e dedicação dos pais verdadeiros. A criança, em geral, perde a batalha, porque seu pai ou sua mãe tende a ficar do lado da pessoa com quem compartilha a cama. Como resultado, ter que pedir qualquer coisa a essa pessoa pode ser doloroso.
- **Um professor:** Não é estranho que uma pessoa que está em uma posição de poder e autoridade abuse disso. Alguns professores prosperam fazendo seus alunos se sentirem estúpidos, incompetentes, rejeitados, sexualmente assediados ou ridículos. Se você já teve um professor assim, ele pode ser uma SUBSTITUIÇÃO viável.
- **Um produtor de elenco, diretor, produtor, agente etc.:** Essas pessoas podem tornar seus sonhos realidade. Quando uma pessoa possui tamanho poder sobre os desejos e as esperanças de outras, é difícil resistir à tentação de abusar dessas pessoas sobre as quais ela tem poder. Essa dinâmica contribui para uma ótima SUBSTITUIÇÃO. Do que você precisaria renunciar para conseguir o que deseja? Sua dignidade, moral, ética? Espera-se que você bajule ou troque favores sexuais por aquilo que deseja? Observe que, para essa SUBSTITUIÇÃO funcionar, você deve ter um histórico *real*, pessoal

e problemático com um indivíduo *específico* que ocupe uma posição de alto poder na indústria.

- **Seu ex:** Os ex são ex por um bom motivo: nós temos graves problemas com eles – sobretudo problemas de poder. Quem ganhava mais dinheiro? Quem se dedicou mais ao relacionamento? Você se sentiu enfraquecido por causa de uma traição? Esse ex era física e/ou verbalmente abusivo? Era condescendente com você? Pedir algo – qualquer coisa – para um ex é humilhante.
- **Um irmão:** Essa escolha, por óbvio, tem como base a rivalidade entre irmãos. A dor de passar a infância inteira junto a um irmão que possivelmente batia, dedurava e zombava de você não vai embora de forma tão simples só porque vocês cresceram e são, hoje, grandes amigos.
- **Um parente, como tio/tia ou avô/avó:** Em algumas famílias, um tio ou uma avó podem assumir um papel de envolvimento mais ativo e complicado. Nesses casos, parentes têm a responsabilidade e a autoridade de pais. Como consequência, suas questões com esse familiar terão uma dinâmica paternal ou maternal. As lutas de poder serão, então, as mesmas que poderiam ter sido com sua mãe ou seu pai.
- **Seu companheiro atual:** Essa SUBSTITUIÇÃO só pode ser usada se houver graves problemas no relacionamento. Se tudo estiver bem, salvo as brigas normais que acontecem de vez em quando com todo casal, não haverá conflito nem nada a ser de fato superado a fim de atingir seu OBJETIVO DE CENA. Mas se o relacionamento está esgotado, ou se existem *grandes* questões, como seu cônjuge estar tendo um caso ou ter tendência à castração emocional, então você dispõe de elementos para trabalhar. Ter que engolir sapo para pedir um favor ao seu detestável companheiro faria comer um rato parecer uma alternativa aceitável.
- **Um amigo abusivo:** Por mais que afirmemos que nossas amizades são saudáveis (com frequência, meus alunos me dizem: "Ah, não tenho amigos desse tipo; eu me livrei deles há muito tempo..."), a maioria de nós tende a conservar ao menos um amigo abusivo. Você

sabe quem ele é. Seus outros amigos perguntam: "Mas *por que* você é amigo dessa pessoa?" O que faz com que a amizade seja ainda pior é a luta de poder com um amigo abusivo que aparenta ser amável, aliado ao fato de que esse amigo abusivo ganha as lutas de poder na maioria das vezes, e isso enfurece você. Essa SUBSTITUIÇÃO é muito poderosa devido à complexidade desses relacionamentos que, muitas vezes, também se encaixam em questões parentais.

- **Alguém que abusou de você sexualmente (uma babá, um tio, um vizinho etc.):** A pessoa que retirou seu poder da maneira mais abominável que existe – ainda mais se o episódio aconteceu na sua infância, quando você não tinha ferramentas para compreender isso nem se defender. Ter que pedir um favor a essa pessoa poderia ser devastador. No entanto, se sua filha (ou outro ente querido) precisasse ser protegida e esse molestador fosse a única pessoa capaz de protegê-la, você seria forçado a lhe pedir ajuda. Isso criaria um drama extraordinário, já que a tensão da cena seria palpável.

É claro que existem muitas outras possibilidades de SUBSTITUIÇÕES, mas essas sugestões dão uma ideia do quão longe se pode ir em busca de escolhas de SUBSTITUIÇÕES que façam sentido tanto emocionalmente quanto para o roteiro, e, além disso, que contribuam para que uma personagem como Bonasera *viva* dentro de você.

Uma vez feita sua escolha de SUBSTITUIÇÃO, você pode personalizar os OBSTÁCULOS do roteiro com base em quem você irá usar como SUBSTITUIÇÃO. Os problemas e conflitos que existem são únicos para cada pessoa que faz parte da sua vida. Por isso, é importante identificar quem é sua SUBSTITUIÇÃO antes de analisar seu trabalho interno, já que ele muda de forma radical dependendo da pessoa que você escolher. Depois de determinar sua SUBSTITUIÇÃO, é hora de personalizar os OBSTÁCULOS do roteiro.

A personalização dos OBSTÁCULOS: a aplicação prática

A primeira coisa que você faz para personalizar os OBSTÁCULOS é revisar aqueles que já listou e definiu com base no próprio roteiro. Então, com sua SUBSTITUIÇÃO em mente, determine quais OBSTÁCULOS semelhantes existem no seu relacionamento com sua SUBSTITUIÇÃO.

Para explicar como personalizar seus OBSTÁCULOS, vamos dizer que fui escolhida para interpretar o papel de Bonasera em *O poderoso chefão*. No roteiro, os principais OBSTÁCULOS de Bonasera são:

1. Uma possível rejeição.
2. Disparidade de poder.
3. Intimidação.
4. Medo da pessoa com quem está falando.
5. Um histórico de problemas no relacionamento.
6. O pedido tem uma enorme importância.
7. Provavelmente haverá consequências graves se o pedido for interpretado como um sinal de desrespeito.

Considerando tais OBSTÁCULOS, penso que a SUBSTITUIÇÃO com minha mãe parece adequada. Agora, vejamos de perto como essa SUBSTITUIÇÃO afeta os OBSTÁCULOS.

- **Minha mãe:** Ela me maltratava na infância, portanto há um histórico abusivo no nosso relacionamento. E, embora hoje eu seja uma mulher adulta, as sementes do *medo* e da *intimidação* dela ainda vivem dentro de mim. É muito difícil emoções profundas como essas desaparecerem.
  Além disso, minha mãe não é estável mentalmente. Temo que se eu a pressionar demais (como lhe pedir um favor tão grande como o de Bonasera) ela se desequilibre e seja extremamente abusiva do ponto de vista verbal, emocional e/ou físico. E então, como também já estou programada a me sentir culpada, eu teria que viver com a enorme culpa de fazê-la perder a sanidade. *Graves consequências.*

A *disparidade de poder* é intrínseca ao nosso relacionamento, já que ela é a mãe, e eu, a filha. Essa dinâmica nunca irá mudar emocionalmente; não importa o que eu tenha conquistado ou o quanto ela dependa de mim na sua velhice.

Com base nessa SUBSTITUIÇÃO, meu pedido para minha mãe seria que ela destinasse mais fundos econômicos para as necessidades do meu irmão, que sofre de deficiência intelectual e está sob seus cuidados. Antes de morrer, meu pai não deixou uma pensão para meu irmão. Minha mãe gasta uma quantia extravagante comprando os objetos mais desnecessários de qualquer vendedor esperto que apareça à sua porta. No entanto, quando se trata das despesas do meu irmão com deficiência, ela faz Scrooge* parecer Imelda Marcos. Se meu irmão não tiver seu apoio financeiro, ficará sem teto, sem comida e sem os cuidados médicos de que tanto precisa. *Um pedido importante.*

Observe que os OBSTÁCULOS pessoais ainda repercutem os OBSTÁCULOS da personagem no roteiro como as diferentes SUBSTITUIÇÕES modificaram meus OBSTÁCULOS pessoais. Ao usar minha mãe como exemplo de SUBSTITUIÇÃO, os OBSTÁCULOS incluem a disparidade de poder, o medo da outra pessoa, um histórico de problemas e um pedido muito arriscado. A personalização dos OBSTÁCULOS cria um investimento no roteiro mais poderoso e íntimo e adiciona paixão, necessidade e conteúdo à sua performance.

Os OBSTÁCULOS que precisam ser personalizados nem sempre são óbvios ou estão escritos no roteiro.

Durante muitos anos, trabalhei com Adrian Paul no papel de Duncan MacLeod, na série *Highlander: O guerreiro imortal*. Embora ele desempenhasse o papel de super-herói, tivemos que criar OBSTÁCULOS para

---

* N. do T.: *Scrooge* é uma personagem de Charles Dickens conhecida por sua avareza e insensibilidade.

humanizar sua personagem, de forma que o público pudesse se identificar com ela. Em um dos episódios, Duncan MacLeod estava tentando ajudar um amigo que era um alcoólatra agressivo. Eu disse a Adrian que, salvo raras exceções, os viciados não conseguem nem querem ouvir pessoas que não enfrentaram problemas similares. Se sua personagem nunca havia tido nenhum tipo de comportamento compulsivo, então seu amigo alcoólatra sentiria que o esforço de Duncan para ajudá-lo seria paternalista e julgador. Como você sabe, ninguém gosta de ser tratado assim. Mesmo que a ideia de Duncan de ser algum tipo de viciado não estivesse no roteiro, era necessário criar esse OBSTÁCULO para a personagem, e então personalizá-lo para Adrian, para que ele e sua personagem pudessem, verdadeiramente, se compadecer por aquela personagem alcoólatra. Inventamos uma história para o passado de Duncan: em algum momento de seus quatrocentos anos de vida, ele também foi alcoólatra. Mas, quando começamos a personalizar o OBSTÁCULO, descobrimos um novo problema: Adrian Paul nunca havia tido problemas com álcool. Tínhamos que achar algum outro vício. Você talvez esteja em estágio de negação, mas todo mundo tem pelo menos um vício: sexo, drogas, automutilação, transtornos alimentares, redes sociais etc. Em geral, quem opta pela carreira artística tem uma coleção de vícios para escolher. E não há do que se envergonhar: é o que faz de você um artista. Utilizando o vício pessoal de Adrian para a caracterização de Duncan MacLeod, ele conseguiu de fato se identificar com o comportamento obsessivo e compulsivo da outra personagem. Isso permitiu que Adrian, no papel de Duncan, compreendesse a fundo o amigo alcoólatra, fazendo com que sua interpretação fosse sobre empatia e não sobre caridade.

Aprofunde-se. Olhe além da superfície para aqueles lugares obscuros, atormentados e escondidos que residem dentro de você.

A personalização dos OBSTÁCULOS de um roteiro requer que você olhe para seus demônios internos – em especial para aqueles cuja existência muitas vezes negamos. A descoberta da SUBSTITUIÇÃO apropriada e a personalização dos OBSTÁCULOS de um roteiro exigem que você olhe profundamente para dentro de si e com total honestidade acerca de quem você é, e de quais pessoas e coisas o tiram do sério. Isso será também uma autodescoberta. À medida que for testando diversas escolhas, você irá se surpreender com o que funciona ou não. Problemas que pensava estarem resolvidos, mas não estão. Pessoas que acreditava já não terem poder sobre você ainda prevalecem no seu coração. O que é eficiente no seu trabalho é a *verdade real* do que você sente. Por isso, é importante testar várias escolhas, mesmo as que pareçam erradas. Porque, lá no fundo, no seu coração e nas suas entranhas, talvez existam vestígios de sentimentos não resolvidos – ainda que sua consciência lute com todas as forças contra isso. Trabalhar dessa maneira não só o ajuda a ter uma melhor performance, mas também a compreender a si mesmo.

A SUBSTITUIÇÃO que você escolhe colore e muda as escolhas que você faz para *todo* o trabalho interno, incluindo as imagens mentais criadas *pelo que* está falando e *o que* está ouvindo. Esses são seus OBJETOS INTERNOS, que compõe a próxima ferramenta.

CAPÍTULO 5

Ferramenta nº 5: OBJETOS INTERNOS

> As imagens que passam na sua mente sobre uma <u>pessoa, lugar, coisa ou acontecimento</u>. Há sempre um filme natural que passa dentro da nossa cabeça quando falamos ou ouvimos. As imagens escolhidas devem fazer sentido para os OBJETIVOS e para a SUBSTITUIÇÃO. Tudo deve ser preenchido com OBJETOS INTERNOS para que ativemos uma resposta humana real.

NA VIDA REAL, É NORMAL PASSAR UM FILME PELOS NOSSOS OLHOS sempre que falamos e ouvimos. Essas imagens são associações que fazemos com base em nossas experiências presentes e passadas. Da mesma forma, qualquer personagem que você interprete deve ter um filme que passa diante de seus olhos. No entanto, uma vez que a vida e as palavras da sua personagem não são suas, mas do roteirista, você deve fazer as próprias associações pessoais apropriadas para encontrar as imagens corretas. Isso é para que, quando você falar ou ouvir o diálogo, os visuais e as imagens pareçam estar emergindo da sua própria vida. Se você não faz associações claras às palavras, elas serão percebidas e sentidas como se não significassem nada para você. Como ator, é seu trabalho personalizar as palavras que vêm da mente do autor e transmiti-las como se viessem da *sua* mente. Usar OBJETOS INTERNOS faz com que isso aconteça.

Nossos OBJETOS INTERNOS nunca são aleatórios. Pense em como nós aprendemos a falar. Primeiro, o bebê vê uma imagem e depois forma as palavras. Em geral, nossas primeiras palavras são "mamã" e "papá". São

FERRAMENTA Nº 5: OBJETOS INTERNOS

as que aprendemos primeiro porque essas figuras são essenciais para nossa sobrevivência, assim como as primeiras imagens importantes que uma criança percebe. Da mesma forma, quando estamos aprendendo um idioma novo, precisamos associar uma imagem à palavra estrangeira para poder lembrar dela. É por isso que normalmente aprendemos primeiro palavras ou coisas como "banheiro", "cama" e vários alimentos.

O filme dos nossos OBJETOS INTERNOS fica sempre passando. A mente nunca fica em branco. *Nunca*. Cada pessoa, lugar, coisa ou acontecimento de que falamos ou ouvimos falar deve ter um OBJETO INTERNO ligado a ele. Por quê? Porque estamos sempre pensando. Para evocar qualquer sensação da realidade, a mente tem que estar, de forma ininterrupta, gerando imagens que inspiram a realidade e os sentimentos da personagem. A melhor ilustração de que nossa mente está em constante atividade é quando alguém nos diz: "Tenho uma coisa para te falar..." Essa introdução raramente traz boas notícias. Em geral, se você tem boas notícias, dispara: "Ei! Ganhei na loteria!" Você não diz: "Tenho uma coisa para te falar... Ganhei na loteria!" Apesar disso, a maioria dos atores, quando ouvem a frase: "Tenho uma coisa para te falar", ficam esperando a notícia com uma expressão vazia e a mente em branco. A verdade é que, quando alguém diz isso, suspeitamos de que algo ruim tenha acontecido e nossos pensamentos tentam adivinhar do que se trata. Se as palavras são do seu amor, talvez você pense: "Meu Deus, ele está me traindo!", "Ela vai me deixar!", "Ele é gay", "Ele não é gay", "Ela está grávida!" ou "Ele está morrendo!", e por aí vai. As imagens e os pensamentos da notícia ruim que sua mente imagina podem estar certos ou errados, tanto faz, contanto que os pensamentos e as imagens sejam abundantes em sua mente. Seu trabalho como ator é ter imagens e pensamentos passando pela sua cabeça enquanto você fala e enquanto escuta o outro ator expor o que quer que ele tenha para contar. Isso significa que deve haver OBJETOS INTERNOS para todas as pessoas, lugares, coisas ou acontecimentos no roteiro.

A SUBSTITUIÇÃO que você selecionou determinará suas escolhas para os OBJETOS INTERNOS. Ou seja, se você está usando sua mãe, seus OBJETOS INTERNOS devem se referir às suas experiências com ela. Desse modo, seu trabalho fará sentido, preenchendo a longa história interna que você estiver criando. Não utilize uma SUBSTITUIÇÃO para, em seguida, trabalhar com OBJETOS INTERNOS que se relacionem a outra pessoa. É um caminho muito confuso de se manter e que, por fim, cria uma performance atordoada e sem foco. Se você se pegar perguntando: "O que estou pensando agora?", é porque fez as escolhas erradas de OBJETO INTERNO. Seus OBJETOS INTERNOS devem fluir, encaixando-se com sua SUBSTITUIÇÃO, com seus OBSTÁCULOS e com seus OBJETIVOS GERAL e DE CENA, como as peças de um bom quebra-cabeça.

Em ...E o vento levou, Scarlett O'Hara com frequência fala de Tara, seu lar. Atores que não trabalham com OBJETOS INTERNOS tentarão imaginar uma mansão qualquer no campo, em vez de um lar que signifique algo para eles. O resultado de uma escolha genérica como essa será vago e sem força. Uma casa qualquer no campo não tem significado pessoal, relevância ou conexão emocional. Mesmo que você seja do Sul e já tenha visto muitas mansões no campo, a imagem na sua cabeça não está impregnada de todas as alegrias, os traumas e fatos da vida real que estão ligados a lugares com uma história emocional de verdade para você. Em vez disso, você pode usar OBJETOS INTERNOS e fazer escolhas carregadas de emoção. Por exemplo, suponhamos que você esteja fazendo uma cena com Melanie, a rival de Scarlett, e que você escolheu sua mãe como SUBSTITUIÇÃO para Melanie. O OBJETO INTERNO (imagem) que você pode usar para Tara é o lugar onde você cresceu com sua mãe. Ou talvez você esteja interpretando uma cena com Rhett Butler e escolheu seu ex-cônjuge como SUBSTITUIÇÃO. O OBJETO INTERNO que você escolheu para Tara irá mudar, porque seus pensamentos, suas necessidades e a história são muito diferentes do que seriam com sua mãe. Com o seu ex em mente, Tara agora é vista, na sua cabeça, como a casa onde você morou com seu ex.

Suas escolhas de OBJETOS INTERNOS devem ser feitas no nível emocional, não no nível físico

Em *Forrest Gump: O contador de histórias*, a personagem de Bubba vive se referindo a um barco de pesca de camarão. Se você estivesse interpretando o papel de Bubba e precisasse de um OBJETO INTERNO, a ideia não seria apelar para a melhor referência de barco em que conseguisse pensar. Aos olhos de Bubba, o barco de pescar camarão não era apenas um barco, mas algo que simbolizava seu sonho de carreira, uma razão para sobreviver ao inferno que ele estava vivendo no Vietnã e uma inspiração para ele cumprir com seu dever até o final. De modo que, se você estivesse interpretando Bubba, poderia usar como OBJETO INTERNO a ideia de protagonizar um filme junto com seu ator favorito no lugar do barco. Ou então o barco de pesca poderia ser você dando à sua mãe a casa dos seus sonhos antes que ela morra. Não existem escolhas certas ou erradas, só as que são mais ou menos eficazes. Ao analisar um roteiro em busca de OBJETOS INTERNOS, você tem que se assegurar de que suas imagens estão relacionadas à SUBSTITUIÇÃO que você está usando, e que as escolhas que você faz são as que têm maior valor emocional para você.

Os OBJETOS INTERNOS devem ter OBSTÁCULOS inerentes a eles.

Quanto mais específicas e cheias de angústia forem suas escolhas de OBJETOS INTERNOS para uma cena, mais elas evocarão uma resposta emocional em você, no outro ator e no público. Em geral, grandes riscos são criados por conflitos – se uma escolha não é complicada, torna-se fácil de assimilar e, portanto, não é particularmente interessante. A questão não é só achar OBJETOS INTERNOS que tornam sua atuação mais honesta, mas também as imagens que são mais precárias e arriscadas. Se o diálogo é: "Eu me sinto doente", você deve usar seu medo mais aterrorizante. A imagem na sua cabeça não deve ser de você na cama com gripe, e sim de você na cama, nos últimos momentos do câncer, o câncer que matou sua avó, com o qual sua mãe foi diagnosticada, o câncer que você pode vir a ter, pois ele pode ser hereditário. A escolha de um OBJETO INTERNO como o câncer baseia-se em um temor *real*. Se suas escolhas de OBJETO INTERNO não forem imbuídas de um histórico arriscado, então não emergirão naturalmente no momento da atuação. Quanto mais arriscada for sua escolha, maior a probabilidade de que você irá se lembrar das suas imagens, sem precisar pensar nelas.

Não é apenas seu próprio diálogo que precisa de OBJETOS INTERNOS: *as palavras do outro ator também devem estar ligadas às imagens que têm algum significado para você.*

As pessoas *ouvem* em imagens. Recorrer aos OBJETOS INTERNOS enquanto ouve o outro ator falando também permite que você reaja com mais honestidade. Uma das maiores reclamações de diretores e produtores de elenco é que os atores não escutam, mas se limitam a esperar sua vez de falar. Isso não significa que você, como ator, não está escutando as palavras da outra personagem – talvez você esteja escutando todas elas. Mas se as palavras não significam nada para você e não estão evocando imagens na sua cabeça, então você não as está realmente ouvindo.

Quando estamos ouvindo, não tentamos imaginar a vida do outro — relacionamos tudo o que ouvimos ao nosso próprio mundo.

Quando ouvimos os outros falando, não tentamos imaginar quais imagens se passam em suas mentes – ainda que por acaso conheçamos a pessoa, o lugar, a coisa ou o acontecimento a que se referem. Nós ouvimos usando nossas próprias imagens, porque elas significam algo para nós. Digamos que um amigo esteja falando da morte recente da mãe dele. Você não imagina a mãe dele morrendo. Em vez disso, lembra-se de alguma morte recente que tenha afetado ou imagina como você se sentiria se sua mãe morresse. Para ouvir de verdade, como fazemos na vida real, naturalmente relacionamos os pensamentos do outro com os sentimentos semelhantes da nossa própria vida. É assim que tentamos compreender e nos identificar com a realidade emocional desse outro. *É assim que verdadeiramente ouvimos.*

A função dos objetos internos não é usá-los fisicamente, mas explorar seu lado *emocional*.

Trabalhei com uma determinada atriz em muitos episódios de um popular programa de televisão sobre advogados. Sua personagem precisava defender um caso específico para uma cliente que havia sido estuprada. Na trama do programa, o estupro era algo pessoal para sua personagem, pois ela também havia sido vítima, mas nunca havia registrado um boletim de ocorrência. O desafio para essa atriz era encontrar o OBJETO INTERNO para representar a experiência do estupro. Felizmente, ela nunca havia passado por esse tipo de violação. Expliquei a ela que o estupro não é apenas uma violação física – é também uma violação emocional. Perguntei se havia algum evento em sua vida no qual ela tivesse se sentido emocionalmente violada. Ela revelou que, quando criança, era acima do peso e que seu pai constantemente a criticava e humilhava por isso. Mesmo sendo esbelta há muito tempo, as ridicularizações de seu pai permaneceram com ela. Quando se olha no espelho, ela vê um corpo horrivelmente deformado e gordo. Ela percebeu que, de fato, sentia-se atacada pelas palavras e pelo comportamento de seu pai e que isso a mudou para sempre. Decidiu, então, tentar usar essa experiência como seu OBJETO INTERNO. Em sua atuação, sempre que falava sobre o estupro que havia acontecido com sua cliente (e com sua personagem), ela visualizava o pior e mais humilhante momento de sua infância relacionado ao pai e às questões com seu peso. Ao empregar essa experiência como um OBJETO INTERNO, suas emoções incontroláveis vieram à tona de maneira orgânica.

Torne seus objetos internos pessoais

Meu cunhado é um advogado de reputação internacional e ganha quase todos os casos que defende. Seus clientes são, no geral, grandes empresas. A defesa de casos que envolvem o mundo dos negócios pode ser um desafio. É uma batalha árdua, já que a maioria das pessoas – em especial o júri – tende a favorecer o indivíduo em vez da grande máquina corporativa "do mal". Então, como ele consegue vencer? Ele faz com que cada caso seja sobre ele próprio, sua mulher e seus filhos. Encontra um jeito de personalizá-lo, como se estivesse defendendo sua família e seus valores. Ao fazer isso, ele não está lutando por uma empresa despersonalizada, mas pelo que mais importa para ele. Meu cunhado argumenta com intensidade e trabalha sem parar. Ele faz isso porque sabe que, não importa o quão altruísta ele seja, sempre fará mais por si e pelas coisas com que se importa (sua família, por exemplo) do que jamais faria pelos outros e seus ideais.

As escolhas de OBJETO INTERNO não são sempre lineares.

Adam Baldwin, que atuou em filmes como *Nascido para matar* e *Cuidado com meu guarda-costas*, participava de uma peça na qual interpretava uma personagem recém-sóbria que estava dando seu depoimento em uma reunião de Alcoólicos Anônimos (A.A.). Na história da personagem de Adam, ele tem que falar sobre as injustiças na sua vida – especificamente o fato de que ficou sóbrio para cessar os maus-tratos a que submetia sua amada e paciente esposa, que então morreu. A personagem de Adam estava arrasada e confusa. Buscamos OBJETOS INTERNOS adequados, e foi um desafio: Adam não era alcoólatra e sua esposa estava bem viva. Precisávamos achar algo que, quando ele falasse dessa morte turbulenta, ficasse tão arrasado quanto a morte prematura de um ente querido.

Adam havia participado da série chamada *Firefly: A batalha nas estrelas* criada por Joss Whedon, da famosa *Buffy, a caça-vampiros*. Havia grandes expectativas para a série: ela estava muito bem escrita e a personagem de Adam era a melhor da sua carreira. Ainda havia o fato de Whedon já ter no seu histórico uma série de sucesso, o que parecia indicar que esse papel permitiria a Adam sustentar sua esposa e seus três filhos com dignidade durante muito tempo. Adam também sentia que, por fim, tinha conseguido um papel do tipo que alimenta a alma; o que é uma raridade, basta perguntar a qualquer ator. Além disso, ele amava os outros membros do elenco como se fossem da sua família. Mas a série foi cancelada com apenas uma temporada. Adam ficou arrasado. Foi uma perda enorme, como a perda de um membro da família. Para os fins do OBJETO INTERNO, *Firefly* oferecia elementos similares aos de uma boa esposa: segurança, amor, inspiração, cuidado e proteção. A morte da série e o comportamento emotivo de Adam devido ao acontecido serviram como um perfeito OBJETO INTERNO, permitindo a ele estar presente em cena e ter sentimentos intensos e penetrantes.

FERRAMENTA Nº 5: OBJETOS INTERNOS

Os OBJETOS INTERNOS são bastante eficazes quando se trabalha com um roteiro rico em jargões, sejam da política, das finanças, da ciência ou tecnologia.

Os produtores da série *Jornada nas estrelas: Deep Space Nine* me contrataram para ajudar a criar e fazer a personagem de Terry Farrell, Dax, parecer real. E os produtores descreveram o que queriam: "Dax é um verme de trezentos anos que era homem e, agora, é uma mulher linda. Ela é sábia (por causa da sua idade) e não se afeta pela sua sexualidade (outra vez, por causa da idade) – sábia demais, na verdade, para ter senso de humor."

Eu disse a eles "Tudo bem, sem problemas... Concordo...". Não sou tão fascinada por ficção científica como os "Trekkies", mas sei que, para qualquer pessoa gostar de uma personagem, deve haver algum tipo de identificação. Os produtores queriam que o público amasse Dax e, ao mesmo tempo, que fosse uma personagem fiel à personalidade da ficção científica. O único modo de combinar ambas as coisas era humanizando Dax, encontrando semelhanças terráqueas para suas qualidades alienígenas, de modo que aqueles de nós que ainda moram na Terra pudéssemos compreendê-la e se relacionar com ela. Utilizando OBJETOS INTERNOS, consegui dar a Dax sexualidade (uma força primária com que todos podem se identificar), senso de humor (que agrada a maioria das pessoas), e personalizei toda a complicada linguagem tecnológica (fazendo com que palavras como "buraco de minhoca" e "quarks" parecessem corriqueiras). Os produtores viram o material bruto produzido após os primeiros dias de trabalho de Terry e ficaram maravilhados. Ao humanizar a alienígena, eles parecem ter conseguido "exatamente o que queriam". A intenção não era desafiar as autoridades do programa. Eles também procuravam o tipo de interpretação que melhor transmitisse sua visão da personagem e captasse um público maior para assistir à série. Mas, como os produtores não são atores profissionais, em geral não sabem usar a linguagem correta para explicar o que querem. Cabe a você traduzir isso em uma grande performance, com a inclusão do fator humano (você mesmo), tornando sua atuação emocionante e gerando identificação nos produtores, no diretor e no público.

Escolha as opções de OBJETOS INTERNOS mais atuais e arriscadas

Usar circunstâncias dolorosas recentes da sua vida lhe trará presença e crueza, porque você ainda desconhece o caminho de como elas irão se resolver. O ponto principal é não se preocupar apenas em achar OBJETOS INTERNOS que tornem sua performance sincera, mas encontrar as imagens mais vivas e arriscadas no momento.

Experimente diferentes opções de objeto interno.

Assim como deve ser com todas as outras ferramentas, não confie no seu intelecto para decidir o que irá funcionar. Ao testar diferentes OBJETOS INTERNOS, você encontrará os que são mais eficazes. Como você identifica os melhores OBJETOS INTERNOS? Quando estiver ensaiando e atuando, as escolhas mais fracas acabam evaporando, ou seja, elas não se prendem à sua mente. No entanto, as boas escolhas de OBJETO INTERNO *vão* permanecer. Você não tem que pensar sobre isso, as imagens apenas aparecem de maneira orgânica e natural. Você também irá descobrir que uma escolha forte de OBJETO INTERNO potencializa seus sentimentos.

Todo mundo tem uma riqueza de experiências significativas para evocar, e cada uma delas vem acompanhada de montes de imagens. A maioria das pessoas tem medos suficientes para preencherem vários volumes. Olhe sua caixa de Pandora pessoal e você irá encontrar escolhas boas e fortes de OBJETO INTERNO.

Escrevendo as escolhas de OBJETO INTERNO no papel: a aplicação prática

Para estabelecer suas escolhas de OBJETO INTERNO, escreva a lápis para poder apagar caso mude de opinião (o que vai acontecer bastante). Escreva cada escolha diretamente embaixo da palavra ou das palavras às quais o OBJETO INTERNO está ligado.

Para demonstrar a aplicação dos OBJETOS INTERNOS, vamos analisar como Michael, um dos meus alunos, utilizou-os ao interpretar o papel de Jack em *A importância de ser Ernesto*, de Oscar Wilde. A história gira em torno de dois jovens, Jack Worthing e Algernon Moncrieff. Eles consideram sua vida tediosa, então inventam um irmão imaginário, Ernesto, como forma de escapar do cotidiano e ir à procura de mais emoção e romance. Jack usa o fantasma "Ernesto" como desculpa para deixar sua tediosa casa no campo, o que lhe permite desfrutar da cidade e ficar ao lado da sua amada Gwendolen. Como todas as mentiras tendem a sair pela culatra, as enganações de Jack e Algernon se cruzam, ameaçando o relacionamento de Jack com Gwendolen.

A IMPORTÂNCIA DE SER ERNESTO
Oscar Wilde
(Ato I, Cena 1)

[*Sala de estar do apartamento de Algernon, localizado em Half Moon Street. O espaço é luxuoso e artisticamente mobiliado. Ouve-se o som de um piano no cômodo ao lado.*]

[*Entra Algernon*]

Algernon – Como você está, querido Ernesto? O que o traz à cidade?

Jack – Ah, o prazer, o prazer! Que outra coisa deveria levar alguém a qualquer lugar? Comendo como de costume, não é, Algy?

Algernon – [*Formalmente*] Acredito que na boa sociedade seja costume tomar um leve refresco às cinco horas. Onde você esteve desde a quinta-feira passada?

Jack – No campo.

Algernon – Que diabos você fez lá?

Jack – Quando se está na cidade, você se diverte. Quando se está no campo, diverte os outros. É muito entediante.

Algernon – E quem são as pessoas que você diverte?

Jack – [*Casualmente*] Ah, vizinhos, vizinhos.

Algernon – São simpáticos seus vizinhos lá em Shropshire?

Jack – Completamente desagradáveis! Nunca falo com nenhum deles.

Algernon – Como você deve diverti-los! A propósito: Shropshire é seu condado, não é?

[*Algernon pega um sanduíche*]

Jack – Hã? Shropshire? Sim, com certeza. Olha! Por que tantas xícaras? Por que sanduíches de pepino? Por que tanta extravagância imprudente em alguém tão jovem? Quem você convidou para o chá da tarde?

Algernon – Ah! Apenas a tia Augusta e Gwendolen.

Jack – Que maravilha!

Algernon – Sim, é muito bom. Mas temo que a tia Augusta não gostará muito de ver você aqui.

Jack – Posso saber por quê?

Algernon – Meu querido amigo, o jeito como você flerta com Gwendolen é completamente vergonhoso. É quase tão ruim quanto a maneira como Gwendolen flerta com você.

Jack – Estou apaixonado por Gwendolen. Vim à cidade com o propósito de pedi-la em casamento.

Algernon – Pensei que você tivesse vindo por prazer... Chamo isso de negócios.

Jack – Você é tão pouco romântico, hein?

(*E a cena continua...*)

FERRAMENTA Nº 5: OBJETOS INTERNOS 113

No papel de Jack, o OBJETIVO GERAL de Michael é *fazer Gwendolen me amar*. Seu OBJETIVO DE CENA é *fazer você* (Algernon) *me ajudar para que Gwendolen me ame*. Como SUBSTITUIÇÃO para Algernon, Michael utilizou seu amigo Tom, que, a princípio, apresentou-o ao seu OBJETO INTERNO utilizado com Gwendolen (Samantha, a garota por quem Michael tem uma paixão não correspondida). Agora, vamos pegar essa cena e escrever as escolhas de OBJETO INTERNO de Michael abaixo das palavras com as quais eles se relacionam, que estarão sublinhadas. Estará escrito à mão da maneira como e onde você escreveria as escolhas dos OBJETOS INTERNOS específicos e pessoais. Lembrando que os OBJETOS INTERNOS incluem a imagem mental de pessoas, lugares, coisas ou acontecimentos de que se está falando ou ouvindo outra pessoa falar.

A IMPORTÂNCIA DE SER ERNESTO
Oscar Wilde
(Ato I, Cena 1)

[*Sala de estar do apartamento de Algernon, localizado em Half Moon Street. O espaço é luxuosa e artisticamente mobiliado. Ouve-se o som de um piano no cômodo ao lado.*]

[*Entra Algernon*]

Algernon – Como você está, meu querido <u>Ernesto</u>? O que o traz à <u>cidade</u>?　　　　　　　*Microstick (o apelido secreto*
Hollywood　　　　　　　　　*de Michael, que ele espera*
　　　　　　　　　　　　　　que continue em segredo e seja
　　　　　s　　　　　　　　*só para os amigos)*

Jack – Ah, <u>o prazer, o prazer</u>! Que outra coisa deveria
　　　　sexo, drogas e rock'n'roll
levar alguém a qualquer lugar? <u>Comendo</u> como de costume,
não é, Algy?　　　　　　　*bebendo uísque*

Algernon – [*Formalmente*] Acredito que na <u>boa sociedade</u>
　　　　　　　　　　　　　　　　　　　　　bons amigos

seja costume tomar um <u>leve refresco às cinco horas</u>.
>*bebida alcoólica às cinco da tarde.*

Onde você esteve desde a quinta-feira passada?

Jack – <u>No campo</u>.
>*Van Nuys (o vale).*

Algernon – Que diabos você fez lá?

Jack – Quando se está na <u>cidade</u>, você se diverte.
>*Hollywood*

Quando se está no campo, diverte os <u>outros</u>.
>*os suburbanos.*

É <u>muito entediante</u>.
jogar boliche e comer no Denny's

Algernon – E quem são as <u>pessoas que você diverte</u>?
>*suburbanos*

Jack – [*Casualmente*] Ah, <u>vizinhos, vizinhos</u>.
>*famílias chatas, sem solteiros*

Algernon – São simpáticos seus <u>vizinhos</u> lá em <u>Shropshire</u>?
>*famílias   o vale*

Jack – Completamente desagradáveis! Nunca falo com nenhum deles.

Algernon – Como você deve diverti-los!

A propósito: <u>Shropshire</u> é seu condado, não é?
>*o vale*

[Algernon pega um sanduíche]

Jack – Hã? <u>Shropshire</u>? Sim, com certeza. Olha! Por que
>*o vale*

tantas <u>xícaras</u>? Por que <u>sanduíches de pepino</u>? Por que
>*copos de cristal   Chivas Regal caro*

tanta extravagância imprudente em alguém tão jovem? Quem você convidou para o chá da tarde?
    beber

    Algernon – Ah! Apenas a tia Augusta e Gwendolen.
        Kim (melhor amiga de Samantha)   Samantha

    Jack – Que maravilha!

    Algernon – Sim, é muito bom. Mas temo que a tia Augusta não gostará muito de ver você aqui.   *Kim (que odeia Michael)*

    Jack – Posso saber por quê?

    Algernon – Meu querido amigo, o jeito como você flerta com Gwendolen
    Samantha
é completamente vergonhoso. É quase tão ruim quanto a maneira como Gwendolen flerta com você.

    Jack – Estou apaixonado por Gwendolen. Vim à cidade com
                    Samantha   *Hollywood*
                                    (onde ela mora)
o propósito de pedi-la em casamento.
        pedi-la em namoro.

    Algernon – Pensei que você tivesse vindo por prazer...
                                        sexo casual
Chamo isso de negócios.
    burrice.

    Jack – Você é tão pouco romântico, hein?
        chato

(*E a cena continua...*)

À medida que Michael trabalhava a cena para a aula, ele descobria que alguns OBJETOS INTERNOS eram mais eficazes e outros menos.

Após cada ensaio com seu parceiro de cena, ele mudava aqueles que não funcionavam tão bem e tentava outros que acreditava que funcionariam melhor. Seu trabalho não está completo até que você tenha acabado de rodar o filme ou até que a peça não esteja mais em cartaz. Há sempre novos lugares para onde você pode ir que irão mudar e melhorar seu desempenho. Atuar é uma experiência infinita, há sempre algo mais para aprender e para experimentar. O jogo só acaba quando termina, e na arte a prorrogação não tem hora para terminar.

Capítulo 6

Ferramenta nº 6: UNIDADES e AÇÕES

> Um pensamento é uma UNIDADE. Sempre que há uma mudança de pensamento, há uma mudança de UNIDADE. AÇÕES são pequenos OBJETIVOS, ligados a cada UNIDADE, que apoiam o OBJETIVO DE CENA e, portanto, o OBJETIVO GERAL. Uma ação é formulada como tentativa de fazer com que a outra pessoa faça ou sinta algo, permitindo que você avalie com precisão se está alcançando ou não esse OBJETIVO. UNIDADES e AÇÕES fornecem diferentes táticas para obter o que você deseja.

Sempre que um pensamento muda no roteiro, a UNIDADE muda

COLOQUE UM COLCHETE AO REDOR DE CADA [UNIDADE] PARA INDICAR onde acaba uma e começa outra. Quantas UNIDADES tem o seguinte diálogo?

> Por que você me magoou assim? Não, não responda... Eu sei. Porque você não se importa, você nunca se importou. E quer saber? Também não me importo. Eu me importo menos ainda do que você! Fique sabendo disso!

Há três UNIDADES:

> [Por que você me magoou assim?] [Não, não responda... Eu sei. Porque você não se importa, nunca se importou.] [E quer saber?

Também não me importo. Eu me importo menos ainda do que você! Fique sabendo disso!]

Uma UNIDADE pode ser uma palavra, uma fala ou até mesmo uma página do diálogo. O critério para a mudança de UNIDADE é quando o diálogo indica um novo pensamento. Assim como acontece com as outras ferramentas, nada é absoluto. Aquilo que pode parecer uma mudança de UNIDADE (de pensamento), na sua análise preliminar do roteiro, pode mudar quando você estiver dizendo as palavras em voz alta. E a UNIDADE pode também variar dependendo da reação do(s) outro(s) ator(es) com quem você estiver contracenando. Mantenha sempre a mente aberta para a possibilidade de mudar as UNIDADES, pois estar aberto e disponível a outras escolhas mantém você plenamente presente e vivaz. Considere a análise das UNIDADES um esboço a partir do qual você pode criar, ou seja, uma base sólida que permite ajustes naturais e não premeditados que surgem no calor da atuação.

As AÇÕES são pequenos OBJETIVOS, as diferentes abordagens que você usa para alcançar de maneira mais eficaz seu OBJETIVO DE CENA. As ações são realizadas tanto de forma verbal quanto comportamental.

As UNIDADES e AÇÕES produzem uma diferença entre as diversas táticas que você usa para atingir seu OBJETIVO DE CENA. Em outras palavras, UNIDADES e AÇÕES são pequenos OBJETIVOS. Elas são redigidas com mais precisão do que seu OBJETIVO DE CENA, e devem apoiar o movimento necessário *para conquistar* seu OBJETIVO DE CENA.

Se o OBJETIVO DE CENA é *fazer você me dar um emprego*, existem muitas maneiras de conseguir isso. Com palavras e comportamento, a AÇÃO para a primeira UNIDADE pode ser *fazer você rir*. Com palavras e comportamentos, a AÇÃO para a segunda UNIDADE pode ser *impressionar você com meu currículo*. Para a terceira UNIDADE, a AÇÃO pode ser *impressionar você com minha inteligência*. E a ação para a quarta, *fazer você confiar em mim*.

FERRAMENTA Nº 6: UNIDADES E AÇÕES

As UNIDADES e AÇÕES fornecem uma variedade de táticas para conseguir o que você deseja, acrescentando mais nuances ao seu trabalho.

Trabalhar com UNIDADES e AÇÕES permite que você busque o OBJETIVO DE CENA com especificidade e uma gama de comportamentos. As UNIDADES e AÇÕES trazem variação e diversidade à cena, afetando não apenas a forma como você dá as falas, mas também como se comporta. À medida que persegue uma UNIDADE e uma AÇÃO de forma verbal, o corpo se sente compelido a se engajar nessa busca. É assim que o comportamento é formado.

Assim como ocorre com o OBJETIVO DE CENA, as UNIDADES e AÇÕES devem ser formuladas de modo a extrair uma reação, a afetar a outra pessoa e não apenas a dizer algo para ela.

Usar UNIDADES e AÇÕES para afetar a outra pessoa permite que você trabalhe um momento de cada vez. Sem a necessidade de afetar ou provocar uma mudança na outra pessoa, é fácil cair na armadilha de memorizar um modo de ser. Isso não é condizente com a natureza humana. O ator precisa recriar as partes inconscientes e espontâneas da sua vida, pois são elas que produzirão resultados originais e inesperados.

As UNIDADES e AÇÕES permitem que você esteja presente e seja autêntico.

Quando você busca uma UNIDADE e AÇÃO para obter uma reação, isso não pode ser planejado. Você não só não pode saber como irá falar algo (porque está mais concentrado na outra pessoa do que em você), como também não tem ideia de como a outra pessoa irá reagir, ou como *você* irá reagir a essa reação, e assim sucessivamente. Como resultado, a vida – e não uma imitação da vida – irá emergir.

*Sua necessidade de que a outra pessoa reaja (UNIDADE e AÇÃO)
dá poder a essa pessoa, porque faz com que
ela se sinta necessária e importante.*

Se você não exige uma reação do outro ator, você o diminui e enfraquece sua habilidade de vencer seu OBJETIVO DE CENA. Como quase todo mundo, provavelmente você já teve a experiência de estar em uma festa quando alguém se aproxima e pergunta: "Oi, como você está?", mas sem olhar para sua cara ou esperar resposta. Em vez disso, esse alguém continua andando ou olhando em volta à procura de outros convidados mais importantes, mais sensuais ou mais interessantes para conversar. Como você se sente quando isso acontece? Mal, insignificante, quase como se não estivesse ali, certo? Pois é exatamente isso que você causa no outro ator (ou no produtor de elenco em um teste) quando lança uma fala para eles e não liga para a resposta.

Usando o mesmo trecho que dividimos em UNIDADES, vejamos agora como ele se associa com algumas possibilidades de AÇÃO:

[Por que você me magoou assim?]

[Não, não responda... Eu sei. Porque você não se importa, nunca se importou.]

[E quer saber? Também não me importo. Eu me importo menos ainda do que você! Fique sabendo disso!]

Eis algumas escolhas de UNIDADES e AÇÕES possíveis, permanecendo fiéis às necessidades do OBJETIVO DE CENA *fazer você ficar comigo*:

- PRIMEIRA UNIDADE: "Por que você me magoou assim?"
  AÇÃO: *fazer você me ajudar a compreender*
  Ou: *fazer você me consolar*
  Ou: *fazer você se sentir culpado*
- SEGUNDA UNIDADE: "Não, não responda... Eu sei. Porque você não se importa, nunca se importou."
  AÇÃO: *fazer você me tranquilizar*

Ou: *fazer você admitir que eu tenho razão*
Ou: *fazer você me dizer que não é verdade*
- TERCEIRA UNIDADE: "E quer saber? Também não me importo. Eu me importo menos ainda do que você! Fique sabendo disso!"
AÇÃO: *fazer você sentir minha dor*
Ou: *desafiar você a me superar na indiferença*
Ou: *assustar você, dando a entender que "acabou"*

Essas opções foram escritas procurando despertar uma reação, de modo a estabelecer uma interação com a outra pessoa e, assim, um relacionamento. A formulação das frases dá a você uma maneira de fazer com que outra pessoa seja seu foco, evitando que você fique autocentrado e autoindulgente.

Leia essas frases de novo, agora em voz alta, experimentando cada uma das escolhas de UNIDADE e AÇÕES para o diálogo.

Percebe o quanto a maneira como você fala e seu comportamento mudam de acordo com cada uma das diferentes opções? E as escolhas apresentadas são só algumas poucas possibilidades. Há muitas maneiras diferentes que você poderia usar para realizar especificamente o OBJETIVO DE CENA *fazer você ficar comigo*.

Os exemplos a seguir expressam os mesmos sentimentos, mas não demandam uma reação. São passivos e bem menos eficazes.

- PRIMEIRA UNIDADE: "Por que você me magoou assim?"
AÇÃO: *quero compreender*
Ou: *estou triste*
Ou: *eu te considero culpado*
- SEGUNDA UNIDADE: "Não, não responda... Eu sei. Porque você não se importa, nunca se importou."
AÇÃO: *ficar calmo*
Ou: *acredito que estou certo*
Ou: *não quero acreditar nisso*
- TERCEIRA UNIDADE: "E quer saber? Também não me importo. Eu me importo menos ainda do que você! Fique sabendo disso!"

AÇÃO: *sofrer*
Ou: *eu me sinto desafiado*
Ou: *acabou!*

Esses são sentimentos, não UNIDADES e AÇÕES. Sentimentos não provocam uma reação. Com essas frases, você não precisa da outra pessoa para interagir. Você pode ter esses sentimentos sozinho. Redigir suas ações como sentimentos inativos causa um resultado introspectivo, bem como uma realidade que não tem propósito, necessidade ou desejo de interação humana. Em consequência, não se estabelece movimento nem relacionamento algum.

As AÇÕES têm o poder de mudar o significado e a intenção

Com isso, você tem liberdade para descobrir formas mais interessantes e originais de dizer o diálogo. Sem as UNIDADES e AÇÕES, o mais provável é que você faça uma leitura óbvia, literal. Pratique com a seguinte frase: "Eu te odeio", usando-a como diálogo. Por si mesma, a intenção parece clara o suficiente. Mas vejamos o que acontece quando mudamos de acordo com a UNIDADE e a AÇÃO. Tente dizer "Eu te odeio" para:

fazer você rir.

Diferente do que você pensou originalmente? Agora diga isso para:

fazer você admitir sua culpa.

O significado mudou completamente. Bem, agora mude para:

fazer você me consolar.

Você captou a ideia. A UNIDADE e a AÇÃO que você escolhe determinarão o que está tentando comunicar, independentemente das palavras.

Ferramenta nº 6: unidades e ações

A UNIDADE e a AÇÃO fazem o significado das palavras mudar de forma drástica. Alguma vez você já disse "Eu te amo" quando na verdade o que você queria (UNIDADE e AÇÃO) era fazer sexo com a pessoa? Compare isso à vez em que você falou "Eu te amo" e o que queria conseguir (UNIDADE e AÇÃO) era fazer a outra pessoa dizer "Eu te amo" também. Ou quando seu "Eu te amo" significava que queria fazer a outra pessoa "rir do absurdo disso tudo" (UNIDADE e AÇÃO). Assim, é possível ver por que um ator que interpreta "Eu te odeio" ou "Eu te amo" de forma óbvia e "preto no branco" perde todas as outras possibilidades de nuance – os tons de cinza – que existem entre o preto e o branco. Essa área cinzenta entre os extremos fica literal e figurativamente em branco, e demanda uma interpretação que é inspirada por escolhas específicas de UNIDADE e AÇÃO.

Pergunte-se o que você deseja obter (OBJETIVO DE CENA), e qual o melhor e mais eficiente modo (verbal e comportamental) de atingir isso (UNIDADES e AÇÕES)

As ações devem apoiar o OBJETIVO DE CENA para criar um fio que tece uma cena inteira. Quanto mais você se propõe atingir seu OBJETIVO DE CENA, UNIDADE por UNIDADE, AÇÃO por AÇÃO (utilizando diferentes abordagens e táticas no seu discurso e comportamento), e quanto mais percebe que *não* está tendo sucesso em atingir seu OBJETIVO DE CENA, mais esforço fará para consegui-lo. Isso gera um crescente para o topo do arco que você cria na cena. Você também deve fazer a outra personagem *querer* dar a você seu OBJETIVO DE CENA, fazendo as escolhas mais eficientes de UNIDADES e AÇÕES.

Jennifer Beals manteve isso em mente e conseguiu resultados comoventes quando trabalhamos em uma determinada cena dentro de um episódio da série *The L Word*, da Showtime. Essa série gira em torno de lésbicas e todos os traumas e julgamentos inevitáveis que elas enfrentam em um mundo cheio de homofobia e intolerância. Em uma das cenas, Bette, a personagem de Jennifer, é convidada para uma entrevista em um programa na TV, e se envolve em um debate acalorado com Faye Buckley, sua "nêmesis" nesse episódio. Em tom ofensivo, Faye argumenta que a exposição artística de Bette era pornográfica. No final da cena, Faye vai longe demais e dá um golpe baixo, revelando uma informação pessoal da vida de Bette, exclamando:

> A Bíblia condena a homossexualidade, Bette. É por isso que Deus tirou da sua amante lésbica o filho que ela estava esperando. O bebê será poupado de toda humilhação a que teria sido exposto se tivesse nascido nessa vida deturpada que vocês levam. Ele teve sorte de não ter nascido.

Bette responde a isso chamando Faye de "monstro", e expondo publicamente um vídeo pornô protagonizado pela filha adolescente dela, um filme que Faye havia feito de tudo para manter em segredo. A AÇÃO para a UNIDADE de quando Bette fala "monstro" e projeta o vídeo poderia ser vingativa. Porém, o OBJETIVO DE CENA de Bette é *fazer você* (a audiência, pois a câmera no programa de TV é a terceira pessoa em cena) *ficar do meu lado contra Faye*. Se Bette agisse de forma maliciosa e rancorosa, ela pareceria cruel. A maneira mais eficaz de atingir o OBJETIVO DE CENA era não entrando no jogo das palavras ofensivas de Faye. A AÇÃO que usamos para essa UNIDADE foi *ajudar você* (Faye) *a entender sua crueldade*, então ela falou "monstro" de modo gentil (em vez da óbvia e nada eficaz explosão de raiva), e, de maneira compassiva, deslizou o vídeo sobre a mesa para Faye ver. Se Bette tivesse reagido com uma atitude vingativa, não teria conquistado a simpatia do público. Usando essa combinação de UNIDADE e AÇÃO, Jennifer compôs uma personagem empática, uma pessoa cujo lado escolheríamos com prazer, assim como a audiência.

Aplique UNIDADES e AÇÕES aos momentos não verbais

Durante uma discussão com seu parceiro, você pode sair pela porta, batendo-a com raiva. Mesmo que nenhuma palavra seja dita, você ainda está buscando uma UNIDADE e AÇÃO: *fazer você me impedir de ir embora*.

Quase sempre, quanto mais forte e com violência se bate a porta, mais se deseja que a outra pessoa corra atrás e impeça a nossa partida, provando assim seu amor. Isso leva a UNIDADE e AÇÃO *fazer você me impedir de ir embora* apoiar o quadro maior do OBJETIVO DE CENA: *fazer você provar que me ama*.

Se a direção de cena diz que você está se arrumando para dormir irritado e aborrecido... dentro de um quadro em que o OBJETIVO DE CENA é *fazer você assumir a culpa para que eu não precise fazer isso*, a UNIDADE e AÇÃO poderiam ser *fazer você admitir que se sente culpado*, *fazer você sentir meu sofrimento* ou *fazer você me acalmar*.

Há muita coisa que podemos tentar para vencer por meio do uso de UNIDADES e AÇÕES. Mesmo quando o outro ator está falando, suas UNIDADES e AÇÕES nunca devem ser interrompidas.

Quando você está ouvindo, também é necessário expressar o que quer obter da outra personagem – *com ou sem palavras*. Quando você para de falar e é a vez do outro, você deve continuar tentando atingir com o comportamento a reação desejada. As necessidades não acabam junto com suas palavras!

Não há escolhas certas ou erradas, apenas escolhas mais ou menos eficientes.

Você deve levar em conta o *modus operandi* da sua personagem, o "quem-sou-eu"

Mantenha em mente o "quem-sou-eu" da sua personagem, o *modus operandi* específico de como sua personagem poderia ser mais eficiente para vencer seu OBJETIVO DE CENA. Uma sedutora ou uma mulher que faz joguinhos, em geral, atinge seu propósito (OBJETIVO DE CENA) usando a sexualidade; um intelectual procura alcançar seu OBJETIVO por meio de estratégias psicológicas e sua inteligência; o palhaço da turma usa o humor como *modus operandi* para vencer; um mafioso, lutador ou o membro de uma gangue usa violência e agressão para obter o que deseja. Em outras palavras, tenha sempre em mente *quem* é sua personagem e *como* ela, quase sempre, opera na vida quando fizer escolhas específicas de UNIDADE e AÇÃO.

Trabalhei com Jon Voight no filme *Em busca de um sonho*, no qual ele desempenhava o papel da figura paterna de um menino que acreditava ser órfão. Até o final do filme, a personagem de Jon não sabe quem é o pai biológico do menino. A mãe do garoto morreu antes de ter a oportunidade de contar a ele. Para ajudar o público a aceitar o final da história, Jon aproveitou todas as oportunidades para mostrar ao público que ele era e podia ser paternal com o garoto. Dentro do diálogo, ele usou UNIDADES e AÇÕES como *fazer você se sentir seguro, fazer você acreditar em si mesmo, fazer você se sentir protegido, impressionar você com a minha lealdade* e *fazer você se sentir amado*. Essas UNIDADES e AÇÕES serviram como uma espécie de suporte para o filme. Quando ele e o público acabam descobrindo a paternidade da personagem, não têm dificuldade em aceitá-la. Graças às suas UNIDADES e AÇÕES, ele deu sentido à sua paternidade biológica.

Você deve considerar o *modus operandi* da outra personagem, o "quem-é-ela"

Também é necessário considerar quem é a outra personagem, isso o ajudará a decidir *como* obter o que deseja. A outra personagem pode ser alguém que usa o intelecto para atingir suas metas. Você tem que tentar apelar para essa pessoa no campo de batalha dela, porque ela se sentirá mais disposta a lhe dar o que você deseja se *ela* também estiver conseguindo o que quer.

Suas escolhas de UNIDADE e AÇÃO devem ser focadas e direcionadas

Todas suas escolhas de AÇÃO deveriam surgir a partir da sensação de ter uma arma apontada para sua cabeça. Ao assumir riscos COM OBJETIVO GERAL, OBJETIVO DE CENA, OBSTÁCULOS, SUBSTITUIÇÃO e OBJETOS

INTERNOS, esses riscos devem ser muito altos para você. Como você sabe, quando o risco é alto, tudo o que se faz ou diz, por menor que seja, é importante. Nada é desprezível. Cada "como", "por que" e "o que" significam alguma coisa. Imagine que você faz um comentário sem importância enquanto alguém está apontando uma arma para sua cabeça. Isso não aconteceria, pois, quando se trata de salvar sua vida, cada comentário, cada movimento faz a diferença. Cada cena deve, então, ser direcionada a tentar resolver, superar e alcançar algo extremamente valioso ou significativo para você. Suas UNIDADES e AÇÕES devem complementar e favorecer a realização de um OBJETIVO muito importante (OBJETIVO DE CENA). Dessa forma, seu trabalho se imbui do poder de uma batalha de vida ou morte. Isso significa que você não pode desperdiçar um minuto sequer, nem considerar alguma coisa irrelevante. Tudo o que você diz ou faz deve promover a realização do seu propósito, mediante UNIDADES e AÇÕES que são indispensáveis para todo o roteiro.

Responda à reação provocada por sua UNIDADE e AÇÃO.

Por exemplo, imaginemos que você está contando uma piada e, obviamente, sua AÇÃO para essa UNIDADE seria *fazer você rir*. Pense em todas as possíveis reações que podem ocorrer para a UNIDADE e AÇÃO *fazer você rir* – uma risada complacente, forçada, um sorriso, um "Ha-ha-ha, foi tão engraçado que até esqueci de rir" etc. Sua reação emocional mudará dependendo de *como a outra pessoa* reagir à sua UNIDADE e AÇÃO. Se a outra pessoa rir, você irá se sentir muito bem; do contrário, irá se sentir péssimo. É importante ir atrás da sua UNIDADE e AÇÃO, ver que tipo de reação você está obtendo, alimentar-se dela (seja boa ou ruim) e, então, responder de acordo.

Trabalhar para obter uma reAÇÃO tira o foco de você mesmo e o mantém no momento presente.

Quando você está muito focado em obter uma reAÇÃO da outra pessoa, é difícil prestar atenção em si mesmo e estabelecer ou planejar com antecedência um modo de dizer e interpretar o diálogo. Isso cria espontaneidade. Pense naqueles momentos decisivos da sua vida, alguma situação em que seu desejo por algo era tão grande que chegava a dar água na boca. Lembre-se do quão concentrado estava na reação da outra pessoa (a pessoa que poderia lhe dar o que você queria). Cada piscada, olhar, entonação, enunciação e linguagem corporal era interpretado, re-interpretado e recontado para serem interpretados novamente por seus amigos. Você estava superatento a cada coisa que a outra pessoa dizia ou fazia. Então precisa estar nesse mesmo estado enquanto estiver atuando.

Você pode repetir uma UNIDADE e AÇÃO dentro da mesma cena.

O que você repete depende do que for mais eficiente, considerando as circunstâncias do material e o *modus operandi* (M.O.) da personagem.

Durante os ensaios, experimente diferentes UNIDADES e AÇÕES para identificar as melhores.

Tal como deve ser na maioria das ferramentas, não tome decisões baseadas no intelecto para determinar suas UNIDADES e AÇÕES. Repito: atuar é um tipo de arte física que exige que você ensaie de pé e em voz alta. Você não saberá quais são as melhores UNIDADES e AÇÕES até que as teste e descubra se elas de fato impulsionam ou não seu OBJETIVO DE CENA.

As UNIDADES e AÇÕES tornam as palavras reais

Quando Garry Shandling começou a se preparar comigo para seu papel no *The Larry Sanders Show,* um dos meus primeiros comentários foi que ele precisava usar mais o corpo. Garry ascendeu em Hollywood como um comediante de *stand-up*, o que significa que ele costumava se apoiar nas palavras para ser engraçado. No entanto, assinalei a ele, como faço com todos os meus clientes, que em geral o que nos faz rir não é o que alguém diz, mas o que alguém *faz*. UNIDADES e AÇÕES não apenas servem ao diálogo, mas criam comportamentos que acompanham as palavras. Na saída do cinema ou do teatro, costumamos dizer: "Adorei o jeito como fulano *fez* algo." É raro comentarmos: "Adorei o jeito como fulano *disse* uma fala."

Um dos primeiros exercícios que fiz com ele foi ensiná-lo a perceber fisicamente as palavras de um texto. Fiz isso usando UNIDADES e AÇÕES. O exercício consistia em escolhermos uma cena, para então descobrirmos qual seria a AÇÃO para cada UNIDADE. Depois, eu lia a deixa do roteiro e ele interpretava corporalmente a UNIDADE e a AÇÃO, em vez de dizer as falas. Vamos analisar uma cena de um episódio de *Larry Sanders*, chamado "Adolf Hankler". Larry (Garry Shandling) está conversando com Arthur (Rip Torn), o produtor, sobre seu irmão Stan, que está indo visitá-lo. Larry está prestes a deixar seu programa de entrevistas, e o substituto é Jon Stewart (ironicamente interpretado por Jon Stewart). Durante muito tempo, o programa era a obsessão de Larry – ele trabalhava 16 horas por dia, e até mesmo sua vida social girava em torno disso. Larry está em pânico; não tem ideia do que vai fazer com seu tempo livre quando sair do programa. Ele se reaproxima da família, do irmão Stan, na esperança de obter o afeto e o apoio de que tanto precisa, agora que se sente tão deslocado. Stan é um empresário... ou pelo menos pensa que é. Na verdade, não passa de uma pessoa que vive fantasiando – o tipo que poderia facilmente ser descrito como: "Aquele que sempre tem um plano estúpido para me deixar rico, mas que, no fim das contas, me leva à falência." Além de produzir o programa de Larry, Arthur também é seu melhor amigo. Ele sabe que Stan deve estar tramando algo ruim, porque ele sempre está tramando algo ruim. Na cena seguinte, Arthur tenta alertar Larry para ficar longe de Stan, não importa o quanto precise dele emocionalmente.

Agora, vamos pegar essa cena e dividir em UNIDADES, indicadas pelos colchetes, e AÇÕES (pequenos OBJETIVOS ou táticas), anotadas sempre (a lápis) na margem direita. Assim, elas não serão confundidas com as outras ferramentas que também estarão escritas na página. Estas são possíveis ideias de UNIDADES e AÇÕES do ponto de vista de Larry Sanders. Essas UNIDADES e AÇÕES não são gravadas a ferro e fogo; como todas as outras ferramentas, podem mudar de acordo com sua interpretação pessoal.

O propósito dessas UNIDADES e AÇÕES específicas consiste em guiá-lo ao OBJETIVO DE CENA *fazer você me ajudar a me sentir melhor*.

Larry Sanders acabou de terminar o programa, e está caminhando para os bastidores quando seu produtor, Arthur, vai cumprimentá-lo. As UNIDADES e AÇÕES a seguir estão sob a perspectiva de Larry.

THE LARRY SANDERS SHOW
Episódio "Adolf Hankler"

Arthur – [Olá, Capitão Sanders! Agora, a U.S.S. Hilarity está segura no seu cais.
fazer você rir

Larry – Alguém já falou que você deveria usar um chapéu de marinheiro?

Arthur – Sim, o falecido Rock Hudson.

Larry – Isso é outra história.]

Arthur – [Então, seu irmão Stan está vindo para a cidade?
fazer você sentir o quão desesperado eu estou

Larry – Ele vai ficar na minha casa.]
Arthur – [Ah.
fazer você parar de me julgar
Larry – O que você quer dizer com "ah"?

Arthur – Nada. Só estava praticando meu chinês.
(UNIDADE)
Por que você não envia logo um cheque para ele?]

Larry – [Porque seria bom ter companhia.
fazer você sentir minha dor

Arthur – Meu conselho? Se você quer uma companhia cara, compre um Shar-pei]

Larry – [Aí vamos ser dois bebendo água da privada.]
fazer você rir

Quando Garry e eu ensaiamos a cena, eu dava a deixa para ele usando as falas de Arthur. Sem recorrer às palavras, Garry tinha que expressar com o corpo a UNIDADE e a AÇÃO, utilizando os OBJETOS INTERNOS que havíamos selecionado antes. Reparem que o *modus operandi* de Larry Sanders é ser engraçado; portanto, a AÇÃO de *fazer você rir* se repete. A versão corporal de Garry produziu comportamentos muito cômicos. Tendo ele interpretado com sucesso as UNIDADES e AÇÕES por meio do corpo, voltamos ao início e ensaiamos de novo a cena usando as UNIDADES e AÇÕES com o diálogo. Dessa vez, o comportamento reforçava o diálogo, dobrando seu efeito. O teste para qualquer boa performance é tirar o som e ainda ser capaz de rir, chorar e sentir, porque as UNIDADES e AÇÕES revelam e conduzem as intenções da personagem.

Seja comprometido com suas UNIDADES e AÇÕES

Corra atrás das suas AÇÕES de forma audaciosa e sem medo, ultrapasse os limites em geral aceitos. E não tenha medo de realizar suas UNIDADES e AÇÕES com ousadia. Quanto mais você se arrisca, mais apaixonante será o resultado.

Não se censure.

Experimente qualquer coisa que pareça minimamente apropriada. Você ficará surpreso com as opções que funcionam melhor. Teste diferentes UNIDADES e AÇÕES nos ensaios para saber quais realmente vão surtir efeito. Conforme tenho repetido inúmeras vezes, você não sabe o que será eficaz até experimentar.

Considere o que a personagem está de fato tentando fazer para realizar o OBJETIVO DE CENA. Leia nas entrelinhas.

Imagine que você está fazendo uma cena em que um casal, zangado, está discutindo o divórcio. Só porque suas falas dizem que você quer se separar, não significa que isso é o que sua personagem realmente deseja. Como vimos no caso de sair batendo a porta, na maioria das vezes, quando ameaçamos partir, estamos na verdade tentando fazer com que a outra pessoa nos convença a ficar ou prove, de alguma maneira, que nos ama. Outro exemplo: uma cena em que sua personagem fala da admiração e do respeito que sente por uma obra literária. A verdade é que ela talvez nunca tenha lido essa obra ou que tenha lido e achado chata, mas diz que gostou porque quer impressionar a outra personagem com seu brilhantismo, ou apenas fazer a outra pessoa gostar dela.

O trabalho de Elisabeth Shue, muito aclamado pela crítica em *Burn This* – uma produção off-Broadway de Lanford Wilson – é um excelente exemplo de como ler nas entrelinhas. Vamos ver um trecho do roteiro, acompanhado das anotações que eu e ela fizemos de UNIDADES e AÇÕES para apoiar o OBJETIVO DE CENA da sua personagem: *fazer você provar que me ama e que não vai me machucar.*

Lembre-se: coloque as UNIDADES entre colchetes e escreva suas AÇÕES ao lado direito da UNIDADE para não ter dúvidas sobre a quais palavras elas se referem. Há muitas maneiras de se abordar o OBJETIVO DE CENA. Desde que você esteja sendo fiel ao seu OBJETIVO DE CENA, ao "quem-sou-eu" da sua personagem e ao quem-ela-é da outra personagem, você pode usar qualquer uma das várias possibilidades de escolhas de UNIDADE e AÇÃO.

As escolhas a seguir são as que fizemos de início. Dependendo de como o outro protagonista, Peter Skargaard, reagisse, Shue mudaria suas UNIDADES e AÇÕES.

BURN THIS
de Lanford Wilson (Trecho do Ato II)

(Sala de estar da casa de Anna. É tarde da noite).
Anna – [Pale, eu nunca tive uma vida própria. Não era medo, eu só não tinha espaço pra isso, não era importante. Mas agora tudo mudou, e eu estou muito vulnerável,

impressionar você com
minha vulnerabilidade

FERRAMENTA Nº 6: UNIDADES E AÇÕES

não vou ser presa de algo que eu não quero. Estou sensível demais. Vá para outro lugar.]

Pale – [Eu vou até você.
> *fazer você implorar*
> *para ficar comigo*

Anna – Não, já disse que não. Não quero isso. Não sou forte o suficiente para colocá-lo para fora à força.]

[Por que você está sendo tão cruel, droga? Eu disse que não gosto de você. Não quero saber de você. Não
> *fazer você me desejar sexualmente*

quero te ver de novo. Não há motivo para você vir aqui. Não tem nada para você. Não gosto e tenho medo de você.]

Embora as palavras *digam* que Anna quer que ele vá embora, na verdade ela quer que ele fique. Muito fragilizada e ferida por uma tragédia que aconteceu antes no roteiro, Anna precisa testar Pale tirando-o de sua vida. Se ele ficar, independentemente do quão abusiva ela seja, então essa será a prova de que ele a ama de verdade. Se Elisabeth interpretasse essas falas usando o sentido literal, ela realmente estaria tentando se livrar dele. Mas Elisabeth sabia que sua personagem precisava de amor como trampolim para chegar ao final do roteiro, quando Anna e Pale professam um amor intenso um pelo outro.

> ***Considere as UNIDADES e AÇÕES um subconjunto do OBJETIVO DE CENA, e o OBJETIVO DE CENA um subconjunto do seu OBJETIVO GERAL.***

Dessa maneira, você pode perceber como eles fazem sentido e se encaixam. Eles devem conduzir uma jornada completa para toda a história.

Agora que você descobriu a melhor maneira de avançar na história pela cena, deve entender *como* e *por que* chegou lá, em primeiro lugar. Compreende-se isso usando o MOMENTO ANTERIOR.

Capítulo 7

Ferramenta nº 7: MOMENTO ANTERIOR

> O que ocorre antes de você iniciar uma cena, e que fornece a você um ponto de partida, tanto físico quanto emocional. Ele fornece o *como* e o *porquê*, desencadeando com urgência e desespero a necessidade de obter o OBJETIVO DE CENA. Você escolhe um acontecimento baseado no roteiro, mas emprega sua vida real ao executar o MOMENTO ANTERIOR. Deve apoiar e fazer sentido para as personalizações que você fez em seu trabalho interno.

O MOMENTO ANTERIOR ADEQUADO IRÁ GUIAR SEU OBJETIVO DE CENA, inspirando necessidade e urgência. Há três perguntas que você deve se fazer quando estiver procurando pelo seu MOMENTO ANTERIOR:

8. **O que eu quero?** – OBJETIVO DE CENA.
9. **Por que quero tanto isso?** – OBSTÁCULOS, SUBSTITUIÇÃO e OBJETOS INTERNOS, três elementos que proporcionam a necessidade de vencer o OBJETIVO DE CENA.
10. **Por que quero tanto isso nesse momento?** – MOMENTO ANTERIOR. Ele intensifica sua necessidade de atingir o OBJETIVO DE CENA ao proporcionar *urgência* e *imediatismo*. Em outras palavras, o MOMENTO ANTERIOR fornece à cena a ideia e a pressão do *tempo*.

O MOMENTO ANTERIOR aumenta sua necessidade de atingir de imediato seu OBJETIVO DE CENA. Esteja você atuando em uma cena de sexo intensa ou tendo uma batalha física ou verbal, o MOMENTO ANTERIOR é a ferramenta que o move em direção à urgência mental, física e emocional apropriada para a cena. Além disso, o MOMENTO ANTERIOR lhe dá um lugar de onde partir, porque, como na vida, uma cena nunca começa do zero. O MOMENTO ANTERIOR o ajuda a saber "por que" e "de onde" você está vindo, e o "quanto" você precisa do seu OBJETIVO DE CENA.

É importante saber que uma cena não começa quando começa o roteiro: existe um acontecimento assumido ou implícito que ocorreu para motivar o texto. A prática de usar o MOMENTO ANTERIOR faz com que a cena do papel se torne uma continuação de uma interação contínua, em vez do início de uma. O MOMENTO ANTERIOR permite que você lide com cada cena como se já estivesse imerso nela.

Em uma peça, os atores recorrem ao MOMENTO ANTERIOR imediatamente antes de a cortina subir, entre um ato e outro, e nos momentos em que saem do palco para a coxia e depois retornam.

Nos filmes e na televisão, essa ferramenta se torna ainda mais crucial para o trabalho do ator, porque, normalmente, as cenas são filmadas fora de ordem e como entidades separadas. Por exemplo, é possível que a última cena do filme, na qual a esposa morre nos braços do marido, seja filmada primeiro. O MOMENTO ANTERIOR, em conjunto com o trabalho que você fez – OBJETIVO GERAL, OBJETIVO DE CENA, OBSTÁCULOS, SUBSTITUIÇÃO, OBJETOS INTERNOS, UNIDADES e AÇÕES –, possibilitarão que você tenha as emoções e os comportamentos intensos necessários para a cena.

O MOMENTO ANTERIOR também é essencial para as cenas de filmes e televisão porque elas em geral são curtas, e você não tem tempo de começar do zero e construir uma gradação com menos de três páginas de diálogo. Para manter a tensão alta com um texto conectado por muitas cenas curtas, você deve iniciar cada cena já carregado de emoções.

Além disso, devido à demora no processo das gravações, com frequência há atrasos. O MOMENTO ANTERIOR é uma ferramenta essencial, porque permite que você entre na pele da personagem sempre que precisar. O MOMENTO ANTERIOR é a chave para restabelecer de maneira efetiva e eficiente as necessidades e as dificuldades da sua personagem.

> **A APLICAÇÃO DO MOMENTO ANTERIOR**
>
> 1. Determine um acontecimento pessoal que desperte em você uma necessidade urgente, com alta carga emocional. (Discutiremos, a seguir, como identificar e escolher o acontecimento mais apropriado.)
> 2. Antes que o diretor diga "Ação!", ou que você entre no palco, reserve um minuto para reviver esse acontecimento como se ele tivesse acabado de ocorrer.
> 3. Ao revivê-lo, lembre-se de cada detalhe. Pense no espaço – visualize como era a aparência, a sensação e o cheiro do local, e como era a outra pessoa envolvida: seus traços, sua presença, seu cheiro. Ouça exatamente as palavras que você e ela disseram. Sinta visceralmente suas ações e reações. É essencial que você volte a experimentar tudo com todos os seus sentidos. Deixe que essa experiência o coloque em um estado físico e emocional carregados.

A aplicação do MOMENTO ANTERIOR
não deve levar mais de um minuto.

Se levar mais tempo, então você escolheu o acontecimento errado como MOMENTO ANTERIOR. O fato escolhido deve afetá-lo de maneira fácil e imediata. Muitos atores passam horas tentando evocar as emoções necessárias para manter o estado adequado para a cena. Se for uma cena com grande carga emocional, o ator pode passar horas tentando reviver as memórias do "dia em que seu cachorro morreu". Essa técnica, além de ser cansativa para o ator, gera uma nuvem de sentimentos confusos quando o diretor finalmente diz "Ação!" ou a cortina se abre. E, assim como uma explosão, estoura bem rápido e se dissipa na mesma velocidade. A interpretação gerada é vaga por dois motivos. Primeiro, uma interpretação alimentada por emoções desconexas não será motivada pelo roteiro. Isso é problemático, porque quando os sentimentos não estão ligados à história e às necessidades da personagem, não há uma direção para as emoções seguirem. Segundo, as emoções forçadas não duram muito tempo, ainda mais se não são fundamentadas pelo que está acontecendo no roteiro. A menos que nós, seres humanos, tenhamos a gravidade de um acontecimento nos pressionando e nos prendendo à nossa dor, nossos corpos, por instinto, afastam-se ou se fecham quando há sofrimento. Uma história guiada pelo acontecimento do MOMENTO ANTERIOR irá manter os sentimentos apropriados até o final da cena, porque tem relação com o roteiro e sentido lógico para a história que está sendo contada. Além disso, os sentimentos inflados artificialmente não permitem que as emoções cresçam e evoluam com naturalidade, como ocorre na vida. Se você usar as seis primeiras ferramentas e escolher um MOMENTO ANTERIOR eficaz, isso permitirá que você tenha todos os detalhes, as sutilezas e camadas emocionais de que nós dispomos na vida real.

Sempre use experiências pessoais para o seu MOMENTO ANTERIOR que sejam recentes ou baseadas em acontecimentos não resolvidos – a falta de resolução mantém os sentimentos borbulhando na sua mente e no seu coração.

Não use um acontecimento que já tenha sido resolvido. Saber a resolução de um acontecimento, estar consciente de como ele terminará, não inspira movimento. Isso gera apenas sentimentos regurgitados. Ao escolher o MOMENTO ANTERIOR, é importante pensar no que o motivará a querer vencer. Usar um fato que gere qualquer coisa menor do que uma necessidade vital de resolução enfraquece sua luta para atingir o OBJETIVO GERAL e os OBJETIVOS DE CENA. Se usar questões atuais, você não precisará "cozinhar" suas emoções por um longo período, pois estará tentando resolver um problema que o persegue no dia a dia e que, por isso, está ao alcance das suas emoções. Também é possível que haja uma experiência que você viveu há muito tempo, mas que não teve conclusão ou resolução. Essa experiência, para todos os efeitos, pode ser considerada um acontecimento presente, porque continua não resolvida no seu coração e na sua mente. As repercussões do acontecimento e sua necessidade de resolvê-lo tornam-se uma escolha de MOMENTO ANTERIOR viável e poderosa. Usar algo que esteja de acordo com um problema atual da sua vida como seu MOMENTO ANTERIOR dissipa a necessidade de manipular a si mesmo ou de cavar fundo dentro de si para chegar àquele lugar que deixou de ter importância há muito tempo.

O único modo de saber se os sentimentos em relação a um acontecimento estão resolvidos é tentando usá-lo como MOMENTO ANTERIOR.

Às vezes, pensamos que resolvemos uma questão quando, na verdade, escondendo-se nos cantos obscuros da nossa mente, ela continua residindo em um território que gosto de chamar de "negação", que é, em essência, o inconsciente trabalhando sem parar para que não tenhamos que lidar com algo que nosso cérebro e coração consideram muito doloroso. Às vezes, gostaríamos de pensar que superamos algo ou alguém porque precisamos sentir que essa é a verdade. Minha experiência diz que os resíduos emocionais de acontecimentos dolorosos permanecem, em geral, no nosso inconsciente durante décadas. E só saberemos se um acontecimento funciona bem como MOMENTO ANTERIOR ao testá-lo.

Muitas vezes, não temos consciência de quais eventos pessoais ou relacionamentos permanecem não resolvidos. Isso ficou evidente quando eu tentava encontrar um MOMENTO ANTERIOR com potencial de gatilho emocional para Gina, uma aluna que precisava personalizar a cena de um funeral de um ente querido. Na maior parte das vezes, exploro minha própria vida em paralelo com meus alunos para ajudá-los a descobrir as escolhas internas mais eficazes para o trabalho de cena. Revelar meus próprios traumas, eventos dolorosos, inseguranças e medos pode servir como um catalisador para que eles acessem suas próprias experiências. Todos sofremos de forma semelhante. Ao permitir que meu mundo interno mais íntimo venha à tona, concedo aos meus alunos permissão para acolherem sua própria dor. Estamos todos juntos nesse processo.

Gina nunca havia vivenciado a morte de alguém próximo, então compartilhei com ela a morte do meu pai. Ele havia falecido muitos anos antes, e eu acreditava que, com terapia, introspecção e o tempo, eu já havia superado essa perda. No entanto, enquanto trabalhávamos o diálogo, imagens do meu pai em seu leito de morte começaram a surgir na minha mente. Embora minha consciência insistisse que eu já havia encerrado esse ciclo, isso claramente não era verdade – quanto mais discutíamos a cena por ela, mais eu começava a chorar por mim mesma. Por quê? Eu realmente havia resolvido muitos dos sentimentos relacionados à morte do meu pai. Mas o que eu não havia resolvido – e provavelmente nunca resolverei – é o fato de que ele nunca me disse que me amava. E isso me fazia questionar se ele algum dia realmente me amou.

Ao contar minha história, Gina se lembrou de que tinha questões semelhantes com seu ex-noivo, que também nunca lhe dissera "eu te amo". Embora seu ex-noivo ainda estivesse vivo, pudemos usar o fato de que ele provavelmente nunca diria essas palavras a ela, já que haviam terminado. A morte de um relacionamento que deveria ter constituído uma família e durado a vida inteira funcionou como uma duplicação emocional eficaz de uma morte literal. Assim, como seu MOMENTO ANTERIOR, utilizamos o rompimento – e as reações e sentimentos adequados emergiram organicamente enquanto ela interpretava a cena do funeral.

Assim como ocorre com as outras ferramentas, não tenha medo de mudar sua escolha de MOMENTO ANTERIOR.
A mudança é inerente à arte, já que a interpretação é infinita.

Com frequência, você surgirá com um excelente MOMENTO ANTERIOR, mas então algo extremo acontece – uma morte inesperada, você sofre um acidente de carro, é largado pela pessoa com quem estava havia dez anos, descobre que sua namorada está grávida, é demitido etc. Sua mente se concentra nas mudanças extremas. A intensidade da escolha do MOMENTO ANTERIOR é enfraquecida por um acontecimento presente mais forte. Se isso acontecer, mude o MOMENTO ANTERIOR para esse novo acontecimento.

Susan, uma das minhas alunas, estava fazendo uma cena em sala de aula do filme *Hannah e suas irmãs*, de Woody Allen. A cena começa com Holly, a irmã de Hannah, esbarrando com Mickey, o ex-marido de Hannah, em uma loja de discos. Holly, uma ex-atriz e atual roteirista, pergunta a Mickey, um roteirista de televisão, se ele a ajudaria com seu roteiro. Depois de muitas brincadeiras à custa dela, ele concorda.

Susan interpretou a cena para a classe. Sua primeira apresentação foi sem vida, porque o acontecimento escolhido por Susan como MOMENTO ANTERIOR não motivava suas necessidades e sentimentos para essa cena. O outro problema é que a versão dela sobre a cena – uma cena de Woody Allen – não era engraçada. E isso não é bom. Perguntei a Susan o que ela havia escolhido, e ela me relatou um acontecimento leve, explicando que supunha que alguém poderia usar escolhas leves em um texto de humor. Foi nesse momento que percebi que Susan estava no caminho errado. A verdade é que a comédia exige escolhas mais desesperadas, dolorosas, raivosas e obscuras do que o drama! Então, perguntei a Susan o que estava acontecendo na sua vida que poderia levá-la ao desespero e à raiva. Entre lágrimas, ela confessou que tinham roubado seu carro usando de violência havia poucos dias. Ela sofreu contusões leves, mas seu marido tinha sido gravemente ferido. O assalto foi tão traumatizante que eles estavam pensando em se mudar de Los Angeles para um lugar mais seguro. Ao mesmo tempo, deixar Los Angeles significava que ela teria de abrir mão de seu sonho de seguir a carreira artística. Seu dilema era que precisava de ajuda para decidir se permaneceria em Los Angeles realizando seus sonhos, mas vivendo com medo constante, ou se partiria, desistindo da carreira, mas se sentindo segura.

Como MOMENTO ANTERIOR, o assalto era uma ótima escolha, porque não estava resolvido e implicava repercussões que poderiam modificar o curso de uma vida. Esse MOMENTO ANTERIOR também permitiu que Susan usasse sua necessidade de obter ajuda sobre seu dilema, de se mudar ou não, como OBJETO INTERNO, para a necessidade de Holly de obter ajuda no seu roteiro. Precisamos também mudar a SUBSTITUIÇÃO da personagem de Mickey para um amigo importante da indústria cinematográfica. Todo esse trabalho tornou os riscos de Susan e da sua personagem ainda maiores. Ela refez a cena. Dessa vez, quando Holly pediu ajuda a Mickey, Susan sentiu que estava pedindo ajuda a alguém em cuja experiência confiava para resolver seu próprio dilema. Mudar o MOMENTO ANTERIOR para um acontecimento mais recente e significativo – o que a levou a alterar seus OBJETOS INTERNOS e sua SUBSTITUIÇÃO – permitiu que Susan contasse uma história linear, tanto para seu trabalho interno quanto externo. Sua nova escolha de MOMENTO ANTERIOR também deu à cena nervosismo e urgência, motivando Susan a ir atrás do seu OBJETIVO DE CENA *fazer você me amar e me ajudar* como se sua vida dependesse disso, pois na verdade dependia. E esse segundo ensaio despertou as risadas que estavam faltando da primeira vez.

O uso das circunstâncias *e se*

Se você tem uma vida estável – sem algo especialmente urgente acontecendo – e não consegue pensar em um acontecimento do passado que o afete, não tente extrair mais de um acontecimento presente do que ele de fato tem, nem recorrer a um fato passado com o qual não se importa mais. Em vez disso, recorra a um fato *e se* baseado num medo real. O *e se* é exatamente o que parece: uma experiência imaginária gerada por um profundo e bem fundamentado temor. Para utilizar um *e se* como MOMENTO ANTERIOR, você imagina todos os detalhes de um fato que *poderia* acontecer como se realmente *tivesse* acontecido. Por exemplo, se um ente querido está em estado terminal, você pode usar seus sentimentos – medo, raiva, tristeza – para imaginar como será sua vida quando ele, de fato, morrer. Ou, se sente que seu emprego corre risco, mas não foi demitido ainda, você pode inclusive imaginar o acontecimento – seu chefe o chamando ao escritório, você se sentando, suando frio, não tendo dinheiro para pagar as contas, ficando sem onde morar etc.

O uso das circunstâncias *e se* como MOMENTO ANTERIOR deve ser baseado em um medo pessoal que seja real e plausível para você.

Se você não teme a morte da sua mãe, pois ela goza de uma saúde excelente, então não use a morte dela como um acontecimento *e se*, porque é muito improvável que você passe a temer essa morte repentina. Esse não é um medo *e se* eficaz. Fatos desse tipo são distantes demais para sua psique e imaginação absorverem. Por outro lado, se o temor é bem fundamentado, a possibilidade de que o acontecimento temido se manifeste é muitas vezes mais intimidante e poderoso do que os acontecimentos reais, porque não temos ideia de como irá se desenrolar. E, como você sabe, sempre pensamos o pior. Faz parte da natureza humana. Somos criaturas paranoicas girando em torno do negativo. Mas, ironicamente, nossas tendências negativas e nossos medos em geral produzem resultados positivos na atuação, proporcionando-nos MOMENTOS ANTERIORES mais poderosos e significativos. O acontecimento do MOMENTO ANTERIOR deve ter a semente da possibilidade e, até melhor, a probabilidade de acontecer.

Amy Smart interpretou um papel particularmente difícil no filme *Efeito borboleta*. O filme conta a história de Evan Treborn (interpretado por Ashton Kutcher), que tenta recuperar sua memória viajando para o passado. Mas, cada vez que ele muda alguma coisa em seu passado, sua realidade presente muda também. Amy interpreta Kayleigh Miller, amiga e paixão de infância de Evan. Como resultado, toda vez que Evan muda alguma coisa no passado, isso afeta também a vida de Kayleigh – quem ela é como pessoa, os acontecimentos da sua vida e suas lembranças. Em uma das viagens de Evan ao passado, na qual ele abandona a menina Kayleigh depois de descobrir que ela sofria abusos sexuais do pai, Kayleigh se torna uma prostituta viciada em heroína. Em uma cena específica que explora esse cenário de prostituta viciada, Evan, já mais velho, encontra-se com Kayleigh e vê quão destruída a vida dela está. Evan sabe que a culpa é dele e tenta consertar a situação. Amy e eu surgimos com a ideia de OBJETIVO DE CENA *fazer você assumir a culpa para que eu não precise*, não só para que ela não tivesse que assumir a responsabilidade pela sua condição, mas porque, afinal de contas, a culpa era mesmo dele.

Precisávamos de um bom MOMENTO ANTERIOR para essa cena, algo que não só reproduzisse o dano sofrido por Kayleigh, mas que também incluísse o sofrimento e o abandono causados por alguém que ela já havia amado muito. Precisávamos achar algo na vida de Amy que fosse similar a esse tipo de dor, para que ela pudesse vivenciar o papel de Kayleigh.

Não é preciso dizer que Amy não é prostituta nem viciada em drogas. Questões básicas de abandono não eram opção para ela, porque Amy tinha um excelente relacionamento com seus pais, que continuavam casados e felizes. O único fato doloroso que identificamos foi o término do relacionamento de Amy com o namorado de muitos anos, pouco antes do início das gravações. Mas não havia acontecido nada grave (inclusive, eles voltaram a se relacionar logo depois que o filme foi concluído). Então, achamos melhor utilizar o recurso do *e se* como seu MOMENTO ANTERIOR.

Em qualquer término, é natural achar que somos dispensáveis e facilmente substituíveis. A maioria das pessoas sente que seu ex está prestes a achar alguém e a fazer sexo com essa pessoa. Embora nada indicasse que o namorado de Amy estivesse saindo com mais alguém, o medo de que ele fizesse isso era real. *Poderia* acontecer. Como resultado desse medo natural que ela sentia, encontramos o MOMENTO ANTERIOR: *e se* ela descobrisse que seu namorado estava se apaixonando por outra pessoa? Amy começou a trabalhar seu medo imaginando essa situação acontecendo – visualizando seu namorado fazendo sexo com outra mulher. Ela ficou com raiva, chateada, ao se ver traída e abandonada. Seu MOMENTO ANTERIOR fez com que ela experimentasse a sensação de se sentir feia, substituível, magoada, com necessidade de alívio para sua dor (dando a ela a realidade de uma viciada em heroína). Com esse MOMENTO ANTERIOR, a doce e equilibrada Amy se transformou em uma prostituta insensível e destruída pelas drogas.

Você também pode recorrer a um fato real do seu passado – estupro, maus-tratos, violência ou abandono –, mas, em vez de tentar recriar na sua mente esse fato, imagine-o acontecendo de novo, pela segunda vez, agora mesmo.

Em outras palavras, *e se* isso acontecesse de novo? Imaginar um fato traumático voltando a acontecer é uma escolha eficaz para seu MOMENTO ANTERIOR. Funciona em dois níveis. Primeiro, como comprovamos com o caso da minha aluna Susan, que teve o carro roubado, os fatos traumáticos nos levam a viver com um medo profundo de que se repitam, já que permanecem em nossas mentes, em vívidos detalhes, com a constante apreensão de que voltem a acontecer. Trabalhar com esses temores constantes faz com que esse MOMENTO ANTERIOR *e se* seja acessível e intenso. Segundo, imaginar que o *e se* está se repetindo *agora* torna o MOMENTO ANTERIOR presente. Você já sabe como acabou antes, mas uma segunda vez sugere possíveis consequências diferentes. Por quê? Basicamente, a segunda vez é um fato inédito, porque você já não é a mesma pessoa, e as diferenças se estabelecem a partir do trauma original: é possível que agora você esteja mais esperto e menos ingênuo. Isso lhe proporciona grandes OBSTÁCULOS para superar, porque, se acontecesse de novo, seria sua culpa tornar-se um ímã que atrai seu trauma, sabotando a si próprio. Esse tipo de MOMENTO ANTERIOR reforça sua necessidade de vencer o OBJETIVO DE CENA, porque muita coisa está em jogo.

Sempre faça a escolha do MOMENTO ANTERIOR a partir de um ponto de vista emocional ligado aos seus relacionamentos pessoais

Não escolha o MOMENTO ANTERIOR a partir de um fato exclusivamente inspirado no roteiro. Seu MOMENTO ANTERIOR deve vir de uma posição emocional associada aos seus relacionamentos pessoais. Sua interpretação deve ser motivada pela sua história pessoal, única e individual. Isso cria uma interpretação única e emocionante, porque só existe um de você. Em um episódio da série aclamada pela crítica *Once and Again*, a personagem Karen Sammler, interpretada pela atriz Susanna Thompson, está tendo uma crise nervosa e, então, sofre um terrível acidente – ela é atropelada por um carro em alta velocidade enquanto caminhava – que a obriga a rever sua vida. Naquele momento, Susanna estava passando por um período igualmente turbulento. Depois de ter morado oito anos na mesma casa, disseram que ela deveria se mudar em menos de um mês. Faltava pouco para o Natal, e a equipe e o elenco encontravam-se no meio de uma agenda de gravações muito apertada. Para Susanna, essa casa era sua base, sua sanidade. Conversamos sobre como ela estava se sentindo deslocada. Que toda sua orientação tinha acabado: lugares onde fazia compras, comia, levava roupa para lavar, sem mencionar a tranquilidade que ela sentia em saber onde seus objetos pessoais estavam. A situação a tinha deixado desnorteada, sozinha, e terrivelmente insegura acerca do seu futuro. Terapeutas e estudos sobre o tema dizem que se mudar é uma das experiências mais estressantes que existe. Tenho certeza de que, se em alguma ocasião você teve que se mudar de um lugar maravilhoso e seguro para outro desconhecido sem se preparar antes, você sentiu na própria pele a angústia que isso provoca. Para aumentar seu estresse, era dezembro, época das férias de fim de ano, momento nada propício para procurar casa em Los Angeles, o que piorou seu medo irracional de ficar sem ter onde morar. Considerando tudo isso, não é tão louco comparar um colapso nervoso real com o medo de ficar na rua. Pedi a Susanna que imaginasse essa situação de estar sem casa no meio do inverno como o MOMENTO ANTERIOR da cena do atropelamento. Sendo o acidente visto pelo público não como um "acidente" de fato, mas como uma possível tentativa de suicídio. Imaginando seu pavor pessoal de ficar sem casa, ela conseguiu sentir o choque, a inquietação e a desorientação próprias de um colapso nervoso. Isso ajudou a criar uma interpretação assustadoramente precisa de um colapso desses. Por quê? Pelo simples fato de que ela estava mesmo sentindo isso na vida real.

Em certas ocasiões, usar um acontecimento da sua vida que foi "a gota d'água" como seu MOMENTO ANTERIOR pode ser muito eficaz.

Embora um fato em particular não pareça tão terrível quando visto de forma isolada, quando se junta a outros acontecimentos infelizes que o antecederam, o que antes era apenas desagradável pode se transformar em algo intolerável. E se, pouco tempo depois de ficar sem emprego, você for deixado por quem ama? O fato anterior torna o acontecimento presente muito mais sombrio.

Quando David Spade fazia minhas aulas (antes de *Saturday Night Live* e da fama), ele fez uma cena do filme *Nos bastidores da notícia*. Sua personagem, Aaron Altman, está sozinha em casa, lamentando como estragou a primeira oportunidade de ser apresentador de jornal. Aaron estava tão nervoso e suava tanto ao vivo que a emissora recebeu inúmeras ligações do público dizendo que temiam que ele estivesse tendo um infarto. Nem é preciso dizer que Aaron não teria outra chance de realizar seu sonho. Nesse instante, quem aparece de forma inesperada é Jane Craig, a garota por quem ele está apaixonado. Por um momento, parece que as coisas estão melhorando. Mas, infelizmente, Jane passou apenas para dizer a Aaron que está apaixonada pelo seu arqui-inimigo, Tom. Não era o melhor dia de Aaron.

Na pele de Aaron, David precisava de um forte MOMENTO ANTERIOR para fazer a notícia de Jane ser fatal. Como seu MOMENTO ANTERIOR, David escolheu usar um acontecimento que foi a "gota d'água" na sua própria vida: ele tinha ido muito mal em um teste recente para o *The Tonight Show*, considerado uma fábrica de carreiras para comediantes de *stand-up*. Quando isso aconteceu, David ficou sem saber o que fazer, angustiado em relação à carreira – o que lhe proporcionou um MOMENTO ANTERIOR poderoso.

Exemplos comuns de MOMENTO ANTERIOR

Lembre-se: o MOMENTO ANTERIOR é um fato que ocorre antes de a cena começar e faz com que você não apenas queira, mas *necessite* com urgência, e de imediato, do OBJETIVO DE CENA. Seu MOMENTO ANTERIOR deve fazer sentido com seu OBJETIVO DE CENA e com suas escolhas internas.

Os exemplos aqui propostos incluem algumas ideias que o farão pensar sobre como escolher MOMENTOS ANTERIORES eficazes e apropriados, seja a partir de fatos reais ou de fatos *e se* que você venha a imaginar. Considere sempre o evento mais marcante – aquele que provavelmente motivaria, com mais urgência, a necessidade de alcançar o OBJETIVO DE CENA. E reviva esse evento da forma mais visceral possível (sons, cheiros, imagens, o que foi dito etc.). Mesmo que seja um evento do tipo *e se*, vivencie-o como se realmente tivesse acontecido, e imagine-o da forma mais intensa e emocionalmente devastadora possível.

Se o OBJETIVO DE CENA for *fazer você me amar*, um MOMENTO ANTERIOR apropriado pode ser um acontecimento recente que tenha ocorrido com você ou um medo de algo ainda pior (um fato *e se*) cujo temor faça com que você necessite, descarada e desesperadamente, ser amado *naquele instante*. Alguns acontecimentos possíveis incluem:

- Seu parceiro(a) terminou com você – a ocasião em que isso aconteceu.
- Você descobre que seu parceiro está te traindo – a ocasião em que você o pegou em flagrante.

FERRAMENTA Nº 7: MOMENTO ANTERIOR

- Você contou a um amigo que tem sentimentos por ele que vão além amizade, e ele revelou que não sente o mesmo.
- Seu melhor amigo prefere outro amigo a você, e você acidentalmente o escuta dizendo isso.
- Seu irmão expressou não querer mais manter um relacionamento com você.

Se o OBJETIVO DE CENA for *fazer você me devolver meu poder*, então um MOMENTO ANTERIOR apropriado é algo que aconteceu há pouco tempo ou o pior medo (um fato *e se*) que faça com que você precise com urgência retomar seu poder *naquele instante*. Alguns acontecimentos possíveis incluem:

- Você acabou de se sentir bastante humilhado por um amante, parente ou amigo.
- Você acabou de ser demitido sem motivo algum diante de todo mundo e se sente compelido a buscar vingança.
- Você se envolveu em uma briga violenta com alguém e saiu perdendo.
- Você foi assaltado, roubado, teve o carro levado com uso de violência ou sofreu algum tipo de agressão física que o fez se sentir impotente.
- Alguém o tolheu ou o menosprezou de uma forma tão horrível que sua vida nunca mais voltará a ser a mesma.
- Mentiram sobre/para você, e isso causou danos irreparáveis.

Se seu OBJETIVO DE CENA for *fazer você me adorar* ou *fazer você me admirar*, você precisa de um MOMENTO ANTERIOR que o faça se sentir tão pequeno e diminuído que se torne essencial alcançar seu OBJETIVO DE CENA, porque é o único modo de se sentir confiante de novo. Vejamos algumas possibilidades de acontecimentos:

- Você acabou de ser demitido do seu emprego.
- Seu parceiro acabou de largá-lo, alegando que você não é bom o bastante para ele.

- Um diretor/produtor/recrutador de elenco acabou de dizer a você que seria melhor desistir da carreira artística.
- Chamou alguém para sair e foi rejeitado, sendo tratado como se a pessoa quisesse se livrar de um fedor insuportável.
- Foi criticado pela mãe, que deixou implícito que você é um perdedor.
- Foi acusado sem piedade de algo que não fez.

MOMENTO ANTERIOR para cenas de sexo pela primeira vez

Muitos sentem que não há nada mais desconfortável do que fazer uma cena que inclui alguma forma de intimidade. Um bom MOMENTO ANTERIOR remove o desconforto inerente a essas cenas ao abordar o problema, em vez de evitá-lo (o que deixaria você ainda mais desconfortável). Os MOMENTOS ANTERIORES a seguir exploram nossas inseguranças, fantasias e neuroses mais profundas. Por exemplo:

Antes de fazer sexo pela primeira vez (para homens e mulheres):

MOMENTO ANTERIOR: Primeiro, pense em suas inseguranças mais profundas nessa esfera, o que teme que *possa* acontecer ou questões sexuais próprias, que *possam* surgir durante o ato sexual. Imagine uma época em que seus piores medos ou problemas sexuais se tornaram reais ou use o *e se* isso voltasse a acontecer. Então, crie fantasias sexuais sobre a pessoa/ator que está na sua frente e espere (e reze) para que as suas questões sexuais não sejam reveladas.

- *Se você for homem*, pense em questões de tamanho, impotência sexual, ansiedade no desempenho, predileções sexuais estranhas que poderiam ser mal interpretadas e rejeitadas, falar demais durante o ato sexual etc.
- *Se você for mulher*, pense em questões relativas ao tamanho dos seus seios, gordura ou celulite em lugares que só o ato sexual pode revelar, sua tendência a falar muito ou muito pouco, predileções

sexuais estranhas que podem fazer você parecer uma prostituta ou uma puritana etc.

Depois de fazer sexo pela primeira vez (para homens e mulheres):

MOMENTO ANTERIOR: Pense em suas inseguranças mais profundas nessa esfera e encare os piores medos ou problemas sexuais como se *tivessem acabado de acontecer* durante o ato sexual, e você agora tem que sofrer as consequências torturantes disso. Como MOMENTO ANTERIOR, reviva visceralmente um acontecimento em que a pior das suas questões sexuais foi revelada. Imagine seu parceiro sexual tendo os piores pensamentos sobre seu problema.

- *Se você for homem*, pense em questões de tamanho, impotência sexual, ansiedade no desempenho, predileções sexuais estranhas que poderiam ser mal interpretadas e rejeitadas, falar demais durante o ato sexual etc.
- *Se você for mulher*, pense em questões relativas ao tamanho dos seus seios, gordura ou celulite em lugares que só o ato sexual pode revelar, sua tendência a falar muito ou muito pouco, predileções sexuais estranhas que podem fazer você parecer uma prostituta ou uma puritana etc.

MOMENTO ANTERIOR para cenas de briga

Sempre é possível achar motivos para começar uma briga física ou verbal. Considere seu OBJETIVO DE CENA, que, no caso de uma briga, costuma ser *fazer você estar errado para que eu possa estar certo* ou *retomar meu poder*.

- MOMENTO ANTERIOR: Você primeiro deve observar sua SUBSTITUIÇÃO e a história interna que reflete essa SUBSTITUIÇÃO, porque a pessoa que você imagina determina o motivo da briga e o acontecimento que você vai usar como MOMENTO ANTERIOR.

O MOMENTO ANTERIOR deve desencadear a briga. Então, quando a cena começar com a disputa verbal ou física, você terá um motivo e um propósito maior para brigar.

No filme *Entre quatro paredes*, há uma briga verbal entre marido (Tom Wilkinson) e mulher (Sissy Spacek) sobre qual dos dois é o culpado pela morte do filho. Para as duas personagens, o OBJETIVO DE CENA é *fazer você assumir a culpa para que eu não precise mais me sentir culpado*. Em simultâneo, ambas assumiam a própria responsabilidade e culpavam um ao outro pelo fato, o que é uma representação muito real desse tipo de trauma. Para interpretar qualquer uma das partes desse casal, um bom MOMENTO ANTERIOR seria imaginar um incidente trágico da sua vida (ou um *e se* um acontecimento trágico específico que você teme que venha a acontecer) e que o faria se sentir muito culpado. Sua opção de SUBSTITUIÇÃO seria a pessoa que você gostaria de acreditar que causou a tragédia, ou a que gostaria de culpar. Recorrer a um acontecimento trágico em que você se sente culpado como o MOMENTO ANTERIOR o impulsiona a tentar amenizar sua culpa atingindo o OBJETIVO DE CENA *fazer você assumir a culpa*.

Em *Vidas particulares*, peça de Noël Coward, há outra cena clássica de briga. No segundo ato, Amanda e Elyot ficam escondidos no apartamento dela tentando reatar o relacionamento. Para os dois, o OBJETIVO DE CENA é *fazer de você o vilão, para que eu possa ser o mocinho.*). É tarde da noite, eles estão bebendo e, lógico, surge o assunto do término. Cada um tem um ponto de vista diferente sobre o que aconteceu e sobre quem é o culpado, acusando um ao outro. Tanto Amanda quanto Elyot se sentem vítimas de maus-tratos. Eles começam a bater boca e terminam em uma briga física. Para essa cena, seu MOMENTO ANTERIOR seria recordar o acontecimento mais abusivo que foi causado pela sua SUBSTITUIÇÃO.

O MOMENTO ANTERIOR para cenas de reconciliação

O OBJETIVO DE CENA para reconciliação, em geral, é *fazer você me amar apesar do que eu fiz* ou *fazer você me absolver da minha culpa*.

MOMENTO ANTERIOR: Pense em uma ocasião que o faça sentir que estava errado, algo que inspira uma enorme culpa em você. Isso faz você sentir que deve resolver o problema, porque a culpa é sua. Escolha acontecimentos que se apliquem à sua SUBSTITUIÇÃO e à história interna que você criou. Alguns possíveis acontecimentos de MOMENTO ANTERIOR incluem:

- Um momento específico em que você traiu a pessoa amada.
- Um momento específico em que você foi pego fazendo algo ilegal.
- Um momento específico em que você mentiu sobre seus problemas de abuso de substâncias.
- Um momento específico em que você foi pego caluniando ou mentindo para sua SUBSTITUIÇÃO.
- Um momento específico em que você maltratou com palavras, ou agressão física, sua SUBSTITUIÇÃO.
- Um momento específico em que você foi pego roubando sua SUBSTITUIÇÃO.

O MOMENTO ANTERIOR é um fato real ou um *e se* que acontece antes de a cena começar, e que estimula sua necessidade de atingir seu OBJETIVO DE CENA o mais rápido possível. Pegue o fato em questão e o imagine como se estivesse acontecendo, na sua vívida totalidade, pouco antes do início da cena. Recorde ou imagine o lugar, os cheiros, o que foi dito ou poderia ter sido dito, as emoções muito arriscadas que acompanharam ou poderiam ter acompanhado esse acontecimento, e sinta esse fato visceralmente acontecendo no presente. Sei que estou sendo repetitiva, mas com essa ferramenta específica, é necessário repetir.

Você tem que ensaiar com seu MOMENTO ANTERIOR para saber se a escolha que fez – real ou *e se* – irá afetá-lo e, melhor, levá-lo a uma necessidade urgente de vencer seu OBJETIVO DE CENA. Uma escolha poderosa de MOMENTO ANTERIOR irá afetá-lo de imediato. Então, se não o afetar dentro de um minuto, continue experimentando outras escolhas de MOMENTO ANTERIOR até encontrar aquela que de fato o leve ao seu OBJETIVO DE CENA.

Capítulo 8
Ferramenta nº 8: LUGAR E QUARTA PAREDE

> Usar o lugar e a quarta parede significa que você incorpora à realidade física da sua personagem atributos de um lugar da sua vida real para criar privacidade, intimidade, história, significado e realidade. O lugar e a quarta parede também devem apoiar e fazer sentido para suas personalizações.

O USO DO LUGAR E DA QUARTA PAREDE DEVE APOIAR E DAR SENTIDO às escolhas que você fez para as outras ferramentas, criando uma camada adicional da experiência humana real ao seu trabalho. Recorrendo à informação da história interna que você criou, pergunte-se: "Que LUGAR da minha vida pode influenciar minhas escolhas e aumentar ainda mais a carga emocional delas?" Na vida, lugares diferentes motivam diferentes respostas emocionais.

Suponhamos que seu OBJETIVO DE CENA seja *fazer você admitir que está errado e se desculpar*, usando a figura da sua mãe como SUBSTITUIÇÃO. Você necessita de um LUGAR que acentue sua realidade – algo que intensifique a sensação de traição – e impulsione sua necessidade de alcançar sua meta (OBJETIVO DE CENA). Com o propósito de achar seu LUGAR, primeiro você deve identificar onde se passa a cena do roteiro. É um lugar fechado ou aberto? É um espaço público ou privado?

Tendo identificado qual o tipo de espaço em que a cena se passa, você precisa, então, relacionar o espaço do roteiro a um LUGAR da sua vida. Nesse caso – fazer alguém admitir que está errado e se desculpar, usando sua mãe como SUBSTITUIÇÃO –, você teria que pensar em um LUGAR onde foi enganado ou decepcionado pela sua mãe. Esse LUGAR da sua vida deve ser também o LUGAR do seu MOMENTO ANTERIOR ou um LUGAR onde um fato semelhante de traição aconteceu com sua SUBSTITUIÇÃO (nesse exemplo, a mãe), que faça sentido com a cena do roteiro. Se a cena se desenvolve em um espaço público e fechado, como um restaurante, pense em um LUGAR onde sua família costumava jantar, no qual sua mãe sempre menosprezava você – talvez o lugar onde ela o repreendia por estar gordo demais. Se a cena se passa em um ambiente privado e fechado, um LUGAR eficaz poderia ser seu quarto de infância, onde sua mãe o maltratava com agressão física ou com palavras. Se a cena acontece em um espaço público e aberto, você pode usar a escada da escola, onde aos oito anos esperou sua mãe durante três horas, porque ela havia se esquecido de ir buscá-lo.

Não importa em que tipo de espaço a cena acontece – público e fechado, privado e fechado, público e aberto, privado e aberto –, o processo de identificação do tipo de espaço e, então, a identificação do seu LUGAR personalizado irá ajudar a completar a história pessoal interna que você tem construído com as primeiras sete ferramentas, que apoiam e refletem os sentimentos e propósitos da sua personagem.

A melhor maneira de compreender como o LUGAR contribui para o desempenho do ator é olhar para uma cena específica e analisá-la. Em determinado momento do filme *Titanic*, a personagem de Jack Dawson faz um desenho de Rose DeWitt na cabine dela. Exceto pelo seu colar valioso, Rose está completamente nua. Rose, uma garota da alta sociedade, está noiva de Cal, um jovem rico e manipulador. Jack, por outro lado, é jovem, pobre e não tem família. Ele ganhou sua passagem na terceira classe do navio em um jogo de cartas. O OBJETIVO DE CENA de Rose é *fazer você* (Jack) *se apaixonar por mim*. Naturalmente, o espaço da cena é privado e fechado, embora exista a possibilidade de que a mãe ou o noivo de Rose apareçam e os surpreendam a qualquer momento. Esse é apenas um dos muitos OBSTÁCULOS que você precisa levar em consideração para interpretar essa cena, já que a escolha do LUGAR depende muito dos OBSTÁCULOS inerentes a ela.

Os OBSTÁCULOS de Rose são:

1. Possível rejeição.
2. Estou nua e não me sinto confortável com meu corpo (seja específica – quadril, barriga, seios, celulite etc.).
3. *E se* ele pensar que sou uma mulher muito fácil?
4. Meu noivo pode entrar a qualquer momento e matar Jack, me matar, ou ambos.
5. Minha mãe poderia entrar no quarto a qualquer momento e ter um ataque.
6. As diferenças sociais entre nós dois.

Se você estivesse interpretando Rose, o LUGAR de sua vida, ao qual você recorreria, não seria aquele que mais se assemelha a uma luxuosa cabine de navio. O que você deve procurar é um LUGAR que contenha esses seis OBSTÁCULOS mencionados e que funcione com a SUBSTITUIÇÃO escolhida para a personagem de Jack.

Como em todas as ferramentas: sempre reproduza os aspectos físicos do roteiro a partir de um ponto de vista emocional.

LUGARES que serviriam para a cena da cabine do *Titanic*:

- Se sua SUBSTITUIÇÃO para Jack for seu ex, por quem você ainda tem sentimentos, então:
    - LUGAR: A sala de estar do seu ex.
    - Essa escolha leva você a reviver os acontecimentos da sua história com ele, bem como os perigos de voltar a se magoar. A pessoa que pode surpreender você em uma situação comprometedora poderia ser seu companheiro atual, ou algum amigo ou parente que nunca gostou do seu ex.

- Se estiver usando alguma paixão, ou alguém por quem tenha uma queda, e que, de alguma forma, esteja ligado ao seu atual

companheiro por amizade, parentesco ou trabalho como sua SUBSTITUIÇÃO para Jack, então:
- LUGAR: O quarto onde mora hoje em dia com seu companheiro.
- É um lugar perigoso, pois tudo nele lembra sua infidelidade. Além disso, seu companheiro poderia aparecer a qualquer momento.

- Se você estiver usando uma amizade platônica (e seus sentimentos vão além da amizade) como SUBSTITUIÇÃO para Jack:
  - LUGAR: O apartamento do seu amigo.
  - Essa escolha incorpora o perigo de perda da amizade. Se o romance não funcionar, é pouco provável que o relacionamento volte a ser o mesmo. Quem poderia surpreender você seria outro amigo que faz parte do seu grupo e ficaria chocado com sua nudez no recinto – e que, provavelmente, contaria para todo mundo.

- Se a SUBSTITUIÇÃO para Jack for seu chefe, então:
  - LUGAR: O escritório do seu chefe.
  - Um lugar que faz lembrar de como a situação é inadequada, além de incluir o risco de entrar, de repente, um colega de trabalho, a secretária, cônjuge etc. Como mais um fator de risco, há a possibilidade de você perder seu emprego caso o relacionamento amoroso não dê certo.

É claro que essas sugestões anteriores são só algumas das infinitas possibilidades. Se você realmente interpretasse o papel de Rose, durante os ensaios deveria experimentar as muitas opções de SUBSTITUIÇÃO relacionadas aos lugares que vêm à sua mente, para comprovar qual delas parece dar mais força e potência ao seu OBJETIVO DE CENA.

Tendo identificado alguns espaços que podem ser usados como LUGAR, baseados no seu OBJETIVO DE CENA e na sua SUBSTITUIÇÃO, você deve criá-lo. Criar um LUGAR significa atribuir ao espaço – estúdio, palco, sala de aula – atributos do seu LUGAR pessoal escolhido. Vejamos como criar o LUGAR com o primeiro exemplo de cenário para *Titanic*, a sala do seu ex.

A aplicação do LUGAR

Lembre-se de partes importantes da sala de estar do seu ex: móveis, piso, cor das paredes, pôsteres ou quadros pendurados, janelas e portas, cheiros, sons, temperatura. Depois de ter criado a imagem mais precisa possível, equipare as formas do cenário com formas parecidas que existem na sala de estar do seu ex. Por exemplo, combinar o sofá, no cenário, com o sofá da sala do seu ex – vendo as cores, o tecido. Equipar a mesa de canto do cenário com o aparelho de som da sala do seu ex. As pinturas na parede do cenário são janelas. O piso de madeira torna-se o carpete azul. Os cheiros são a marca do perfume dele. Os sons são do tráfego constante. Sinta um frio no ambiente, já que seu ex sempre mantinha o ar-condicionado em temperatura baixa porque odiava suar. Conforme você confere características a cada parte importante do LUGAR, pense nos acontecimentos – tanto os traumáticos quanto os maravilhosos – que ocorreram nesse espaço. Lembre-se da primeira vez em que vocês fizeram amor no sofá. E, depois, lembre-se de que foi nesse mesmo sofá que você descobriu a calcinha fio dental florida que não era sua. Veja o pôster que você comprou para ele. Ouça o CD que ele costumava ouvir até cansar. Imagine a porta que você bateu quando saiu pela última vez. Faça isso até você sentir como se tivesse se transportado do estúdio, da sala de aula ou do teatro para o verdadeiro LUGAR real que você escolheu.

Resumo:

Depois de escolher o melhor lugar, atribua espacialmente ao cenário existente a realidade do ambiente pessoal que você escolheu.

Se você está trabalhando em um palco, evoque o LUGAR antes de cada ensaio. No caso do cinema ou da televisão, fique pelo menos 10 ou 15 minutos no *set* onde a cena será filmada. Crie seu LUGAR, fique confortável nele e torne-o real para você, lembrando-se daqueles acontecimentos e experiências emocionalmente pertinentes – apropriadas para a interpretação – que aconteceram ali.

Lyndon Chubbuck, meu falecido marido, e eu produzimos um filme chamado *Kiss Toledo Goodbye*, protagonizado por Christopher Walken. Cada vez que mudávamos de *set*, e em cada local novo, Walken andava no *set* escuro, antes que acendessem as luzes, tocando os móveis e se familiarizando com eles. Ele se sentava nas cadeiras, encostava a mão nos objetos da mesa do café, olhava os livros na biblioteca etc., e fazia isso até que o espaço se tornasse real para ele, e contivesse a história e os sentimentos apropriados. Ele estava evocando seu LUGAR. Então, quando chegava o momento de gravar a cena, não havia distinção: o *set* e o mundo de Walken eram um só.

Sua escolha do LUGAR deve ter OBSTÁCULOS inerentes.

Se o LUGAR que você evocar for muito tranquilo de se estar, você não se sentirá compelido a vencer seu OBJETIVO DE CENA. Digamos que você esteja fazendo uma cena em que sua personagem está em uma entrevista de emprego, e o OBJETIVO DE CENA é *fazer você me amar para que me contrate*. Se você usar um LUGAR onde um dia foi contratado sem dificuldades, não há riscos. Isso acontece porque esse LUGAR não lhe causa o nervosismo que se tem quando se está em uma entrevista e quer muito aquele trabalho. Uma escolha mais eficaz seria um LUGAR onde você se saiu mal em um teste importantíssimo. Esse LUGAR alimenta seu OBJETIVO DE CENA, alimentando seu trabalho com uma necessidade desesperada de fazer a entrevista fluir bem, porque você não quer estragá-la como fez da outra vez.

É impressionante a maneira como o LUGAR nos afeta. Pense em um restaurante onde você costumava ir com seu ex. Agora, imagine como você se sentiria comendo nesse restaurante com outra pessoa, apenas poucas semanas depois de ter se separado. O sentimento muda, certo? O que antes era uma segunda casa, um espaço acolhedor, torna-se um LUGAR que lhe provoca ansiedade e desconforto. Você teme que seu ex apareça (afinal de contas, esse era um lugar especial para vocês), lembra das violentas discussões que tiveram ali (e que poderiam se repetir em seu relacionamento atual), e pensa que nunca mais irá namorar de forma duradoura, porque o LUGAR lhe traz uma lembrança constante do quanto você falhou com seu ex. Onde nós estamos afeta nossos sentimentos e nossas necessidades.

    David Hare chama atenção para a importância do LUGAR em *The Blue Room*, uma peça baseada em *La Ronde*, de Arthur Schnitzler. Apenas com o título da peça [O quarto azul], Hare chama atenção para o papel importante que o LUGAR tem na história toda. A obra narra uma série de encontros sexuais: em uma das cenas, um senador tem um caso com uma jovem estagiária. Pedi a Bill Moses, estrela de *Melrose Place*, *Falcon Crest* e de muitos outros filmes de televisão para interpretar essa cena em sala de aula. Bill sabia que os OBSTÁCULOS principais da sua personagem eram o fato de ser casado e membro do Senado. O senador temia que a esposa, a imprensa e os seus eleitores descobrissem sua indiscrição. Como temos visto com muita frequência no nosso ilustre passado político, uma revelação desse tipo é o caminho para o desemprego. Além disso, havia a idade como OBSTÁCULO – a juventude da estagiária tornava a situação ainda mais inadequada, o que não cairia nada bem no seu currículo. Bill e eu conversamos sobre qual LUGAR despertaria esse tipo de tensão sexual em meio ao risco do flagra. Bill já vivenciara um divórcio, e tinha um filho desse casamento. Se fosse pego tendo um caso, seria forçado a reviver o pesadelo, e por nada no mundo ele passaria por isso outra vez – um trauma que ele dispensaria. Assim, Bill usou seu quarto como um *e se* ele estivesse tendo um caso enquanto a mulher e o filho estavam fora de casa? Fazer sexo na mesma cama (evocando sua própria cama) que ele compartilhava com a esposa, e onde o filho foi concebido, assumiu um ar perigoso quando ele imaginou compartilhá-la (no sentido bíblico) com a SUBSTITUIÇÃO que havia escolhido. Bill evocou o LUGAR usando formas e lembranças: imaginando os móveis que ele e a esposa compraram juntos, percebendo os cheiros das roupas e do perfume da sua mulher, e estando consciente das especificidades da cama. Tudo isso aumentou os sentimentos de culpa e medo (sua esposa podia aparecer a qualquer momento), e aumentou sua libido (é sempre mais excitante quando há perigo). Sua interpretação foi poderosa, alimentada por um LUGAR marcante e eficaz.

O LUGAR é uma ferramenta essencial, ainda que seja um LUGAR onde sua personagem nunca esteve antes.

Muitos atores cairão nesta armadilha: a escolha de não pisar no estúdio antes das gravações como estratégia para o caso de a cena ocorrer em um LUGAR novo para a personagem, ou um lugar em que vão entrar pela primeira vez. Essa estratégia funciona bem para a primeira tomada, mas e quanto à segunda ou à décima quarta tomada? E quanto a todos os enquadramentos para cada cena? Você usará o *set* repetidas vezes para os planos abertos, médios, fechados etc. Nesse caso, como fazem? Por isso, é importante sempre uma escolha consciente para usar um LUGAR pessoal. É necessário optar por um LUGAR onde sinta a confiança de que vai provocar os mesmos sentimentos todas as vezes. E, acredite ou não, há muitos LUGARES da sua vida capazes de repetir a ansiedade de estar ali pela primeira vez.

Por exemplo, se você estiver gravando uma cena de um filme de terror e o roteiro indicar que você deve entrar em uma casa mal-assombrada pela primeira vez, uma boa escolha de LUGAR seria a casa onde você foi criado e não vai há anos. Para que essa "primeira vez" seja uma experiência assustadora – afinal de contas, trata-se de uma casa mal-assombrada –, reconstrua, na sua imaginação, as lembranças desagradáveis (OBJETOS INTERNOS) da sua infância enquanto observa o LUGAR. Isso lhe dará a mesma sensação misteriosa de uma pessoa que está andando em uma casa mal-assombrada. Observe que, trabalhando dessa maneira, o lugar também influencia seu OBJETIVO DE CENA ao lhe proporcionar mais OBSTÁCULOS (as lembranças ruins) para superar.

Use o LUGAR para criar um sentimento de privacidade

O LUGAR ajuda você a se sentir como se estivesse sozinho, não sendo observado. Nós, como plateia, devemos nos sentir como mosquinhas na parede, assistindo a algo tão íntimo e privado que parece que estamos presenciando acontecimentos aos quais não deveríamos ter acesso.

Usar um LUGAR que vem da sua infância pode ser extremamente poderoso, por ser tão primitivo.

As lembranças que decorrem da nossa infância são potentes, porque grande parte do que somos hoje deriva de experiências passadas. Seja qual for nossa idade, temos lembranças vívidas de fatos importantes da infância, que incluem não só *o que* aconteceu, mas *onde* aconteceu. E, aparentemente, o *onde* inspira sentimentos e imagens muito fortes. Você pode ter notado isso se alguma vez visitou sua antiga escola, dirigiu pelo seu antigo bairro ou até mesmo voltou ao Burger King aonde você e seus amigos costumavam ir, por exemplo. As lembranças das experiências, boas e ruins, permeiam seus pensamentos.

Use o LUGAR para realçar seus sentimentos.

Cada LUGAR da sua vida tem uma base emocional. Não importa quão inócuo ele aparente ser, um acontecimento que tenha ocorrido lá apresenta algum tipo de ligação emocional. Para atingir efeitos dramáticos mais impactantes, você deve escolher o LUGAR com o qual tem fortes conexões emocionais.

Durante muitos anos, trabalhei com a atriz ganhadora do Emmy Michelle Stafford na sua personagem Phyllis, um dos pilares da novela *The Young and the Restless*. Em uma das tramas da novela, Phyllis é incriminada por incendiar a pousada do seu marido Jack. Phyllis vai parar na cadeia. Sentindo-se solitária, traída e derrotada, ela enlouquece. Discutimos sobre um LUGAR que provocasse a sensação de se sentir aprisionada. Eu lhe disse que qualquer LUGAR que provoca uma sensação de confinamento físico e/ou emocional pode ser considerado uma prisão. Michelle então escolheu um LUGAR onde passou por um evento traumático durante a infância.

FERRAMENTA Nº 8: LUGAR E QUARTA PAREDE

Todo trauma infantil afeta nossos comportamentos e sentimentos na idade adulta. Também causam a necessidade sempre vigilante de nos proteger de feridas emocionais semelhantes. O LUGAR escolhido por Michelle permitiu que ela sentisse que não tinha como fugir, nem a quem recorrer: o mesmo sentimento que ela teve quando era uma criança vivendo seu trauma pela primeira vez – em outras palavras, sentindo-se aprisionada.

A QUARTA PAREDE

A QUARTA PAREDE é a dimensão do LUGAR que dá privacidade ao espaço onde você está trabalhando (palco, estúdio, sala de aula, locação etc.), separando os atores e o palco, ou *set,* da plateia e da equipe de filmagem.

A quarta parede é a beirada do palco ou do *set.* Ela delimita seu LUGAR, estabelecendo uma sensação de intimidade e de privacidade. Quando você está personalizando o piso, a parede e os móveis do *set* de gravação com o LUGAR da sua escolha, também precisa atribuir algo pessoal ao que está na QUARTA PAREDE. Na sua escolha pessoal de LUGAR, a QUARTA PAREDE real pode consistir em uma cômoda, uma escultura e uma janela, embora no *set* haja uma câmera e luzes na área onde seria a QUARTA PAREDE.

A aplicação da QUARTA PAREDE

Quando você estiver olhando para a área da QUARTA PAREDE, imagine-se vendo a câmera como a cômoda, ou uma determinada luz como a escultura, e um difusor de luz como a janela. Em outras palavras, embora o *set* não tenha uma QUARTA PAREDE de verdade, você deve preencher todo o LUGAR, espacialmente reproduzindo e completando o que estaria na parede do LUGAR que você escolheu. Escolha itens grandes do seu LUGAR – janela, televisão, pintura, objeto de arte, cômoda, armário etc. Como esses itens têm formatos semelhantes aos dos itens do cenário, acaba sendo fácil criar espacialmente sua QUARTA PAREDE pessoal.

A combinação do LUGAR com A QUARTA PAREDE também permite que você se livre da intimidação que as câmeras e a plateia exercem sobre o ator. O LUGAR e A QUARTA PAREDE estabelecem uma sensação de privacidade – e o público perde a sensação de estar vendo uma encenação; em vez disso, sente como se estivesse observando uma interação verdadeira entre seres humanos. A melhor atuação é aquela em que o público é levado a acreditar que está espiando momentos de fato íntimos da vida de outras pessoas. É sempre importante incutir a ideia de privacidade no seu trabalho, mas é particularmente importante fazer isso quando se interpreta uma cena de muita tensão sexual ou emocional.

Assimile com precisão a QUARTA PAREDE do LUGAR
que você escolheu e atribua a ela o significado apropriado.

Pegue o que existe na sua QUARTA PAREDE pessoal e aplique no que de fato está lá – o papel de parede, os móveis, a câmera ou o que for. Preencha o espaço com escolhas que são fáceis de imaginar, de outro modo você terá que fazer jogos mentais que complicam e confundem as coisas. Se existe um espaço livre que separa você da plateia – no teatro, por exemplo –, opte pelos elementos de maior destaque da sua quarta parede e imagine que eles estão ali. Ou, se o espaço do teatro for pequeno, observe a parede por trás da plateia. Então veja as formas que estão lá e substitua-as por itens que, em geral, existiriam na sua quarta parede.

Quando estiver personalizando o LUGAR e a QUARTA PAREDE,
não é necessário imaginar cada elemento daquele LUGAR
e daquela QUARTA PAREDE.

Apenas imagine as peças-chave que definem seu LUGAR e sua QUARTA PAREDE pessoais – em particular, os itens que tenham alguma história ou significado especial. Imaginar essas poucas peças-chave específicas irá transportá-lo para o LUGAR e a QUARTA PAREDE, pois elas são significativas o suficiente para isso. E, se já escolheu os objetos carregados de emoção corretos para projetar, eles irão, muitas vezes de maneira inadvertida, evocar objetos menos carregados com emoções que irão detalhar o espaço que você está preenchendo.

> **A aplicação de uma QUARTA PAREDE externa**
>
> Em um LUGAR ao ar livre, a QUARTA PAREDE é o que estaria no horizonte. Em uma praia, você veria os arredores daquela praia especial escolhida como seu LUGAR, e a QUARTA PAREDE seria aquele mar específico – a cor, os sons, o movimento das ondas. Se você estivesse na cidade, sua QUARTA PAREDE seria os edifícios específicos com os quais você se depara naquela rua familiar e comovente da sua vida.

Ao escolher o LUGAR e a QUARTA PAREDE, você deve levar em consideração se o LUGAR é privado e interno, público e interno, privado e externo ou público e externo.

Diferentes LUGARES e QUARTAS PAREDES geram, naturalmente, sentimentos distintos. Quando você está sozinho em um LUGAR privado, não sente que precisa ser reservado, porque não há olhos e ouvidos o espreitando. Ao contrário, quando se está exposto em um ambiente público, sempre existe a possibilidade de que você seja visto ou ouvido pelas pessoas erradas.

LUGAR/QUARTA PAREDE privado e interno.

- Sua casa (incluindo o quarto, a sala, o escritório, a cozinha etc.).
- Seu escritório.
- Um quarto de um hospital.
- Um quarto de um hotel ou motel.

Em um LUGAR/QUARTA PAREDE privado e interno, você está sozinho com apenas uma ou duas pessoas. Nesse tipo de LUGAR, qualquer coisa pode ser dita e feita, porque não há ninguém lá para espionar, revelar, julgar ou mudar o tom da sua atividade. Você até pode estar ciente da possibilidade de ser interrompido ou descoberto, mas até que a pessoa invasora de fato esteja no quarto, você tem a liberdade se saber que qualquer coisa provavelmente ocorrerá de maneira privada. Isso inclui a privacidade do sexo, segredos contados ou vivenciados, violência ou morte.

LUGAR/QUARTA PAREDE público (ou movimentado) e interno.

- Um restaurante.
- Uma sala de espera de um hospital.
- Uma sala de espera de um consultório médico.
- Um tribunal.
- Sua casa com uma festa acontecendo.
- Um cinema ou teatro.
- Um bar.
- Uma sala de interrogatório policial (há a possibilidade de que outros o estejam espionando através de um espelho falso).
- Um avião.
- Um trem.
- Uma loja.
- Um shopping.

LUGARES que são internos, porém públicos, mudam o tom da cena, porque é perfeitamente possível ser ouvido e/ou visto. Em LUGARES e QUARTAS PAREDES internos/públicos, sempre existe o OBSTÁCULO de que outras pessoas presentes na cena descubram e revelem o que viram ou ouviram àquela(s) pessoa(s) que sua personagem não deseja que saiba(m): namorado, polícia, chefe, um colega que ela difama, pais, filhos.

Em um LUGAR público e interno, personalizar uma pessoa que não tem falas engrandecerá seu comportamento – especialmente se essa pessoa específica ameaça você emocional e/ou fisicamente –, porque isso amplifica os OBSTÁCULOS da cena.

Ferramenta nº 8: lugar e quarta parede

Pensar em um LUGAR/QUARTA PAREDE público e interno é útil para identificar com precisão quem está à espreita em seu LUGAR público, o que aumenta a tensão. Imagine uma cena de um primeiro encontro amoroso no qual o LUGAR/QUARTA PAREDE é um restaurante. Pegue um dos atores/figurantes sentado à outra mesa e use como SUBSTITUIÇÃO para esse ator/figurante seu ex (que julgará seu companheiro atual como menos atraente, estúpido, estranho ou pervertido e fará você sentir que baixou bastante seus padrões de exigência); ou use seu pai ou sua mãe, que tem obsessão com a mudança de sua condição de solteiro para a de casado e com filhos (essa fixação faz com que você se sinta obrigado a fazer esse encontro dar certo, não importa o quão errada essa pessoa seja para você); ou use um amigo que não perde a chance de ridicularizá-lo (fazendo você ser supercrítico ao olhar seu novo amor, o que irá afetar a interação entre vocês); ou use um amigo do seu ex, que ficaria feliz em fofocar para ele como você baixou seu nível de exigência. Quem quer que você escolha para sua SUBSTITUIÇÃO certamente vai variar e enriquecer o seu comportamento.

Outro exemplo sobre imprimir características a um ator/figurante em um LUGAR/QUARTA PAREDE público e interno é uma cena em um bar, onde sua personagem está confiando os problemas da vida dela a um desconhecido. Usar uma SUBSTITUIÇÃO – alguém de fato importante para você – para a pessoa desocupada sentada perto ou para o barman que não diz nada pode aprofundar o conflito e o drama da cena. O observador sem importância é agora sua mãe, que tem problemas com o fato de você beber, ou um inimigo (ou amigo do seu rival), que ficaria feliz em saber seus segredos e sair contando seus deslizes e seus fracassos.

Ou, talvez, sua personagem seja ré em um tribunal. Se você usar a SUBSTITUIÇÃO imaginando que um dos membros do júri é uma pessoa da sua vida que adoraria prejudicar você (um ex, um inimigo de longa data, alguém que *você* magoou no passado etc.), isso irá aprofundar sua vontade de vencer seu OBJETIVO DE CENA *fazer você acreditar na minha inocência*. Como há alguém em posição de controle sobre a decisão do processo ansioso por uma vingança contra você, que será negativamente parcial quando analisar os fatos do seu caso, você se esforçará mais ainda para vencer. Mais uma vez, isso contribui para o drama do seu trabalho e da cena.

LUGAR/QUARTA PAREDE privado e externo.

- Uma praia isolada ou uma praia à noite.
- Um parque à noite.
- Um estacionamento isolado.
- Um beco escuro.
- Uma piscina.
- Um quintal.
- Uma rua ou estrada no meio da noite.
- Um bosque.

A diferença entre LUGAR/QUARTA PAREDE privado e externo e LUGAR/QUARTA PAREDE privado e interno é que, ao ar livre, há uma possibilidade ainda maior de ser pego ou descoberto: não há muros para impedir a entrada de uma pessoa. Em um lugar privado e externo, a QUARTA PAREDE é o horizonte. Sempre use o que de fato faz parte da QUARTA PAREDE pessoal do LUGAR que você escolheu.

- Uma praia: A QUARTA PAREDE seria o litoral e o movimento das ondas quebrando nele.
- Um parque: A QUARTA PAREDE seriam as árvores, os bancos do parque e as placas específicas que estão no lugar que você escolheu.
- Um estacionamento isolado: A QUARTA PAREDE seriam os prédios específicos que você sabe que ficam ao redor. Ou, no caso de um estacionamento subterrâneo, as paredes que o delimitam.
- Um beco escuro: A QUARTA PAREDE seriam os prédios que você sabe que existem fora do beco.
- Um quintal: A QUARTA PAREDE seria a casa específica onde fica o quintal.

FERRAMENTA Nº 8: LUGAR E QUARTA PAREDE

- Uma rua ou estrada no meio da noite: A QUARTA PAREDE seriam os prédios e/ou casas ou as folhagens (árvores etc.) que margeiam a rua ou a estrada.

LUGAR/QUARTA PAREDE público e externo.

- Uma praia lotada.
- Um parque cheio de dia.
- Um estacionamento, de dia, com muitos carros e pessoas.
- Um beco no meio do dia, perto de uma rua muito movimentada.
- Uma piscina com outras pessoas nadando e tomando sol.
- Um quintal com outras pessoas, ou com pessoas que podem sair da casa a qualquer momento.
- Uma rua aglomerada de gente.
- Uma calçada de uma rua por onde passam carros em alta velocidade.

Não resta dúvida de que esses LUGARES oferecem maior risco de exposição à personagem. Você não deve apenas atribuir ao LUGAR/QUARTA PAREDE emoções e familiaridades da sua vida. Como um espaço público e externo, também deve usar a SUBSTITUIÇÃO para atribuir a algum dos atores/figurantes que não tem falas (e que está ao seu redor) características de alguém que poderia afetar seu lado emocional de alguma forma. Digamos que você esteja fazendo uma cena na qual sua personagem está em um parque comprando heroína de um traficante com aspecto suspeito. Escolha um LUGAR/QUARTA PAREDE onde você já fez algo ilegal ou imoral. Depois, escolha uma das personagens figurantes – pode ser uma mulher que está passeando com o cachorro – e a SUBSTITUA pelo seu pai ou pela sua mãe, por um amigo crítico, um professor, um policial, seu filho, alguém que fará a experiência de "comprar drogas" ser uma experiência de fato estressante.

No carro.

Carros são diferentes porque, em geral, você não está parado – eles se movem, portanto, a QUARTA PAREDE muda o tempo todo. Além disso, você está em um LUGAR *interno*, mas ao mesmo tempo *externo*. Praticamente todos os filmes e programas de televisão têm cenas de carro; então preste atenção.

> **A aplicação do LUGAR/QUARTA PAREDE em cenas no carro**
>
> Primeiro, revista o interior do carro com as características de um outro veículo que lhe seja familiar e que lhe traga a história apropriada ao roteiro. Por exemplo, se a cena for um passeio feliz, use o carro que sua família tinha quando você era criança, com o qual todos fizeram uma longa viagem; ou, se a cena for de sexo, use o carro em que você fez sexo selvagem pela primeira vez; ou, se a cena for sobre liberdade e entusiasmo, use o primeiro carro novo que comprou; ou, se a cena for traumática, use o carro em que levava seu filho para passear antes de perder a guarda dele em uma briga judicial. Captou a lógica?
>
> Tendo identificado o carro, personalize o cenário, assegurando-se de que os locais por onde passa têm sentido lógico com o roteiro. Por exemplo, sua personagem está dirigindo em uma região escura, arborizada e assustadora. Você pode imaginar um local onde algo espantoso aconteceu, ou cheio de criaturas que lhe dão medo (aranhas, ratos, cobras, baratas etc.). Isso cria imagens adicionais que partem do pensamento: "E se meu carro quebrar e eu tiver que enfrentar esses ratos, aranhas, cobras ou baratas?" Ou, talvez, sua personagem esteja voltando para casa. Nesse caso, você precisaria revestir as ruas com os detalhes do seu próprio caminho de volta para casa, incluindo os bairros por onde você passa ou um bairro da sua infância que incentive as emoções apropriadas ao roteiro.

Ferramenta nº 8: lugar e quarta parede

> Ou, talvez, sua personagem esteja dirigindo em uma cidade desconhecida. Aqui, você precisaria conferir a essa cidade características de um lugar específico onde você viveu coisas horríveis. Isso fará você se sentir deslocado, desconfortável e incrementará sua necessidade de assimilação e adaptação.
>
> Faça uma escolha para seu carro e outra para a área contígua que você vê do lado de fora do carro, checando mais de uma vez se essas escolhas seguem e fazem sentido com o trabalho interno e linear que você já fez.

*O LUGAR e a QUARTA PAREDE também trazem
uma carga de história para o seu trabalho, tornando real
não só o acontecimento do roteiro, mas também o local onde ele
se passa. Isso ajuda você a entrar no clima da cena.
E...
LUGAR e QUARTA PAREDE são ferramentas essenciais
para a atuação – não as ignore nem se esqueça de usá-las.*

Nos meus muitos anos como professora, concluí: conseguir fazer com que os atores usem LUGAR/QUARTA PAREDE é como arrancar um dente. A justificativa para a utilização das outras ferramentas é mais evidente, porque elas permitem que as emoções fluam com clareza, e atores gostam – muito – de emoção. Embora o poder do LUGAR/QUARTA PAREDE seja menos óbvio, ele é essencial para manter e intensificar as emoções que as outras ferramentas induzem. Porém, mais importante, o LUGAR e a QUARTA PAREDE diminuem a sensação de estar sendo observado e julgado – o que muitas vezes é o que impede os atores de estarem presentes na cena. Em muitos casos, a consciência criada por uma plateia ao vivo ou por uma câmera ligada de fato anula os sentimentos do ator. O LUGAR e a QUARTA PAREDE servem para fortalecer sua realidade emocional e o senso de privacidade, o que ajuda a nutrir ainda mais sentimentos.

Capítulo 9
Ferramenta nº 9: ATIVIDADES

> A manipulação de objetos de cena gera comportamentos que nos permitem nos recompor, encontrar segurança, fazer uma declaração, expor ou esconder o que realmente estamos pensando, revelar as fraquezas e vícios de uma personagem, entre outros aspectos. As ATIVIDADES também adicionam peso à cena, pois em circunstâncias de alta tensão, é difícil permanecer inerte.

AS ATIVIDADES SÃO A MANEIRA FÍSICA DE EXPOR NOSSAS INTENções mediante o uso de acessórios. Tudo o que as pessoas fazem se traduz em ATIVIDADES – pentear o cabelo enquanto conversam, lavar a louça, preparar-se para dormir, arrumar a mesa enquanto espera as visitas, cozinhar, enfeitar e limpar a casa.

As ATIVIDADES também revelam muito sobre a essência de uma personagem. Imagine uma discussão que acontece na cozinha. Sua personagem usa a comida para aliviar a tensão crescente. O simples ato de pegar um pote de sorvete do freezer, pegar uma colher, fechar a gaveta de talheres com força, comer com voracidade o sorvete direto do pote enquanto a outra pessoa está gritando, diz muito para o outro ator e para o público. Ou pense em uma cena interpretada em uma sessão de terapia em que você, o paciente, dedica-se a fazer origamis complicados com lenços de papel. Sem ouvir as palavras do roteiro, só observando a conduta gerada pela manipulação dos lenços de papel (o que requer habilidade e foco extremos, devido à delicadeza do material), o público compreende que a personagem é neurótica e obsessiva, incapaz de expor seus sentimentos.

As palavras podem mentir. O comportamento sempre diz a verdade.

Quando estamos em uma conversa, com frequência dizemos o que achamos que a outra pessoa deseja ouvir. Utilizamos palavras para esconder nossos verdadeiros sentimentos: elas nos permitem mentir, enganar e, inclusive, proteger os outros da verdade. Mesmo quando você acredita que está dizendo a verdade, quer goste ou não, suas reações mais honestas aparecerão por meio do seu comportamento. Você pode estar dizendo uma coisa, mas o comportamento revela o que você de fato está sentindo. Isso acontece porque a maioria dos nossos comportamentos é motivada pelo inconsciente, o que os torna impossíveis de serem controlados de maneira consciente. Não importa quanto trabalho interno pessoal você tenha imprimido em sua personagem, seus sentimentos – expressos apenas por meio do diálogo – produzem um comportamento mínimo. A manipulação de acessórios permite que você se comporte com naturalidade, e o trabalho interno irá informar *como* lidar com eles.

Os atores são os únicos que pensam que ficar parados com um olhar profundo para o outro, com expressões emotivas, equivale a uma representação poderosa e verdadeira da vida. No entanto, a realidade é que quando as pessoas se confrontam com situações muito dramáticas, elas fazem coisas. E, normalmente, fazem com fervor.

Quando os riscos são altos, *fazemos* muitas coisas

Pense em quando você ficou no apartamento de alguém de quem gostava, sozinho com essa pessoa pela primeira vez. A tensão sexual estava intensa. O que você fez para aliviar seu nervosismo? Pode ter dado uma olhada rápida para a estante de livros dessa pessoa e tentado, ao acaso, folhear a coleção dela. Ou pode ter comido com ansiedade algumas jujubas de uma tigela na mesinha de centro, como uma forma de lidar com a tensão. No seu desconforto, pode até ter mexido em algo frágil enquanto andavam pela sala. Você quebrou algum objeto ou viu algo que não deveria ter visto? Provavelmente. Lidar com o nervosismo gerou um comportamento espontâneo. Esses momentos não planejados não podem acontecer sem as ATIVIDADES.

Ou, então, imagine uma cena em que sua personagem está no meio de uma discussão com um ente querido enquanto preparam a salada para o jantar. Você poderia interromper o que estava fazendo e ficar ali parada, gritando com a outra pessoa, mas é muito mais realista e eficaz simplesmente continuar fazendo a salada. Isso permite que tanto o público quanto a outra personagem compreendam o que você está de fato sentindo quando corta o pepino com força e muita vontade, como se ele estivesse humanamente ligado ao sujeito da sua raiva. Também poderia rasgar com violência um pé de alface como forma de ameaça, demonstrando ao outro o que pode acontecer caso ele continue sendo crítico e depreciativo. Nesse contexto, fazer uma salada, em geral uma ATIVIDADE bastante inofensiva, torna-se algo ameaçador. Com essas ATIVIDADES, não haveria necessidade de gritar. O uso de ATIVIDADES é tão poderoso que elas permitem transmitir a raiva até mesmo se você estiver falando de maneira suave.

As ATIVIDADES também dão ao ator um rumo alternativo para seguir. Quando os riscos são altos, é impossível olhar fixo nos olhos da outra pessoa *o tempo todo*. As ATIVIDADES lhe dão uma razão legítima para não ter que encarar a outra pessoa. É muito mais fácil "mentir" enquanto você está ocupado mexendo na panela, enrolando um cigarro, preparando uma bebida, vestindo-se ou consertando um cano debaixo da pia – ATIVIDADES legítimas que o previnem de ter que estar sempre olhando a outra pessoa diretamente nos seus olhos; o que, se você fosse forçado a fazer, revelaria que você está sendo desonesto ou que está se sentindo desconfortável.

Na próxima vez que você estiver em uma situação bem arriscada de qualquer tipo, apenas observe como você se comporta fisicamente. É surpreendente a quantidade de coisas que ocorrem quando você está excitado ou chateado com algo. Jim, um dos meus alunos, desafiou essa ideia. Ele insistia em dizer que toda vez que estava envolvido em uma discussão tensa, em vez de reagir, ficava apenas gritando – parado. Nada mais. Ele manteve essa teoria até que teve uma briga com o pai, a quem não via fazia anos. Eles estavam no gramado em frente à casa de Jim, e o velho jogo de culpa "olha o que você fez comigo" evoluiu para uma briga acalorada. Conforme o clima se tornava mais complicado, o pai de Jim, sem perceber, começou a arrancar e rasgar as folhas da grama. Jim viu sua atividade e sorriu, porque percebeu que eu estava certa. Infelizmente, o pai de Jim pensou que o sorriso era para ele, que seu filho estava sendo arrogante – o que, é claro, o enfureceu ainda mais. O gramado sofreu, mas Jim entendeu a ideia: quando estamos assustados, chateados, zangados ou animados, recorremos a ATIVIDADES.

As escolhas que você faz para suas ATIVIDADES especificam o tipo de neuroses e a condição social e econômica da sua personagem, além de indicar como ela *realmente* se sente sobre a outra personagem. Sua escolha de acessórios e hábitos deve ser apropriada à vida da personagem: sua psique, posição econômica, profissão atual, história, suas preferências sexuais, seu lugar geográfico, sua época etc.

As ATIVIDADES para uma personagem de baixa renda que está tendo um encontro em um restaurante luxuoso com alguém que a está fazendo se sentir hostil poderiam ser:

- Brincar de forma agressiva com a comida – apunhalando a alface com o garfo, cortando a carne ou enchendo a boca de comida para não dizer abruptamente: "Você é tão babaca", que é o que ela realmente gostaria de dizer.
- Limpar os talheres com o guardanapo de pano, cuspindo neles e depois esfregando-os com ferocidade.
- Brincar com a comida, talvez chupando com força as azeitonas para tirar o caroço e depois fazer fantoches com as mãos, colocando as azeitonas sem caroço na ponta dos dedos.
- Beber vinho demais em grandes goles e encher sem parar a taça à medida que o papo se torna mais penoso e desconfortável.

Seja qual for sua escolha, esconder sua animosidade com ATIVIDADES nos fornece mais informações a respeito do *que* você está de fato sentindo e *como* você lida com esses sentimentos.

As atividades podem criar uma sensação de imprevisibilidade.

Vamos explorar uma personagem que seria considerada vilã, alguém que está tentando assustar sua vítima em uma cena de gangue. Algumas abordagens padrões podem ser ficar de pé e gritar e/ou agarrar e/ou prender fisicamente o outro ator. Uma abordagem conduzida por ATIVIDADES pode ser a de comer biscoitos comprados de uma escoteira (um ato aparentemente inocente), enquanto ameaça a outra personagem com atos de tortura abomináveis. Mastigar biscoitos que pegou de uma jovem inocente faz com que o medo inspirado pelo vilão seja mais palpável, porque faz parecer que ele fere, mutila e mata ao acaso, como se fosse algo que ele fizesse todos os dias. Ele pode matá-lo com tanta facilidade quanto, sem compromisso, come um biscoito. Quando alguém grita e o empurra contra a parede com violência, é bastante óbvio que depois vêm a dor e a morte. As ATIVIDADES permitem outras possibilidades que desarmam e confundem a vítima sobre o que irá acontecer. Não saber o que seu predador fará no instante seguinte é muito mais apavorante.

As ATIVIDADES são essenciais, porque nós vemos antes de ouvir.

Uma imagem vale mais do que mil palavras. Um clichê? Sim. Mas é um clichê por um motivo. Devemos ser capazes de desligar o som de uma cena e ainda saber exatamente o que está acontecendo, por meio do comportamento.

As ATIVIDADES devem apoiar seu OBJETIVO DE CENA

As ATIVIDADES não se limitam ao uso de objetos cênicos ao acaso: você deve levar em consideração seu OBJETIVO DE CENA. Se seu OBJETIVO DE CENA é *fazer você se apaixonar por mim*, então jogar objetos cortantes em quem ama dificilmente irá ajudá-lo a alcançar esse propósito.

Uma ótima ilustração de como considerar as circunstâncias da vida de uma personagem, o "quem-sou-eu" da personagem e o OBJETIVO DE CENA, é a primeira cena interpretada por Brad Pitt para a classe. Brad tinha acabado de chegar em Hollywood, sem qualquer aula de atuação profissional. (Sim, houve um tempo em que Brad Pitt era um jovem com sonhos e sem dinheiro. Ele começou como todo mundo, tendo três trabalhos braçais como forma de se sustentar e pagar suas aulas.) Pedi a ele que preparasse uma cena de uma peça chamada *Tribute*. Na cena, a personagem de Brad, Jud, está fazendo um piquenique em casa com uma garota, contratada pelo seu sociável e carismático pai para seduzi-lo. Jud não sabe que seu pai arranjou aquilo. O pai de Jud sente que tem motivos para tal – Jud é tímido, supostamente virgem e passou a infância à sombra do pai. O OBJETIVO DE CENA de Brad era *fazer você gostar de mim apesar da minha falta de experiência*. Os OBSTÁCULOS que ele deveria vencer incluíam tensão sexual e a falta de conhecimento sobre sexo. O roteiro não relata que Jud serve vinho à garota; ainda assim, Brad trouxe para a aula duas taças de haste longa e uma garrafa de vinho (cheia de um líquido não alcoólico – *nunca* use álcool enquanto estiver atuando), e começou a cena saindo da cozinha com esses objetos. Embora o diálogo consistisse em conversa fiada sobre as experiências da garota no ensino médio, estava claro, pelas ATIVIDADES de Brad e o comportamento decorrente, que as reminiscências escolares não estavam na sua cabeça. Vimos o que Brad (no papel de Jud) *realmente* pensava por meio de seu comportamento. Quando se persegue o OBJETIVO DE CENA e se necessita de verdade de reações do outro, surgem comportamentos inconscientes. Ao persistir no seu OBJETIVO DE CENA com determinação, Brad, como ator, não estava consciente de si – o comportamento aflorou com naturalidade, como acontece na vida, de forma não premeditada. Com isso, Brad teve, *como personagem*, consciência de si, porque se tornou algo real para ele. Quando perguntei a ele se tinha percebido que havia levado as taças à altura do peito, "torcendo" as hastes em um movimento semelhante a uma torção de mamilos, ele me olhou surpreso e ficou todo vermelho. Aparentemente, não tinha reparado.

Brad conhece as vantagens de usar ATIVIDADES, e ele continua explorando isso na sua carreira. No filme *Onze homens e um segredo*, ele interpreta o papel de Rusty Ryan, um golpista envolvido em um complicado assalto a um cassino de Las Vegas. A cidade se destaca pela comida barata, que acaba sendo uma isca para atrair os desavisados apostadores aos jogos de azar. A personagem de Brad, Rusty, é um golpista, e todos os golpes envolvem aspectos como desejo e necessidade de se sentir poderoso. Mantendo o OBJETIVO GERAL de Rusty em mente, *ser empoderado*, Brad imaginou que Rusty burlaria o sistema e pegaria a comida sem cair na tentação do brilho das possíveis riquezas via caça-níqueis. Ele disse a Steven Soderbergh, diretor do filme, que pressentia que sua personagem iria sempre ceder à comida em Las Vegas, desfrutando, por exemplo, do aperitivo de camarão de noventa e nove centavos. Soderbergh concordou, e, com o uso de ATIVIDADES, Brad transformou um típico papel de golpista em uma personagem peculiar, cheia de falhas e única.

As ATIVIDADES inspiram particularidades, afetações únicas e comportamentos peculiares.

Antes de filmar ou ensaiar as produções, os diretores geralmente fazem uma oficina com o roteiro em sala de aula. O roteirista David Marconi, autor de sucessos como *Inimigo do Estado*, trouxe uma cena de um longa-metragem que ele estava prestes a dirigir. A cena que ele trouxe para a sala era necessária para estabelecer os antecedentes da história. A personagem de Iverson, um agente do FBI bonito e sexy, tenta convencer Tulsa, uma modelo jovem, atraente e drogada, a trabalhar disfarçada e ajudá-lo a descobrir quem assassinou a melhor amiga dela. Para atingir seu propósito, Iverson deve explicar a história do caso, inclusive quem ele é e por que ela seria a pessoa certa para essa tarefa. A cena acontece depois que o agente passa a noite na casa de Tulsa – ela estava tão drogada e bêbada, e tinha tantos problemas com a polícia, que ele a levou para casa (como cavalheirismo, nada além disso ainda – ele dormiu no sofá).

O primeiro ensaio da cena em aula acabou sendo estático. Basicamente, vimos duas pessoas sentadas em um sofá conversando. Falei para o ator que interpretava Iverson, Rod, tirar as meias (a personagem estava com elas havia umas boas 24 horas) para se sentir mais confortável, e Rod fez isso conforme relatava os detalhes do caso. Assim que terminou de tirar as meias, ele percebeu um cheiro que também não passou despercebido por Sarah, a atriz que interpretava o papel de Tulsa. As meias de Rod estavam fedendo. Envergonhado, Rod a provocou, sacudindo as meias na cara dela. Sarah fez uma careta e deu uma risadinha. Depois, enquanto continuava expondo o caso, Rod levou o pé ao nariz e percebeu que o cheiro não vinha só das meias. Nessa hora, Sarah riu alto. Essas simples ATIVIDADES geraram um vínculo entre os dois e as personagens. Agora, eles tinham compartilhado uma piada particular; e a humanidade e a veracidade do momento transformaram uma cena seca em uma cena contagiante. Isso tudo ajudou a dupla a conquistar o direito de chegar ao final do roteiro, acabando juntos.

As atividades dão à personagem um lugar seguro para onde ir.

Quer estejamos mentindo, nos sentindo sexualmente atraídos ou apenas em perigo, temos tendência a precisar de um local para ir e fazer algo que nos é familiar. As ATIVIDADES ajudam a fornecer um refúgio seguro. Vocês se lembram do pai do meu aluno Jim arrancando a grama? A ATIVIDADE de puxar a grama era um lugar seguro para ele conforme o filho o repreendia por não ser um bom pai. E isso não era atuação – era uma cena da vida real.

É evidente que, se as ATIVIDADES contribuem para nossa sensação de segurança no mundo real, elas têm o mesmo valor, se não maior, na ficção. Quando Barry Pepper interpretou um atirador de elite – o soldado Daniel Jackson no filme *O resgate do soldado Ryan* –, a personagem, no meio da guerra (aterrorizante até mesmo para o mais forte dos veteranos), precisava de alguma coisa que criasse uma sensação de bem-estar. Como Barry é um homem religioso, tivemos a ideia de que ele carregasse uma cruz no pescoço e, sempre que a guerra ficasse muito assustadora, ele olharia para a cruz e a tocaria, extraindo dela força e paz. Essa ATIVIDADE não estava descrita no roteiro, mas acabou dando ao público uma ideia profunda sobre essa personagem – de que Deus e a religião são seu recurso quando está assustado.

As atividades manifestam o humor do roteiro.

Com frequência, passo aos meus alunos a mesma cena várias e várias vezes, de modo que possam apreciar como o uso das ferramentas e o trabalho interno que emana da sua vida pessoal fazem brotar seus próprios comportamentos e peculiaridades, transformando a cena em uma experiência clara e diferente para o público e para o ator. Por exemplo, pedi a Matthew Perry que preparasse a cena de *Nos bastidores da notícia*, a mesma que havia pedido para David Spade na ferramenta de MOMENTO ANTERIOR (Ferramenta nº 7). Para recapitular, essa é a cena na qual Aaron Altman (interpretado no filme por Albert Brooks) está em casa, lamentando seu fracasso como apresentador de jornal. Ciente de ter destruído o sonho da sua vida, por um instante Aaron experimenta o fascínio da visita de Jane Craig, o amor da sua vida (interpretada por Holly Hunter). Ele acredita que ela veio consolá-lo quando, na realidade, Jane escolheu esse momento para contar que está apaixonada pelo seu rival, Tom, um apresentador de jornal bem-sucedido.

Na primeira vez que fez a cena, Matthew Perry não tinha qualquer objeto cênico. Como Matthew é naturalmente engraçado, fez uma cena um pouco divertida. Eu disse a ele que a cena poderia ser muito mais engraçada. Discutimos o "quem-sou-eu" da personagem, que é essencial para a escolha das ATIVIDADES. A personagem de Aaron é um cara que usa o humor como defesa e meio de vencer. Ao trabalhar com pessoas como Jim Carrey, Garry Shandling, Aubrey Plaza, Craig Robinson, Damon Wayans, David Spade, Chloe Fineman, Matthew Perry e Ryan Gosling, descobri que em geral as pessoas muito engraçadas colecionam ou têm um monte de brinquedos. Então, perguntei a Matthew se a casa dele parecia uma miniloja de brinquedos. Ele me respondeu com um surpreendente "sim". Então, pedi que ele trouxesse uma considerável amostra da sua coleção para usar como ATIVIDADES no retrabalho da cena. Ele não achou que seria uma boa ideia. "Que aspirante a apresentador tem brinquedos?", perguntou. E me desafiou, dizendo: "Vou trazer tantos e fazer tanta coisa que você vai detestar." Estou sempre pronta para uma discussão, então disse a ele: "Manda ver. O pior que pode acontecer é eu ter me enganado. E eu não tenho problema com isso."

Na semana seguinte, Matthew trouxe uma mala enorme, cheia de brinquedos, e brincou com entusiasmo durante toda a cena. Por meio da brincadeira e das suas escolhas por brinquedos específicos, o público era capaz de entender a angústia de Aaron, seu amor por Jane e sua personalidade. Vimos a humanidade de Aaron – sua frustração, insegurança e seu histórico de fracassos com as mulheres. Essas ATIVIDADES deram a Aaron uma tridimensionalidade que o tornou mais acessível, transformando-o em uma pessoa com quem o público podia se identificar. As pessoas sentem muito mais vontade de rir quando se identificam com a forma pela qual a personagem lida com uma situação bastante desconfortável, dizendo para si mesmas: "Já passei por isso, já fiz isso." Matthew, esperando provar que eu estava errada, usou as ATIVIDADES com um empenho extremo. No entanto, quanto mais ATIVIDADES ele fazia, mais as risadas aumentavam. Na verdade, ele teve que parar de falar várias vezes, porque as risadas estavam altas demais. Matthew aprendeu uma lição valiosa, e essa cena se tornou uma importante descoberta. Pouco depois, ele começou a pegar todos os trabalhos que apareciam no seu caminho, incluindo a elogiada atuação na série *Friends*.

Você pode mudar as ATIVIDADES.

O escritor pode ter colocado ATIVIDADES específicas no roteiro, mas muitas vezes são só sugestões. Se a ATIVIDADE não se apoia no diálogo do roteiro, então cabe a você, ator, usar a imaginação – sempre considerando o "quem-sou-eu" da personagem, a época e o OBJETIVO DE CENA da personagem. Não use as ATIVIDADES apenas quando há indicação no roteiro. Quanto mais ATIVIDADES você tiver, mais comportamentos podem emergir.

Personalize suas ATIVIDADES imprimindo nelas informações sobre sua SUBSTITUIÇÃO e seus OBJETOS INTERNOS

É preciso personalizar suas ATIVIDADES de modo que elas signifiquem algo especial para você. Se você estiver na casa de um futuro amor e acontecer de pegar uma das fotos em cima de um móvel, precisa usar sua SUBSTITUIÇÃO e transferir ao que está na fotografia uma pessoa que faça sentido emocional para a cena e para você. Vejamos a cena de um primeiro encontro em *Capítulo dois: em busca da felicidade*, de Neil Simon. A personagem de George pega a foto do ex-marido de Jenny. A esposa de George, com quem ele foi casado durante dez anos, morreu faz pouco tempo, e esse é seu primeiro encontro amoroso depois dessa perda. Como há muito que ele não namora e ainda está de luto por alguém que amava, ele fica bastante desajeitado. No diálogo, George pergunta a Jenny quem é o homem da foto. Jenny conta que é seu ex-marido. Se você estivesse interpretando o papel de George, você poderia transpor à foto alguém da sua vida pessoal que seja um adversário, um inimigo ou alguém que poderia estragar seu futuro relacionamento com sua SUBSTITUIÇÃO para Jenny.

Você pode interpretar um alcoólatra cuja ATIVIDADE é – surpresa! – o consumo de álcool. Se você realmente tem uma propensão para o alcoolismo, poderia atribuir ao líquido à sua frente o álcool da sua escolha. Se não, poderia atribuir ao líquido um vício que você tenha (e a maioria das pessoas tem pelo menos um): drogas, sexo, dormir, comer, fazer compras, obsessão por computador – você escolhe. Qualquer coisa feita em excesso pode ser considerada um vício.

Uma cena pode pedir que sua personagem coloque um CD em um aparelho de som e toque alguma música, então é preciso atribuir à música que está tocando uma canção especial que você compartilhou com sua SUBSTITUIÇÃO para a cena. Ou pode atribuir a uma música outra que o remeta a acontecimentos carregados de emoção do seu passado, que correspondam ao sentimento que você deveria ter de acordo com o texto do roteiro.

Jovens bruxas é uma série que traz o sobrenatural à vida de três mulheres, o que significa que as ATIVIDADES muitas vezes não fazem sentido para aqueles que não são bruxos ou feiticeiros. Em várias cenas de um episódio, a personagem de Chris, interpretada por Drew Fuller, tem um anel que ele segura, toca, observa com atenção, em um gesto reflexivo, e o entrega para o seu verdadeiro e único amor, que, depois, o devolve. Não é apenas um anel que significa amor, há um misticismo ligado a ele. O anel originalmente veio do futuro e agora reside no passado, o que, por sinal, equivale ao presente. Confuso, sim, mas não tem que ser. Ao conferir a esse anel mágico características de algo real da vida amorosa de Drew, ele poderia transformá-lo em algo que inspirasse importante significado. Conforme tentávamos descobrir o que ele usaria para esse anel, aconteceu de eu notar uma faixa de couro no pulso dele. Perguntei sobre o significado da faixa, e a resposta foi que ele e a namorada usam as pulseiras de couro combinando para simbolizar o amor um pelo outro. Eles nunca tiram. Na verdade, o acordo é que, se qualquer um deles tirar a pulseira, isso significa que o relacionamento acabou. Eureka! – a solução perfeita. Eu disse a Drew para transferir ao anel (sua ATIVIDADE ao longo de uma boa parte desse episódio) características de sua pulseira de couro e todas as implicações pessoais que ela tinha. Elaborar dessa forma fez com que ficasse mais fácil provocar as emoções apropriadas que ele precisava que o anel representasse – amor e a eventual perda do amor que deveria vir da ATIVIDADE do roteiro.

Na hora de identificar as ATIVIDADES da sua personagem, considere as neuroses, o passado profissional e o *modus operandi* dela

As ATIVIDADES expõem visualmente as neuroses da personagem.

A maioria das personagens se distingue por alguma fobia ou tipo de neurose. Se não, cabe ao ator idealizar algo que destaque a personagem.

Em *Scarface*, a personagem Tony Montana (Al Pacino) não teria sido tão rica sem sua paranoia extrema. *Otelo* não seria *Otelo* sem o ciúme obsessivo. Lady Macbeth seria apenas mais uma esposa irritante se não tivesse sua ambição fanática. Joe Pesci precisava do seu complexo de Napoleão para justificar a personagem de Nicky Santoro em *Cassino*. Em *As horas*, a personagem de Virginia Woolf teria sido apenas qualquer escritora melancólica se não fossem suas tendências suicidas. Brick, em *Gata de teto de zinco quente*, seria um chato sem seu vício por álcool e os problemas não resolvidos com o pai. E Édipo seria apenas mais um filhinho da mamãe se não fosse sua obsessão pela mãe. As ATIVIDADES ajudam a criar profundidade e entendimento visual de como e por que a neurose ou psicose de uma personagem existe.

Sob a mesma categoria de neuroses estão aquelas personagens com sérios problemas de abuso de substâncias. A seguir, estão exemplos de como eu e alguns dos meus alunos percebemos o vício particular da sua personagem por meio do uso de ATIVIDADES.

Compulsão alimentar

Robin McDonald interpretou, em sala de aula, uma cena da peça *Pizza Man*. Ela desempenhava o papel de Alice, uma mulher que comia em excesso e que havia perdido peso para agradar o namorado, um homem casado. Na cena em questão, Alice chega em casa depois de ter descoberto que seu namorado voltou para a esposa. Essa é uma grande desculpa para comer de forma compulsiva. Ela logo descobre que sua amiga e colega de quarto, alcoólatra, gastou todo o dinheiro delas com bebida. A maioria das pessoas que têm problemas com abuso de substâncias terá esconderijos secretos para as crises de compulsão. Para essa cena, Robin colocou um KitKat em um vaso de flores, Twinkies atrás das cortinas, batata chips embaixo do sofá e carne-seca sob as almofadas. Tal montagem proporcionou a Robin a motivação para se movimentar ao redor da sala e às escondidas encontrar cada item, tentando achar uma maneira de comer sem que a amiga percebesse. A maioria dos viciados não revela seu vício, eles o mantêm em segredo. As palavras de Alice foram realçadas pelo comportamento gerado a partir da sua busca silenciosa para comer sem ser vista.

Alcoolismo

Em *A última ceia*, Leticia é uma mulher em estágio de negação. E quem não seria, após ver o marido ser executado, o filho morrer em um acidente de carro e ainda perder o emprego? Halle e eu decidimos que Leticia faria seu alcoolismo parecer menos grave ao tomar apenas doses do tamanho das garrafinhas de uísque de avião. Dessa maneira, Leticia poderia beber dez garrafas seguidas e, ao mesmo tempo, racionalizar seu comportamento pensando: "Eu não tenho problemas com bebida. Afinal, quanto *realmente* estou bebendo se as garrafas são tão pequenas?" As garrafas pequenas faziam-na sentir como se estivesse bebendo muito menos. Quando ela com delicadeza ofereceu um drinque para Hank, Leticia sentiu como se estivesse entretendo-o com estilo – desenroscando delicadamente a pequena tampa de metal e entregando a garrafinha para ele – sem revelar seu problema. No filme, as duas personagens se sentam juntas, falando sobre o filho falecido dela e bebendo as garrafinhas de uísque, o que proporciona ao filme um ótimo visual que também indica a condição social, financeira e emocional dela.

Abuso de drogas

Parte integrante do consumo e abuso de drogas é o ritual de ficar chapado. Por exemplo, como parte da sua cerimônia, os maconheiros pegam a erva do saquinho, cheiram-na, lambem a seda, espalham a erva sobre ela, enrolam a seda e passam saliva para deixar o baseado firme. Os viciados em cocaína cortam, separam e aspiram a droga, com seus instrumentos preferidos, na sua superfície preferida. Essas ATIVIDADES criam expectativa e são parte integrante da experiência de se drogar.

Eriq LaSalle dirigiu e protagonizou o filme *Rebound: A Lenda de Earl "The Goat" Manigault*, da HBO, sobre um jogador de basquete drogado que reconstrói a vida para se tornar um treinador de basquete e atuar como mentor de jovens que se sentem atraídos pelo magnetismo destrutivo da heroína. Eriq interpretou Diego, um viciado, embora o ator nunca tivesse consumido ou preparado drogas de nenhum tipo. Ele não tinha ideia dos efeitos produzidos pela heroína e dos seus rituais de consumo. Nós falamos das conotações sexuais de introduzir uma agulha na veia e colocar nela uma substância "que dê prazer". O ato de esquentar o líquido na colher e sugá-lo pela agulha até que chegue ao cilindro da seringa se assemelha às preliminares do ato sexual; e quando o desejo sexual chega a um certo ponto, converte-se em uma necessidade imperiosa, assim como a heroína é para o viciado. Quando ele compreendeu toda sua ATIVIDADE, Eriq sentiu a dura realidade do porquê, do como e do desespero da sua personagem viciada em heroína.

Vício sexual

Os viciados em sexo o praticam como um modo de sentir poder. O sexo também é um impulso primário tão poderoso que, com frequência, leva a atos que as pessoas normalmente não fariam. Usar a sexualidade é uma ótima forma de conseguir o que se deseja, e o viciado em sexo conhece bem o poder que isso exerce sobre as pessoas. Deborah Kara Unger compreendeu o poder do sexo quando interpretou, em sala de aula, uma cena de *A megera domada*, de Shakespeare. Na pele da personagem Catarina, Deborah precisava encontrar uma maneira de ter poder sobre Petruchio, seu honrado adversário e futuro companheiro. Considerando a época na qual se passa a peça, Deborah sabia que a sexualidade de Catarina era seu dom mais valioso. Ela veio com a ideia de ATIVIDADE de cortar uma laranja e chupá-la com força para que o suco caísse da sua boca e escorresse sensualmente pelos lábios, queixo, pescoço e seios (a parte de cima da sua roupa era bem decotada). Ela, então, limpou os lábios com as costas da mão e luxuriosamente esfregou o suco e a polpa nos seios. O ator (cujo nome não me lembro – estava tão deslumbrada com a ATIVIDADE dela que não me lembro de quase mais nada) tornou-se um brinquedo em suas mãos, e Deborah venceu a cena.

Não importa qual é o vício da sua personagem, viciados assumem grandes riscos – roubando bancos, matando, tendo vários casos e se mostrando dispostos a perder um amigo, familiar ou o trabalho apenas para obter sua droga. Se você estiver interpretando um viciado, suas ATIVIDADES devem considerar e refletir esses comportamentos extremos.

As ATIVIDADES revelam o *modus operandi* da sua personagem.

As neuroses e psicoses são diferentes do *modus operandi* de alguém. Os desequilíbrios mentais e químicos não estão sob nosso controle. Eles, em geral, são obstáculos, barreiras adicionais que devemos vencer para atingir o OBJETIVO DE CENA. Um *modus operandi* (como agimos) consiste em um conjunto de comportamentos que usamos para nos *ajudar* a alcançar e vencer as nossas metas.

Todos nós temos um *modus operandi* que usamos para conseguir o que desejamos e vencer. Em caso de dúvida, usamos o que sabemos que funcionou com sucesso no passado. Alguns usam o sexo; outros, a violência, o humor ou o intelecto, há os que usam a proeza física ou sua autoridade, ou posição de poder na vida. A seguir estão indicados exemplos de possíveis ATIVIDADES para esses *modus operandi*. Não se limite a essas sugestões. Seja criativo.

O *modus operandi* para pessoas que usam a violência
Filmes e peças com personagens desse tipo: *In the Boom Boom Room, Os bons companheiros, Psicopata americano, O exército inútil, Cães de aluguel, Laranja mecânica, Danny and the Deep Blue Sea, Edmond, Secretária, Cabo do medo.*

- Brincar com uma arma ou uma faca, ou praticar movimentos com ela; limpar sua arma ou faca; cortar com um canivete; bater em um saco de areia ou em algo parecido; usar algum equipamento de exercício manual; atirar ou quebrar algo; espremer com violência a argila para moldar um objeto; mastigar algum tipo de comida que faça muito barulho; fazer uma salada manejando uma faca enorme, e cortar os legumes e verduras com força; construir algo com uma serra ou um martelo; usar drogas como maconha, cocaína; usar tesouras afiadas para limpar e cortar as unhas etc.

O *modus operandi* para pessoas que usam humor
Filmes e peças com personagens desse tipo: *Noivo neurótico, noiva nervosa, Gingerbread Lady, Encontros e desencontros, O clube dos cafajestes,*

Capítulo dois: em busca da felicidade, Levada da breca, A vida é bela, Frankie & Johnny, Harry & Sally: feitos um para o outro, Mil palhaços.

- Brincar com brinquedos divertidos como bonecas de dar corda, bonecos de miniatura, palitinho, uma boneca que fala, arrota ou solta peidos etc.; experimentar chapéus ou roupas esquisitas; brincar com a comida, como sugar o espaguete ou tentar comer amendoim atirando-o no ar e pegando com a boca, ou fazer um show de fantoches com palitos de cenoura; amassar papel e tentar fazer cestas em qualquer objeto circular; pegar e brincar com os pertences de outra pessoa, talvez até objetos íntimos; beber vinho fazendo gargarejo primeiro; beber tudo que possa cuspir; colocar roupas íntimas na cabeça etc.

O *modus operandi* para quem usa o intelecto

Filmes e peças com personagens desse tipo: *Geniuses, The Real Thing, Speed-the-Plow, Uncommon Women and Others, Meu jantar com André, Brideshead Revisited: desejo e poder, O reverso da fortuna, Sociedade dos poetas mortos, True West, Equus.*

- Usar um computador; ler algo erudito; resolver as palavras cruzadas do jornal de domingo; escrever; tirar fotos; carregar sempre um bloco de notas e anotar seus pensamentos; comer alimentos exóticos; beber conhaque ou vinhos finos; consertar ou instalar algo tecnicamente difícil; desenhar ou pintar; cozinhar pratos complicados; brincar com um lápis ou uma caneta etc.

O *modus operandi* para pessoas que usam sexo

Filmes e peças com personagens desse tipo: *Os desajustados, O poder da sedução, Sexual Perversity in Chicago, Gigolô americano, Corpos ardentes, Último tango em Paris, A insustentável leveza do ser, sexo, mentiras e videotape, Louco de amor, Desejo.*

- *Mulheres*: Comer um pêssego suculento; disparar chantili direto na boca; beber algo deixando o líquido escorrer pelo queixo até os seios; inclinar-se ao escolher um CD para colocar no aparelho de som; dançar e se balançar ao som da música, enquanto brinca com a capa do CD; comer algo fálico; passar creme nos braços e nos seios; secar com sensualidade a transpiração dos seios usando um lenço de papel; ajeitar a meia-calça; beber álcool e brincar com o gelo do copo ou a haste de uma taça de vinho etc.

- *Homens*: Beber uma cerveja muito rápido; quebrar nozes com as mãos; consertar algo com uma chave de fenda de forma sedutora; comer manga ou kiwi de maneira sensual; usar qualquer desculpa para chegar perto da pessoa desejada (por exemplo, tirar uma penugem da blusa dela); inventar uma desculpa para tirar a camisa; secar o suor da testa ou do tórax etc.

O *modus operandi* para pessoas que usam poder/autoridade
Filmes e peças com personagens desse tipo: *Wall Street: poder e cobiça, Nixon, Angels in America, Uma secretária de futuro, Hamlet, O grande Santini: o dom da fúria, Questão de honra, Speed-the-Plow, Doce pássaro da juventude, Hedda Gabler, Mary Stuart: rainha da Escócia, Fausto.*

- Balançar o talão de cheques ou preencher um cheque; usar um gravador ou uma câmera; registrar dados no celular ou no laptop; limpar os talheres antes de comer; escrever em um bloco de notas como quem diz: "Estou escrevendo algo 'secreto' ou 'revelador' sobre você..."; vestir-se ou despir-se de forma impecável; analisar sua carteira contando uma enorme quantidade de dinheiro; fumar um charuto; lustrar os sapatos com capricho; beber conhaque fino; comer alimentos exóticos e caros, como ostras, codornas ou patê etc.

O *modus operandi* para pessoas que usam habilidades atléticas
Filmes e peças com personagens desse tipo: *A escolha, Touro indomável, Sorte no amor, Desafio à corrupção, A cor do dinheiro, Rocky: um lutador, A grande esperança branca.*

- Jogar basquete, futebol, golfe etc.; usar equipamentos pequenos como halteres, uma bicicleta dobrável, um simulador de escada, uma cama elástica etc.; vestir-se ou despir-se de modo que permita mostrar seu corpo; jogar uma bolinha para cima e pegar com a mão repetidas vezes; passar cera em uma luva de beisebol; pegar qualquer objeto pesado e usar como um haltere; beber Gatorade; levantar e/ou mover objetos pesados; dar pancadas em um saco de areia; preparar e beber uma vitamina de proteína; praticar seu esporte etc.

As atividades definem a carreira da personagem.

Eis alguns exemplos de trabalhos clássicos que são, muitas vezes, interpretados no cinema, na televisão e no teatro, e ATIVIDADES que podem acompanhá-los. Essas são apenas algumas dentre as milhares de possibilidades. Use a imaginação para pensar em ATIVIDADES que sejam coerentes com a carreira. Lembre-se também de considerar a neurose e o *modus operandi* da personagem ao decidir suas ATIVIDADES.

- **Policial**
  Limpar, carregar ou descarregar sua arma; brincar com algemas; brincar com o rádio de polícia; usar um gravador; escrever em um bloco de notas; fumar; beber, derramar e limpar o café; comer besteira na estrada, comer rosquinhas, salsichas ou barras de cereal; passar maquiagem; usar lenços umedecidos (para o policial obsessivo que tem que tocar em coisas sujas na investigação de um crime) etc.

- **Médico**
  Escrever uma prescrição; organizar ou dar amostras de medicamentos; colocar ou tirar as luvas cirúrgicas; esterilizar instrumentos médicos; lavar as mãos; brincar com aparelhos médicos; abotoar o jaleco branco; folhear os registros médicos; analisar radiografias; procurar informação em livros de medicina ou no computador etc.

- **Psiquiatra**
  Fazer anotações em um bloco; usar lenços de papel; fazer café ou chá; brincar com um colar de bolinhas para aliviar a tensão;

escrever ou examinar os registros do paciente ou as anotações feitas na sessão anterior; tricotar; resolver palavras cruzadas; passar o ancinho num minijardim zen etc.

- **Enfermeiro**
  Anotar ou examinar as fichas dos pacientes; preparar os instrumentos médicos; cobrir a maca com papel para ser examinado; reorganizar os pertences pessoais do paciente; comer comidas prontas ou a comida que o paciente deixou na bandeja; esterilizar os instrumentos; preparar as acomodações para um paciente entrar ou arrumar tudo após um paciente sair; aferir a pressão arterial e a temperatura do paciente; ajustar a via intravenosa; preparar injeções e odiar ver sangue; esvaziar penicos e ficar enojada; arrumar camas etc.

- **Pintor**
  Desenhar ou pintar; limpar os pincéis; arrumar os modelos ou coisas a serem pintadas; beber bebida alcoólica ou usar drogas; preparar comidas coloridas e originais; organizar o espaço do estúdio; tirar fotos; comer jujubas etc.

- **Empregada doméstica**
  Varrer; lustrar mesas, talheres etc.; esfregar; tirar o pó; ajeitar travesseiros; limpar as áreas sujas; usar produtos de limpeza; lavar ou secar os pratos; cozinhar; comer; lavar roupas; bisbilhotar os pertences pessoais do patrão etc.

- **Barman/garçom**
  Limpar ou polir copos; limpar o balcão ou a mesa; organizar o bar; contar o dinheiro das gorjetas; arrumar a caixa registradora; beber; preparar a conta; repor os potes de amendoim, ketchup ou mostarda; reabastecer os ingredientes de bebida ou prepará-los (como cortar fatias de laranja ou limão) etc.

- **Prostituta/*stripper***
 Vestir ou tirar roupas sexy; passar maquiagem; preparar e/ou tomar bebida alcoólica; fumar maconha; preparar e cheirar cocaína; tomar pílulas; limpar partes do corpo como pescoço, braços, parte superior dos seios ou pernas; passar creme hidratante no corpo; comer algo com formato fálico como um pirulito, palito de alcaçuz, baguete; tomar sorvete ou mingau chupando a colher; ajeitar as meias de náilon; colocar ou tirar o esmalte nas unhas; arrumar o cabelo etc.

- **Político**
 Revisar sua pasta; ler o clipping de notícias; destacar as questões do seu interesse em jornais e revistas; barbear-se; usar colônia ou loção pós-barba; fazer anotações; arrumar-se no espelho; falar em um gravador; chupar balas de hortelã; usar aparelhos para exercitar as mãos; usar loção ou gel para o cabelo etc.

- **Recepcionista/secretária/assistente**
 Arquivar; organizar papéis; levar o almoço de casa; beber café ou prepará-lo; usar o computador; fazer anotações; lixar ou pintar as unhas; se maquiar; passar creme nas mãos; massagear as mãos ou os pés de alguém; apontar lápis; usar corretivo; juntar papéis com clipes; pentear o cabelo; programar o telefone; usar uma calculadora; revisar arquivos; usar tesoura ou espátula de papéis; procurar os itens necessários nas gavetas do escritório etc.

- **Dona de casa/mãe**
 Recortar cupons; dobrar roupa; limpar; recolher os brinquedos das crianças; arrumar a cama; guardar compras; fazer listas; passar vários produtos de antienvelhecimento; fazer ioga; folhear revistas; tirar o pó; tomar pílulas; ficar obcecada com as redes sociais etc.

- **Trabalhador de construção**
  Comer *fast food* ou sanduíches; beber cerveja, refrigerante ou água; revisar e arrumar ferramentas; mastigar chicletes ou balas de hortelã; ajeitar os óculos de proteção; lixar os calos dos dedos; usar fones de ouvido para ouvir música; limpar as ferramentas etc.

- **Ator**
  Enfeitar-se usando produtos de cabelo como gel e laquê; olhar-se em um espelho de mão; comer lanches de baixas calorias; usar acessórios chamativos; se maquiar; ler um roteiro; brincar com brinquedos, adereços ou prêmios de trabalhos anteriores; beber água de uma marca específica; experimentar novas expressões ou movimentos faciais etc.

- **Técnico de laboratório**
  Usar, consertar, limpar ou armazenar as ferramentas científicas; fazer um sanduíche com as ferramentas; comer de um modo preciso; fazer experimentos etc.

Eric Szmanda interpreta Greg Sanders, um técnico de laboratório, na bem-sucedida série *CSI*. A chave para interpretar esse papel é usar o maior número de ATIVIDADES possíveis. Na verdade, Eric conseguiu o papel fazendo, no seu teste, mímicas de ATIVIDADES macabras. Um laboratório de médicos forenses está cheio de dispositivos que vão desde os mais comuns – cotonetes, suturas, bisturis – até os mais terríveis – ferramentas mórbidas que realizam todo tipo de tarefa nos cadáveres. A cena do teste de Eric era sobre Greg Sanders reportando ao médico forense o que ele fez para determinar a causa da morte de uma vítima. O diálogo inclui uma série de termos médicos. Instruí Eric a ilustrar fisicamente tudo o que sua personagem discutia. Por exemplo, em um dos seus monólogos, Greg precisou discutir as descobertas feitas a partir de uma "inspeção anal". Nesse teste de elenco, Eric (interpretando Greg) imitou essa "inspeção" com um cotonete e, então, de forma inconsciente, trouxe o cotonete para o nariz e cheirou. Como consequência, Eric criou uma personagem original e distinta de tudo o que os outros atores haviam feito. Ele também tornou mais fácil para o roteirista escrever sobre sua personagem. Essa é a chave, porque os roteiristas de televisão são, com muita frequência, também os produtores – aqueles que fazem as seleções de elenco. Eric inspirou tanto os escritores e produtores da série que seu papel, que era a princípio temporário, foi ampliado. Por causa das suas ATIVIDADES, que eram tão convincentes e peculiares, a personagem de Eric acabou tendo, por fim, uma participação regular.

ATIVIDADES em lugares externos

Além de considerar as neuroses da sua personagem, seu *modus operandi* e sua profissão, é fundamental levar em conta o espaço onde você está. As possibilidades de ATIVIDADES externas podem ser escassas, já que muitas vezes não há tantos acessórios apropriados disponíveis. Ainda assim, isso não deve servir de desculpa para a ausência de ATIVIDADES. Aqui estão algumas sugestões de ATIVIDADES externas.

- **Carro**
  Conferir sua bolsa; mexer no rádio; batucar no volante; fechar e abrir o vidro da janela; comer doces ou *fast food*; beber café ou refrigerante; derramar café ou refrigerante ou comida; limpar a bagunça, passar maquiagem etc.

- **Estacionamento ou ponto de ônibus**
  Beber um refrigerante; beber café; comer doces ou *fast food*; brincar com a folhagem no chão; brincar com o galho de uma árvore; talhar madeira; ouvir música com fones de ouvido; observar um guarda; observar as pessoas; brincar com os botões ou zíper de uma jaqueta ou casaco; usar um palito de dentes; jogar migalhas de pão para os pombos; beber em uma garrafa térmica; ler; escrever; revistar uma bolsa ou carteira; tirar fotos; ver fotos; desenhar etc.

- **Praia**
  Passar protetor solar; fazer um castelo de areia; beber cerveja; pegar a comida de um isopor; comer; balançar ao ritmo de um rock vindo de uma caixa de som; passar filtro solar; folhear uma revista; observar as pessoas com binóculo; ler um livro; tirar fotos; desenhar; comer *fast food*; tirar a areia do corpo etc.

- **Andando e falando**
  Usar um palito de dentes; brincar com as moedas nos bolsos; brincar com um elástico; colocar um lenço ou luvas; bebericar café; tomar água de marca; brincar com os botões ou o zíper da sua camisa ou jaqueta; comer um doce ou *fast food*; passar hidratante labial; chutar pedras; arremessar uma pedra etc.

ATIVIDADES em lugares internos

Aqui, as ATIVIDADES dependem do espaço e dos acessórios e móveis que devem naturalmente existir dentro desse ambiente. Não tenha medo de usar o que o já existe no espaço. Sugestões de ATIVIDADES:

- **Em um escritório**
  Tirar cópias numa máquina de xerox; pegar um copo d'água do bebedouro; fazer um café na cafeteira do escritório; trabalhar no computador; usar a calculadora; ir ao armário de arquivo e reorganizar os arquivos etc.

- **Em um restaurante**
  Ocupar-se com os utensílios, guardanapos, pão e manteiga, vegetais crus, água, vinho e taças de vinho, pacotes de açúcar e condimentos, como mostarda ou ketchup, sal e pimenta etc.

- **Em um quarto de hotel/motel**
  Folhear a inevitável Bíblia; encher as gavetas com o que há nas malas ou esvaziá-las guardando tudo de volta nas malas; procurar

um guia do local; atacar o frigobar; roubar toalhas; brincar com os potinhos de xampu, condicionador, creme para o corpo, kit de costura e touca de banho; brincar com o *blackout* das cortinas etc.

- **Em uma garagem**
Fazer bagunça com as ferramentas; brincar com o carro estacionado; tirar a poeira dos móveis ali armazenados; investigar o que está guardado nas caixas; usar os aparelhos de ginástica etc.

Às vezes, um grande aderecista preencherá o espaço com os acessórios certos para ajudar um ator com suas ATIVIDADES, mas não necessariamente deixe isso para terceiros. Cabe a você, ator, certificar-se de que não estará sem nada para fazer, tornando-se uma "cabeça falante" chata e desinteressante. Você pode trazer adereços pessoais ou falar com o responsável pelos adereços e com o diretor sobre o fornecimento dos acessórios de que você precisa. Não se preocupe em ofender o diretor de arte ou o diretor... Contanto que todos vejam que é para melhor contar a história, a maioria dos diretores e diretores de arte irá acolher seu pedido. Se você tem uma boa ideia, isso só faz com que o diretor e o designer pareçam melhores, porque ela engrandecerá a produção – beneficiando todos.

A essa altura, você já deve ter uma boa noção de como pensar sobre as ATIVIDADES de uma personagem – considerando o OBJETIVO DE CENA, as neuroses, a profissão, o *modus operandi* e o local. Encontrar as ATIVIDADES apropriadas é um jogo de mistura e de combinação. Não há escolhas certas ou erradas de ATIVIDADES; deixe sua personalidade e imaginação serem seu guia.

As ATIVIDADES intensificam a história da cena, ao mesmo tempo que sustentam e fortalecem a história da personagem (e do ator), que é iniciada pelo OBJETIVO DE CENA. ATIVIDADES são importantes porque o comportamento raramente acontece se você só ficar em pé pronunciando as palavras.

Capítulo 10

Ferramenta nº 10: MONÓLOGO INTERNO

> O diálogo que se passa na sua mente, o que você não diz – e na maioria dos casos, não deveria dizer – em voz alta. Em suma, qualquer coisa que não pode ser dita em voz alta sem gerar algum tipo de consequência. O MONÓLOGO INTERNO deve ser expresso em sua mente com detalhes e em frases completas e, em geral, é influenciado por suas escolhas de OBJETOS INTERNOS.

ENQUANTO OS OBJETOS INTERNOS SÃO AS IMAGENS EM NOSSA mente relacionadas às palavras do roteiro, o MONÓLOGO INTERNO é de fato um *diálogo* – palavras e frases que estão passando em nossa mente. Embora o MONÓLOGO INTERNO e os OBJETOS INTERNOS sejam ferramentas separadas, elas estão intrinsecamente conectadas, porque devem trabalhar juntas para criar uma história interna linear e coerente. Por exemplo, no filme *O mágico de Oz*, Dorothy fala, muitas vezes, sobre seu desejo de ir para casa. O OBJETO INTERNO seria o visual da casa para onde a atriz gostaria de retornar, e o MONÓLOGO INTERNO seria o diálogo interno em relação a ir para casa (o que ela não pode falar em voz alta). Então, conforme a atriz que interpreta Dorothy visualiza a imagem da casa que está usando, ela pode estar dizendo como MONÓLOGO INTERNO: "Eu nunca vou chegar em casa com vocês me ajudando, um bando de lerdos. Você, Espantalho, nem tem um cérebro, e você, Leão Covarde, bem, acho que seu nome já diz tudo. E seu amigo, o Homem de Lata, é uma carapaça de homem sem coração. Estou muito ferrada." Esses seriam seus pensamentos reais, mesmo que ela esteja expressando, no diálogo do roteiro, que essas criaturas estranhas são seus amigos. Trabalhar apenas com OBJETOS INTERNOS não é o suficiente. Você precisa de um diálogo em torno deles. As ferramentas se complementam, fornecendo ao seu cérebro imagens (OBJETOS INTERNOS) e palavras (MONÓLOGO INTERNO) que tornem o pensamento da sua personagem verdadeiramente humano. Usar o MONÓLOGO INTERNO em conjunto com os OBJETOS INTERNOS serve para replicar, com precisão, a forma como o pensamento real de uma pessoa funciona.

As palavras ditas estão disponíveis no roteiro, mas cabe ao ator preenchê-las com o diálogo interno. Falando de um modo geral, o MONÓLOGO INTERNO é definido como paranoia: todas as coisas que você não pode dizer, porque farão com que você pareça errado, vulgar, malvado, inseguro, louco, estúpido ou preconceituoso.

O MONÓLOGO INTERNO inclui:

- Pensamentos e ideias sobre o que você dirá em seguida.
- Repensar o que já disse ou fez, e que agora parece ser louco, inapropriado, atrevido, muito cauteloso, estúpido, forçado, assustador, não assustador o suficiente etc.
- Interpretar o que a outra pessoa está de fato dizendo e fazendo – ela está escondendo algo? Gosta de mim? Ela me odeia? Está tentando fugir de mim? Acha que sou otário? Pensa que sou feio? Tudo o que o faz questionar os sentimentos e a percepção da outra pessoa sobre você.
- Lembrar pensamentos da história passada com essa pessoa ou de uma história passada que ocorreu em circunstância semelhante.
- Sua interpretação tendenciosa e paranoica do que a outra pessoa está tentando lhe dizer, enquanto ela ainda está falando (também conhecido como *escutar*).
- Qualquer coisa que você censuraria se fosse dizê-la em voz alta. O diálogo que permanece na sua mente pode ser sujo, politicamente incorreto, inadequado, maldoso, crítico, paranoico e ignorante. Afinal, você é o único que sabe o que está *realmente* pensando.

Usar a palavra "você" possibilita um comportamento interativo como resultado do MONÓLOGO INTERNO.

O MONÓLOGO INTERNO sempre estabelece uma relação com a outra pessoa. O MONÓLOGO INTERNO não é falar com si mesmo. O MONÓLOGO INTERNO é a comunicação silenciosa entre pessoas. Isto cria uma interação sem palavras. Escreva seu MONÓLOGO INTERNO de modo a estabelecer uma intercomunicação entre você e a(s) outra(s) personagem(ns). Para isso, use a palavra "você" ao abordar seus pensamentos para a outra pessoa, em vez de expressar seus pensamentos com o uso de "ele" ou "ela".

Por exemplo, *não* é:

- "Por que *ela* está me olhando de um jeito tão estranho? *Ela* deve pensar que sou louco..."

Usar "ela" cria introspecção, o que significa que o ator está atuando em um vácuo.

Em vez disso, *é*:

- "Por que *você* está me olhando de um jeito tão estranho? *Você* deve achar que sou louco..."

Esse MONÓLOGO INTERNO interativo ajudará a produzir comportamento também. Basta pensar nas ações físicas e expressões faciais que você pode fazer, instintivamente, se estiver pensando: "Eu não sou tão qualificado para este trabalho. Na verdade, *você* estaria cometendo um erro se *você* me contratasse..." Enquanto isso, está dizendo em voz alta: "Eu realmente acho que sou a melhor pessoa para o cargo, e sinto que posso dar uma contribuição valiosa para sua empresa."

Do mesmo modo que usamos o diálogo falado para gerar uma resposta da outra pessoa, o MONÓLOGO INTERNO também é usado para gerar uma reação de seus colegas atores.

O MONÓLOGO INTERNO irá ajudá-lo a trabalhar para criar uma relação, até mesmo quando você não estiver falando. Nós, como público, iremos captar o MONÓLOGO INTERNO de um ator. É a verdade sobre o que você está pensando *versus* o que você está dizendo que nos conecta e nos faz reagir. Nós nos identificamos com isso, porque quase nunca dizemos o que *realmente* estamos pensando. Dizer o que passa pela nossa mente muitas vezes é contrário ao alcance da nossa meta. Nós ocultamos o que de fato queremos dizer para obter a resposta que desejamos. Se você quiser que alguém faça sexo com você, não pode dizer apenas: "Ei, quero muito ir para a cama com você." Em vez disso, você diz à pessoa que ela é atraente; janta e bebe algo com ela; é simpático, compreensivo e encantador; finge que está ouvindo enquanto ela está tagarelando sem rumo; e, em geral, gasta muito tempo falando sobre um monte de coisas sobre as quais você nem liga. Quando Melvin Udall, a personagem de Jack Nicholson em *Melhor é impossível*, visita Carol Connelly (Helen Hunt) no restaurante onde ela trabalha como garçonete, eles discutem a saúde do filho asmático de Carol. Enquanto ela discorre sobre a saúde bastante fragilizada do garoto, fica bem evidente que Jack, como Melvin, tem um MONÓLOGO INTERNO que não tem nada a ver com as condições do menino. Quando você assiste a Jack ouvindo Carol, percebe, pelo comportamento dele, que está pensando em algo muito mais obsceno. Claro, Melvin não pode dizer qualquer coisa que remotamente alcance o terreno amoroso – seria insensível e grosseiro –, mas ele *pode* pensar, e de fato *pensa* nisso. Esse MONÓLOGO INTERNO não só estabelece que Melvin é um homem falho e humano, como também gera uma química entre as duas personagens.

Outro exemplo de um MONÓLOGO INTERNO comum é quando você pergunta a alguém: "Parece que engordei? Sinto que posso ter ganho alguns quilos." Mas seu MONÓLOGO INTERNO é impulsionado para, na verdade, tentar provocar o outro a dizer que parece ter *perdido* peso. Você está pensando: "Por favor, diga que pareço mais magro... Gastei tanto tempo e dinheiro com alimentos minúsculos, congelados, pré-cozidos, com gosto de papelão..."

Ferramenta nº 10: Monólogo Interno

Seu MONÓLOGO INTERNO deve ser escrito de acordo com a maneira que sua mente realmente pensa.

Isso significa que, mesmo que você seja um universitário Rhodes*, seus pensamentos são simples, diretos, nada refinados e rudimentares. Às vezes, nosso diálogo interno é tão simplista que pode parecer infantil e sem lógica. A maioria das nossas intelectualizações e racionalizações acontecem quando estamos falando em voz alta. O que dizemos é diferente do que pensamos e, muitas vezes, até contraditório. O MONÓLOGO INTERNO é o roteiro ligado ao filme sempre presente (OBJETOS INTERNOS) em nossas mentes. Ao ter um MONÓLOGO INTERNO, um ator pode tornar real a vida interior e as verdades atuais da sua personagem, o que acrescenta detalhes que não poderiam, de outra forma, ser alcançados.

O MONÓLOGO INTERNO faz você se esforçar mais para alcançar o OBJETIVO DE CENA.

Isso acontece porque, muitas vezes, o que você diz em voz alta é tão diferente do que realmente está pensando que os seus pensamentos acabam forçando uma espécie de compensação exagerada – uma tentativa de fazer a outra pessoa acreditar que o que você está dizendo é verdadeiro. Sempre dá para saber, numa festa, quem são as duas pessoas que mais se odeiam. São aquelas que, ao se encontrarem, dão gritinhos de alegria com o reencontro. Dizem coisas como: "Quanto tempo! Que bom te ver! Você está ótimo(a)! A gente precisa marcar alguma coisa! Vamos almoçar!" Quando, na verdade, estão pensando: "Não acredito que você está aí de novo! Ver você me lembra de todas as coisas horríveis que você me fez! Você me dá nojo! Se a gente almoçar, é bem capaz de eu vomitar na sua cara horrorosa!" A equação é mais ou menos assim: quanto maior a empolgação na saudação, maior o ódio.

---

* N.T.: *Rhodes* — bolsa de estudos de prestígio para pós-graduação em Oxford.

MONÓLOGO INTERNO é aquilo que você não pode dizer em voz alta porque seria antitético e contrário à conquista do seu OBJETIVO DE CENA.

Visualize a cena em que sua personagem, um jornalista, está sendo inferiorizado pelo seu chefe, o editor do jornal.

Diálogo:

EDITOR
Este artigo que você escreveu é muito ruim, uma criança de 10 anos poderia ter feito melhor.

SUA PERSONAGEM
Obrigado, senhor. Vou trabalhar nele.

EDITOR
Ótimo. Se você precisar de ajuda, minha assistente Edna irá trabalhar com você.

SUA PERSONAGEM
Edna é boa. Essa é uma excelente sugestão.

EDITOR
Agora saia daqui e vá trabalhar.

Seu MONÓLOGO INTERNO (M.I.) pode ser algo do tipo:

EDITOR
Este artigo que você escreveu é muito ruim, uma criança de 10 anos poderia ter feito melhor.
M.I.: *Você é um imbecil sem talento. O que você sabe sobre escrever? Você passa mais tempo bebendo do que escrevendo...*

FERRAMENTA Nº 10: MONÓLOGO INTERNO

SUA PERSONAGEM
Obrigado, senhor. Vou trabalhar nele.
M.I.: *Sim, obrigado pelas noites sem dormir. Obrigado por fazer eu me detestar. E obrigado por me fazer ter vontade de me matar...*

EDITOR
Ótimo. Se você precisar de ajuda, minha assistente Edna irá trabalhar com você.
M.I.: *Edna, a puta. Sim, ela vai ser de grande ajuda...*

SUA PERSONAGEM
Edna é boa. Essa é uma excelente sugestão.
M.I.: *Edna é boa, claro. Os joelhos ralados são a prova disso...*

EDITOR
Agora saia daqui e vá trabalhar.
M.I.: *Eu espero que você tenha uma morte lenta e horrível...*

Claro que sua personagem não pode dizer com sinceridade o que pensa ou ela irá perder o emprego.

Nosso MONÓLOGO INTERNO pode apimentar as coisas quando estamos tendo conversas chatas e banais.

Ter pensamentos vulgares, ilícitos e inapropriados tornam essas conversas muito mais emocionantes. Toda vez que você estiver passando tempo com uma pessoa do sexo pelo qual você se sente atraído, há uma oportunidade e uma inclinação para pensar nessa pessoa sexualmente. Gostaríamos de saber como seria beijá-la, como é na cama etc. Mesmo quando não há química entre você e o outro ator, cabe a você criá-la. Sexualidade é uma força primária com a qual todos podem se identificar, tornando excitantes um diálogo e uma cena chatos.

Quando eu era atriz, tinha um amigo ator que fez uma ponta em *Archie Bunker's Place*, um *spin-off* de *Tudo em família*. Ao fazer um pedido a uma garçonete atraente, seu diálogo era: "Vou querer bife, por favor." Meu amigo, não ciente do ditado: "Não há papéis pequenos, apenas atores pequenos", fez a leitura que achava que a fala merecia, uma leitura de apenas cinco palavras. Carroll O'Connor, a estrela da série, aproximou-se do meu amigo e sussurrou em seu ouvido:

"Hein, você acha que a menina que interpreta a garçonete é bonita?"

"É, sim!", meu amigo respondeu.

"Você gostaria de dormir com ela?", perguntou O'Connor.

"Ah, sim!!", meu amigo disse com toda a testosterona que conseguiu reunir.

"Então, quando você disser sua fala: 'Vou querer bife, por favor.'..."

"Sim?"

Meu amigo esperou O'Connor continuar.

"Use isso!"

O MONÓLOGO INTERNO fornece informações que o diálogo em si não oferece – ajudando você a ganhar o direito de viver os acontecimentos futuros no roteiro; que muitas vezes não estão na palavra escrita, porque isso revelaria a trama cedo demais.

Uma das primeiras cenas do filme de Neil LaBute, *Seus amigos, seus vizinhos*, é um jantar oferecido pelas personagens Mary e Barry, que acabaram de se mudar para o campo, pois se cansaram da vida na cidade. Nessa cena, Mary exalta as virtudes da vida no campo – o quão feliz ela está por terem se mudado, como isso melhorou sua vida e sua relação com Barry. Ela diz tudo isso apesar do fato de estar completamente infeliz. Ela se sente isolada dos seus amigos e da sua antiga vida de trabalho. Mary também descobriu que passar mais tempo com Barry, um dos principais motivos para sair da cidade, é tempo *demais*.

No filme, a inquietação de Mary, por fim, acaba por levá-la a ter um caso com o bonitão e habilidoso Cary (Jason Patric). Quando estava procurando inspiração para o MONÓLOGO INTERNO da personagem Mary nessa cena, eu disse a Amy Brenneman, que interpreta Mary, que ela precisava sentir uma atração e um desejo ardente por Cary antes, o que sustentaria seu caso com ele nas cenas posteriores. Decidimos que, quando Mary estivesse falando sobre sua decisão espetacular de se mudar para o campo, seu MONÓLOGO INTERNO seria algo como: "Eu odeio estar aqui. Não, 'ódio' é uma palavra muito fraca. Eu abomino e detesto estar aqui... Barry virou um chato do campo." Essa linha de pensamento seria interrompida por Mary (Amy) olhando para Cary (Jason) e pensando: "Você é tão gostoso. Eu gostaria de (preencher o espaço em branco com os desejos pessoais de Amy)..." Ainda que o diálogo para Mary não tivesse nada a ver com seu relacionamento – passado, presente ou futuro – com Cary, o uso do MONÓLOGO INTERNO de Amy fez os sentimentos e as intenções de Mary aparecerem e serem claras para Cary e para o público. Usar o MONÓLOGO INTERNO para essa cena gerou duas coisas. Primeira, usando o MONÓLOGO INTERNO, Mary (Amy) está subliminarmente dizendo a Cary (Jason) que ela o quer. Isso dá a ele permissão inconsciente para ir atrás dela, o que em outro caso ele não faria, porque ela é casada e, aparentemente, indisponível. As pessoas em geral não investem em alguém a menos que sintam que há uma boa chance de não serem rejeitadas e de que estão sendo desejadas. Segunda, ao estabelecer que a excitação está aumentando entre essas duas personagens, o MONÓLOGO INTERNO ajuda a antever acontecimentos futuros, o que cria expectativa no público.

O MONÓLOGO INTERNO lhe dá algo para dizer quando não há diálogo.

No teatro, e em especial no cinema, há cenas em que não há diálogo ou em que a outra personagem está recitando um longo monólogo e você é o ouvinte. Em vez de apenas ficar em volta se sentindo e parecendo uma caixa de ressonância, o MONÓLOGO INTERNO mantém a escuta ativa. Enquanto eu trabalhava com Travis Fimmel no papel de Ragnar Lothbrok em *Vikings*, chegamos a uma cena em que Ragnar está sentado num penhasco, olhando o vilarejo onde vive. Apesar de ser uma cena sem diálogo e com cerca de um minuto de duração, Travis e eu a exploramos com profundidade e camadas, usando todas as ferramentas disponíveis. O MONÓLOGO INTERNO foi especialmente útil, para que o público pudesse embarcar nessa jornada com ele – sem depender de palavras. Com o recurso da personalização, usamos um MONÓLOGO INTERNO que incluía o turbulento debate interno de Ragnar: se ele deveria abrir mão da vida de explorar novos mundos para levar uma vida pacífica como fazendeiro e homem de família, ou se deveria continuar em seu caminho de aventuras. Ele também precisava considerar o alto preço dessa escolha: se continuasse a explorar e conquistar novas terras, estaria colocando seu próprio povo em risco (já que os povos conquistados tendem a não se render tão facilmente). Personalizamos não apenas o conteúdo verbal da contemplação angustiada de Ragnar, mas também transformamos o que ele estava observando em um LUGAR pessoal que pudesse alimentar o MONÓLOGO INTERNO de Travis, tornando sua decisão ainda mais significativa e transformadora.

O público se sentiu incluído no mundo secreto de Ragnar, porque, quando o MONÓLOGO INTERNO é forte e específico, o espectador sente que consegue ler os pensamentos da personagem. Esse recurso foi tão eficaz para provocar uma reação comprometida da audiência que a cena se tornou uma das favoritas dos fãs. Os roteiristas continuaram escrevendo diferentes versões da cena do "penhasco com vista para algo", mesmo depois da morte de Ragnar. Bjorn, o primogênito de Ragnar, interpretado por Alexander Ludwig, acabou herdando essa cena no penhasco. Como também trabalhei com Alexander, preenchemos essas cenas com MONÓLOGOS INTERNOS profundos e provocativos, criando uma espécie de legado curioso: tal pai, tal filho – no topo da montanha.

Lembro que uma crítica, que estava fazendo uma matéria sobre mim para um jornal, perguntou-me no fim da entrevista: "Eu escrevo sobre a série *Vikings* para o meu jornal. Você gostaria de saber quais são as minhas cenas favoritas com o Travis?". Eu disse que queria, esperando a resposta com curiosidade. A primeira cena que ela mencionou foi a do penhasco. As outras cenas de que ela mais gostava eram, em sua maioria, aquelas com pouco ou nenhum diálogo. Ela começou a me contar o que achava que Ragnar estava pensando – e não em termos genéricos, mas com certeza: "E então ele estava pensando...", dizia várias vezes ao se referir às cenas que mais a tocavam. A leitura dela era incrivelmente próxima do que Travis/Ragnar realmente estava pensando, e isso não me surpreendeu nem um pouco!

A questão é: as pessoas conseguem ler sua mente – e gostam disso. O MONÓLOGO INTERNO é uma ferramenta poderosíssima em muitos níveis.

O MONÓLOGO INTERNO pode dar propósito e magnitude aos momentos do roteiro que parecem banais ou insignificantes.

Ao fazer a análise do roteiro, não deve haver momento algum nem parte alguma do diálogo que possam ser considerados insignificantes. Quando os riscos são grandes, mesmo um suspiro tem um significado; um passo de distância, um senso de urgência emocional. Nada deve ser pensado como dispensável, porque quando *você* dispensa algo, o público faz o mesmo.

Por exemplo, em muitos roteiros você irá encontrar uma personagem cantando com um grupo. Pode parecer irrelevante um grupo de pessoas cantando, digamos, "Feliz aniversário"; ou cantando, bêbadas, músicas ao redor do piano em uma cena de festa. Cabe a você encontrar um significado mais pessoal e relevante para o acontecimento em si e para a letra da música. Em *Aos olhos de Deus*, um filme da ABC, com produção executiva de Oprah Winfrey e Quincy Jones, há uma cena em que as pessoas da cidade cantam juntas. O filme conta a história de Janie (interpretada por Halle Berry), uma jovem no início de 1900 que passou a maior parte da sua jovem vida sendo subjugada, controlada e criticada. Ela conhece Joe Starks, que lhe oferece uma nova vida, cheia de liberdade para explorar e descobrir. Joe a leva para Eatonville, a primeira cidade da América administrada, como Joe diz a ela, "por pessoas de cor que se uniram e fizeram sua própria cidade". Ela parte com ele e, quando chegam a Eatonville, eles acham que a cidade precisa da determinação e do conhecimento de Joe para que seja verdadeira e real. Joe se torna o prefeito oficial, e Janie, sua primeira-dama. A primeira lâmpada de rua é entregue em Eatonville por um caminhão da Sears e Roebuck. Para comemorar a ocasião, há uma cerimônia para acender a lâmpada – para registrar que Eatonville é, agora, considerado "o primeiro município de cor incorporado em toda a América!", como Joe expressa no seu discurso para o povo da cidade. Quando uma personagem chamada Amos pede algumas palavras da primeira-dama sra. Starks (Janie), Joe rapidamente o interrompe, dizendo: "A sra. Starks não entende nada de discursos. Não foi por isso que me casei com ela." Isso deixa Janie devastada. Joe havia prometido o mundo a ela, mas em vez disso faz o que todos fizeram na sua vida: apaga seu brilho, fazendo-a se sentir estúpida, impotente e irrelevante. Ela não tem permissão para falar. Joe termina seu discurso empolgante para seus eleitores e faz com que todos cantem. Há um olhar de esperança no rosto da população da cidade em contraste direto com o olhar de Janie. Joe era a única esperança de uma vida e de um futuro diferentes e ficou claro que isso era uma mentira.

Conforme Halle e eu analisávamos essa cena, poderíamos, com facilidade, tê-la preenchido com a verdade de uma mulher que sentiu a dor e a decepção de uma vida que deu terrivelmente errado. Mas apenas fornecer a realidade da dor e da traição teria dado a entender que ela havia desistido e sido derrotada. Não há vitória em admitir e ceder à derrota. Isso cria desesperança não só para a personagem, mas também para o ator e para o público. Você, como ator, nunca deve fazer a escolha de tornar-se impotente e vítima dos traumas da vida. A trajetória é interrompida quando você deixa de tentar mudar até mesmo a mais insustentável das situações. Para conseguir um cenário vencedor, em vez de Halle se tornar uma vítima a ser derrotada, nós primeiro atribuímos à cena as questões pessoais de Halle que necessitavam de esperança e mudança, e que, no momento da filmagem dessa cena, pareciam pesar ao extremo e estar fadadas ao fracasso. Então, nós produzimos o MONÓLOGO INTERNO que criaria um sentimento de expectativa esperançosa. Ao fechar os olhos, ela cantou as palavras da canção:

> Esta é a minha pequena luz, vou deixá-la brilhar.
> Esta é a minha pequena luz, vou deixá-la brilhar.
> Esta é a minha pequena luz, vou deixá-la brilhar.
> Deixá-la brilhar, deixá-la brilhar, deixá-la brilhar...

E, ao mesmo tempo, inspirou possibilidades de esperança ao pensar no MONÓLOGO INTERNO, que foi mais ou menos assim:

"Eu o odeio, ele mentiu para mim como todos os outros fizeram, mas não vou desistir e me odiar. Não vou ser uma vítima! Não mais. Vou encontrar uma maneira, tem que haver uma maneira, há esperança para mim, há luz para mim, não vou desistir. Não posso, senão vou morrer. Esta luz é minha, não vou deixar ninguém tirar isso de mim de novo, vou deixar minhas esperanças e meus sonhos brilharem. Não vou desistir, não sei como e quando isso vai mudar, mas vou expor a luz de quem sou, e vou deixá-la brilhar, deixá-la brilhar, deixá-la brilhar!"

Esse MONÓLOGO INTERNO permitiu que Halle e sua personagem reunissem forças para continuar e lutar contra as inevitáveis batalhas que ela encararia – como mulher e especialmente como uma mulher de cor. Em uma cena que foi escrita para expressar a queda de Janie, o MONÓLOGO INTERNO deu à cena propósito, esperança e possibilidade.

Ao personalizar seu MONÓLOGO INTERNO, certifique-se de que ele faz sentido com seu OBJETIVO DE CENA, sua SUBSTITUIÇÃO, seus OBSTÁCULOS personalizados e seus OBJETOS INTERNOS.

Devido à natureza do MONÓLOGO INTERNO e do meu trabalho – a ética de um preparador é similar à confidencialidade de um psiquiatra com seu cliente/paciente –, para mim é impossível discutir o trabalho pessoal do MONÓLOGO INTERNO de alguém. Um ator deve confiar que nunca revelarei seus segredos para que ele se sinta confortável ao me contar informações íntimas que, muitas vezes, não compartilha com sua família nem com o terapeuta. Uso esses segredos para inspirar, dimensionar e dar nuance ao trabalho do ator. O uso de segredos no trabalho de um ator é essencial para uma performance dinâmica. Como não posso revelar os segredos de ninguém, irei falar de um exemplo da minha própria vida usando um ex-companheiro miserável e mulherengo (se você está se perguntando se é *você*, provavelmente é) para mostrar como personalizar seu MONÓLOGO INTERNO. Na peça *A Boy's Life*, há uma cena em que a personagem de Lisa encontra a calcinha de outra garota na sua cama quando começa a fazer amor com seu namorado Don. Don vem enganando Lisa e sente que deve esconder sua má ação para ficar com ela, porque, apesar da sua indiscrição, ele a ama. Lisa o ama também, mas perdoá-lo tão facilmente faria Don pensar que ele poderia enganá-la de novo – então, ela deve colocá-lo no seu merecido lugar antes de aceitá-lo de volta.

- **OBJETIVO GERAL:** *ser amada sem sofrer.*
- **OBJETIVO DE CENA:** *fazer com que você diga ou faça algo que irá corrigir isso* (para que possamos ficar juntos).
- **OBSTÁCULOS do roteiro:**
  1. É provável que Don faça isso de novo.
  2. A falta de remorso de Don.
  3. O charme e o humor de Don significam que ele está acostumado a sair impune pelo seu mau comportamento.
  4. O histórico de Lisa com "bad boys".
  5. Se Lisa se tornar agressivamente antagônica, ela pode perder Don.

- **SUBSTITUIÇÃO:** Meu ex. Um homem que me traiu não com apenas uma, mas com várias mulheres bonitas e mais novas, e ainda com um homem chamado Alan.
- **OBSTÁCULOS personalizados**:
  1. Meu ex parecia ser viciado em sexo, o que seria muito mais difícil de alterar ou corrigir;
  2. Meu ex não ficava exatamente arrependido quando era pego, a menos que eu ameaçasse ir embora;
  3. Meu ex disse que estava arrependido várias vezes, embora continuasse sendo infiel;
  4. Minha capacidade de confiar, porque havia sido enganada muitas vezes no passado;
  5. Meu histórico com homens desonestos;

6. O histórico do meu ex de trair namoradas anteriores;
7. E o fato de ele nunca ter mencionado sua bissexualidade, gerando mais segredos entre nós.

- **MOMENTO ANTERIOR:** Quando estávamos dando uma festa em casa e o encontrei no nosso quarto com Connie, quando eles já estavam quebrando um dos mandamentos de Deus. Enquanto eu estava ali parada, descrente, imaginando se minha presença (ou água fria) iria interrompê-los, ele disse: "Sai daqui, não está vendo que estou ocupado?!" (Eu não estou inventando, ele realmente disse isso – uma lembrança viva, sem dúvida, que ficará comigo para sempre).
- **LUGAR/QUARTA PAREDE:** O quarto que compartilhamos quando estávamos juntos, e a visão do crime acima..

Segue um fragmento da peça *A Boy's Life*, considerando o OBJETIVO GERAL da minha personagem, o OBJETIVO DE CENA, minha SUBSTITUIÇÃO para Don, meus OBSTÁCULOS pessoais, o MOMENTO ANTERIOR, LUGAR/QUARTA PAREDE e os OBJETOS INTERNOS – que se tornarão evidentes a partir do seguinte MONÓLOGO INTERNO.

Na cena, Lisa levanta com cuidado a calcinha incriminadora e começa a confrontar Don, que está em silêncio olhando para a peça íntima.

A BOY'S LIFE

M.I.: *Então, de quem é essa calcinha barata e fedida? Da prostituta Jillanne? Ou da puta Connie? Ou do Alan, que não sei como se meteu nisso? Hein? Hein?*

LISA
É só isso que você tem a dizer sobre o assunto?
M.I.: *Você sempre me coloca para baixo, fica me chamando de imbecil o tempo todo. Bem, olha quem está parecendo um imbecil agora, seu babaca!*

DON
O que mais você quer que eu diga?
M.I.: *Você se acha um grande escritor, mas não tem nada a dizer... Todas essas palavras difíceis que você usa - incorretamente, devo acrescentar - não podem te ajudar agora...*

LISA
Que tal "desculpa"?
M.I.: *Alô, cérebro de ervilha. Alguma vez lhe ocorreu dizer "me desculpa" e falar sério?! Talvez, senhor escritor, você não saiba o significado e a derivação da palavra. Meu Deus, sou tão besta por sempre aceitar você de volta...*

Agora, olhando para a cena a partir do ponto de vista do Don ou da Lisa, examine-a e tente usar seu próprio MONÓLOGO INTERNO (baseado no trabalho das ferramentas anteriores). Veja qual comportamento surge disso. Observe como o MONÓLOGO INTERNO oferece outra dimensão de comportamento, permitindo-lhe falar e pensar ao mesmo tempo, da mesma forma como pessoas reais o fazem.

O MONÓLOGO INTERNO não deve ser memorizado, mas os pensamentos e as ideias por trás do monólogo, sim.

Um MONÓLOGO INTERNO irá variar cada vez que uma cena ocorrer, mas os conceitos gerais do que foi escrito serão mantidos. Pense no MONÓLOGO INTERNO que você escreveu na página como um vasto esboço, então deixe sua imaginação fluir a partir dali.

O MONÓLOGO INTERNO em cenas de ficção científica, fantasia, terror com monstros, paranormal e super-heróis (e similares) precisa ser humanizado.

Por mais populares que esses gêneros sejam, o que realmente os torna atraentes é o aspecto humano. Sempre há algo verdadeiro em relação ao nosso próprio mundo – e com capacidade de gerar identificação – dentro das tramas fantásticas. Para criar uma atuação com a qual o público possa se conectar, o MONÓLOGO INTERNO precisa ser ainda mais realista, direto e humano na escolha das palavras. Não estamos tentando convencer ninguém de que monstros e criaturas do tipo realmente existem; o objetivo é nos tornarmos a personagem dentro de um ambiente improvável, fazendo escolhas e sentindo emoções que já vivenciamos na vida real. Esse é o modo mais eficaz de se envolver de verdade na cena – assim, os outros atores com quem contracenamos também se envolvem mais conosco, e o público fica mais imerso no que está assistindo.

Vamos pegar como exemplo meu trabalho com Christina Chong, que interpreta a personagem La'an Noonien-Singh em *Star Trek: Strange New Worlds* [Jornada nas estrelas: novos mundos estranhos]. La'an vem de um planeta que não é a Terra, mas é, ao menos em parte, humana – embora geneticamente modificada – porque seu ancestral é o infame Khan Noonien-Singh, um conhecido humano geneticamente modificado no universo de *Star Trek*. Dito isso, a parte mais importante da história pregressa de La'an é a infância traumática que ela viveu. Os Gorn, criaturas cruéis, devoraram sua família ainda viva, e La'an, aos cinco anos, de alguma forma sobreviveu. Essa é a versão resumida da história de alguém cuja inocência infantil foi interrompida, e cuja única prioridade passou a ser sobreviver. Como resultado, sua postura adulta é fria e distante. Seu MONÓLOGO INTERNO poderia ser algo como: "Faça o trabalho. Faça bem-feito e siga em frente." Mas isso não adiciona tridimensionalidade à personagem – é apenas uma paráfrase de seus traços superficiais. A profundidade surge ao descobrir por que ela é assim e ao expressar essa motivação por meio do MONÓLOGO INTERNO. Podemos supor que o horror que La'an testemunhou, e ao qual sobreviveu, deixou-a desconfiada, hipervigilante e com a crença de que, se amar ou for amada por alguém, essa pessoa morrerá. Ela ainda é uma criança em um corpo adulto e acredita que os Gorn (ou qualquer um que lembre sua crueldade, mesmo que minimamente) podem surgir a qualquer momento. O MONÓLOGO INTERNO que Christina e eu desenvolvemos refletia a vulnerabilidade de uma criança, e não a persona emocionalmente distante que La'an adota como forma de autoproteção.

A trama de ficção científica, com frequência recheada de jargões técnicos, era enriquecida por um MONÓLOGO INTERNO que espelhava os próprios dramas pessoais de Christina e experiências reais de dor emocional. Cada episódio, com sua grande linha narrativa, também era personalizado. Assim, Christina acessava as feridas que levavam La'an a resolver o "mistério da semana" a partir de um lugar genuíno e emocional – sem nunca perder sua camada protetora de frieza aparente. Os alienígenas eram personalizados com MONÓLOGOS INTERNOS específicos: ou representavam a conexão de La'an com sua dor (no caso do alienígena antagonista), ou com seus sentimentos e experiências de amor (no caso do alienígena aliado). Isso trouxe riqueza ao trabalho de Christina, e motivação subliminar para que o público compreendesse e sentisse empatia – e até uma afeição especial – por La'an.

Em outro episódio, La'an e o jovem Capitão James T. Kirk (interpretado por Paul Wesley) se encontram em uma realidade alternativa, em uma linha do tempo passada (que, na verdade, é o nosso presente). Eles se apaixonam, mas na realidade normal, eles nunca se conheceram. Quando tudo volta ao normal, La'an lembra do que viveram juntos – mas Kirk não. Há uma explicação científica para isso, que eu mesma nunca entendi direito – mas não era necessário que Christina compreendesse a lógica para entregar uma grande performance. O papel do ator é simplificar por meio do trabalho interno. O episódio se torna mais fascinante e complexo ao se humanizar a trama para que ela se torne uma narrativa básica de amor conquistado e perdido, com a ficção científica funcionando apenas como pano de fundo.

Também trabalhei com Ian Somerhalder no teste que garantiu a ele o papel principal em *Diários de um vampiro*, no papel de Damon Salvatore. Damon é um vampiro. E seu irmão, Stefan, também. As duas cenas do teste envolviam conflitos entre os irmãos. Ian e eu nunca sequer consideramos os aspectos vampíricos na análise do roteiro. Em vez disso, preenchemos o MONÓLOGO INTERNO com rivalidade fraterna real, usando personalizações que representassem, de forma precisa para Ian, uma relação familiar conflituosa – com os pensamentos que acompanham esse tipo de dinâmica. E foi isso que garantiu seu papel.

Ferramenta nº 10: Monólogo Interno

O MONÓLOGO INTERNO oferece uma base humana real, mesmo que o universo da história seja surreal ou fantástico. No fim das contas, a experiência humana verdadeira envolve pensamentos e sentimentos primitivos, que serão sempre relacionáveis e resistirão ao tempo – o que torna qualquer trabalho relevante.

Continue o MONÓLOGO INTERNO até que você tenha saído de cena ou até que o diretor diga "Corta".

Só porque você está saindo do palco ou pela porta, ou porque o diálogo terminou, isso não significa que a cena acabou. O MONÓLOGO INTERNO é uma ferramenta essencial.

Sua mente continua a pensar, mesmo quando você não está falando.

Grandes atores sempre têm um forte MONÓLOGO INTERNO se passando em suas mentes. Assista a uma cena com um dos atores lendários e perceba quanto tempo a câmera permanece nele. Por que os editores de filmes cortam para eles, até mesmo quando eles não estão falando e o outro ator está fazendo um discurso apaixonado? Em geral, é porque o ator que não está falando usa o MONÓLOGO INTERNO. Seu MONÓLOGO INTERNO transborda no seu rosto, nos seus olhos, na maneira de ajeitar o corpo e as mãos. O ator que está usando MONÓLOGO INTERNO, com frequência, exibe mais necessidade e paixão do que o ator que está falando. O MONÓLOGO INTERNO é uma das ferramentas mais poderosas que um ator pode usar.

Tenha um PENSAMENTO FINAL

A cena não acabou somente porque o diálogo termina. O PENSAMENTO FINAL é o MONÓLOGO INTERNO que continua expressando a necessidade vinculada ao OBJETIVO DE CENA, mesmo depois do fim do diálogo. Esse último pensamento deve estar fundamentado no trabalho pessoal que você desenvolveu ao longo da cena. Ele deve fazer com que você – e todos que estiverem assistindo à sua atuação, seja num trabalho já contratado ou num teste – sintam que ainda há muito mais a se esperar da sua personagem.

O PENSAMENTO FINAL também inclui como a personagem planeja não deixar que os OBSTÁCULOS a impeçam de alcançar o OBJETIVO DE CENA. Não queremos encerrar a experiência de ver você com uma sensação de derrota. Ao contrário, queremos ficar com a impressão de que você – ou sua personagem – vai encontrar uma maneira de superar o problema e vencer, por mais desanimadora que pareça a situação. Isso ajuda o espectador a ver você como um vencedor. Queremos torcer pela sua vitória – não sentir pena de você. Quando você – ou sua personagem – vence, o público fica curioso para ver o que você fará a seguir.

Por exemplo, depois da primeira sessão de Will com o psiquiatra em *Gênio indomável*, ele sai do consultório. Com base no objetivo de cena *Preciso que você me prove que está à altura da tarefa* (de ser meu terapeuta), o PENSAMENTO FINAL poderia ser, por exemplo: "Ok, você passou nesse teste. Mas será que consegue passar no próximo, que eu vou tornar muito mais difícil?" (Esse pensamento seria relacionado à sua SUBSTITUIÇÃO pessoal.) Ou, se for uma cena de *O quarto de Jack*, em que a mãe sequestrada precisa lidar com o sequestrador, o PENSAMENTO FINAL dela poderia ser: "Você acreditou quando eu disse que me importava com você, mas a sua hora vai chegar. Não sei como, nem quando, mas eu vou te destruir." (Novamente, personalizando essas palavras com base na sua SUBSTITUIÇÃO.) Ou ainda, se for a cena na lanchonete em *Harry e Sally – Feitos um para o outro*, quando Sally termina com sua famosa imitação de um orgasmo falso, para provar que até mesmo Harry, por melhor que seja na cama, pode ser enganado – o OBJETIVO DE CENA de Harry poderia ser: *Preciso fazer você me amar apesar e por causa de quem eu sou*. E seu PENSAMENTO FINAL poderia ser: "Se um dia eu tiver a chance, vou provar que o seu orgasmo vai ser real. Porque, caramba, esse falso foi mesmo incrivelmente convincente." (E esse MONÓLOGO INTERNO final poderia, inclusive, gerar um comportamento cômico.) O PENSAMENTO FINAL faz com que o espectador se sinta ainda mais envolvido com a sua conquista do OBJETIVO GERAL.

Capítulo 11

Ferramenta nº 11:
CIRCUNSTÂNCIAS ANTERIORES

> O histórico de uma pessoa. O acúmulo de experiências que determina quem ela é – *por que* e *como* ela age no mundo. Primeiro, você determina esse histórico para a personagem. Depois, personaliza as CIRCUNSTÂNCIAS ANTERIORES com aquilo que faz sentido à sua vida, assim abrangendo de forma mais completa – e isenta de julgamentos – as camadas que fazem um ser humano agir de determinada forma.

QUEM SOMOS HOJE É UM ACÚMULO DE ACONTECIMENTOS PASSADOS, das nossas reações a esses acontecimentos e das reações das outras pessoas em relação a nós. Isso também é uma verdade para qualquer personagem que você estiver interpretando. Quando estiver interpretando uma personagem de trinta anos de idade, você deve dar a ela os detalhes de trinta anos de existência. Em cada roteiro, a personagem tem CIRCUNSTÂNCIAS ANTERIORES que definem *quem* ela é, *como* ela age no mundo, *o que* ela sente que deve fazer para sobreviver, física e emocionalmente. Você deve olhar para o "quem-sou-eu" da personagem hoje, investigando as informações fornecidas pelo roteiro e fazendo suposições baseadas no diálogo e nos movimentos passados e presentes da sua personagem. Isso dirá a você *por que* sua personagem tem determinada natureza. O próximo passo é considerar o histórico da personagem e o tipo de psique e comportamento que resultam desse histórico específico. Em outras palavras, *como* as CIRCUNSTÂNCIAS ANTERIORES têm se manifestado hoje em dia em palavras e atos. Por fim, você deve personalizar identificando como o histórico da sua personagem se relaciona com o seu. Então, para recapitular, a fórmula para isso:

Aplicação das CIRCUNSTÂNCIAS ANTERIORES

1. Você olha para as CIRCUNSTÂNCIAS ANTERIORES da personagem, por meio da leitura e da investigação do diálogo da personagem, bem como da forma como sua personagem é discutida em outro diálogo (esteja sua personagem em cena ou não).
2. Você avalia como sua personagem lida fisicamente com a vida ao examinar as atividades, passadas e presentes, que sua personagem escolhe e evoca para existir e sobreviver no seu mundo.
3. Você olha as razões para sua personagem fazer as escolhas que ela faz – tanto no lado social quanto profissional. Essas informações derivam da sua exploração das CIRCUNSTÂNCIAS ANTERIORES, considerando a informação real escrita no roteiro, assim como qualquer coisa que você seja capaz de presumir com base nas informações escritas.
4. Personalização. Você olha como essas informações se relacionam com você e com suas próprias CIRCUNSTÂNCIAS ANTERIORES pessoais.

Vejamos como isso funciona com uma personagem que é uma assassina. Primeiro, você olha para o diálogo da personagem e para o que as outras dizem sobre ela, para a primeira camada de entendimento do porquê sua personagem mata, considerando o modo como ela fala, qual linguagem usa, como se relaciona com os outros, seus traços comportamentais e como os outros a veem. Em seguida, observa o porquê, como e quem sua personagem escolhe para matar. Então, você examina as CIRCUNSTÂNCIAS ANTERIORES que estão descritas no roteiro, bem como especula e explora que tipo de temperamento o histórico dela estabelece.

Ferramenta nº 11: Circunstâncias Anteriores

Falando de forma genérica, um assassino mata por alguma necessidade de afirmar o poder supremo. Afinal de contas, para uma personagem como essa, não há nada que exale mais poder do que tirar a vida de alguém. Com grande frequência, uma pessoa que sente a necessidade de ir a esse extremo teve, de alguma forma, seu poder retirado de modo cruel e horrendo (e em geral é por alguém com uma ligação primitiva, na infância), tanto por meio do abuso físico quanto mental. O ato de matar permite que o assassino se sinta como se estivesse retomando seu poder. Normalmente, os assassinos no seu inconsciente tornam as vítimas uma versão simbólica do seu agressor. Quando eles estão matando, sentem que estão afirmando seu domínio sobre seu agressor original. O assassino está agindo como uma forma de *curar* seu passado. Como você pode ver, pensar em um assassino dessa forma leva o ato de assassinar para fora do reino unidimensional do mal e humaniza o comportamento.

Se você estivesse fazendo o papel de um assassino, deveria relacionar esse desejo de impor o poder supremo sobre alguém à sua própria vida. Você pode estar se perguntando: "O que isso tem a ver comigo? Não tenho um trauma grande como esse na minha história de vida, nem tenho o desejo de fazer valer esse tipo de poder." Mas o fato é que todo mundo, em algum momento da vida, já pensou em matar alguém. Para a maioria de nós, é uma fantasia breve e momentânea matar como uma forma de resolver um relacionamento que tem sido intolerável; entretanto, o instinto de matar está lá. Cabe a você descobrir quando e o que provocou esses sentimentos para que possa usá-los de forma a preencher as palavras, os sentimentos e as ações da sua personagem. Essa é uma forma de olhar para as CIRCUNSTÂNCIAS ANTERIORES da personagem e, em seguida, identificar como transcrevê-las para suas próprias CIRCUNSTÂNCIAS ANTERIORES pessoais.

Voltemos ao filme *O silêncio dos inocentes*. Mas, dessa vez, do ponto de como alguém pode personalizar as CIRCUNSTÂNCIAS ANTERIORES da personagem Clarice Starling (interpretada por Jodie Foster). Com base no roteiro, sabemos que Clarice Starling é uma agente do FBI que cresceu em uma antiquada fazenda de cordeiros. Por meio do seu diálogo com a personagem de Hannibal Lecter, ficamos sabendo que a família de Clarice era emocionalmente abusiva e nunca lhe deu muita atenção. Podemos presumir também, a partir das suas conversas e pelo seu comportamento, que ela se tornou uma agente do FBI para encontrar uma forma de "silenciar os cordeiros berrando" na sua cabeça e no seu coração. Também podemos crer que Clarice está usando o ato de salvar a vida da filha sequestrada de um senador como um modo de aliviar sua própria inquietação e dor emocional. Para desempenhar esse papel, você teria que encontrar o histórico correspondente (CIRCUNSTÂNCIAS ANTERIORES) da sua própria vida para tornar suas as necessidades e os problemas de Clarice. É pouco provável que você já tenha sido uma agente do FBI ou filha de criador de cordeiros ou que, quando criança, tenha fugido com um cordeiro berrando apertado em seus braços. No entanto, você pode ter "dor e inquietação emocional" que emanam de outra fonte. Por exemplo:

- Você pode ter se tornado ator (comparado a se tornar um agente do FBI), como uma maneira de lidar com uma madrasta abusiva ("cordeiros berrando na sua cabeça") e você cresceu querendo fugir disso (fugir com o cordeiro nos braços). Ou...
- Você procura ser bem-sucedido como uma maneira de superar aquele valentão com quem você cresceu e que sempre a fez se sentir diminuída, pequena e irrelevante, e busca reparação com o mesmo tipo de pessoas que estão na sua vida presente. Ou...
- Você tem (ou tinha) uma relação abusiva, em que atitudes e observações desmoralizantes e aterrorizantes fizeram com que você se odiasse, e você procura se afastar dessa pessoa, mas não tem coragem.

Criar esses tipos de semelhanças paralelas entre a história escrita da personagem e sua história pessoal ajudará você a se transformar na personagem.

E se você tiver que interpretar alguém cujas CIRCUNSTÂNCIAS ANTERIORES são todas sobre crescer órfão, e você não é órfão? Então, você encontraria algo na sua história que reproduziria os sentimentos de crescer como um órfão. Por exemplo, talvez um momento crítico da sua vida, em que um dos seus pais ou ambos não estavam emocionalmente disponíveis para você, o que o deixou se sentindo perdido e sozinho.

Tudo isso é para mostrar que você não precisa experimentar as duras realidades da personagem para trazer realismo ao papel. Embora ser homicida ou órfão sejam experiências singulares, os sentimentos de se sentir impotente ou abandonado são coisas com as quais todos nós podemos nos identificar, pelo menos em algum momento de nossas vidas. Você tem uma vida inteira de experiências e incontáveis sentimentos ligados a elas que podem ser trazidos à tona para lhe dar um histórico que corresponda ao da personagem, e que irão capacitá-lo a incorporar essa personagem de corpo e alma.

As CIRCUNSTÂNCIAS ANTERIORES se aplicam a todos os gêneros, bem como o trabalho profundo que promovem. Trabalhei com os rappers Redman e Method Man na comédia *How High*, que conta a história de dois maconheiros que fumam uma mistura mágica de erva que os ajuda a se saírem extraordinariamente bem nos exames de admissão para a faculdade – e acabam indo parar em Harvard. Essas personagens acreditam que só poderão ser considerados importantes e especiais no mundo se fumarem a maconha que, por acidente, foi fertilizada com as cinzas de um amigo morto. Eles surpreendem a maioria das pessoas da Ivy League (alunos e professores) com sua inteligência e sucesso num ambiente acadêmico tão rigoroso e difícil. Mas, quando a erva mágica acaba, eles deixam de se sair bem. Vão de melhores alunos a piores da turma. Com o tempo, percebem que nunca precisaram da maconha mágica – e, no fim, tiram notas excelentes usando apenas a própria inteligência natural.

Trata-se de uma comédia boba, geralmente classificada como comédia física. Muitos atores acreditam que comédia seja algo mais leve do que drama. Mas a verdade é que, em nome da dor emocional e do desespero, fazemos muitas loucuras que resultam em comportamentos cômicos. Ao analisar uma comédia, lembre-se de que ela é mais profunda e mais desesperada que o drama. Por isso, você precisa destrinchar a comédia da mesma forma que faria com o drama. Usando o OBJETIVO GERAL *amor-próprio* para as duas personagens que Red e Meth interpretavam, precisávamos investigar as próprias questões de autoestima dos atores, e as

CIRCUNSTÂNCIAS ANTERIORES em suas vidas que poderiam fazê-los se sentir sem valor. Por isso, o filme não toca apenas quem tem uma relação especial com a maconha, mas todos aqueles que lidam com questões de autoestima – o que, convenhamos, inclui quase todo mundo no planeta. Ao usarem suas verdadeiras CIRCUNSTÂNCIAS ANTERIORES para fundamentar as personagens, as atuações acabaram ajudando *How High* a ir além do gênero "filme de maconheiro" e se tornar um clássico cult.

O uso que Redman fez do que trabalhamos juntos, especialmente sobre cavar fundo, é o motivo pelo qual meu nome acabou citado num rap. Red revelou com coragem, por meio da poesia das letras de *Self-Medication*, um ambiente de infância profundamente disfuncional, mencionando inclusive um episódio de abuso sexual cometido por uma babá. Ele encerra esse trecho falando sobre o nosso trabalho juntos, expressando o quanto aprendeu ao usar seu passado conturbado em sua arte e em sua vida, dando crédito aos "12 passos, Ivana Chubbuck".

O que ele está dizendo é que sente orgulho do homem que se tornou, porque se fortaleceu por meio da dor. Obrigada pela homenagem, Red – e que cada um entenda, através das suas palavras, que não podemos mudar o passado no que diz respeito à dor que sentimos, mas o verdadeiro artista o emprega para se superar e vencer.

Usar CIRCUNSTÂNCIAS ANTERIORES lhe dá motivos substanciais de acontecimentos passados para que você precise vencer seu OBJETIVO GERAL.

Torna-se uma forma de curar o passado, criando uma oportunidade para a catarse. Todo mundo já passou por acontecimentos dolorosos (CIRCUNSTÂNCIAS ANTERIORES), mas cada um lida com essas experiências de uma forma particular, e é isso o que diferencia um artista do resto das pessoas. Simplificando, há uma bifurcação na estrada da vida: de um lado, estão aqueles que pegam traumas do passado e transformam em *destruição*. É uma estrada bem percorrida, porque é o caminho de menor resistência. Do outro lado, há os poucos que escolhem pegar esses mesmos traumas do passado e *construir* algo com eles. A estrada menos percorrida, que mais parece um caminho de terra cheio de todos os tipos de obstáculos perigosos e de criaturas horripilantes – o que torna o percurso difícil, mas no final é uma jornada muito mais gratificante. Os "construtores", em outras palavras, partem de situações adversas – em vez de fazer a escolha segura, aceitando os horrores da vida e tornando-se autocomplacentes – e usam o conflito e a dor para alimentar sua paixão para vencer. Esses são os verdadeiros vencedores e artistas.

Ao usar suas dolorosas CIRCUNSTÂNCIAS ANTERIORES como uma forma de fortalecer sua necessidade de vencer seu OBJETIVO GERAL no roteiro, você está estabelecendo uma jornada dinâmica, que será catártica e criará esperança no seu público; porque se você pode vencer, apesar de todos seus conflitos passados, talvez eles também possam.

Nunca ignore *quem você é* quando estiver se transformando em uma personagem

Os atores mais consagrados pelo seu talento são aqueles que nunca perdem de vista quem eles são como pessoa quando estão atuando. Robert De Niro, Jack Nicholson, Meryl Streep, Cate Blanchett e Al Pacino interpretaram, cada um, uma variedade de personagens, mas você sempre pode ver os traços de suas verdadeiras personalidades em seus trabalhos. Isso vem da atribuição das suas CIRCUNSTÂNCIAS ANTERIORES pessoais aos seus trabalhos. Eles sabem que o que somos hoje é moldado pelas nossas histórias. Além disso, tudo o que você tem é *você*. Você não é De Niro, Nicholson, Meryl Streep, Blanchett ou Pacino, o que é bom, porque isso o torna diferente e único e, por isso, especial.

Quando Jim Carrey veio até mim pela primeira vez, foi em um momento em que não conseguia obter sucesso. Ele havia feito três filmes fracassados, junto com uma série chamada *The Duck Factory*, que também foi considerada uma bomba colossal. Jim foi responsabilizado pelas falhas e estava tendo dificuldade até mesmo para fazer testes de elenco. Ele percebeu que, se alguma coisa está errada, você tem que, pelo menos, fazer algum esforço para corrigi-la, em especial se é seu meio de subsistência. Então, ele veio até mim para ver se poderia mudar o que parecia, naquele momento da sua vida, um futuro sombrio.

Jim Carrey, no seu jeito natural, sempre chegava à minha porta bastante animado, dizendo e fazendo coisas que sempre causavam risadas. Mas, assim que começávamos a trabalhar com um roteiro, ele tornava a fala mansa, parada e, resumindo, ficava chato. Perguntei por que ele não estava trazendo a si próprio para seu trabalho. Ele disse que tinha medo de que sua atuação pudesse ser considerada exagerada. Ao longo dos anos, descobri que o maior medo da maioria dos atores é ouvir que estão sendo exagerados. Isso faz com que eles censurem seus impulsos naturais e parem de arriscar – e, como você já deve saber, assumir riscos é essencial para ser um grande ator. Disse a Jim o que digo a todos meus alunos: "Qual é a pior coisa que pode acontecer se você exagerar? A polícia do exagero virá prendê-lo e colocá-lo em uma prisão dos exagerados? A polícia do exagero não existe, então você está muito seguro para se soltar." Assegurei-lhe que, desde que seu trabalho fosse honesto e ele fosse obstinado – com uma necessidade cada vez maior de conquistar seus objetivos –, ele jamais seria exagerado a ponto de ter "ido longe demais". Que, na verdade, ele deveria justamente se arriscar a ir longe demais. Quando nós, seres humanos, somos confrontados com necessidades urgentes e de sobrevivência, nós temos uma tendência a fazer atos estranhos e escandalosos. Pense naquele encontro com aquela pessoa especial, no qual você deixou escapar futilidades e se comportou de maneira absurda. Ou naquela importante entrevista de emprego, na qual você se expressou com muita ousadia, talvez até distorcendo a verdade em proporções absurdas. Na sua atuação, Jim precisava se comunicar e se relacionar da maneira como ele faz na vida e no seu dia a dia. Disse a ele para não se segurar. Expliquei que, quando os riscos são grandes, somos sempre a versão exagerada de nós mesmos, e que, para refletir o comportamento real, ele deve ser ele mesmo.

Descobrimos que usar a filha Jane como uma SUBSTITUIÇÃO frequente nas suas declarações de OBJETIVO DE CENA o motivava a vencer. O amor por ela o conectava ao trabalho e o inspirava a trabalhar duro para superar os conflitos do roteiro, porque ele estava fazendo isso por ela. Relacionar sua pessoa e sua vida ao seu trabalho deu a todo o comportamento louco de Jim Carrey um contexto, e fez seu trabalho de atuação ter sentido, porque ele o estava fazendo pela sua filha. Depois que descobrimos isso, toda vez que Jim ia interpretar uma cena, eu dizia: "Você pode fazer mais!" E ele dizia: "Sério?" Eu respondia: "Sim, *você* pode fazer mais, porque quem você realmente é como pessoa *é mais*." E, bem, todos nós sabemos como essa história termina.

Seu passado constrói seu presente e seu futuro, tornando-o, desse modo, um ser humano tridimensional.

Quando você estiver personalizando as CIRCUNSTÂNCIAS ANTERIORES, pode ser útil fazer uma lista de eventos importantes e emocionalmente marcantes que aconteceram na sua vida, para então escolher aqueles que mais fazem sentido com o OBJETIVO GERAL da sua personagem. Vou compartilhar alguns exemplos da minha própria vida, para ajudar a despertar ideias em você. São apenas esboços, mas, ao escolher os seus, é importante se lembrar deles de forma visceral, profunda – com imagens detalhadas de tudo o que aconteceu ao redor daqueles eventos. Isso vai fazer você ativar sentimentos verdadeiros – ao revivê-los – e fornecer uma base emocional sólida para a jornada da personagem.

Exemplos de eventos de CIRCUNSTÂNCIAS ANTERIORES da minha vida:

- Eu tinha quatro anos e estava escondida dentro de um armário, tentando fugir da minha mãe, que eu achava que ia me machucar. Ela quase me encontrou. Eu estava apavorada. Ela era capaz de violência, e eu nunca sabia o que podia levá-la até aquele ponto. Hoje acredito que ela sofria de alguma doença mental, embora nunca tenha sido diagnosticada. Mas, do ponto de vista da criança que eu era, isso não fazia diferença.

- Um momento raro (talvez o único) de cuidado vindo da minha mãe: eu tinha três anos e estava em seus braços, enquanto nossa família viajava na perua de volta para casa em Detroit, depois de uma visita a Nova York, onde ela nasceu. Eu estava vomitando muito e ela me manteve em seus braços e me fez sentir amada.
- No meu décimo sexto aniversário, minha primeira experiência sexual foi tão dolorosa que pedi que o garoto parasse. Ele não parava e dizia que não ia doer tanto da próxima vez. Simplesmente continuou. Eu me senti sozinha, assustada, confusa e zangada.
- Peguei meu primeiro marido transando com outra mulher no nosso quarto, durante uma festa que a gente tinha organizado. Ele me mandou sair dali, porque ainda não tinha acabado.
- Quando eu tinha uns nove anos, minha mãe me disse que eu era o único filho que ela havia planejado (tenho seis irmãos e irmãs), mas que ela agora preferia que eu nunca tivesse nascido.
- À cabeceira de meu pai no hospital, desejando que ele dissesse que me amava antes de morrer, tive um momento a sós com ele, em que conversei, esperando que o que eu dizia provocasse essas palavras tão preciosas. Ele estava semiconsciente. Não tinha certeza de que ele me ouvia e entendia, mas havia lágrimas em seus olhos. Por isso, tive a esperança de que ele compreendesse o que eu dizia. Mas ele morreu sem ter dito que me amava.
- Eu tinha treze anos e chorava por algum motivo. Minha mãe me chamou de bebê chorão e disse que eu precisava parar de chorar o tempo todo. Ousei responder com palavras que aparentemente a fizeram querer me esganar. Naquele momento, jurei nunca mais chorar e a encarei, desafiando-a a ir até o fim e me matar. Isso a conteve. Mas mantive a promessa. Não chorei mais até me mudar para Hollywood e procurar ajuda de um hipnoterapeuta para ser capaz de chorar, pois naquela época, como atriz, essa dificuldade era um problema.
- Durante minha segunda gravidez, recebi uma ligação do médico dizendo que o feto estava gravemente comprometido. Eu já tinha escolhido o nome do bebê: Walker. E ainda guardo a imagem do ultrassom.

FERRAMENTA Nº 11: CIRCUNSTÂNCIAS ANTERIORES

- Sentindo-me impotente e com medo enquanto assistia à TV, com um parente alcoólatra gritando comigo de forma violenta, achei que ele fosse me matar. Eu não sabia como detê-lo, principalmente porque não tinha feito nada para provocá-lo.
- Ao encontrar o corpo do meu segundo marido, após ele morrer de uma doença prolongada, senti uma mistura confusa de alívio e tristeza – e, logo depois, uma culpa enorme por ter sentido esse alívio.

Faça sua própria lista e continue a acrescentar itens à medida que se lembrar de eventos, ou quando ocorrerem novos acontecimentos instigantes. Você também pode achar essa lista útil para procurar eventos desencadeadores para o MOMENTO ANTERIOR.

As CIRCUNSTÂNCIAS ANTERIORES vão interromper o faz de conta e ajudar você a *se tornar* a personagem de dentro para fora ao fornecer o histórico que explica *por que* ela é quem é e se comporta de determinada forma.

Capítulo 12

Ferramenta nº 12: DEIXE FLUIR

> Depois de concluir todos os passos, é preciso confiar no trabalho realizado e... DEIXE FLUIR. Isso abrirá caminhos para impulsos orgânicos e surpresas de pensamento e comportamento. Assim você terá a liberdade de verdadeiramente se tornar, em toda a sua plenitude, a personagem. E é aqui que a diversão começa.

DEPOIS DE TER ANALISADO O ROTEIRO USANDO AS 11 FERRAMENTAS anteriores, você terá estabelecido de modo abrangente uma base sólida e detalhada para vivenciar o papel. Agora, você deve pegar todo o trabalho realizado, confiar que ele estará lá e DEIXE FLUIR. O foco, conforme você DEIXA FLUIR, deve estar apenas no seu MOMENTO ANTERIOR, que impulsionará você e a ação da história adiante. Quando se confia em todo o trabalho desenvolvido, DEIXAR FLUIR ajuda a recriar a forma como agimos na vida.

Para comportamentos espontâneos e originais emergirem, é necessário estar livre e se sentir livre. É preciso DEIXAR FLUIR e tentar não reter todos os pensamentos detalhados que sua análise de roteiro inspirou. Você não quer ficar preso na sua cabeça. Deve *confiar* que toda a preparação que fez com as primeiras 11 ferramentas irá aparecer com naturalidade. Isso acontecerá, porque ao aplicar os primeiros 11 passos a um roteiro, você construiu uma estrutura muscular forte, uma fundação que irá ativar e responder aos verdadeiros impulsos humanos. O gatilho para ativar essas ferramentas é DEIXAR FLUIR. Isso é crucial, porque, sem se liberar, você não consegue evitar ficar no controle, intelectualizando em excesso e tentando reproduzir algo que fez no ensaio.

Para reproduzir a vida real, você precisa sentir que tudo pode acontecer e que tudo é possível.

Você só consegue DEIXAR FLUIR com sucesso se confiar que todo o trabalho que fez não irá desaparecer ao se liberar. Sim, sei que você sente que é difícil acreditar que, se você não se concentrar nas escolhas que fez, elas não irão desaparecer. Mas, se as escolhas são graves e implicam grandes riscos, elas não só permanecerão, como o ato de se soltar irá *ampliar* seus sentimentos e necessidades. Isso porque sua cabeça pensante e racional não está envolvida e, portanto, é incapaz de parar o fluxo com racionalizações cerebrais. Se você não tiver feito escolhas fortes o suficiente, isso ficará logo evidente, porque essas serão as escolhas que não emergirão quando você DEIXAR FLUIR. Isso é bom, não é ruim, porque dita o que você precisa rever e no que deve trabalhar, proporcionando-lhe a oportunidade de voltar e encontrar uma opção mais eficaz. Mesmo quando já estiver atuando, você pode trocar as escolhas menos eficazes por outras melhores na sua próxima tomada, ou na noite seguinte no palco.

Como você deixa fluir?

Não pense sobre o trabalho desenvolvido. Não tente se lembrar das escolhas que você fez. Confie e permita que a informação que derivou da sua análise do roteiro e dos ensaios permeie e inspire seus sentimentos e suas necessidades, para que surjam com naturalidade. Isso também irá fornecer o espaço para que você possa na verdade ouvir a(s) outra(s) pessoa(s) em cena, já que você não estará dentro da sua cabeça pensando em todo o trabalho que fez. Assistir a um ator racionalizando torna o trabalho visível e menos interessante para o público. Na vida, quem nós somos – como falamos e nos comportamos – é algo contínuo. DEIXANDO

FLUIR, o ator pode se mover com desenvoltura a partir de cada ação e reação, criando um fluxo natural da vida. Novas reações surgirão de forma espontânea por causa da base detalhada e profunda que você estabeleceu. Isso significa que, se você não fizer todo seu trabalho, pouco acontecerá quando você DEIXAR FLUIR. Então...

Não seja preguiçoso!

Você não pode DEIXAR FLUIR a menos que tenha criado uma base forte o suficiente por meio das 11 ferramentas anteriores. Você deve fazer o trabalho. A fórmula é a seguinte:

Se não há nada para DEIXAR FLUIR, nada é o que você irá alcançar.

O quanto de trabalho você realiza corresponde exatamente a quanto de trabalho permanecerá quando você DEIXAR FLUIR. Ou seja: trabalhe pouco, e pouco é o que você irá conseguir. Desenvolva um trabalho profundo, e profundo será seu resultado. Quanto mais trabalhar, mais substanciais serão os resultados que você obterá quando DEIXAR FLUIR. O que nos leva à...

Ética de trabalho e tempo de ensaio

Toda vez que ensaiar, você irá encontrar mais nuances e detalhes sobre o ser humano que está tentando se tornar. Cada ensaio lhe fornece mais informações sobre as escolhas que fez, o que é eficaz e o que não é tão eficaz assim. Lembre-se: não existem escolhas certas ou erradas, apenas mais ou menos eficazes. Qualquer escolha é bem-vista, porque, independentemente de qualquer coisa, sempre lhe fornece mais informações sobre sua personagem. Não fazer nenhuma escolha torna o momento vazio. Então, faça uma tentativa de aparecer com algo. Talvez funcione! E, se não for muito eficaz, ainda assim irá inspirar mais pensamentos, o que acaba por levá-lo à escolha ideal. Tempo extenso de ensaio, no qual você possa continuar experimentando novas ideias e opções para cada ferramenta, é o que o leva às escolhas mais poderosas, porque fornece o espaço para que você possa encontrar as sutilezas, texturas e camadas de uma cena. Quanto mais você trabalhar, mais suas habilidades como ator irão crescer.

E respondendo a uma pergunta que meus alunos me fazem *o tempo todo*:

Não, não existe ensaiar demais!

Todos os atores famosos sabem disso. Quando eu estava trabalhando com Charlize Theron no filme *Advogado do diabo*, descobri que Al Pacino é um ator extremamente comprometido com o processo de ensaio. Em uma cena que tinha apenas três páginas, Pacino parou e recomeçou a cada UNIDADE da cena, alterando as escolhas que não funcionaram, aperfeiçoando as que fez. Ele só ia para a próxima UNIDADE quando sentia que estava bom. Esse processo de ensaio, para uma cena minúscula de três páginas, durou alguns dias!

Seus ensaios devem incluir muitos começos e paradas para que você tenha certeza de que:

- Está sendo fiel ao seu OBJETIVO GERAL.
- Está indo atrás do seu OBJETIVO DE CENA.
- Existem OBSTÁCULOS no seu caminho.
- A SUBSTITUIÇÃO é a opção mais convincente.
- Os OBJETOS INTERNOS estão emocionalmente preenchidos.
- As UNIDADES e AÇÕES são as mais eficazes.
- Você está usando um MOMENTO ANTERIOR que cria um pico de urgência.
- Você está usando LUGAR/QUARTA PAREDE preenchidos de informação.
- Você está usando ATIVIDADES que são apropriadas e úteis para promover a realidade e o OBJETIVO DE CENA.
- Você está empregando um MONÓLOGO INTERNO que está fluindo livremente.

- Você está sendo motivado pelas CIRCUNSTÂNCIAS ANTERIORES.
- E cada ensaio fornece-lhe uma base sólida o suficiente para que você possa DEIXAR FLUIR sua atuação.

O processo de ensaio para a aula

1. Leia o roteiro pelo menos uma vez.
2. Faça algumas das análises rudimentares e gerais de roteiro como lição de casa antes de você se encontrar com seu parceiro de cena. (Escreva a lápis para que você possa apagar, pois estará sempre experimentando escolhas alternativas.)
3. Reúna-se com seu parceiro de cena e, percorrendo a cena várias vezes, descubra quais escolhas funcionam para você e quais precisam ser alteradas.
4. Em casa, com base na sua experiência do ensaio, reconfigure as escolhas que fez. Identifique novas possibilidades para seu próximo ensaio.
5. Ensaie de novo com seu parceiro de cena. Pare quando você sentir que as escolhas que fez não estão funcionando e refaça essa parte do roteiro de novo e de novo até encontrar uma opção que funcione.
6. Depois do ensaio, vá para casa e encontre escolhas alternativas para as que não funcionaram no último ensaio... E traga as novas opções para o próximo ensaio.
7. Repita até sentir que você fez o máximo possível ou até que seja a hora de realizar a performance.

Quanto mais você estudar e treinar, mais provável que obtenha sucesso.

Nos muitos anos em que tenho dado aulas, descobri que, entre os muitos atores consagrados e bem-sucedidos que instruí, há um denominador comum para o sucesso como ator. Não, não é ter boa aparência, nem mesmo talento. Ainda mais em Hollywood, gente bonita tem aos montes. E talento bruto tem um em cada esquina. Qual é o segredo?

Esteja aberto a aprender.

Saiba que há sempre mais. Jon Voight me disse uma vez que um grande ator nunca para de se preparar e aprender.

Assuma riscos.

O medo impede o processo criativo. Nunca esteja satisfeito; não se apoie nas escolhas seguras. Ao fazer a análise de roteiro, sempre procure as escolhas mais profundas, sombrias, ousadas, sem medo de parecer tolo. E, o mais importante...

Trabalhe muito.

Quanto mais ardentemente um ator (escritor, diretor etc.) trabalhar, maior será seu sucesso. Charlize Theron estava disponível para aprender, assumia riscos altos nas suas escolhas e era uma das alunas mais aplicadas que já vi. Nos anos em que estava estudando comigo ela ensaiava o tempo todo, muitas vezes pedindo o dobro de trabalho e para fazer duas cenas ao mesmo tempo. Ela sempre pedia também cenas desafiadoras, e aparecia fazendo suas cenas com as escolhas mais ousadas e arriscadas. Seus colegas lhe assistiam com grande expectativa, à espera de outro movimento original e imprevisível. Num de seus filmes que estava sendo produzido em um estúdio a menos de um quilômetro de distância, ela vinha às minhas aulas durante sua hora de almoço. Quando estava nos últimos dias de gravação, ela me ligava para pedir um parceiro de cena para que pudesse começar a trabalhar em uma cena para a aula. E, para se garantir, perguntava a um dos seus colegas de classe se queria fazer uma cena durante as duas ou três semanas do seu tempo de inatividade – para o caso de eu não conseguir alguém. Apenas para mostrar o quanto ela era dedicada a aprender seu ofício. Não foi uma surpresa para mim ou para seus colegas ela ter alcançado grande reputação e interpretações dignas de prêmios. Theron trabalhou muito e prosperou. Claro, ela é linda. Mas o fato de seu papel como a indecorosa e nada atraente Aileen Wuornos, em *Monster: desejo assassino*, ter-lhe rendido o Oscar é um testemunho à sua dedicação e a seu trabalho, não à sua beleza. Você pode fazer o mesmo, então deixe que essa história o inspire. Essa é apenas uma das várias histórias de atores de sucesso. Eu poderia falar muito mais sobre os atores que entraram pela minha porta sem nunca terem atuado, mas que, por estarem totalmente abertos a aprender, a fazer escolhas arriscadas e sem medo, e a trabalhar com dedicação, tornaram-se atores renomados e premiados.

Agora você tem as ferramentas. É com você. Quanto mais tempo e esforço dispuser para exercitá-las, melhor você será. Ninguém pode esperar ganhar uma medalha de ouro olímpica se não praticar, praticar e praticar. A recompensa virá se você...

Permanecer aberto, assumir riscos e trabalhar muito.

PARTE 2
Diários emocionais

Capítulo 13
DIÁRIOS EMOCIONAIS

ENQUANTO ARTISTA, É PRECISO ENTENDER SUAS EMOÇÕES E SEUS verdadeiros gatilhos para ser capaz de criar uma personagem autêntica, com profundidade. Um DIÁRIO EMOCIONAL é uma forma rápida de acessar o inconsciente, onde todas essas emoções e gatilhos residem – os sentimentos, a dor, acontecimentos traumáticos e questões que tocam o coração.

Nossa mente consciente funciona como um salva-vidas, protegendo-nos daquilo que está oculto pelo inconsciente para que possamos lidar com a vida sem sofrimento. O consciente está ali para racionalizar, esquecer, anular, negar e mudar a narrativa. Ele existe por um bom motivo – nos abriga da volatilidade do passado, permitindo que a vida seja administrável. O inconsciente experimenta a dor do passado em vívidos detalhes, não importando há quanto tempo tenha acontecido, como se você estivesse passando por ela hoje. Desse modo, o consciente é necessário para nos proteger do caos que existe em nosso inconsciente.

Os artistas precisam ser capazes de acessar com facilidade o inconsciente, pois é lá que está a verdade em toda sua plenitude. É como encontrar ouro em meio à busca por aquilo que realmente nos mobiliza, para que possamos sustentar de forma rápida e eficaz as "personalizações" utilizadas no trabalho interno. O trabalho interno que nasce de informações acessadas no inconsciente – normalmente inacessível – é o mais profundo, rico, cheio de camadas e visceral. Utilizar as informações que vivem no nosso inconsciente torna o resultado muito mais dinâmico, seja para atuar, escrever ou dirigir.

Mas como acessar essa parte da nossa psique? Afinal, o consciente é resolutamente forte e dedicado a nos impedir de explorar as profundezas do inconsciente. Essa é a função do DIÁRIO EMOCIONAL. Desenvolvi esse recurso com base no conceito da escrita automática – algo que terapeutas usam para ajudar o paciente a acessar memórias perdidas ou reprimidas. A escrita automática é um meio de encontrar resolução – uma forma de destravar a verdade e permitir que o paciente se cure de maneira mais produtiva.

Claro que atuar não é terapia; é contar histórias. E, ao contar uma história, precisamos ter começo, meio e fim – criando um arco dramático. Portanto, embora a escrita automática seja livre, inconsciente e permita que uma pessoa produza palavras escritas sem tentar controlar o que surge ou sem hesitar, o DIÁRIO EMOCIONAL é uma forma de escrita automática que começa com um estímulo específico. Esse estímulo é o OBJETIVO GERAL ou o OBJETIVO DE CENA. Fazer um DIÁRIO EMOCIONAL ajuda a criar um arco mais complexo e uma história mais provocativa.

Escrito como um diário (e não como uma lista), o DIÁRIO EMOCIONAL permite explorar seus pensamentos mais íntimos e privados – e você pode usar o que emergir desse processo para estabelecer mais necessidade, urgência e desespero ao contar sua história na análise do roteiro. Dessa forma, você está sendo proativo com as suas emoções, e não apenas sentindo por sentir. Ser proativo é essencial para contar uma história de forma mais eficaz – como já vimos, ninguém quer assistir a alguém apenas se afundando nas próprias emoções.

Veja suas emoções como combustível para os seus OBJETIVOS.

Emoções, por si só, não são eficazes. Sem um OBJETIVO, elas simplesmente ficam ali, paradas. Precisamos sempre lembrar que a arte é uma jornada que proporciona crescimento, resolução e catarse. E todas as nossas escolhas, em relação a todas as ferramentas, devem contribuir para isso.

A fórmula para fazer o DIÁRIO EMOCIONAL

Você só precisa de quatro coisas para um DIÁRIO EMOCIONAL:

1. Uma caneta. Ela flui melhor do que o lápis, o que torna mais difícil controlar o conteúdo.
2. Um bloco de papel (de preferência pautado). Nunca use tecnologia (celular, tablet, computador etc.), pois a própria essência da tecnologia é a de dessensibilizar você. E o que queremos fazer aqui é o oposto. Quando tentamos acessar nosso verdadeiro eu, queremos facilitar o processo – não o dificultar. Caneta e papel são recursos táteis e proporcionam resultados muito mais eficazes.
3. Um estímulo, que será o OBJETIVO GERAL OU O OBJETIVO DE CENA.
4. Uma mente aberta.

Sobre este último item:

- Lembre-se: você está tentando abrir seu inconsciente e impedir que o consciente tome o controle e escreva o que é seguro e sem graça – o que contraria totalmente o processo artístico. Você NÃO DEVE planejar de forma alguma o que vai surgir. Se o fizer, não conseguirá acessar o "material bom" de verdade.
- **<u>Assim que começar a escrever, não pare para pensar. Deixe que sua caneta pareça mágica, como se tivesse vida própria</u>**. Confie que ela escreverá algo que vai te surpreender: eventos que você havia esquecido, sentimentos que nem sabia que tinha por alguém ou por alguma situação, questões que achava resolvidas e muito mais.
- Independentemente da sua idade, existem vários anos de emoções armazenadas no seu inconsciente – uma verdadeira mina de ouro para a mente artística.

Para conseguir não antecipar os resultados, pode ser útil "esvaziar o recipiente" – imagine-se esvaziando todos os pensamentos da mente e, em seguida, visualize uma luz branca por dois segundos. Aí comece a escrever. Assim que tiver começado, continue o fluxo livre da escrita sem parar para pensar, por pelo menos uma página inteira, se estiver usando um bloco grande (tipo A4), ou duas a três páginas, se estiver usando um bloco de tamanho médio. Evite blocos pequenos, pois o tamanho reduzido tende a limitar sua experiência de escrita livre. Não se preocupe com ortografia ou gramática. Nem mesmo com a legibilidade da sua letra. Permita-se escrever o que vier, sabendo que há boas chances de que você queira queimar o texto depois. Alguns dos meus alunos são supercontroladores, então digo a eles para nem mesmo olharem para a página enquanto escrevem, para evitar a ativação do "comando de controle" no cérebro.

Você vai chegar a algum tipo de "resolução de morte". A morte assume muitas formas. Na arte, trata-se apenas de um desfecho. Por exemplo, ao terminar o diário, algo como: "... se eu não conseguir isso... vou acabar sozinha para sempre, ou nunca terei filhos, ou meu relacionamento com [SUBSTITUIÇÃO] será rompido para sempre, ou vou acabar na prisão", ou "vou desistir dos meus sonhos, ou vou morrer espiritualmente" – ou qualquer outra coisa que faça sentido com o que estiver surgindo enquanto você escreve.

Se o que surgir não surpreender, faça outro DIÁRIO, porque os motivos pelos quais somos quem somos e fazemos o que fazemos são infinitos – e um exercício como esse deve levar a descobertas inesperadas. Posso garantir: é uma exploração empolgante de nós mesmos. E quanto melhor nos conhecemos, e exploramos os detalhes das forças que nos movem, melhores artistas nos tornamos. A grandeza está nos detalhes.

Vamos supor que seu OBJETIVO DE CENA seja *eu preciso que você me ame*, e a SUBSTITUIÇÃO seja sua mãe; o estímulo para começar seu DIÁRIO EMOCIONAL seria *eu preciso que você me ame, mãe, porque...* A parte do "porque" é crucial, pois é ela que fornece o "porquê" – o conteúdo substancial que alimenta seus OBJETOS INTERNOS, MONÓLOGO INTERNO, MOMENTO ANTERIOR, CIRCUNSTÂNCIAS ANTERIORES – ou seja, os detalhes do seu trabalho interno. O motivo pelo qual precisamos do que está nesse estímulo é tão importante quanto, ou até mais importante do que, o "quem" (neste caso, sua mãe).

DIÁRIO EMOCIONAL com OBJETIVO DE CENA

Abaixo, há parte de um exemplo de DIÁRIO EMOCIONAL que escrevi usando o estímulo do OBJETIVO DE CENA *eu preciso que você me ame, mãe, porque....* (Claro que, antes, esvaziei o recipiente e visualizei a luz branca por dois segundos, depois coloquei a caneta no papel e escrevi sem parar para pensar. Finalizei com algum tipo de resolução de morte [para criar a urgência de alcançar meu OBJETIVO].)

Esta é a primeira das duas páginas do meu DIÁRIO EMOCIONAL. Incluo uma imagem para mostrar como é difícil de ler – às vezes, os DIÁRIOS EMOCIONAIS são feitos de pensamentos soltos ou ideias desconexas, porque as emoções puras (as que habitam o inconsciente) são completamente caóticas. Cabe ao artista encontrar uma jornada unilateral em meio ao seu caos emocional interno para construir uma história.

Com isso em mente, vejamos os pontos principais que extraí do meu DIÁRIO EMOCIONAL. Primeiro, o que surgiu que me surpreendeu. Acredito que as partes surpreendentes ou os eventos esquecidos sejam os melhores para examinar em primeiro lugar.

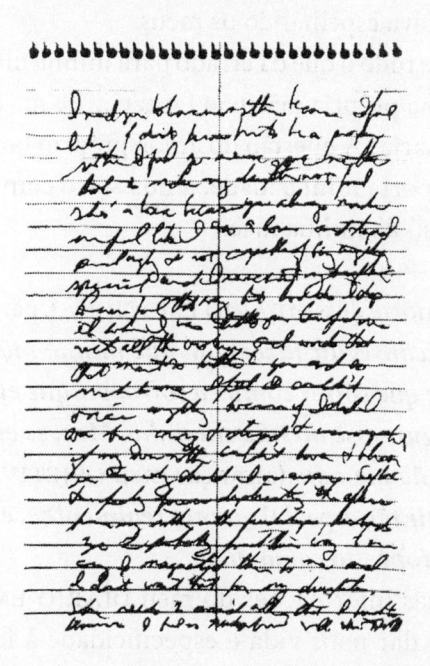

Descobertas surpreendentes:

- Que me lembro da vez em que, aos cinco anos, eu me escondi da minha mãe dentro de um armário para que ela não me batesse.
- Que acredito ser responsável por atrair abuso.
- Que me sinto uma perdedora, e isso me confunde.
- Que acho que as conquistas não me consertaram nem me deram a capacidade de ser uma boa mãe.
- Que minha filha talvez se sinta uma perdedora e, se isso for verdade, a culpa é minha. (Sempre atribuí essa culpa ao meu marido – então, essa descoberta é muito importante!)

Outros pontos sobre os quais eu já tinha conhecimento:

- Que, como minha mãe não me forneceu um modelo de referência para que eu pudesse ser uma boa mãe, sinto que falhei com minha filha, e me culpo sempre que ela se sente ansiosa e insegura. Como ela poderia se sentir de outro jeito? Afinal, filhos espelham seus pais. E eu estava espelhando os meus.
- Que sinto que tudo o que dá errado para minha filha é culpa minha.
- Que, se minha própria mãe não foi capaz de me amar, por que alguém me amaria? A questão do amor-próprio também entra aqui.
- Que, não importa minha idade, ainda sofro com a lembrança visceral do abuso da minha mãe.

A resolução de morte desse DIÁRIO EMOCIONAL para o OBJETIVO DE CENA é: *Se eu não conseguir fazer com que minha mãe me ame, então minha filha vai ter que sofrer como eu sofro, porque eu não serei capaz de impedi-la de seguir esse mesmo caminho. Mas, se eu conseguir fazer com que minha mãe me ame* (alcançar meu OBJETIVO), *então minha filha poderá se sentir tão especial quanto realmente é, e eu poderei sentir que cumpri meu propósito como mãe.*

Vamos usar essas informações do meu DIÁRIO EMOCIONAL (meu inconsciente) para dar mais vida e especificidade à famosa cena final do filme *Titanic*, em que Rose flutua sobre um pedaço de madeira do navio naufragado.

Diálogo: "Jack, tem um barco. Jack, volte. Volte! Eu nunca vou te deixar, eu prometo."

Minha mãe é a SUBSTITUIÇÃO para o Jack, e a criança ferida dentro de mim, que sempre estará lá, nunca vai desistir de esperar que minha mãe se torne a mãe que eu sempre quis. "Eu nunca vou te deixar" significa que nunca vou desistir de acreditar que ainda há esperança de ela se tornar essa mãe afetuosa e que vou superar a raiva e a mágoa para ser a mãe que minha filha precisa que eu seja. Assim, transformo a dor do meu DIÁRIO EMOCIONAL em algo positivo. (Minha mãe faleceu há anos, mas mesmo quando uma pessoa importante já se foi, nossas necessidades continuam existindo. Não importa se sua SUBSTITUIÇÃO está viva ou morta – ela pode ser igualmente eficaz.)

DIÁRIO EMOCIONAL COM OBJETIVO GERAL

Agora, vamos analisar o uso de um DIÁRIO EMOCIONAL com um OBJETIVO GERAL, para nos ajudar a entender o roteiro como um todo. Um DIÁRIO EMOCIONAL que parte do OBJETIVO GERAL é essencial para preencher os detalhes que vão alimentar as demais ferramentas com mais especificidade. Um DIÁRIO EMOCIONAL baseado no OBJETIVO GERAL é útil para compreender a trajetória completa de uma personagem ao longo do roteiro. Explorar questões mais amplas pode ser especialmente revelador na análise geral de uma obra.

Vejamos o OBJETIVO GERAL de Daniel Plainview no filme *Sangue negro* (interpretado por Daniel Day-Lewis). A personagem é um empresário implacável que, entre outras coisas, mata com brutalidade um pregador e castiga fisicamente seu "filho" por ter perdido a audição, algo que, por óbvio, não foi culpa da criança. Seu OBJETIVO GERAL é *retomar meu poder*. O estímulo para o DIÁRIO EMOCIONAL seria, então, ***eu preciso retomar meu poder porque...***

(Como sempre, esvaziei o recipiente, visualizei a luz branca por dois segundos, pus a caneta no papel e escrevi sem parar para pensar...)

Aqui estão os principais pontos que extraí deste DIÁRIO EMOCIONAL. Primeiro, os mais surpreendentes:

- Eu peço desculpas o tempo todo – se não em voz alta, pelo menos em minha mente.
- A lembrança de uma amiga chamada Joan, que costumava me diminuir e fazer com que eu me sentisse mal comigo mesma. Ela explorava seu cargo importante na indústria para me intimidar. Mesmo assim, eu a considerava uma das minhas melhores amigas. (Ela não faz parte da minha vida há muitos anos, e eu raramente penso nela. No entanto, ela surgiu como um gatilho importante para minhas questões com impotência.)
- Meu primeiro marido – alguém que não vejo há mais de trinta anos e com quem pensei já ter resolvido minhas questões – também veio à tona. Foi estranho, porque em todos os DIÁRIOS EMOCIONAIS que escrevi ao longo dos anos, Joan e meu ex-marido raramente apareceram. (Mais uma vez, é assim que o inconsciente funciona – e essas duas figuras são verdadeiros achados para usar na análise de personagem ao interpretar Daniel em *Sangue negro*.)

Pontos não tão surpreendentes, mas igualmente importantes:

- Sempre defendo, como parte da minha filosofia, que precisamos libertar a vítima em nós, mesmo quando estamos sendo vitimizados. Ainda assim, continuo permitindo que as pessoas abusem de mim, repetidas vezes.
- Atraio e me sinto atraída por pessoas que podem me fazer sentir impotente.
- Atraio esse tipo de pessoa porque sinto que mereço ser impotente, já que minha mãe abusou de mim e meu pai não fez nada para me proteger.
- Mesmo tendo seis irmãos e irmãs, todos com algum histórico de abuso, sempre senti que tive que lidar sozinha com as ramificações do abuso.

A **resolução de morte** para o DIÁRIO EMOCIONAL com esse OBJETIVO GERAL é: *Se eu não retomar meu poder imediatamente, continuarei a entregá-lo e jamais terei uma vida satisfatória. E isso precisa parar AGORA, porque eu posso morrer a qualquer momento sem jamais ter sido um modelo de referência que fortalece o mundo por meio da arte.*

Usando as informações extraídas desse DIÁRIO EMOCIONAL com o OBJETIVO GERAL *retomar meu poder*, para interpretar Daniel em *Sangue negro*, posso aplicar essas descobertas a todas as outras ferramentas da análise do roteiro.

- **CIRCUNSTÂNCIAS ANTERIORES:** Posso usar o abuso que sofri na infância e a sensação de solidão ao passar por isso para justificar minha crueldade no papel de Daniel. Tudo o que eu precisar realizar para me vingar ou retomar meu poder seria justificado pela necessidade infantil de sobreviver em CIRCUNSTÂNCIAS adversas.
- **SUBSTITUIÇÕES:** Essas seriam as pessoas da minha vida que foram os abusadores; usá-las tornaria defensáveis os comportamentos questionáveis que assumo como Daniel.
- **OBJETOS INTERNOS e MONÓLOGO INTERNO:** Em vez de evocar de maneira genérica a temática do abuso e do desejo de vingança, posso usar as especificidades reveladas no DIÁRIO EMOCIONAL para criar uma experiência mais visceral com as escolhas de OBJETOS INTERNOS e uma linguagem mais detalhada no MONÓLOGO INTERNO.
- **OBSTÁCULOS:** O que pode estar me impedindo de retomar meu poder? Muitas coisas, como por exemplo não saber o que fazer com meu "eu fortalecido", já que isso me é estranho. Sentir que não mereço amor saudável – então, por que não aceitar o comportamento cruel de alguém? E assim por diante. Usar os detalhes desses OBSTÁCULOS me ajuda a superá-los com mais urgência e impulso na tentativa de resolver minhas questões e alcançar meu OBJETIVO GERAL.

Tudo isso surgiu de um DIÁRIO EMOCIONAL que revelou informações que eu não poderia ter acessado de outro modo. E precisei de apenas alguns minutos.

DIÁRIOS EMOCIONAIS informativos

Os DIÁRIOS EMOCIONAIS INFORMATIVOS são exatamente isso: informativos. Baseiam-se no mesmo conceito dos DIÁRIOS EMOCIONAIS (usar a escrita automática para acessar a verdade – não a escolha segura, mas a mais envolvente, aquela que gera uma arte inspirada), com a diferença de que, nesse caso, o intuito é obter informações que não estão facilmente acessíveis ou entender o que realmente serve de gatilho para um trabalho interno mais eficaz. Esses DIÁRIOS são mais curtos e não exigem uma resolução de morte. Eles ajudam a identificar, com mais facilidade, a escolha mais eficaz para o trabalho interno, quando isso não for evidente. É sempre importante lembrar que, ao escrever o DIÁRIO EMOCIONAL INFORMATIVO, a parte do "porque" no estímulo é tão essencial quanto no DIÁRIO EMOCIONAL padrão – pois é ela que fornece o "por quê" e os detalhes que explicam por que essa é a escolha mais eficaz.

Assim como começamos os DIÁRIOS EMOCIONAIS a partir de um estímulo derivado de um OBJETIVO, o DIÁRIO EMOCIONAL INFORMATIVO também parte de um estímulo – mas de um estímulo que forneça precisamente as respostas que estamos procurando. O conceito é o mesmo: a escrita continua sendo "inconsciente", e, se você parar para pensar no que está escrevendo, entrará em modo de controle, o que quer dizer que o consciente tomará conta. O resultado será "seguro" e pouco significativo. Não há drama na segurança. O controle também elimina o fator surpresa da verdade.

Os DIÁRIOS EMOCIONAIS INFORMATIVOS costumam ser usados para descobrir um nome a ser escolhido como SUBSTITUIÇÃO.

Exemplo:
A atriz LC estava trabalhando uma cena do filme *O pescador de ilusões* e havia definido que seu OBJETIVO GERAL era *amor sem dor*. O OBJETIVO DE CENA naquela ocasião específica era *preciso que você me prove que consegue me amar sem me ferir*. Mas ela tinha várias opções de quem

poderia representar essa necessidade – ex-namorados, amigos, os pais. Para encontrar a SUBSTITUIÇÃO mais poderosa, aquela que provocaria uma resposta emocional mais profunda em sua atuação, ela escreveu um DIÁRIO EMOCIONAL INFORMATIVO com o estímulo *preciso que você me prove que consegue me amar sem me ferir, [nome da pessoa], porque...* Deixando a escrita fluir a partir do estímulo, e permitindo que o nome da pessoa surgisse "magicamente" com esse gesto, o nome de seu pai apareceu. Então, continuou escrevendo sem interromper o fluxo, permitindo que viessem à tona os pensamentos inconscientes para explicar *por que* ela precisava que fosse justamente o seu pai a pessoa capaz de amar sem magoá-la. Escreveu sem censura, até que várias questões e eventos emergiram.

O que surgiu para LC no DIÁRIO EMOCIONAL INFORMATIVO:
Pontos que ela já sabia, mas dos quais precisava lembrar:

- Que, não importa o que faça, não deveria deixar o pai influenciar suas escolhas de vida.
- Que o odeia e o ama ao mesmo tempo.
- Que ele afasta as pessoas, e isso a faz se perguntar se ele a vê da mesma forma que vê os outros – como se ela não fosse especial, como um pai deveria sentir em relação à filha.

Pontos surpreendentes que surgiram no exercício, acessando o inconsciente:

- Que ela carrega muito mais raiva do que imaginava.
- Que o pai a trata do mesmo jeito que trata a própria mãe.
- Que ela teme acabar com um homem parecido com o pai, o que a deixa apreensiva em relação ao futuro.

Ao empregar esse conhecimento específico, ela conseguiu provocar a outra personagem (usando o pai como SUBSTITUIÇÃO) para que ela passasse no teste emocional dela – e para que, assim, ela pudesse se sentir segura no amor. Usou essas questões como base para o trabalho interno, tornando possível interpretar com precisão e proatividade uma personagem que precisa encontrar o amor e, para isso, necessita de segurança.

Aqui estão alguns estímulos comuns de DIÁRIOS EMOCIONAIS INFORMATIVOS que ajudam a encontrar a melhor SUBSTITUIÇÃO:

- *Preciso que você se apaixone por mim, [nome da pessoa], porque...*
- *Preciso que você assuma a culpa para que eu não precise assumir, [nome da pessoa], porque...*
- *Preciso que você acredite em mim, [nome da pessoa], porque...*
- *Preciso retomar meu poder de você, [nome da pessoa], porque...*
- *Preciso que você assuma o que fez comigo, [nome da pessoa], porque...*
- *Preciso que você admita que eu sou o vencedor e você é o perdedor, [nome da pessoa], porque...*
- *Preciso que você me adore, [nome da pessoa], porque...*
- *Preciso que você me proteja, [nome da pessoa], porque...*
- *Preciso que você me ame sem me abandonar, [nome da pessoa], porque...*
- *Preciso que você me ame sem me julgar, [nome da pessoa], porque...*
- *Antes de morrer, preciso resolver meu relacionamento com você, [nome da pessoa], porque...*
- *Preciso que você seja a pessoa ruim para que eu possa ser a pessoa boa, [nome da pessoa], porque...*
- *Preciso que você se apaixone por mim para que eu possa retomar meu poder de você, [nome da pessoa], porque...*
- *Preciso que você me dê esperança, [nome da pessoa], porque...*

E assim por diante.

DIÁRIOS EMOCIONAIS INFORMATIVOS também são úteis para obter outros tipos de informação.

Embora com frequência os DIÁRIOS INFORMATIVOS tenham a finalidade de encontrar o nome mais eficaz de uma pessoa a ser usado, eles também são valiosos para acessar conteúdos internos mais específicos relacionados a questões difíceis de nomear e a eventos perturbadores aplicáveis ao roteiro – como culpa, gatilhos emocionais, segredos profundos, inseguranças específicas, vícios, pensamentos incômodos, prioridades equivocadas, a maioria dos eventos traumáticos e, e, e... praticamente qualquer coisa que esteja no texto e exija um pensamento específico e provocador.

Exemplo

O ator AP estava fazendo uma cena da série *Succession*, interpretando Kendall, o mais velho dos três irmãos protagonistas. AP usava como OBJETIVO GERAL *ser o escolhido*. O OBJETIVO DE CENA era *eu preciso que você admita que eu sou o vencedor, não você...* – em uma cena em que os três irmãos discutiam quem assumiria de forma temporária o lugar do pai, recém-falecido. Precisávamos descobrir o que tornava isso uma necessidade pessoal e inadiável para AP. Então fizemos um DIÁRIO EMOCIONAL INFORMATIVO como estímulo: *Eu preciso ser o vencedor em [preencha a lacuna] porque...*

O que emergiu para AP foi: *Eu preciso ser o vencedor em ter um relacionamento saudável porque...* Os principais pontos que ele pôde usar em seu trabalho interno foram:

- Ele precisava romper o ciclo do relacionamento extremamente disfuncional de seus pais.
- Tinha que parar de se culpar por tudo e de sentir ódio de si mesmo sempre que algo dava errado.
- Queria repetir o relacionamento de almas gêmeas que seus avós tiveram. Mas ficou confuso com o suicídio do avô após a morte da avó. Será que o amor significa destruição em níveis extremos?
- Não se sentia digno de um relacionamento saudável, pois tinha uma sensação constante de ser uma pessoa ruim. Seu pai traía regularmente a mãe e só demonstrava orgulho e afeto por AP quando ele replicava seus comportamentos. A validação vinha apenas quando AP machucava outras pessoas da mesma forma que o pai.

- Se tivesse um relacionamento saudável, acabaria estragando tudo, recriando a realidade de seus pais.

Informação inesperada que emergiu:

- O suicídio do avô o afetava mais do que ele imaginava.

Tudo isso sustenta uma necessidade poderosa de vencer a rivalidade entre irmãos – de ser o escolhido. O DIÁRIO EMOCIONAL ajudou AP a fortalecer seu trabalho interno, de modo que, ao interpretar Kendall, ele entrasse no conflito com os "irmãos" com uma nova intensidade.

Exemplo
Outro caso foi o da atriz SD, que estava fazendo uma cena do filme *Na mira do chefe*. Sua personagem, Chloe, apaixona-se por Ray, um homem tomado pela culpa após matar acidentalmente uma criança. Chloe também carrega uma culpa profunda, embora o roteiro não deixe claro o motivo. Seu comportamento e falas sugerem que ela compartilha um enorme sentimento de culpa, o que cria um elo comum de dor que sustenta a história de amor entre os dois. (Ver capítulo 14, "Criando química", para mais detalhes.) Às vezes, os detalhes das motivações da personagem não estão no texto – cabe ao ator criá-los. Nesse caso, SD precisava preencher esse vazio com algo que, de algum modo, fosse proporcional à culpa devastadora de Ray.

Essa é outra forma de usar o DIÁRIO EMOCIONAL INFORMATIVO: encontrar algo que afete você de maneira profunda, mesmo que o roteiro não forneça nenhuma informação específica. Se não está escrito, explore assim mesmo com seu trabalho interno. Nada deve impedir o verdadeiro artista de buscar profundidade e camadas. Não é preciso que o texto diga exatamente o que está acontecendo ou por quê. Você pode expandir o que *está* no roteiro por meio de escolhas internas (frequentemente extraídas de DIÁRIOS EMOCIONAIS INFORMATIVOS) para criar um trabalho poderoso.

Precisávamos descobrir qual era a culpa pessoal de SD. Ela não sabia o que poderia usar da própria vida que a levasse a sentir aquela intensidade de culpa. Ela fez um DIÁRIO EMOCIONAL INFORMATIVO com a proposta: *Eu me sinto muito culpada por [preencha a lacuna] porque...*

O que surgiu foi: *Eu me sinto muito culpada por **me perguntar se casei com a pessoa certa** porque...*

As descobertas que ela pôde usar no trabalho interno incluíam:

- Aos 32 anos, ela era uma pessoa completamente diferente da que era quando se casou aos 21 – muitas mudanças haviam ocorrido em sua vida.
- Um dia, ela precisou muito do marido, pois nunca havia sido cuidada. Mesmo quando era criança, foi injustamente colocada no papel de cuidadora. O marido era alguém que se orgulhava em fazer tudo por ela – consertar, prover, acolher, a ponto de ela ter sido arrebatada. Ela finalmente teve o que precisava... mas não precisava mais, e começou a diminuir o marido e desvalorizar justamente aquilo que a fizera amá-lo e precisar dele.
- Ela tinha um filho e não queria ser a razão de uma família desfeita. Tendo vindo de uma, sabia o quanto isso poderia ser prejudicial para uma criança.

Informações inesperadas que emergiram:

- Ela se surpreendeu com o peso dessa culpa e com a profundidade de seu impacto.
- Talvez o casamento tenha sido uma escolha feita por medo e insegurança.
- Na época, o marido enfrentava uma depressão profunda. E se ela o empurrasse para o fundo do poço? Ele não merecia isso.

SD pôde usar essa culpa para fundamentar a culpa de Chloe (que é a base da história de amor com Ray) com especificidade e urgência.

Exemplo

A atriz VL trabalhava em uma cena do filme *Magnólia*, interpretando Claudia, uma jovem com problemas com cocaína e relacionamentos abusivos. Ela se apaixona por Jim, um policial, e teme que ele não seja capaz de amá-la por causa de seu vício e do padrão de se envolver com homens tóxicos. Jim não sabe de nada. Normalmente, um policial tem como propósito proteger – exatamente o que Claudia precisa. Mas também é alguém que pode julgá-la, classificando-a como criminosa (viciada em cocaína) ou vítima (histórico de relacionamentos abusivos). Por isso, ela acredita que será vista como fraca e, com certeza, não muito sexy, nem alguém digna de amor. Na cena em questão, há o primeiro encontro dos dois, e ela quer contar seu segredo antes que se envolva demais. Mas Claudia também está apavorada com a possibilidade de o único homem capaz de ajudá-la e amá-la acabar rejeitando-a. O OBJETIVO GERAL de VL era *amor sem julgamento*, e o OBJETIVO DE CENA era *fazer você me amar apesar do meu segredo*. Mas VL não sabia o que poderia usar como segredo para provocar o impacto emocional necessário. Suspeitava de algumas possibilidades, mas ao verbalizá-las na aula, não sentiu nenhuma reação emocional – sinal de que havia algo mais profundo escondido em seu inconsciente. Estava na hora de fazer um DIÁRIO EMOCIONAL INFORMATIVO para descobrir qual segredo poderia criar a atuação mais poderosa.

Usamos como estímulo: *Não quero que alguém jamais descubra [preencha a lacuna] porque...*

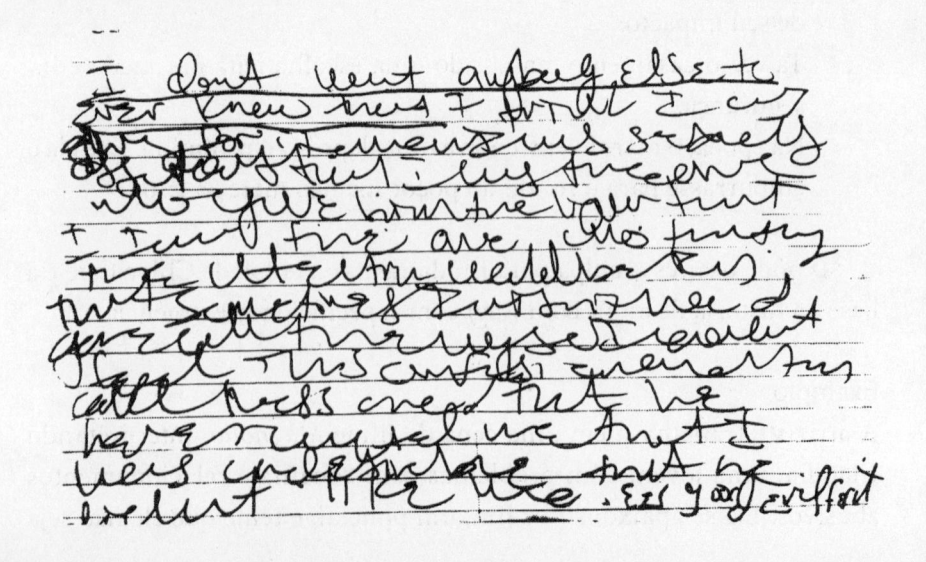

Incluí uma página do DIÁRIO de VL para que você possa ver como é quase ilegível, o que ilustra como os DIÁRIOS EMOCIONAIS variam entre os indivíduos. Desde que você entenda o que está escrevendo, ele não precisa fazer sentido para mais ninguém. O que veio à tona para VL foi: *Não quero que alguém jamais descubra que **fui molestada quando criança**.*

O que ela já sabia:

- Achava que a culpa era dela, por acreditar que merecia – daí a vergonha.
- Mesmo adulta, sempre se esforçava demais para agradar, por causa disso.
- Tinha muito medo de relacionamentos, porque achava que se machucaria e voltaria a se sentir vulnerável demais.

Informações inesperadas que surgiram:

- Por causa do abuso, sentia-se feia e indigna de um amor saudável.
- Carregava uma enorme vergonha.

As informações extraídas do DIÁRIO EMOCIONAL INFORMATIVO acabaram sendo extremamente esclarecedoras para as dúvidas de VL: por que sempre se sentia repugnante, feia e não merecedora de amor? Essa jovem belíssima, de 23 anos, alvo da admiração de muitos, nunca acreditou que poderia ser realmente amada. Achava que era horrível, por causa do abuso. As vítimas de qualquer tipo de abuso físico costumam se recriminar, mesmo quando está claro para qualquer um que a realidade é outra. Para superar os sentimentos de vergonha e comportamentos autodestrutivos, VL precisava incorporar à sua personagem, Claudia, essa percepção, para ajudar Claudia a se ver, em última instância, como vítima inocente de alguém abusivo. Assim, Claudia (e a própria VL) poderia de fato reconhecer que "a culpa não foi minha" – um passo essencial para seguir em frente e voltar a amar e confiar. Ao identificar isso, tiramos o estigma da vitimização da interpretação de VL. Como VL encontrou força na própria dor por meio da personalização, Claudia se tornou mais atraente para Jim, preparando o desfecho da história, em que os dois ficam juntos. As descobertas feitas com o DIÁRIO EMOCIONAL INFORMATIVO permitiram que VL, por meio de sua personagem, alcançasse resolução e desfecho – tanto para si mesma quanto para sua personagem –, criando assim uma heroína emocional para o público, sobretudo para aqueles que talvez tenham vivido experiências semelhantes.

Não podemos mudar o passado, mas podemos escolher usar a dor como um combustível poderoso para alcançar prosperidade emocional e espiritual.

Podemos nos autodestruir com a dor, ou podemos construir a partir dela. É uma escolha. Ao dar voz à dor por meio das informações extraídas nos DIÁRIOS EMOCIONAIS INFORMATIVOS, podemos encontrar libertação e purificação – e interpretar a personagem com base nessas informações pode ser divertido e revelador.

Com a Técnica Chubbuck, NUNCA estamos tentando acessar emoções apenas para permanecermos nelas, sofrermos ou nos sentirmos derrotados e sem esperança. A intenção é transformar traumas, dores, inseguranças e medos em solução, evolução e catarse. As escolhas que você faz devem conduzi-lo nessa direção. Quando estiver destrinchando um roteiro com um trabalho interno profundo, preste atenção: se não estiver se divertindo, é sinal de que fez escolhas equivocadas.

Aqui vão outros exemplos de propostas para DIÁRIOS EMOCIONAIS INFORMATIVOS:

- *Preciso encontrar respostas sobre [preencha a lacuna] porque...*
- *Meu pior medo é [preencha a lacuna] porque...*
- *Sinto vergonha quando [preencha a lacuna] porque...*

Sua personagem está presa, mas você nunca esteve em uma prisão. Os conceitos de confinamento e cativeiro podem assumir diversas formas. De que forma você já se sentiu emocionalmente encarcerado?

- *Sinto que estou em uma prisão quando [preencha a lacuna] porque...*

Você vai interpretar alguém com um vício, mas não tem um vício evidente na vida real:

- *Sinto que sou viciado em [preencha a lacuna] porque...*

Você vai interpretar alguém solitário, mas não sente solidão na sua própria vida:

- *Me sinto tão só quando [preencha a lacuna] porque...*

Em suma, qualquer coisa que exija informações pessoais mais profundas e acuradas pode ser explorada por meio do DIÁRIO EMOCIONAL INFORMATIVO.

Lembre-se de sempre terminar as propostas com a parte do "**porque...**" – é o que permite acessar razões mais específicas do porquê você sente aquilo. E não economize nessa parte. Escreva livremente, sem filtro. Conhecer os detalhes de quem somos e entender por que fazemos o que fazemos é fascinante. A natureza humana, e a exploração dela por meio dos DIÁRIOS EMOCIONAIS, é algo estimulante. Lembre-se: fazemos isso não apenas para alcançar mais autenticidade, mas também para compreender melhor quem somos e, assim, obter um resultado mais dinâmico. Vale repetir que esta técnica é sobre resolver, evoluir, informar e alcançar catarse. Os DIÁRIOS EMOCIONAIS nos ajudam a investigar tudo isso.

DIÁRIOS EMOCIONAIS para roteiristas e/ou diretores

Roteiristas e diretores também podem se beneficiar dos DIÁRIOS EMOCIONAIS. Como parte de processos criativos, eles ajudam a estabelecer uma mensagem e um tema mais coesos para o roteiro – algo que vá além da narrativa e que também resolva, evolua, informe e leve à catarse para quem escreve e/ou dirige. Para isso, é essencial entender qual é a mensagem da obra e por que ela é tão significativa.

Estímulos possíveis:

- *Preciso escrever este roteiro porque...*
- *Preciso dirigir este roteiro porque...*

Ponto importante

Sempre escreva todas as versões dos DIÁRIOS EMOCIONAIS no seu idioma nativo – aquele que você aprendeu primeiro. Isso permite que escolhas mais intensas e autênticas surjam do seu inconsciente, pois você acessará um lugar primitivo e genuíno – um espaço que é também mais preciso, pois seu consciente tentará controlá-lo e distorcer a verdade, se possível, mas é mais fácil e mais fluido chegar ao que realmente o afeta quando você parte de uma realidade primitiva.

E um ponto ainda *mais* importante!

Se, ao escrever um DIÁRIO EMOCIONAL, você disser: "Mas não veio nada", então você está fazendo da forma errada. A proposta da escrita automática é escrever sem intervenção da consciência. Deixe a caneta escrever o que vier – como se fosse uma caneta "mágica". Alguma coisa vai surgir. E mesmo que o que vier o surpreenda (e é bem provável que isso aconteça), não pare para refletir sobre o que escreveu. Continue. A parte do "porque..." vai trazer ainda mais conteúdo para refletir. Haverá revelações e epifanias que podem ser úteis para a personagem e para você. Quanto melhor você se conhecer, melhor artista será. Compreender a si mesmo também ajuda a aliviar o peso da dor, pois você estará transformando tudo isso em algo belo. Não tenha medo: esse conhecimento vai libertar você para criar – e, no fim das contas, encontrar resolução e catarse, tanto para a personagem quanto para si próprio.

Usar DIÁRIOS EMOCIONAIS é mais uma forma de acessar material para o crescimento. Conhecimento é poder. O poder do ator... sacou?

PARTE 3
Outras ferramentas e exercícios de atuação

As ferramentas de atuação a seguir não devem ser confundidas com o sistema de 12 passos da técnica. É importante fazer o trabalho usando as 12 ferramentas primeiro e considerar quaisquer dessas outras ferramentas como a cereja do bolo – para serem utilizadas *apenas* após você ter realizado os 12 passos usando as 12 ferramentas.

Certas cenas requerem alguns estados de consciência muito específicos, como estar muito drogado ou alcoolizado, com medo, morrendo, lamentando a morte de um ente querido, se tornar pai ou mãe, estar fisicamente debilitado ou ferido, vivenciar a química sexual, ter a psique de um assassino em série.

Esses estados de consciência nos afetam de maneira física e emocional.

Esses estados de consciência afetam a química do nosso corpo. Por exemplo, se estamos com medo, nosso instinto de lutar ou fugir se manifesta em nossa reação corporal. Nossas pupilas dilatam, nosso coração acelera e a circulação de adrenalina aumenta. Esses exemplos são de reações musculares involuntárias. Embora você não possa fazer as pupilas se contraírem, você pode provocar esses estados de consciência que irão compelir os músculos involuntários dos seus olhos a reagirem.

Desenvolvi um sistema de fórmulas para ajudar os atores que preparei a acessarem e sentirem organicamente esses estados básicos, ainda que nunca os tenham sentido antes. Como essas reações são cientificamente previsíveis, elas podem ser acessadas, calculadas e analisadas em uma espécie de equação matemática.

Descobri que a melhor maneira de sentir verdadeiramente um desses estados é primeiro entender *por que* um estado específico de consciência funciona para nossa condição humana. Por isso, os capítulos a seguir explicam primeiro, a partir de uma base psicológica, *por que* nossos corpos reagem a esses estados. E segundo, explicarei como provocar essas reações biológicas e fisiológicas. Em suma, irei mostrar por que a fórmula funciona, e então como fazer para que você possa de fato sentir esses estados de maneira orgânica.

Capítulo 14
Criando química
Uma parte essencial da atuação

OBSERVAR DOIS ATORES QUE SE DIZEM APAIXONADOS UM PELO OUtro em uma cena que não transmite paixão entre eles pode ser uma experiência tediosa e desagradável. O público recebe aquilo que você dá a ele. Se não há química entre os atores, o público não sentirá mais necessidade de se envolver com a história, porque as histórias se baseiam em relacionamentos. Por outro lado, se a conexão for palpável, o público será arrebatado.

Do ponto de vista do ator, é sempre mais envolvente trabalhar com alguém que o empolga, alguém que provoca faíscas. A química determina, com frequência, o sucesso ou o fracasso de um filme, peça ou série. Não é a trama o que nos pega – é a relação que o público estabelece com as personagens e seus relacionamentos. A trama permite o desenvolvimento de um relacionamento. A química dá mais peso ao relacionamento e o torna cativante.

Você sabe qual é a sensação de ver alguém num ambiente lotado, talvez nem chegar a falar com a pessoa, mas sentir que existe uma ligação especial. Ou quando vê alguém do outro lado da rua, num cruzamento, caminhando na direção oposta, e você não consegue resistir à tentação de lançar um olhar significativo em sua direção. Ou quando quem serve a mesa num restaurante puxa uma conversa com um tom de flerte em vez da simples comunicação necessária para pedir comida. Os exemplos são inúmeros. Embora essas conexões sejam fugazes, elas fazem com que você se sinta especial. A química está em toda parte, mas nem sempre quando você precisa dela.

Como ator, você deve criar química em TODOS os relacionamentos – com familiares, colegas de trabalho, amigos (de qualquer gênero), além do balconista do supermercado, seu advogado, seu médico e qualquer outra pessoa com quem sua personagem interaja, não importa se essa pessoa tem apenas uma fala ou se é protagonista do roteiro. Mesmo se a personagem for um inimigo, é provável que, em algum momento, você o tenha amado para ser capaz de odiá-lo tanto. Você também deve criar química com a equipe técnica. Dessa forma, o diretor vai conduzir você com mais generosidade, o diretor de fotografia vai enquadrá-lo com mais cuidado, o iluminador vai valorizar sua presença, e assim por diante. Todos querem se sentir desejados – e é isso o que você faz quando realiza o EXERCÍCIO DE QUÍMICA. Além disso, é sempre mais estimulante trabalhar quando você tem uma quedinha por alguém.

O EXERCÍCIO DE QUÍMICA cria a realidade orgânica do sentimento, as faíscas químicas entre duas pessoas, mesmo que antes não houvesse nenhuma conexão. Com toda franqueza – e você provavelmente sabe disso – é raro sentir uma conexão verdadeira com alguém. O EXERCÍCIO DE QUÍMICA nos permite driblar esse aspecto raro e criar conexão quase sempre. É um processo em que todos saem ganhando.

Cerca de dois terços do corpo humano médio é composto de água, concentrada sobretudo no interior das células. A água é um excelente condutor de eletricidade. Seguindo esse raciocínio, quando impulsos elétricos partem da nossa psique, eles se transformam em conexões elétricas e físicas reais em nosso corpo – da mesma forma que lâmpadas e filamentos se acendem ao receber energia. Para estabelecer uma conexão química autêntica entre duas pessoas, precisamos considerar o que, em âmbito psicológico, ativaria essas psiques a ponto de gerar reações químicas orgânicas nos corpos. Em outras palavras, nós criamos química.

O EXERCÍCIO DE QUÍMICA é composto de duas partes:

- O exercício de DOR EM COMUM.
- O exercício da FANTASIA SEXUAL

Ao unir esses dois exercícios, conectamos o coração ao corpo – e assim criamos uma experiência química completa.

Criando a DOR EM COMUM

O exercício de DOR EM COMUM estabelece a base emocional da química. Em essência, trata-se da conexão profunda que une duas pessoas – questões pessoais e emocionais oriundas de traumas, medos, inseguranças e neuroses que você compartilha com o outro. A energia criada por esse tipo de conexão é poderosa – capaz de ignorar lógica ou racionalização. Essa ligação não se baseia em gostos em comum, como a prática de pedalar ou a predileção pela cor vermelha. O exercício de DOR EM COMUM vem do fato de ambas as pessoas terem vivido experiências emocionalmente dolorosas semelhantes, e de ambas terem reagido a elas de maneiras instintivas semelhantes. É aquela sensação de que essa pessoa realmente entende você de um jeito que ninguém mais entende, porque ela passou por dores, traumas ou medos semelhantes, e sente o mesmo que você. Isso é DOR EM COMUM.

No EXERCÍCIO DE QUÍMICA, nunca se usa SUBSTITUIÇÃO. Você deve usar a pessoa real com quem está construindo a química. Utilizar a SUBSTITUIÇÃO cria um grau de separação e impede uma conexão verdadeira. Use a própria pessoa com quem deseja estabelecer esse vínculo químico específico e genuíno.

Exercício de DOR EM COMUM

Para realizar o exercício de DOR EM COMUM, olhe para a outra pessoa (ela não precisa estar olhando de volta) e pense – sem dizer em voz alta: *Você também sabe como é sentir [preencher a lacuna com o trauma, medo, insegurança ou qualquer questão que defina a sua dor mais profunda]*. Em seguida, pense (ainda sem verbalizar): *Obrigado por me entender de um jeito que ninguém mais entende. Eu te amo.*

Exemplos do que você pode usar para preencher a lacuna:

Você também sabe como é...

- ...precisar que seu pai sinta orgulho de você e o ame, porque você nunca ouviu "eu te amo" dele e o colocou num pedestal – assim como eu. (Meu trabalho interno)
- ...lidar com a perda por morte e acreditar que talvez aquela pessoa que se foi não te amasse o suficiente para continuar vivo, o que faz você se sentir só, mesmo quando não está sozinho. (Esse também é meu)
- ...sofrer abusos físicos e emocionais da sua mãe, o que te faz pensar que, se nem sua própria mãe consegue te amar, por que mais alguém amaria? (Esse também)
- ...se sentir abandonado por todos e viver com medo constante de que qualquer pessoa que você ama vai acabar te deixando.
- ...ter vícios que fogem do seu controle e que te levam a atitudes autodestrutivas das quais você não pode voltar atrás e cujas consequências não poder ser alteradas.
- ...ser traído, e acreditar que você não vale nada e que sempre vai existir alguém melhor que você.
- ...ter (ou ter tido) uma doença grave e viver com medo constante de que o fim está próximo.
- ...achar que não é inteligente, bonito ou forte o suficiente, e se sentir constantemente esmagado pela vida e pelo mundo.
- ...sofrer com as palavras e atitudes abusivas de uma pessoa alcoólatra, o que te faz acreditar que merece ser machucado emocionalmente – e que não é digno de amor. (Esse também é meu)
- ...ter perdido alguém querido ainda na infância.
- ...ter se tornado dependente químico por causa de uma infância abusiva.

- ...ter sido traído por parceiros mais de uma vez.
- ...lidar com as consequências de amar alguém viciado.
- ...sentir que sua felicidade e bem-estar dependem de um dos seus pais.
- ...acreditar que é sua responsabilidade fazer sua mãe (ou pai, parceiro, irmão etc.) feliz – e que seu papel na vida é cuidar e amar essa pessoa mesmo que isso custe sua própria felicidade. (Ok, também é verdade para mim)
- ...se sentir uma fraude, porque por fora parece confiante e forte, mas por dentro, mesmo cercado de gente, você se sente sozinho e esmagado pela solidão.
- ...carregar tanta raiva que não consegue controlar suas emoções e acaba provocando conflitos onde não havia nenhum.

Existem tantas coisas que podem fazer você se sentir pequeno, inútil, incompreendido, indigno de amor, invisível... Essa lista serve apenas como ponto de partida para inspirar o exercício. Como dá para perceber pelas anotações pessoais que fiz nos exemplos acima, não somos definidos por uma única questão. Use o que você estiver sentindo naquele momento, e tente também ser intuitivo em relação às dores da outra pessoa – é bem provável que vocês compartilhem algumas.

Após concluir esse pensamento, finalize com: *Obrigado por me entender de um jeito que ninguém mais entende. Eu te amo.* "Eu te amo" é a coisa mais poderosa que você pode sentir e dizer para alguém. Mesmo que você só diga em pensamento, essas palavras geram uma energia forte, que transparece em cena, seja no palco ou diante das câmeras. Ao se comunicar energeticamente por meio do pensamento, a dor compartilhada entre vocês cria um vínculo especial – um elo profundo com o lado mais delicado e vulnerável do outro ator. Você tem acesso à parte da alma que ele tenta esconder e proteger. Essa conexão – sua capacidade de entender, acolher e se relacionar com o outro a partir de um lugar de dor semelhante – une vocês de forma mais intensa do que você pode imaginar. Na verdade, esses são os princípios do amor. É possível alcançar química com autenticidade porque você se identifica com o outro e sente uma empatia íntima e verdadeira. Em outras palavras, *vocês realmente se entendem.*

Criando FANTASIA SEXUAL

A conexão emocional entre duas pessoas se intensifica e ganha uma camada de complexidade muito mais envolvente quando é combinada com uma conexão física. Adicionar um componente físico à equação é essencial para gerar química entre pessoas. Isso é evidente em relacionamentos românticos, mas também se aplica a todos os relacionamentos significativos. Freud, o pai da psicanálise, sustentava que existe uma sexualidade inocente e inata entre mãe e filho, pai e filha, e entre irmãos. Esses sentimentos sexuais não são para ser consumados, jamais. Eles permanecem no inconsciente, mas existem. Há sexualidade em amizades, e até entre inimigos. Quase todo relacionamento que faz parte essencial da sua vida cotidiana possui algum elemento físico além do aspecto emocional, criando uma conexão mais completa.

Por que o uso do componente físico/sexual é tão fundamental? Porque o sexo cria vida, e não há energia maior ou mais poderosa do que aquela capaz de criar um ser humano que vive e respira. Além disso, essa é considerada uma das energias mais importantes dos chacras energéticos do corpo, até mais significativa do que o terceiro olho (iluminação) ou o chacra do coração. Não é por acaso que atletas muitas vezes evitam sexo antes de uma competição importante – eles querem preservar essa energia preciosa do sexo (a energia da criação) para ajudá-los a vencer.

Também é essencial combinar a energia física com a energia do coração e dos sentimentos para tornar a química mais excitante, mais instigante. Eu sempre gosto de fazer a seguinte pergunta: Com quem você preferiria passar três horas?

1. Com alguém com um excelente papo, mas por quem você não sente nenhum desejo físico.

2. Com alguém por quem você sente uma atração sexual intensa, mas com quem quase não tem assunto.

Já fiz essa pergunta em masterclasses pelo mundo inteiro, e independentemente da cultura, nacionalidade, crença religiosa ou orientação política dos alunos, a resposta é sempre a segunda. A energia da criação da vida é poderosa demais para ser ignorada. Além disso, quando sentimos atração sexual por alguém, tendemos a atribuir inteligência e senso de humor a essa pessoa. É curioso como, quando a atração acaba, dizemos: "Que estranho... ele/ela ficou tão burro(a), e antes era tão esperto(a) e engraçado(a)." É por isso que combinar a DOR EM COMUM com a FANTASIA SEXUAL é o "golpe duplo" para criar a química palpável. Sem essa ligação primitiva criada ao combinar corpo/sexualidade e coração, você ignora uma necessidade humana fundamental – algo que não deve ser julgado, mas sim usado para completar sua personagem e os relacionamentos importantes dela.

O exercício da FANTASIA SEXUAL

Comece a tecer uma FANTASIA SEXUAL sobre a outra pessoa, incluindo-a na idealização mais boba e absurda que você tiver visualizado.

Usamos a FANTASIA SEXUAL mais boba ou absurda porque ela ativa a parte lúdica da conexão corporal. Você sempre percebe quando duas pessoas têm uma atração: elas riem demais juntas e parecem estar sempre compartilhando piadas internas. Não importa se você é hétero ou homossexual ao fazer o exercício da FANTASIA SEXUAL, pois sempre existe uma fração dentro de todos nós que é curiosa sobre como seria ser íntimo de alguém fora da sua preferência habitual.

> **Fórmula para fazer o EXERCÍCIO DE QUÍMICA:**
>
> 1. Identifique os traumas, dores, inseguranças ou medos que mais definem quem você é neste momento.
> 2. Pense: *Você também sabe como é sentir [preencha a lacuna – com seu conteúdo de dor compartilhada].*
> 3. Em seguida, pense: *Obrigado por me entender de um jeito que ninguém mais entende. Eu te amo.*
> 4. Depois, faça o EXERCÍCIO DA FANTASIA SEXUAL.
> 5. DEIXE FLUIR.

Você não precisa olhar diretamente para a outra pessoa ao fazer o exercício. Pode até fazê-lo enquanto conversa com ela sobre outro assunto totalmente diferente. Fazemos isso o tempo todo: falamos sobre uma coisa, mas pensamos em outra – sobretudo quando sentimentos estão envolvidos. A outra pessoa vai responder de forma diferente a você, pois ela sente esse novo vínculo de maneira subliminar. Ela vai sentir uma proximidade inexplicável – aquilo que chamamos de química.

Preparei uma atriz premiada com o Oscar que, ao conhecer seu par romântico nas filmagens, teve uma antipatia imediata por ele (e foi recíproca). O EXERCÍCIO DE QUÍMICA foi tão eficaz que, não só eles desenvolveram uma paixonite real, como os tabloides publicaram que estavam vivendo um caso tórrido (o que, aliás, não era verdade).

Outro exemplo que comprova o poder desse exercício ocorreu quando uma atriz foi chamada para um teste por caridade (ou seja, a diretora de elenco não gostava dela, não a chamava para testes há três anos e só marcou aquele encontro por insistência do seu agente). Essa atriz sabia exatamente o que a diretora de elenco pensava sobre ela – e mesmo assim, decidiu fazer o EXERCÍCIO DE QUÍMICA enquanto conversava com a diretora de elenco, na parte do teste em que elas apenas batiam papo. Durante a conversa, a diretora – que inicialmente estava um pouco hostil – passou a demonstrar real interesse pela vida da atriz. Depois disso, a atriz fez sua leitura... e conseguiu o papel.

O EXERCÍCIO DE QUÍMICA não funciona apenas no mundo da atuação. Experimente com qualquer pessoa que cruzar seu caminho: um caixa de mercado, alguém no carro ao lado, um garçom, um ex-amigo – qualquer um. Você vai perceber uma química imediata, e a outra pessoa também vai sentir. Leva só alguns segundos para fazer, e você verá uma mudança instantânea na atitude da pessoa. O mais divertido é que tudo acontece de forma tão sutil, que a outra pessoa se sentirá conectada a você por "algo" indefinível e nem vai saber o motivo. Veja o caso de Kian, um dos meus alunos e amigos, que foi a Las Vegas assistir a um show da Adele num teatro com quatro mil lugares. Ele pensou: *Bom, por que não? Estou aqui, no meio de quatro mil pessoas. Vamos ver se a energia da conexão gerada pelo EXERCÍCIO DE QUÍMICA é mesmo tão forte assim.* Ele fez o EXERCÍCIO DE QUÍMICA direcionado à Adele enquanto ela cantava no palco. Poucos minutos depois, Adele desceu do palco, foi direto até ele e fez uma pergunta pessoal, que ele respondeu com sinceridade na frente de todos. Ela lhe deu um grande abraço – e várias pessoas tiraram fotos dos dois. Coincidência? Talvez. Mas eu prefiro acreditar que o EXERCÍCIO DE QUÍMICA funciona. Tenho tantas histórias que comprovam isso que daria para encher um livro só com elas. Mas digamos que tenha sido apenas um momento de sorte... Não tem problema acreditar que você tem o poder de fazer com que as pessoas gostem de você. É bom saber que você não precisa sempre esperar que alguém sinta algo por você – porque você tem o poder de provocar essa mudança. E, francamente, esse poder é seu, seja lá como ele se manifeste. Tenha isso em mente.

Criando química em um teste

Você também pode aplicar o EXERCÍCIO DE QUÍMICA numa situação de teste de seleção de elenco. Criar uma leve paixão por alguém, fazê-lo gostar de você, sentir química – tudo isso significa que essa pessoa vai querer você por perto. E, essencialmente, isso significa que ela vai querer te escalar. Claro, é necessário fazer uma boa leitura, o que implica realizar o trabalho descrito nos 12 passos. Mas se o diretor de elenco tiver que escolher entre dois atores com talentos parecidos, vai acabar escolhendo aquele por quem sente mais atração. As pessoas talvez não gostem de admitir isso, mas o ambiente de trabalho se torna muito mais interessante quando temos por perto alguém que desperta esse tipo de energia. Isso é humano, e não há nada de errado nisso. Coloque-se no lugar delas – você faria diferente? A maioria das pessoas não faria.

Até mesmo em audições feitas por vídeos, aplique o EXERCÍCIO DE QUÍMICA com a pessoa que estiver lendo as falas opostas à sua. Quem assistir à sua gravação vai sentir essa química especial atravessando a tela. E não apenas se empolgará com a leitura, como também verá você como um ator ou atriz melhor, graças a essa camada extra de carisma.

Resumo:

*O EXERCÍCIO DE QUÍMICA é a combinação
da DOR EM COMUM e FANTASIA SEXUAL.*

O esforço para realizar o EXERCÍCIO DE QUÍMICA é pequeno – mas é divertido, e os resultados são enormes.

Capítulo 15
Interpretando um adicto

AO INTERPRETAR UM ADICTO, A PRIMEIRA COISA A SER CONSIDERADA é *o que* a personagem usa e *por que* ela usa essa droga em especial. Isso irá ajudá-lo a mergulhar mais fundo na necessidade da personagem de usar o vício como um recurso emocional para sobreviver e lidar com aquilo que a aflige. Cada vício trata uma dor emocional diferente.

Os vícios assumem muitas formas, não se limitam a substâncias. A essência de um vício é que o dependente acredita que ele resolverá um problema. Viciados sentem que aquele é o único caminho possível para superar questões que os atormentam. O ciclo da dependência começa quando a pessoa enfrenta problemas que parecem impossíveis de resolver – a não ser por meio de uma substância, um padrão de pensamento ou um comportamento específico. O problema acontece. A pessoa recorre ao vício como forma de lidar com ele. E, por um curto período, tudo parece consertado. O mundo faz sentido. Mas logo vem a queda. A depressão se instala. A depressão se transforma em autodesprezo e culpa por causa do próprio vício. A necessidade de recorrer novamente àquele vício se torna incontrolável. E o viciado volta a incorrer no vício para ter o sentimento de que o problema está resolvido. A fatia do bolo do vício em que o dependente se sente bem é pequena. Mas parece tão boa, ainda que por pouco tempo, que ele se pega *correndo atrás da onda que ela causa*.

Ao interpretar uma personagem viciada, você precisa entender qual problema o vício dela está tentando resolver. Só então será possível personalizar essa dor, recriando os sentimentos da personagem a partir dos seus próprios. A não ser que o vício da personagem coincida exatamente com o seu, você deve identificar a fração de suas carências emocionais que se assemelha à necessidade que o vício da personagem tenta suprir. Assim, você intensifica a urgência daquela dependência dentro de si.

Em primeiro lugar, olhemos os vícios mais evidentes e comuns:

- ÁLCOOL: Inspira coragem e ousadia. Para quem vive com medo constante, o álcool se torna uma solução.
- ESTIMULANTES (INCLUI COCAÍNA, CRACK, ADDERALL, ANFETAMINAS ETC.): Despertam a sensação de poder. Ajudam aqueles que se sentem impotentes ou inadequados.
- OPIOIDES (INCLUI HEROÍNA, MORFINA, ANALGÉSICOS FORTES, ÓPIO ETC.): Criam a sensação de euforia ou ausência total de dor emocional. Para quem vive uma dor insuportável, essa anestesia é um alívio.
- COMIDA E TRANSTORNOS ALIMENTARES DE TODOS OS TIPOS: Geram uma sensação de acolhimento. Pessoas que se sentem negligenciadas ou famintas de afeto desenvolvem relações disfuncionais com a comida.
- VÍCIO EM SEXO: Oferece amor sem dor, pois ter múltiplos parceiros, sem envolvimento emocional, protege contra o sofrimento do amor. Indica que essa pessoa associa amor à dor porque essa tem sido sua experiência.
- VÍCIO EM JOGO: Inspira o sentimento de estar no controle para aqueles que sentem que sua existência está fora de controle.
- MACONHA: Gera uma sensação de liberdade total. Para quem se sente reprimido em excesso.
- AUTOMUTILAÇÃO E OUTRAS FORMAS DE AUTOAGRESSÃO: São formas de lidar com a raiva dirigida a si mesmo e a culpa. Funcionam como autopunição, uma tentativa distorcida de "aliviar" a culpa.
- ESTIMULANTES + OPIÓIDES (CHAMADO COM FREQUÊNCIA DE *SPEEDBALL*): Permitem ao usuário sentir-se ao mesmo tempo poderoso e anestesiado. Essa combinação não é incomum.

- **BENZODIAZEPÍNICOS (DIAZEPAM, ALPRAZOLAM, ENTRE OUTROS):** Criam uma sensação de segurança emocional para quem sofre de ansiedade severa e crises de pânico.
- **ALUCINÓGENOS (LSD, COGUMELOS, MESCALINA ETC.):** Geram insights e revelações que os usuários acreditam não poder acessar de outro modo. Pessoas que se sentem confusas ou machucadas pela vida usam essas substâncias para tentar entender por que sofreram tanto sem motivo aparente – e as revelações intensas que surgem durante a experiência não costumam ser lógicas, mas são reconfortantes ao oferecer a eles motivos e a ausência de culpabilidade.
- **COMPRAS:** Despertam uma sensação de autoestima e valor pessoal. Pessoas viciadas em compras costumam gastar dinheiro que não têm. Adicionar itens ao seu acervo de bens materiais – muitas vezes coisas de que nem precisam – cria a ilusão de riqueza e valor, algo que elas sentem não ter sem esses objetos.

Os tópicos seguintes não são tão óbvios, mas podem ser considerados vícios porque também resolvem problemas emocionais para quem os tem:

- **INFELICIDADE/DEPRESSÃO:** Algumas pessoas encontram conforto na própria tristeza. Quando algo bom acontece, presumem que logo tudo vai desandar. Ir direto para a depressão em vez de sentir alegria permite que a pessoa evite a decepção.
- **DOR FÍSICA E HIPOCONDRIA:** A dor e a doença fornecem justificativas para que a pessoa receba cuidados e acolhimento. Do contrário, ela não teria desculpas para que alguém fizesse esse esforço.
- **AUTOSSABOTAGEM:** Desperta uma sensação de controle sobre acontecimentos negativos. Quando algo ruim acontece fora do nosso controle, a dor é maior do que se causarmos o próprio desastre, machucando a nós mesmos.
- **VITIMIZAÇÃO:** Para quem é viciado em interpretar o papel de vítima, essa postura desperta empatia nos outros e a esperança de que venham a seu socorro. Essa estratégia raramente funciona, mas, quando funciona, proporciona uma satisfação intensa ao "viciado

em ser vítima". Como a resposta mais comum das pessoas a esse comportamento é se afastar, esse tipo de viciado passa a correr atrás da euforia que surge quando a tática dá certo.

- **MEMBROS DE SEITAS:** Ser membro de uma seita satisfaz dois tipos de necessidades emocionais. Primeiro: o líder da seita oferece aos seus seguidores uma sensação de pertencimento, como se fossem parte de uma família que realmente se importa com eles – algo que muitas vezes eles nunca sentiram na vida real. Segundo: alguns seguidores se sentem perdidos, e o líder lhes dá a sensação de terem sido "encontrados", oferecendo respostas sobre seu valor e propósito. Pessoas que se sentem atraídas por indivíduos com características de líder de seita também podem se enquadrar nesse tipo de dependência.

Agora que você entende por que sua personagem tem um vício específico, encontre um modo de usar suas próprias circunstâncias pessoais para personalizar por que você teria o mesmo vício. Determine o catalisador que pode causar em você a necessidade de ingerir a substância escolhida pela sua personagem. Em outras palavras, encontre seu gatilho. Por exemplo:

- Se você está interpretando um viciado em cocaína e algo turbulento está acontecendo na cena, ou alguém acabou de lhe dizer algo humilhante, você cheiraria um pouco de pó como um modo de lidar com isso e se sentir poderoso de novo.
- Ou, se a personagem o lembra de um tempo em que você experimentou trauma ou perda, então a personagem pode injetar heroína ou ingerir alguns comprimidos de opiáceo para erradicar a onda das emoções que o atingem.

As ocasiões em que viciados cedem a seus vícios são sempre quando eles *precisam* resolver determinado problema. Mesmo que você esteja interpretando um usuário em reabilitação que não faz uso da substância há muito tempo, se sua substância lhe é apresentada, você precisa reagir como se isso ainda gerasse algo difícil de controlar dentro de você. Como todo dependente químico "limpo" sabe, você pode estar sóbrio agora, mas isso não remove o desejo intenso e a atração que sua droga de preferência lhe causa, e que perdura por toda a vida. Mas não importa quem você interpreta – um dependente químico em recuperação ou ativo –, se está em uma cena na qual a droga escolhida pela sua personagem está disponível, use a atração pela droga. Fale com ela no seu MONÓLOGO INTERNO sobre o modo como ela o beneficia – de certo modo, humanizando o vício.

Fórmulas de comportamento

Depois de concluir os 12 passos e adquirir uma compreensão mais profunda do *o que* e *por que* sua personagem usa (ao lado das suas razões pessoais), então você pode usar as fórmulas de comportamento a seguir para gerar sentimentos orgânicos associados à droga.

- **Observação 1**: Com essas fórmulas, você nunca precisa ter usado de fato uma substância para sentir seus efeitos. *E*, o mais importante, você NUNCA precisa usar ou experimentar a substância para criar uma interpretação mais realista. As fórmulas a seguir proporcionarão isso: é mais barato e não há ressaca ou riscos para a saúde.
- **Observação 2**: Antes de fazer qualquer exercício para se sentir embriagado ou drogado, é fundamental fazer a análise do roteiro antes. Caso contrário, a cena tratará apenas de intoxicação e terá carência dos OBJETIVOS da personagem e das nuances do seu trabalho interno. Então, lembre-se: primeiro complete a análise ativa e emocional do roteiro e só depois faça o exercício da substância.
- **Observação 3**: NÃO DIRIJA NEM OPERE MÁQUINAS APÓS FAZER ESSES EXERCÍCIOS. Não estou brincando. Esses exercícios alteram seu jeito de pensar e de se comportar e podem causar sérios danos à sua capacidade de agir e reagir. Os efeitos duram de 10 a 15 minutos.

Sentindo-se embriagado

Quando se está bêbado, perde-se o controle das faculdades, o que incita nosso instinto de sobrevivência a tentar parecer sóbrio tanto para as outras pessoas quanto para nós mesmos. Nossa mente tenta compensar nossa visão deturpada, a fala arrastada e a falta de coordenação e reage de forma exagerada para que possamos nos sentir sóbrios e sob controle de novo. Em essência, *é nossa necessidade de superar a perda das faculdades para parecermos e nos sentirmos sóbrios que cria o comportamento de embriaguez*.

A parte específica do corpo (olhos, língua ou pernas) que é mais afetada pelo álcool depende do indivíduo. Se no seu caso são os olhos, e a visão fica turva, você irá, naturalmente, procurar recuperar sua visão, que está fora de foco. Se é afetado pela fala e ela está arrastada, você se esforçará para superar a dificuldade na dicção. Caso se trate de um problema físico, então não ter controle total das suas pernas o fará tentar substituir e compensar o movimento desordenado.

Com frequência, meus alunos não sabem que tipo de pessoa eles são, então preciso que façam todos os três exercícios a seguir. Apesar de você estar usando apenas um elemento do seu corpo, se for a escolha correta, isso fará seu corpo inteiro se sentir embriagado. Você saberá qual deles funciona após testar os três. Um fará você se sentir bêbado, enquanto os outros não. Descobri que a maioria das pessoas são mais afetadas em termos visuais, então peço aos meus alunos que tentem a fórmula do *olho* primeiro. Depois, a *língua* parece ser o segundo exercício mais eficaz. Aqueles que se apoiam na sua habilidade física representam um número muito menor, então devem tentar as *pernas* por último.

Fórmula para se sentir embriagado

Olhos

1. Sem focar em algo específico, embace sua visão. Não force o estrabismo; apenas turve a visão de maneira aleatória.

2. Pense em focar atrás do seu globo ocular, então movimente "o foco" ao redor do globo (não através dele, porque você irá de fato focar). Ou seja, parta do foco na parte de trás do globo ocular e então *ao redor*, até que ele venha para a frente. Daí, tente focar em meio à névoa. Repita ao menos três vezes.
3. Agora, caminhe por alguns instantes e DEIXE FLUIR. Se a fórmula do olho funcionar para você, ela irá permanecer e você se sentirá embriagado sem perceber.

Língua

1. Deixe sua língua descansar na boca, e sinta como se todos os músculos da língua estivessem inúteis e gelatinosos. Não coloque a língua para fora, apenas deixe-a repousar totalmente na sua boca, sem ser capaz de usá-la; deixe-a se tornar um mingau.
2. Então, com os lábios pronuncie o discurso com exagero, como um modo de compensar sua língua flácida e inútil. Em outras palavras, separe os músculos dos lábios ao redor da língua inutilizável e tente falar.
3. Faça isso por alguns minutos e depois DEIXE FLUIR.

Pernas

1. De pé, sinta como se todos os músculos de *um* joelho tivessem se tornado inúteis, disformes, como se fossem de gelatina. Tenha dificuldade para ficar em pé porque os músculos de um dos joelhos derreteram.
2. Em seguida, use os músculos ao redor do joelho para caminhar como uma tentativa de superar o estado líquido dos músculos do seu joelho. Continue caminhando, os músculos do joelho como se fossem uma polpa aquosa, e os outros músculos das pernas trabalhando muito mais, tentando compensar os músculos flácidos do joelho.
3. Caminhe por alguns instantes, então DEIXE FLUIR.

Não importa qual exercício funciona para você, a meta é afetar uma parte do corpo fazendo-a não funcionar direito, e você deve compensar de forma exagerada essa falha. Assim que você identificar qual exercício o afeta, terá que encontrar seus ímpetos para se sentir bêbado no restante do corpo. Você deve se sentir bêbado, agir bêbado, porque, para todos os efeitos, você *está* bêbado.

Tendo estabelecido essas sensações de embriaguez em movimento, o que deve levar alguns instantes, sempre DEIXE FLUIR. Isso permite que você dê um colorido para a cena por meio do comportamento de bêbado, em vez de a cena ser *toda* voltada para o fato de você estar bêbado.

Fórmula para se sentir sob efeito de maconha

1. Para se sentir como se tivesse fumado muita maconha, comece pensando que seu cérebro foi substituído por um enorme algodão-doce cor-de-rosa e que você o observa através de um microscópio. Pense na maciez, no rosado, na doçura, e veja como o ar impacta o algodão-doce e como ele se torna minúsculas partículas de açúcar...
2. Agora, esforce-se para *pensar* e enxergar *através* da maciez, do açúcar rosado quente melado... Seu cérebro não existe mais – *raciocine* e perceba *através* desses filamentos cor-de-rosa, felpudos, açucarados, uma massa adocicada e macia...
3. Agora DEIXE FLUIR e comece a cena.

Sentindo-se sob efeito de heroína

Estar sob efeito de uma onda de heroína faz você se sentir tão eufórico que o problema ou OBSTÁCULO deixa de existir – a heroína parece fazer as dificuldades e os estorvos da vida desaparecerem. A vida parece boa quando você está no auge da alucinação, e você sente que pode superar qualquer coisa. Esta, provavelmente, é uma das razões pelas quais o vício em heroína é um dos mais difíceis de superar.

Fórmula para se sentir sob efeito de heroína

1. Comece pensando que seu cérebro foi substituído por um enorme algodão-doce cor-de-rosa e que você o observa com um microscópio. Pense na maciez, no rosado, na doçura e veja como o ar impacta o algodão-doce e como ele se transforma em minúsculas partículas de açúcar...
2. Imagine essa nuvem de algodão-doce rosado e esforce-se para *pensar* e enxergar *através* da maciez, do açúcar rosado quente melado... Seu cérebro não existe mais – *raciocine* e perceba *através* destes filamentos cor-de-rosa, felpudos, açucarados, uma massa adocicada e macia...
3. Então, cause uma sensação de náusea no seu estômago – pense em qualquer coisa que você tenha comido há pouco tempo e sinta isso se remexendo no seu estômago.
4. Tente imaginar o ácido em seu estômago tentando decompor grandes pedaços de comida. Em seguida, escolha um ponto de entrada (no qual a agulha de uma seringa injetaria heroína) – um bom lugar é a curva do seu braço, onde você costuma tirar sangue para algum exame – e comece por aí.
5. Então, pense em *calor, paz, amor e poder líquidos,* e imagine isso percorrendo as veias, começando pelo ponto de entrada. Sinta *calor líquido, paz, amor, poder* bem devagar percorrendo das veias para os braços... atravessando os ombros... Sinta a viagem reconfortante e agradável do *calor líquido, paz, amor, poder* das veias para o pescoço... para o queixo... para os lábios, e então deixe o *calor líquido, paz, amor, poder* se apossar e preencher totalmente os lábios – sinta por um momento... Sinta a sensualidade, o ardor conforme ele preenche os lábios com *calor líquido, paz,*

> *amor, poder*... Então, sinta o *calor líquido, paz, amor, poder* subir para a face, o nariz e os olhos, e sinta o *calor líquido, paz, amor, poder* preencher os olhos e pálpebras – sinta isso por um momento, deixe demorar-se no seu prazer quente conforme preenche seus olhos e pálpebras. Então, deixe *calor líquido, paz, amor, poder* descer sob a face, o pescoço, peito, até os mamilos, e deixe o *calor líquido, paz, amor, poder* se apossar dos mamilos, sinta-os inchando com o ardor sensual do *calor líquido, paz, amor, poder*. Sinta isso por um momento, então traga o *calor líquido, paz, amor, poder* para o torso, depois para o estômago, até chegar na região sexual, e então deixe o *calor líquido, paz, amor, poder* absorver esta área... Sinta o formigamento ardente inchando a área com sensualidade. Sinta isso por um momento, e então viaje com o *calor líquido, paz, amor, poder* através das veias para as pernas, os joelhos, pés e os dedos.
> 6. Em seguida, faça um esforço para abrir os olhos, bem devagar levantando as pálpebras (isso criará, naturalmente, o comportamento de um usuário).
> 7. Deixe fluir.

Sentindo, organicamente, a abstinência de heroína

Antes que você possa sentir a fissura (ter a síndrome de abstinência) por heroína, você deve primeiro experimentar o auge. Isso ocorre quando a sensação começa a se dissipar e o mal-estar começa a permear seu sistema, você de fato precisará de mais uma dose para se sentir bem de novo. Comece com o exercício da heroína e continue daí.

> **Fórmula para sentir, organicamente, a síndrome de abstinência de heroína:**
>
> 1. Faça o exercício para estar sob efeito de heroína.
> 2. Agora, pense em minúsculas aranhazinhas geladas... Milhares de perninhas afiadas, geladas, formigando em todo o pescoço e nas costas das mãos e dos braços.
> 3. Acrescente a náusea que você já criou e sinta como se de fato fosse vomitar. Sinta os pedaços pouco digeridos da sua última refeição surgindo e rodopiando, atacando o estômago. Sinta um gosto azedo vindo da sua garganta e instalando-se podre na sua língua.
> 4. DEIXE FLUIR.

Sentindo-se sob efeito de cocaína ou metanfetamina

Cocaína proporciona ao usuário a sensação de que todo pensamento é uma revelação efusiva, desenfreada e irrepreensível. Um pensamento, além disso, que deve ser dito em voz alta. As revelações podem ser extraordinárias quando positivas e bastante intensas quando negativas, causando profunda paranoia. Não há sutileza para um usuário de cocaína – a descoberta é monumental, a ira como de um vulcão, o ódio a si mesmo é enorme, a sensação de poder é hercúlea. Há um monte de MONÓLOGO INTERNO quando você está sob efeito de cocaína. Cada movimento, cada palavra que a outra pessoa está dizendo é digna de várias interpretações – afinal de contas, essa é a base da paranoia, que é no que consiste a experiência de usar cocaína e metanfetamina.

> **Fórmula para se sentir, organicamente, sob efeito de cocaína/metanfetamina.**
>
> 1. Comece pensando que seu cérebro foi substituído por um enorme algodão-doce cor-de-rosa que você observa pelo microscópio. Pense na maciez, no rosado, na doçura e veja como o ar impacta o algodão-doce e como ele se torna minúsculas partículas de açúcar...
> 2. Agora imagine uma porção deste algodão-doce diante de seus olhos e esforce-se para *pensar* e enxergar *através* da maciez, do açúcar rosado quente melado... Seu cérebro não existe mais – *raciocine e perceba através* destes filamentos cor-de-rosa, felpudos, açucarados, uma massa adocicada e macia... Seu cérebro se foi e a sensação é tão boa... Continue a *pensar* e encontre uma maneira de enxergar *através* de toda essa massa cor-de-rosa, felpuda, macia e doce remexida...
> 3. Então, coloque milhares de aranhas minúsculas na nuca e nas costas das mãos, sentindo as perninhas das aranhas penetrando como agulhas, dançando e brincando pela nuca e pelas costas das mãos.
> 4. Perceba tudo o que disser em voz alta como uma revelação.
> 5. DEIXE FLUIR.

Combinação de cocaína e heroína (conhecida como *speedball*)

Uma pessoa que usa cocaína e heroína ao mesmo tempo é alguém que necessita tanto de um analgésico emocional quanto de uma sensação de poder. Ao recriar esse comportamento, você primeiro deve seguir a fórmula da heroína, depois faça a fórmula da cocaína. Isso refletirá o modo como ambas afetam seu corpo fisiologicamente.

**Fórmula para criar, organicamente,
o efeito da heroína/cocaína (conhecida como *speedball*)**

1. Faça o exercício da heroína como descrito anteriormente
2. Faça o exercício da cocaína como descrito anteriormente.
3. DEIXE FLUIR.

LSD, peiote, mescalina e outras drogas psicodélicas

Visto que as pessoas que curtem as drogas psicodélicas em geral buscam essas substâncias por estarem se sentindo criativa e intelectualmente reprimidas, você deve estabelecer uma necessidade atual e pessoal de ser criativo. Olhe para a parte da sua vida que está muito séria, sem novidades e inspiração. "Viajar" será a prescrição certa para reparar sua sensação de estar sendo preso à norma e à monotonia ao trazer cor, luz e revelações inspiradoras.

Fórmula para estar sob efeito de drogas psicodélicas

1. Comece pensando que o seu cérebro foi substituído por um enorme algodão-doce cor-de-rosa e que você o observa por um microscópio. Pense na maciez, no rosado, na doçura e veja como o ar impacta o algodão-doce e como ele se torna minúsculas partículas de açúcar...
2. Agora, imagine um pedaço do algodão-doce diante de seus olhos e esforce-se para *pensar* e enxergar *através* da maciez, do açúcar rosado quente melado... Seu cérebro não existe mais – *raciocine e perceba através* destes filamentos cor-de-rosa, felpudos, açucarados, uma massa adocicada e macia...

---

3. Agora, olhe para a palma da mão. Perceba com cuidado de perto todas as dobras e as variações de cor que você vê ali. Explore o rosa, o azul e o verde das veias, os pigmentos da pele amarelos, marrons e manchas vermelhas, o roxo onde as linhas mais fortes estão. Maravilhe-se com a complexidade e os detalhes de algo tão aparentemente simples como sua mão.
4. Agora, levante a cabeça e perceba a infinidade de detalhes de um item específico ao seu redor. Veja as texturas, as cores variadas, a qualidade da superfície, e maravilhe-se com essa capacidade inacreditável e com esse propósito de esmiuçar tudo. Exemplo: uma torradeira. Veja a superfície preta e prata da torradeira manchada. Note o quanto ela brilha em alguns pontos e fica opaca em outros. Olhe a parte de dentro e veja as fendas, o trabalho intrincado de arames e deleite-se com o fato de que todos esses fios metálicos frios se aquecem e passam da cor cinza para o vermelho em apenas alguns segundos. Conforme você olha fixamente a torradeira, fique maravilhado por esta engenhoca incrível poder, de fato, tornar marrom algo branco e, às vezes, até deixá-lo preto em questão de segundos. "Como a torradeira consegue fazer isso?!"
5. DEIXE FLUIR. Comece a cena, mas à medida que ela progride, continue a localizar coisas específicas ao seu redor e a examiná-las e explorá-las com extremo detalhamento e fascínio. Isso inclui o rosto do outro ator enquanto você está falando com ele.

Ritual de abuso de substâncias

Junto ao sentimento de estar sob efeito de drogas, os viciados apreciam o ritual de ingerir a substância. São as preliminares do orgasmo. E, assim como as preliminares são uma parte integral do sexo, o ritual é a chave para um vício. Vamos dar uma olhada em alguns exemplos de rituais.

- **Cocaína:** Chamar o traficante. Colocar a droga em uma superfície brilhante. Prová-la. Separá-la em carreiras finas com um cartão de crédito ou com a lâmina de uma navalha. Cheirá-la com um instrumento específico – uma nota de dinheiro, o nó do dedo certo, uma colher.
- **Heroína:** Medir a quantidade de heroína desejada. Colocá-la na colher. Derramar a quantia exata de água na colher. Cozinhar a heroína com seu isqueiro favorito. Colocar um pedaço de algodão na heroína. Encher a seringa. Amarrar o braço com um cinto. Achar uma veia boa. Bater e bombear a veia. Injetar.
- **Álcool:** Primeiro, identificar sua preferência alcoólica – cerveja, vinho, vodca, gim, uísque. A maioria dos alcoólatras escolhe um tipo de bebida alcoólica. Ir para um lugar especial – um bar, a sala, um armário ou algum lugar onde possa guardar ou esconder sua bebida preferida. Pedir um drinque de maneira peculiar ou verificar o quanto resta da bebida. Analisar para saber quantos drinques ainda dá para fazer. Preparar a bebida ou pedi-la da maneira que você *sempre* faz ou pede para que o drinque seja preparado. Os ingredientes da bebida devem ser exatos. Por exemplo, você prepara seu drinque com exatamente três cubos de gelo, duas azeitonas, um pouco de água, uma cebola de coquetel grande, um quarto de limão, suco de laranja sem açúcar e um enfeite de guarda-chuva cor-de-rosa. E o copo deve estar cheio até um nível determinado. Beber.
- **Maconha:** Abrir o saco plástico. Colocar o nariz na sacola e respirar com vontade, sentindo o cheiro amadeirado e forte. Tirar a maconha do saco. Soltá-la com os dedos. Selecionar seu *bong* ou seda preferida. Preparar o baseado ou colocar a maconha no *bong*. Botar na boca. Acender com seu isqueiro favorito. Tragar.
- **Pílulas:** Ir para seu lugar secreto preferido. Tirar a tampa do frasco de pílulas e contar quantas restam. Calcular quantas vezes mais você tem para ficar alucinado com esse frasco. Colocar a pílula na boca e engolir.

Drogas e álcool permitem ao viciado sentir-se poderoso e livre da dor, pelo menos enquanto a potência da droga estiver no auge. Quando as boas sensações começam a desaparecer, o usuário procura esse estado para se sentir bem de novo. Um ator que interpreta um viciado deve manter isso em mente – quando os sentimentos ruins emergem você se cura cheirando, injetando, bebendo, ingerindo ou fumando mais. Essa necessidade, junto com o ritual, deve se tornar parte das suas ATIVIDADES ao longo de toda a cena/história.

Criando a personalidade de um adicto

Além da necessidade emocional e do amor pelo ritual, os usuários encontram uma profunda sensação de segurança e proteção na manipulação real da substância em que são viciados. Isso ocorre porque eles têm plena noção de que a substância que estão manipulando lhes dá poder e força quando eles mais precisam. As pessoas não são confiáveis, os acontecimentos são imprevisíveis, mas a única coisa com a qual um viciado pode contar sempre é com sua substância (ou comportamento) de escolha, que lhe dá a sensação de bem-estar de que tanto precisa.

Fórmula para criar a personalidade de um adicto

1. Pegue a garrafa de bebida alcoólica (ou o frasco de pílulas, o saco com o pó, o pote de comida, o que quer que seja o vício da sua personagem) e pressione contra o rosto enquanto fecha os olhos.
2. Agora, sinta a sensação de *paz, poder, calor, bem-estar* e *amor* emanando do recipiente e indo para seu coração e sua alma.
3. Pegue a SUBSTITUIÇÃO da substância viciante (por exemplo: chá ou água substituindo álcool), tire-a do recipiente e coloque na boca, deixando o líquido na língua por um tempo, enquanto

> você sente a sensação de *paz, poder, calor, bem-estar* e *amor*. Então beba.
> - Se for comida, mastigue bem devagar e sinta a sensação de *paz, poder, calor, bem-estar* e *amor* enquanto prova e saboreia o alimento de compulsão da sua personagem. Então engula.
> - Se for pílula (substitua por doces, vitaminas, balas etc., irá funcionar), agite a pílula na boca e deixe-a ficar lá, sentindo uma sensação de *paz, poder, calor, bem-estar* e *amor*. Então engula.
> - Se for cocaína (use um substituto, como leite em pó etc.), cheire-a e sinta a sensação de *paz, poder, calor, bem-estar* e *amor* enquanto a SUBSTITUIÇÃO da substância escorre pela sua garganta.
> - Se for maconha (use tabaco ou cigarro de ervas), dê uma tragada e sinta a sensação de *paz, poder, calor, bem-estar* e *amor* da fumaça que lhe está preenchendo a boca e os pulmões.

Como ocorre com um adicto, você descobrirá que, após fazer esse exercício, irá querer ingerir a substância sempre que estiver ansioso, angustiado, perturbado, sentindo-se confrontado ou estiver em algum tipo de situação desconfortável. Você irá sentir, naturalmente, a necessidade de recorrer ao seu vício como um modo de lidar com essas situações, reagindo aos gatilhos emocionais que vêm do roteiro. Isso é o que acontece com a personalidade dos viciados reais, e não o que muitos atores retratam: um drogado ingerindo a substância, de forma aleatória, conforme a cena progride.

Capítulo 16
Interpretando um assassino ou alguém que é assassinado

Por mais cruel que seja a pessoa,
sempre existe um motivo por trás de seus atos

EM SINTONIA COM A FILOSOFIA DA TÉCNICA CHUBBUCK – DE QUE nossas ações e comportamentos são formas de resolver, aprender, evoluir e alcançar a catarse –, até mesmo o ato de matar ou ser morto pode ser encarado como algo positivo. Como não estamos de fato matando ninguém nem sendo mortos, podemos ver esses atos como partes integrantes da construção de uma narrativa envolvente e com a qual o público possa se identificar. Em vez de pensar na morte como um fim literal, imagine o ato de matar ou ser morto como a eliminação de uma energia que precisa "morrer" para que possamos prosperar. Eu chamo isso de MORTE ENERGÉTICA.

MORTE ENERGÉTICA

Interpretando o assassino.

Para conseguir compreender o que normalmente é considerado um comportamento horrível ou maligno, pense no ato de matar como uma metáfora. É isso que os grandes contadores de histórias fazem. Pense em *Moby Dick*, de Herman Melville: o capitão Ahab não está simplesmente matando uma baleia – ele está matando seus próprios demônios internos, que tomam a forma daquela baleia. Esses demônios precisam ser destruídos ou ele perecerá emocionalmente. A morte energética daquela baleia se torna necessária para que Ahab encontre uma forma de se libertar e seguir adiante – sem mais ser controlado por suas feridas internas.

Julgar, em vez de buscar entender o assassino, leva a uma análise superficial e bidimensional. O que queremos é uma interpretação rica, tridimensional, cheia de camadas. Pense na pessoa que você está matando como uma fonte de energia destrutiva, algo que causa dor, perda, bloqueio. Assim, "matar" a pessoa associada a essa energia se torna um ato necessário e positivo.

Para deixar mais claro, aqui estão alguns exemplos de personalizações possíveis ao interpretar um assassino, usando o conceito de MORTE ENERGÉTICA como forma de buscar solução e crescimento:

- Você é obcecado por uma pessoa que não retribui seus sentimentos, o que te faz se sentir estranho e indigno de amor. Se você realiza uma MORTE ENERGÉTICA dessa pessoa (que funciona aqui como sua SUBSTITUIÇÃO), você se liberta da obsessão e consegue abrir espaço para relações mais saudáveis.
- Sua mãe sempre disse que você era burro, feio, que nunca seria nada na vida – e você internalizou tudo isso. (*Ok, isso foi o que a minha mãe fez comigo... mas enfim.*) Se você realiza uma MORTE ENERGÉTICA da sua mãe, está na verdade "matando" a voz interior que te leva a tomar decisões autodestrutivas. Isso permite que você avance.
- Seu ex tem a guarda das crianças e vive dificultando os encontros estabelecidos judicialmente. Você realiza uma MORTE ENERGÉTICA do seu ex para recuperar sua presença na vida dos seus filhos.
- Seu pai está morrendo lenta e dolorosamente de uma doença terminal. Você realiza uma MORTE ENERGÉTICA dele para que ele não sofra mais. Mas também – e isso é importante – porque, para você, ver seu pai sofrer também é uma dor insuportável, pois você não pode fazer nada.
- Seu amigo te traiu e roubou sua parte em um negócio. Você realiza uma MORTE ENERGÉTICA desse amigo traidor para seguir em

frente sem o peso da energia negativa da vingança – o que abre caminho para novos sucessos.

- Seu irmão sempre age com base em raiva e traumas antigos – e você se pega fazendo o mesmo, imitando seus padrões. Você realiza uma MORTE ENERGÉTICA desse irmão para conseguir viver a partir de um lugar mais consciente e evitar repetir escolhas autossabotadoras.
- Você foi abusado sexualmente, e mesmo que isso tenha acontecido há muito tempo, as marcas continuam. Você realiza uma MORTE ENERGÉTICA do abusador para impedir que ele ainda interfira na sua capacidade de estabelecer relações baseadas em confiança.
- Sua mãe te abandonou quando você era pequeno. Você realiza uma MORTE ENERGÉTICA da sua mãe para eliminar a crença de que ela foi embora porque você não era digno de ser amado. Isso permite que você acredite no seu valor e pare de manifestar o medo de que amor equivale a abandono.

Esses são apenas alguns exemplos de MORTES ENERGÉTICAS pessoais e eficazes que você pode usar no seu trabalho. Eliminar uma energia negativa te permite fazer algo positivo. Isso abre um caminho para que sua personagem (e, por extensão, você mesmo) adote comportamentos realmente construtivos. Ao interpretar um assassino (ou escrever um), a forma mais poderosa de descobrir o que precisa ser eliminado por meio de uma MORTE ENERGÉTICA é fazer um DIÁRIO EMOCIONAL INFORMATIVO. (Lembrete: esse é o tipo de escrita automática, sem filtro consciente. Veja o capítulo 13 sobre os DIÁRIOS EMOCIONAIS.) Use este gatilho: *Eu preciso matar você energeticamente, [nome da pessoa], porque...*

Você vai encontrar um nome. E o que vier após o "porque..." será a substância energética que precisa ser eliminada para que você (e sua personagem) consiga sobreviver emocionalmente, seguir em frente e prosperar. Quanto mais você escrever, mais material terá para alimentar seus OBJETOS INTERNOS e MONÓLOGOS INTERNOS – com gatilhos específicos e detalhados para criar uma performance extraordinária (seja como ator, roteirista ou diretor). Experimente agora mesmo. Você vai ver o quanto é libertador. Muitas vezes, o que surge surpreende. Lembre-se: você está destruindo uma energia que te impede de superar um OBSTÁCULO crucial da sua vida.

Interpretando a pessoa que vai ser morta.

Para tirar a personagem da posição de vítima, precisamos ver sua morte como algo desejado, lembrando que se trata de uma MORTE ENERGÉTICA, e não de uma morte literal. O que está sendo eliminado é uma energia destrutiva ao nosso bem-estar. Para evitar ser uma vítima e "morrer" com propósito e dignidade, é preciso encarar esse momento como um suicídio energético. O fascinante da natureza humana é que os impulsos de matar e de morrer por suicídio vêm do mesmo lugar – são dois lados opostos da mesma moeda. O que tentamos matar em nós é a parte que nos leva ao fracasso, à dor, à autodestruição e à autossabotagem. Portanto, ao interpretar uma personagem que está sendo morta em uma cena, a SUBSTITUIÇÃO mais eficaz é aquela que representa a pessoa responsável pela parte de você que precisa morrer energeticamente para que você possa seguir em frente e florescer. Por exemplo: se você vive a partir do medo, o que precisa ser eliminado são as crenças irracionais e autodestrutivas que alimentam esse medo. Logo, a SUBSTITUIÇÃO mais eficaz para o assassino seria a pessoa que implantou esse pensamento em você. Suponha que sua mãe tenha permanecido com seu pai abusivo porque era fraca e dominada pelo medo, fazendo com que você fizesse escolhas semelhantes na sua vida. Nesse caso, a pessoa/SUBSTITUIÇÃO que precisa realizar a MORTE ENERGÉTICA do seu medo palpável é sua mãe.

Outros exemplos de personagens sendo mortos por meio de MORTES ENERGÉTICAS:

- Seu cônjuge te mantém como refém emocional, fazendo com que você se sinta culpado por ter uma vida fora da relação. Esse cônjuge – sua SUBSTITUIÇÃO – realiza a MORTE ENERGÉTICA da sua culpa, libertando você do cativeiro emocional.

- Seu pai sempre te chamou de fracassado, o que te levou a tomar decisões que sabotaram seu sucesso. Ele/sua SUBSTITUIÇÃO realiza a MORTE ENERGÉTICA da parte de você que acredita nesse rótulo, permitindo que você avance e conquiste autoestima.
- Seu ex está agora com sua/seu melhor amiga(o). Você o escolhe como SUBSTITUIÇÃO para MATAR ENERGETICAMENTE o desejo de vingança, uma energia que consome tudo e impede que você abra espaço para um relacionamento mais saudável.
- Seu pai o abandonou e, por isso, você passou a acreditar que todas as pessoas um dia também irão abandoná-lo. Seu pai, como SUBSTITUIÇÃO, realiza a MORTE ENERGÉTICA dessas crenças de abandono, para que você possa voltar a confiar.
- Se você sofreu abuso na infância (seja físico, emocional ou sexual), o abusador – como SUBSTITUIÇÃO – realiza a MORTE ENERGÉTICA da sua tendência de atrair (e se sentir atraído por) pessoas abusivas em sua vida adulta.

Você captou a ideia. Mesmo aquilo que, na superfície, parece um ato terrível pode ser "ressignificado" como um meio de resolução e crescimento, dentro do universo simbólico da arte. A melhor forma de descobrir quem deve ser sua SUBSTITUIÇÃO – ou seja, quem irá MATAR ENERGETICAMENTE a energia destrutiva dentro de você – é fazer um DIÁRIO EMOCIONAL INFORMATIVO.

Use este estímulo: *Eu preciso que você, me mate energeticamente, [nome da pessoa], porque...*

As informações que surgirem após o "porque..." vão revelar qual é a fonte de energia que precisa ser eliminada e por que só essa pessoa pode fazer isso por você. Quanto mais você escrever, mais detalhes vai descobrir para alimentar seu trabalho interno.

Interpretando um assassino em série.

Quando uma pessoa se torna um assassino em série, isso em geral é decorrente de algum abuso físico, emocional e/ou sexual hediondo que ela sofreu quando criança. Uma criança não tem poder para se defender do seu agressor por causa do tamanho, do controle de autoridade e da sua dependência do abusador por dinheiro, casa e sustento. No entanto, quando a criança se torna adulta, ela tem o poder de se vingar do seu agressor, e não há poder maior que um ser humano pode ter do que decidir sobre a vida ou a morte de outro ser humano. Uma vítima do assassino em série quase sempre simboliza a pessoa que abusou dela. Quando o assassino mata a vítima, ele sente que, enfim, está retomando seu poder da pessoa que o retirou por meio do abuso. Como a vítima assassinada não é o agressor real, o poder adquirido é passageiro. Por isso, o assassino em série volta a matar, como o viciado em drogas busca sentir de novo o auge do efeito da droga. O ato de matar se torna essencial para manter a sensação de controle e poder. Assim, uma série de assassinatos é cometida, e um assassino em série passa a existir.

O caso em questão é o do famoso assassino em série Ed Kemper. Durante a sua criação, ele era atormentado pela mãe. Ela o acusava de molestar a irmã e querer estuprar as estudantes no *campus* de uma faculdade. A mãe abusava dele com palavras agressivas e o trancava em um porão sufocante, sem janelas, escuro e úmido, cheio de insetos, para que ele não causasse mal a ninguém. Tudo isso por causa de crimes que ele não cometeu. Então, quando Ed teve idade suficiente para se defender, adivinha o que ele fez? Estuprou e matou. Quem? Sim, todas aquelas estudantes por quem a mãe, de forma injusta, o trancou e castigou. E sua primeira vítima? A mãe. Ed a matou com um martelo, cortou sua cabeça e tirou a laringe com muito cuidado, ou seja, o órgão usado pela mãe para fazer as brutais acusações contra ele. E, então, Ed fez sexo com a cabeça cortada. Ele *a* estava punindo sexualmente, o equivalente a ser punido por crimes sexuais que ele, até então, nunca havia cometido.

Você precisa estar consciente da maneira como sua personagem mata, porque ela é sempre carregada de simbolismo – simbolismo que faz sentido e corresponde ao abuso infantil que o assassino sofreu.

Com muita frequência, a sexualidade tem um papel crítico no *modus operandi* de um assassino em série. Por quê? Porque matar e fazer sexo envolvem poder. Para quem mata, o assassinato é afrodisíaco. Para a maioria dos assassinos, até mesmo quando não há sexo de fato, o ato de matar é sexualmente excitante. Tão excitante que, na verdade, com frequência chegam ao orgasmo.

Ao interpretar um assassino em série, o ato de matar pode ser comparado a uma sedução, e a performance deve corresponder a isso.

Outro aspecto de um assassino em série é que ele não mata apenas ao entrar em contato com a vítima. Assim como gato e rato, há a diversão da caça – brincando com sua comida – antes de o assassinato ser cometido. Essa tática permite ao assassino se sentir ainda mais poderoso, enquanto observa a vítima implorar e sofrer. O ritual que conduz até a morte se equiparará, de algum modo, com o abuso que houve na infância do assassino.

Um assassino em série dirá e fará coisas que irritem sua vítima, até que ela comece a se comportar de um modo similar ao do verdadeiro agressor. Isso permite que o assassino justifique seu crime. Em sua mente, a vítima agora merece morrer.

O assassino em série tem um crescimento emocional atrofiado e uma natureza infantil.

Seus traumas costumam ser tão graves que o desenvolvimento deles é reprimido e eles permanecem muito imaturos no aspecto emocional. Adultos maduros racionalizam a própria história para que possam sobreviver emocionalmente aos dilemas da vida. Um assassino em série não entende isso e age como uma criança, revidando de forma imatura sem pensar no ato ou nas suas repercussões.

Como você se identifica com isso, sendo um adulto racional?

Toda atuação consiste em pegar uma fração de quem você é e transformá-la em algo inteiro, para que você possa se tornar a personagem no roteiro e viver como ela.

Em algum momento da vida, todos nós temos impulsos homicidas, mas poucos são os que os colocam em prática. Você precisa olhar para sua vida e para as ocasiões em que sentiu esses impulsos. Quem os causou? No mundo fantasioso da atuação, você tem a vantagem de mudar a realidade, eliminando da sua vida alguém que o maltratou com crueldade, de preferência alguém da sua infância, embora também possa ser algum abusador da sua vida atual, e matar essa pessoa na ficção. Uma SUBSTITUIÇÃO simbólica para suas vítimas pode derivar dos seus problemas de infância, como lidar com alguém que:

- Abandonou-o quando você era criança.
- Assediou você sexualmente ou o estuprou.
- Castigou-o física e/ou emocionalmente.
- Não o protegeu de alguém que abusava de você – emocional, sexual ou fisicamente.
- Humilhava-o de maneira intolerável.

Todos esses atos merecem punição. E enquanto ator representando um assassino em série, você poderá ter sua revanche repetidas vezes!

Matar simbolicamente essa pessoa, dentro dos limites da atuação, deve trazer uma grande sensação de satisfação, porque representa seu novo poder sobre alguém que, no passado, usou esse poder contra você de forma cruel.

Lembrete: nunca julgue suas personagens. Mesmo assassinos em série acreditam que seus atos são justificados.

O EXERCÍCIO DAS ENTRANHAS

Criando a experiência visceral de matar.

O EXERCÍCIO DAS ENTRANHAS oferece uma forma prática de criar uma resposta visceral ao ato de matar, quando você interpreta um assassino. Seja o seu papel o de alguém que comete um crime passional, um assassino em série, um ato de legítima defesa ou as mortes provocadas por um vampiro, um lobisomem ou outra criatura, o ator precisa acessar o instinto primal, animal, de matar, o que permite vivenciar o que todos nós, no fundo, somos – animais humanos. Estamos no topo da cadeia alimentar, temos raciocínio elaborado e polegares opositores, mas ainda assim carregamos instintos animais. Depois de explorarmos os motivos psicológicos do crime, precisamos adicionar a resposta fisiológica. Fazemos isso através de imagens mentais. A intenção é fugir do raciocínio intelectualizado; o ato de matar precisa ser bruto, visceral, instintivo.

Criei um exercício que ativa o instinto de matar de forma orgânica. Você pode até utilizá-lo se a personagem apenas pensa em matar, mesmo que nunca chegue a agir – afinal, o pensamento vem antes da ação. Talvez alguém o impeça, ou o outro aja primeiro, ou você simplesmente mude de ideia. Ainda assim, o impulso existiu, e o exercício o torna vivo, vívido e carregado de intenção. Ele é rápido – dá para fazer até no meio da cena. Na verdade, levará mais tempo para ler as instruções do que para executá-lo.

O EXERCÍCIO DAS ENTRANHAS

Este exercício não deve ser executado fisicamente nem verbalizado. É uma visualização feita em silêncio, dentro da sua mente.

1. Visualize a pessoa que você determinou como sua SUBSTITUIÇÃO. Olhe para ela e se lembre do pior que essa pessoa fez com você. Deixe a raiva crescer.
2. Imagine abrir violentamente a caixa torácica dessa pessoa com as próprias mãos, separando brutalmente as costelas do resto do corpo.
3. Imagine sua mão entrando no tórax aberto, empurrando todos os órgãos viscosos – fígado, estômago, baço – e deslizando com força por toda aquela massa molhada e escorregadia até alcançar o coração.

INTERPRETANDO UM ASSASSINO OU ALGUÉM QUE É ASSASSINADO

4. Imagine puxar o coração para fora, mas mantendo-o ainda preso ao corpo.
5. Imagine levantar o braço e apertar o coração com força até que tudo o que reste seja um pedaço de tecido achatado na sua mão. Sinta o sangue, a polpa e a gosma do interior do coração escorrendo lentamente pelo seu braço como melaço.
6. Deixe fluir a sensação e permita que ela encontre por si só um caminho por seu corpo – sem tentar pensar ou controlar.

*OBSERVAÇÃO: Embora todas as etapas aconteçam apenas na sua imaginação, os efeitos do EXERCÍCIO DAS ENTRANHAS provocarão uma resposta física real. Já conduzi esse exercício com muitas pessoas de diferentes culturas, e os efeitos variam de forma surpreendente: há quem chore, quem sinta uma determinação fria, quem tenha medo, quem ria, quem sinta dor física, e até quem se sinta eufórico. Não tente prever o que vai sentir nem como vai reagir. Deixe-se surpreender. Permita que o exercício aconteça de um jeito autêntico para você. O resultado será mais verdadeiro tanto para o ator quanto para quem assiste. Como em todas as suas escolhas artísticas, não julgue sua reação como certa ou errada (nem moralmente, nem do ponto de vista artístico). Simplesmente deixe a resposta se manifestar, criando sua própria energia – única, e por isso mesmo, especial.

Seja você quem mata ou quem é morto, não julgue.
Aliás, como regra geral, você nunca deve julgar suas personagens.

Capítulo 17
Criando medo orgânico

O medo é a sensação mais difícil de ser recriada por um ator

Isso porque a maioria das reações físicas que revelam medo são reflexos involuntários, como:

- Contração das pupilas.
- Aceleração do ritmo cardíaco.
- Maior produção de adrenalina.
- Empalidecer.
- Mente e corpo exibindo níveis incomuns de força e coragem.

Para conseguir que seu corpo reaja dessa forma, você precisa averiguar o que de fato causa o medo. O medo é o mecanismo que nosso corpo tem para nos proteger quando suspeitamos de um perigo real ou suposto, e emana da nossa necessidade de ficar vivo – faz parte do nosso instinto de sobrevivência. Como o medo motiva as partes do nosso corpo que controlam a ação – o sangue e a adrenalina fluindo mais rápido e em grande quantidade no seu sistema –, isso cria movimento e um processo de pensamento mais velozes, e uma destreza física que não teríamos normalmente.

Existe um equívoco disseminado de que o medo vem com uma onda de informações. Na verdade, é apenas em *um* aspecto da nossa vida que nós pensamos quando sentimos medo, que nos faz querer e precisar sobreviver. Por exemplo, se alguém coloca uma arma na sua cabeça, você pode pensar sobre o fato de ser a única pessoa disponível para cuidar do seu pai ou da sua mãe doente. Você tem que sobreviver para evitar que essa pessoa fique sozinha.

Criando medo orgânico

Para criar seu próprio medo pessoal, faça uma lista das coisas que você lamentaria perder. **A lista deve incluir todas as questões que você nunca seria capaz de resolver, cuidar ou realizar caso morresse hoje.**
Liste pelo menos de 10 a 15 ideias. Não pare em apenas cinco. As questões que surgem após a quinta questão costumam ser as que mais o afetam, porque derivam do seu inconsciente – são as mais profundas, sombrias e as que você não necessariamente quer admitir para si mesmo. É evidente que as questões que escondemos de nós mesmos são sempre as que mais nos afetam.
A seguir, um exemplo de uma "lista de medos" (que você escreve à mão em uma folha pautada):

Lista de medos

Pense: "Se eu morrer hoje..."

1. Eu nunca terei um filho.
2. (Ou se você já tiver filhos) eu nunca serei capaz de ver meu filho crescer e ele nunca me reconhecerá como mãe (ou pai).
3. Nunca encontrarei o amor verdadeiro.
4. Nunca saberei como é ser amado com sinceridade.
5. Nunca me casarei.
6. Nunca saberei se minha mãe (ou meu pai) me amava de verdade.
7. Nunca farei meu pai (minha mãe, meu filho, irmão, companheiro) sentir orgulho de mim.

> 8. Meu amor (meus pais, meu irmão, amigo etc.) vai achar que morri como um fracassado.
> 9. Não estarei presente para cuidar da minha mãe (do meu pai, irmão, marido, filho etc.) financeiramente desamparada(o)/doente que sempre esteve ao meu lado.
> 10. Nunca resolverei nem concluirei de modo satisfatório os problemas pendentes no meu relacionamento com meu pai (minha mãe, meu filho, irmão, marido, ex, melhor amigo etc.).
> 11. Nunca escutarei as palavras "Eu te amo" do meu pai (da minha mãe, do meu irmão, filho, namorado etc.).
> 12. Nunca conseguirei dizer "Eu te amo" e "Sentirei saudades" para minha mãe (meu pai, irmão, companheiro, ex, amigo, filho etc.).
> 13. Nunca ouvirei "Perdão" do meu pai (da minha mãe, do meu namorado, ex, irmão, amigo, tio etc.) pelo abuso (assédio sexual, abandono, traição etc.).
> 14. Nunca provarei para meu filho (meu pai, minha mãe, meu namorado etc.) que eu poderia ser bem-sucedido.
> 15. Nunca conhecerei minha mãe verdadeira (ou meu pai verdadeiro – se você foi adotado ou abandonado).

Antes de aplicar a fórmula para criar medo, você deve decidir primeiro qual questão da sua lista o afetaria mais. Você deve localizar com precisão essa questão da sua lista do medo antes de atuar. Isso permitirá, durante a performance, que você sinta medo orgânico dentro de um minuto usando a fórmula do medo.

Como identificar o tópico que será mais eficaz da sua lista do medo

Concluída a lista, leia em voz alta cada ponto (sozinho, você se sentirá mais livre e menos julgado). Haverá um item em particular da sua lista do medo que irá mexer com seu emocional mais do que os outros. Caso dois ou três pareçam ter igual intensidade, experimente fazer o exercício seguinte com cada um e veja qual deles cria a reação mais tangível de medo.

Após escolher um (ou dois ou três) da sua lista que lhe inspire maior reação emocional, feche os olhos e imagine o melhor modo de resolver ou realizar essa questão. Aproveite a visualização do seu sucesso. Então, abra os olhos e imagine sua solução ou realização sendo retirada de você de modo súbito e trágico. Repita mentalmente: "Eu tenho que sobreviver para impedir que isso aconteça, eu tenho que sobreviver para impedir que isso aconteça..."

Você repete um mantra de sobrevivência, porque é a necessidade de sobreviver que de fato cria medo, não a própria situação assustadora.

A aplicação da lista do medo

Usando a questão 1: *Se eu morrer hoje...* "nunca terei um filho" (o que, aliás, é uma questão com frequência eficaz, porque procriar é uma necessidade básica e muito forte):

1. *Se você for mulher*: Imagine um bebê que se pareça com você quando era criança e imagine o "minivocê" flutuando no seu ventre.
   Se você for homem: Imagine-se segurando um bebê que se pareça com você quando era criança, e imagine-se nessa idade sendo colocado com delicadeza nos seus braços. (A razão pela qual você vê o bebê como se fosse você mesmo é que os pais veem nos filhos versões menores de si próprios; uma segunda chance, se preferir, de reparar os danos e sofrimentos que aconteceram na sua infância. É por isso que orgulho e decepção são tão intensificados com relação aos filhos, porque basicamente é "você pequeno" tendo que lidar, de novo, com as adversidades da vida.)
2. Olhe nos olhos do seu bebê e veja o amor incondicional dele, o tipo de amor que você nunca recebeu antes, e sinta isso invadir você. Então, olhe para seu bebê e em silêncio fale com ele, prometendo protegê-lo, amá-lo e evitar que todas as coisas ruins

que aconteceram com você aconteçam com ele. Seja específico ao se lembrar dos seus traumas e inseguranças pessoais, dos quais você irá defender seu bebê. Isso deve levar apenas alguns minutos. Agora, veja o bebê olhar para você com amor incondicional, agradecendo-lhe por protegê-lo de todas as coisas ruins que aconteceram com você, permitindo que ele fique seguro, esperançoso e inocente. Sinta o amor invadir você de novo.

3. Sinta o bebê ser puxado do seu útero (ou braços). Para sempre. Sinta o vazio profundo – e a ideia de nunca conhecer o amor incondicional. Então, abra os olhos bem rápido e repare que essa última imagem acontecerá se você morrer hoje.
4. Então diga para si mesmo, como um mantra: "Eu tenho que sobreviver para impedir que isso aconteça, eu tenho que sobreviver para impedir que isso aconteça."
5. DEIXE FLUIR e comece a cena. O *medo* deve permanecer com você, motivando-o a sobreviver.

Vejamos outro exemplo para que você realmente entenda a ideia. Nós iremos usar a questão 7 da lista: *Se eu morrer hoje...* "nunca farei meu pai sentir orgulho de mim".

1. Fique em uma posição confortável. Relaxe. Feche os olhos e imagine o rosto do seu pai em primeiro plano, resplandecente de orgulho com suas conquistas futuras – o tipo de olhar que você nunca viu nele, mas que sempre teve a esperança de que iria ver um dia. Ouça-o dizer, com grande sentimento e emoção as palavras: "Tenho tanto orgulho de você." Leve alguns segundos para deixar que o orgulho do seu pai o invada, o sentimento de que "finalmente consegui dele o que sempre quis".
2. De maneira abrupta, mude a imagem para seu pai olhando para seu túmulo, balançando a cabeça decepcionado, pensando que você foi um fracassado que não fez nada de bom na vida. Observe-o chorar, porque você foi um erro e um fracasso tão grandes. Permita que esse sentimento deixe você nauseado.

3. Abra os olhos bem rápido e repare que esta última imagem acontecerá se você morrer hoje, e repita mentalmente, como um mantra: "Eu tenho que sobreviver para impedir que isso aconteça, eu tenho que sobreviver para impedir que isso aconteça, eu tenho que sobreviver para impedir que isso aconteça."
4. DEIXE FLUIR e comece a cena. O medo deve permanecer com você, motivando-o a sobreviver.

Após ter imaginado a questão mais eficaz da sua lista do medo, você pode seguir em frente e usar a fórmula para criar medo.

Fórmula para criar medo orgânico

1. Feche os olhos. Pegue a questão que você escolheu previamente da sua lista do medo e veja o lado positivo do que você quer realizar, resolver ou cuidar acontecendo do modo mais maravilhoso e vivo – do jeito que você sempre quis ou imaginou que iria acontecer. Desfrute ao máximo.
2. Então, imagine o pior que pode acontecer se você morrer hoje sem ter a oportunidade de satisfazer sua necessidade. Imagine isso em todos seus detalhes mais horríveis. Deixe que a imagem invada você de angústia.
3. Abra os olhos. Então muito angustiado, reconheça que a pior imagem irá acontecer de fato se você morrer hoje, e repita mentalmente, como um mantra: "Eu tenho que sobreviver para evitar que isso aconteça, eu tenho que sobreviver para evitar que isso aconteça, eu tenho que sobreviver para evitar que isso aconteça..."
4. DEIXE FLUIR e permita que o *medo* se alastre com naturalidade.

Esse processo inteiro deve levar apenas um minuto, o que lhe permitirá ficar com medo bem rápido quando o diretor disser "Ação!" ou quando a cortina abrir.

Lembre-se: sempre faça a lista do medo como parte do seu trabalho de casa *antes* de chegar ao *set* ou ao palco, então você saberá antes qual dentre suas questões será a mais eficaz – leva tempo para fazer a lista e descobrir qual funcionará melhor para você. Dessa forma, quando for a hora de gravar ou se apresentar no palco, levará menos de um minuto para pegar a escolha que você já assinalou em sua lista e fazer o exercício do medo.

É também importante notar que, só porque as escolhas que você fez para criar medo funcionam hoje, não significa que elas funcionarão para sempre. As prioridades, necessidades e circunstâncias mudam conforme a vida segue seu curso, e o mesmo vale para a questão mais crucial que motiva sua necessidade de sobreviver. Para cada roteiro novo que você analisar, no qual haja necessidade de trabalhar o medo, faça uma nova lista completa e trabalhe de novo nela como se estivesse fazendo isso pela primeira vez.

Medo motivado pelo lugar

Se o medo é mais motivado pelo lugar – como uma casa mal-assombrada, ou um local onde alguma entidade desconhecida está perseguindo você –, há outra técnica disponível.

Fórmula para o medo motivado por um lugar

1. Pense em quais insetos ou criaturas lhe causam arrepios: aranhas, ratos, baratas, cobras, larvas, pit bulls, gambás etc.
2. Imagine que em cada canto do espaço onde você atua está acumulada de forma grotesca uma grande quantidade da criatura escolhida. Agora pense: "Se não conseguir fugir, vou ficar coberto por elas – no meu cabelo, dentro da minha boca, no meu nariz, subindo por baixo da minha blusa e das minhas calças."
3. Deixe que isso visceralmente o invada ao imaginar as criaturas da sua escolha, aos montes – mordendo, deixando marcas gosmentas e rastejando pelo seu corpo.
4. DEIXE FLUIR.

Capítulo 18
Criando sentimentos orgânicos de morte e agonia

A experiência de morte do ponto de vista de quem está morrendo

MUITOS ATORES CONSIDERAM A MORTE E OS MOMENTOS ANTERIORES a ela a desistência definitiva da vida. A verdade é que, quando alguém está morrendo, essa pessoa se agarra à vida mais do que nunca. Até mesmo o ar que a pessoa à beira da morte respira é uma tentativa desesperada de respirar mais. Fisiologicamente, quando estamos morrendo, nossos órgãos desligam, e o esforço intenso para respirar – que traz o oxigênio necessário à vida – torna-se impossível. É semelhante a tentar colocar gasolina em um motor quebrado – não importa quanta gasolina você tente botar, o motor não irá funcionar e, para todos os efeitos, o carro morre.

Como o ato de respirar traz o oxigênio que alimenta o corpo e o mantém vivo, tornar física a obstrução da respiração é o ponto pelo qual você deve começar quando estiver interpretando alguém à beira da morte. Depois de verdadeiramente sentir a necessidade de absorver o oxigênio vital, você exercitaria a fórmula para criar o medo orgânico.

A razão de usar essa fórmula para criar medo orgânico quando você está interpretando alguém que está morrendo é porque morte e medo estão conectados de maneira intrínseca. Da mesma forma que lutamos para viver fisicamente (pela necessidade de respirar), também nos esforçamos para continuar vivos para manter nossa existência emocional. Em outras palavras, quando estamos morrendo, não queremos nos render à morte, porque não queremos perder nossas conexões emocionais, então lutamos com voracidade para permanecer vivos. Há, em geral, uma razão emocional crucial que o fará sentir que precisa ficar vivo. Em consequência, tal como a lista do medo, você faz uma lista da morte de todas as questões que lamentaria nunca ter sido capaz de realizar, resolver ou cuidar se sua morte fosse iminente. Portanto, do mesmo modo que você elaborou a lista do medo, você cria **uma lista de questões que você lamenta nunca mais ser capaz de realizar, resolver ou cuidar** caso esteja prestes a morrer. Do mesmo modo que fez com a lista do medo, você tem que explorar e descobrir a questão específica da sua lista da morte *antes* de atuar.

Uma vez descoberta qual a melhor e mais eficaz questão da sua lista do medo, então você pode reproduzir o sentimento aterrorizante de alguém que está prestes a morrer por meio do exercício a seguir.

Fórmula para a morte, do ponto de vista da pessoa que está morrendo:

1. Feche os olhos. Crie uma respiração dificultosa, imaginando uma pedra enorme sobre o peito e a garganta, e tente respirar ao redor da pressão do peso excessivo. Lute para conseguir ar ao redor do peso no peito, na garganta e no esôfago. Isso fará você tossir. Então, lute para recuperar o ar que a tosse deixou escapar.
2. Lute para respirar como se lutasse para viver.
3. Uma vez que você se sinta invadido pelo desespero e pela agonia de tentar respirar para sobreviver, faça a fórmula para criar o medo orgânico. Pegue a questão escolhida previamente na sua lista do medo e veja o lado positivo do que você quer cuidar, resolver ou realizar – acontecendo do modo mais maravilhoso e vívido – do mesmo jeito que você sempre quis e imaginou que seria. Desfrute ao máximo.

4. Então, imagine o pior que pode acontecer se você morrer hoje, sem ter a oportunidade de atingir sua necessidade. Imagine isso em todos os detalhes mais horríveis. Deixe que a imagem o invada de angústia. Abra os olhos.
5. Logo, muito angustiado, reconheça que a pior imagem irá em definitivo acontecer se você morrer hoje, e repita mentalmente, como um mantra: "Eu tenho que sobreviver para evitar que isso aconteça, eu tenho que sobreviver para evitar que isso aconteça..."
6. Continue lutando para respirar e viver, porque muita coisa depende disso.
7. DEIXE FLUIR.

Por que isso funciona? Se você está lutando para viver em vez de se resignar à morte, seu trabalho fica ativo, memorável e, por fim, catártico. Lutar para viver torna a morte mais real, porque é isso que nós fazemos – nosso instinto inerente de sobrevivência não nos permite ceder e desistir. Essa fórmula impregna o processo da morte com paixão e o desejo humano de viver. Se você desistir e se entregar à morte, o público também desistirá. Suas necessidades específicas, reveladas por meio da sua luta pela vida, irão comover seu público. Eles irão se identificar e torcer para que você vença a morte. E, quando você não conseguir, o público ficará comovido.

Vivenciando a morte de um ente querido

Quando alguém que amamos está morrendo, nosso instinto natural é negar a proximidade da sua morte e tentar manter a pessoa viva. Muitas vezes, temos um assunto inacabado com essa pessoa que precisa ser concluído ou requer mais tempo com ela. É por isso que seu OBJETIVO DE CENA seria *manter você vivo*, quando estiver interpretando uma personagem que está vivendo a morte iminente de um ente querido. Isso o leva a lutar pela vida dessa pessoa, avançando na meta que precisa ser alcançada (OBJETIVO DE CENA). Se você se limita a aceitar a morte do ente querido, não haverá mais nada a fazer, nem para onde ir.

Em seguida, identifique uma SUBSTITUIÇÃO. Pergunte-se: "Quem é a pessoa que preciso manter viva?" Se alguém próximo está muito doente ou morrendo, ou faleceu faz pouco tempo, então é fácil. Use essa pessoa. Entretanto, se você é afortunado e não está lidando com isso na sua vida presente, então pergunte-se: "A morte de qual pessoa na minha vida iria me arrasar se isso acontecesse hoje porque questões importantes permaneceriam dolorosamente não resolvidas?"

O uso de uma SUBSTITUIÇÃO baseada em um relacionamento espinhoso intensifica a situação hipotética. Se alguém amado, com quem você sente que está seguro, morre, você ficará triste, mas não terá a inquietação interna que vem das questões não resolvidas. E, se aquela pessoa morre, as questões ficarão pendentes para sempre. Essa escolha intensifica sua paixão para vencer seu OBJETIVO DE CENA *manter você vivo*, já que se você falhar, a morte da pessoa irá deixar cicatrizes emocionais permanentes. Se precisar, faça um DIÁRIO EMOCIONAL INFORMATIVO com o estímulo: *Eu preciso que você fique vivo, [nome da pessoa], porque...*

Ao escolher sua SUBSTITUIÇÃO, identifique com precisão o que irá perder se essa pessoa amada morrer. Como nas listas do medo e da morte, o que você perde, lamenta e não resolve deve ser significativo e específico para sua própria vida e relevante para suas questões com sua escolha para SUBSTITUIÇÃO. Isso lhe dará um motivo muito pessoal e carregado de emoção para lutar para manter essa pessoa viva. A mente e o coração não se apegam com facilidade às generalizações. São sempre as informações íntimas e específicas que nos fazem pensar e sentir. A verdade é que, quando alguém que você ama está morrendo, em geral há uma razão importante do por que você sente que essa pessoa deve permanecer viva.

Como ocorre com a lista do medo, identifique a questão específica que precisa ser resolvida, realizada ou tratada antes da sua escolha de SUBSTITUIÇÃO morrer. Faça uma lista. Na lista escrita à mão, aponte pelo menos dez questões passíveis de arrependimento que considera relevantes para sua SUBSTITUIÇÃO.

Exemplo de lista de um ente querido que está morrendo
(Pense: "Se *você* morrer hoje...")

1. Nunca saberei o que você poderia ter se tornado ou alcançado.
2. Você nunca saberá o que eu poderia ter me tornado ou alcançado.
3. Nunca saberei se alguma vez já se orgulhou de mim.
4. Nunca saberei se você me amou.
5. Nunca saberei nem compreenderei por que me abandonou.
6. Nunca saberei nem compreenderei por que abusou de mim.
7. Nunca saberei se você me perdoou pelo que fiz a você.
8. Você nunca irá me ver feliz e apaixonado.
9. Você nunca conhecerá seu neto (se estiver usando seu pai ou sua mãe como SUBSTITUIÇÃO).
10. Você morrerá achando que sou um fracassado.
11. Você não estará aqui para me amar e cuidar de mim.
12. Eu ficarei sozinho.
13. Nunca ouvirei você dizer as palavras "eu te amo".
14. Nunca saberá o quanto te amo.
15. Nunca saberei se se arrependeu do que fez comigo.
16. Nunca saberei se me perdoaria por não ter sido capaz de proteger e salvar você (se você estiver usando seu filho como SUBSTITUIÇÃO).

Como na lista do medo, avalie qual lamento é o mais marcante ao ler cada um em voz alta e sentir qual provoca maior impacto emocional em você. Se mais de um parecer viável, tente todos e escolha qual o afeta mais.

Sempre identifique com antecedência qual SUBSTITUIÇÃO e qual questão da sua "lista do ente querido que está morrendo" você vai usar para exemplificar a necessidade de manter sua SUBSTITUIÇÃO viva.

> **Fórmula para sentir organicamente a morte iminente de um ente querido.**
>
> 1. Pense que sua SUBSTITUIÇÃO está morrendo, e então use a questão da sua lista que nunca será tratada, resolvida ou realizada se a pessoa morresse agora. Agora, feche os *olhos* e imagine a realização ou resolução tal como você gostaria que acontecesse se a pessoa permanecesse viva. (Por exemplo, se "Preciso que você diga 'eu te amo' antes de morrer" é sua questão, veja e ouça o ser amado morrendo dizer "Eu te amo" com grande emoção, exatamente do jeito que você sempre quis que acontecesse.)
> 2. Veja sua SUBSTITUIÇÃO morrer antes de você conseguir o que deseja (no exemplo dado: morte antes do ente querido dizer "Eu te amo"). Imagine então seu túmulo e sinta como é a impossibilidade de ouvi-lo dizer "Eu te amo", sabendo que sua dor o afetará para sempre. Abra os olhos.
> 3. Repita mentalmente o mantra: "Eu preciso manter você vivo para impedir que isso aconteça, eu preciso manter você vivo para impedir que isso aconteça..."
> 4. DEIXE FLUIR.

Você ficará surpreso ao ver as emoções que serão despertadas em você. Elas não serão, necessariamente, as que você esperava. Como nós de fato reagimos a um ente querido que está morrendo é sempre diferente de como imaginamos que aconteceria. E o único modo de se ter sentimentos reais, espontâneos e presentes é colocando-se em uma situação similar por meio do uso da fórmula.

Vivenciando a morte súbita e inesperada de um ente querido

Você está dirigindo, derrapa em uma camada invisível de gelo, perde o controle do carro, bate em um poste, sua melhor amiga que está sentada no banco do carona é arremessada para fora pelo para-brisa, você fica preso ao volante vendo-a morrer. Você presencia seu filho ser atingido por uma bala perdida durante um tiroteio. Enquanto você está trabalhando na loja de conveniência local, vê seu amigo e colega de trabalho ser esfaqueado. Sua casa é invadida e você é obrigado a assistir à sua esposa ser estuprada e apunhalada. Todos esses exemplos ilustram circunstâncias de mortes inesperadas. Como seu cérebro não tem tempo de reagir e suas emoções não têm tempo de fluir, essas situações particulares de vida ou morte provocam reações instintivas internas diferentes.

Eis um exercício que desencadeia os sentimentos que surgem de mortes traumáticas inesperadas:

Fórmula para fazer o EXERCÍCIO DO CAIXÃO

O EXERCÍCIO DO CAIXÃO permite que o ator sinta, de forma orgânica, aqueles momentos em que a morte – ou o ato de morrer – é inesperado ou chocante, ou ainda retrate de maneira autêntica aquelas situações em que se tem uma intuição perturbadora de que alguém querido vai morrer. É um exercício breve, que pode ser usado no início de uma cena, mas que também funciona muito bem no meio da cena, caso o momento de morte ou de morrer aconteça ali.

1. Veja sua SUBSTITUIÇÃO em um caixão aberto.
2. Olhe para seu rosto sem vida pela última vez e pense: "Eu preciso memorizar seu rosto – seus olhos, seus lábios, seu nariz, suas sobrancelhas – porque essa é a última vez que verei você pessoalmente. Desculpe-me por não conseguir te manter vivo. Eu vou sentir sua falta. Eu te amo." Enquanto diz as palavras, sinta a sombra tombar sobre o rosto e a cabeça da SUBSTITUIÇÃO, enquanto a tampa do caixão é fechada, envolvendo o corpo do ente querido na escuridão eterna.
3. Olhe o caixão descendo lentamente a sete palmos do chão.

4. Observe a terra jogada sobre o caixão.
5. Veja o caixão da pessoa amada ser cercado com uma quantidade assustadoramente infinita de terra. Experimente a dura finalização da cena e aceite o conhecimento de que, mesmo se a pessoa ainda estivesse viva, ela sufocaria até a morte.
6. A necessidade de manter essa pessoa viva emergirá enquanto você repete o mantra. Repita mentalmente: "Preciso mantê-lo vivo para evitar que isso aconteça. Preciso mantê-lo vivo para evitar que isso aconteça..."

É justamente a última parte – o mantra de manter alguém vivo, mesmo que na cena essa pessoa não tenha chance de sobreviver ou já tenha sido declarada morta – que cria uma resposta humana verdadeiramente orgânica. Assim como o instinto de sobrevivência é um elemento fundamental na nossa existência cotidiana, a necessidade de acreditar que alguém que amamos não pode morrer também é. Muitas vezes, levam-se anos para aceitar a perda de alguém próximo – e, em certos casos, a aceitação nunca chega. É por isso que a última parte do exercício é essencial, pois a torna dramaticamente verdadeira.

Para culturas que optam pela cremação em vez do sepultamento, aqui está uma variação do exercício do caixão:

Fórmula do exercício do caixão (cremação)

1. Visualize sua SUBSTITUIÇÃO deitada sobre uma mesa de preparação, daquelas onde o corpo é colocado antes de entrar no forno de cremação.
2. Olhe para o rosto sem vida da pessoa amada e diga para si mesmo, em pensamento: "Eu preciso memorizar seu rosto – seus olhos, seus lábios, seu nariz, suas sobrancelhas – porque essa é a última vez que verei você pessoalmente. Desculpe-me por não conseguir te manter vivo. Eu vou sentir sua falta. Eu te amo."

CRIANDO SENTIMENTOS ORGÂNICOS DE MORTE E AGONIA 309

> Enquanto repete essas palavras, sinta a mesa deslizando lentamente em direção às chamas intensas do forno.
> 3. Visualize o corpo inteiro dentro da câmara de cremação.
> 4. Observe o corpo em chamas perder a forma humana e se transformar em uma massa de cinzas.
> 5. O impulso de manter essa pessoa viva começará a emergir dentro de você enquanto você repete o mantra: "Eu tenho que manter você vivo pra evitar que isso aconteça. Eu tenho que manter você vivo pra evitar que isso aconteça..."

Você também pode usar o exercício do caixão em cenas de funeral. Embora a maioria dos funerais seja longa e envolva rituais, você pode utilizar a lista dos medos do capítulo anterior (ou seja, tudo aquilo que você nunca conseguirá resolver, cuidar ou realizar se essa pessoa morresse hoje) em conjunto com o exercício do caixão.

Capítulo 19
Perdendo ou recuperando a consciência

RECUPERAR OU PERDER CONSCIÊNCIA – ISSO INCLUI SER ANESTESIADO, ser nocauteado, desmaiar ou morrer – provoca uma sensação de desorientação. Sua visão fica distorcida, sua mente parece embaçada; você tem a impressão de estar fora de equilíbrio, sem noção de espaço e sem estabilidade. Para sentir verdadeiramente essa experiência sensorial, siga os passos a seguir.

Exercício da BOLA DE ALGODÃO CINZA

1. Visualize um grande aglomerado de algodão cinza, como se estivesse sob um microscópio. Veja as fibras cinzentas densas e os fiapos entrelaçados e felpudos. Sinta a opacidade sem brilho dessa massa.

2. Imagine que está substituindo seu cérebro por essa imagem, e posicione um grande bloco de algodão cinza diante dos seus olhos.

3. Tente ver e pensar através das fibras densas, felpudas e emaranhadas. Você não tem mais cérebro – só um monte de algodão escuro e espesso, preenchendo cada centímetro do seu crânio. Esforce-se para pensar e enxergar através do algodão à sua frente. Muito pouca luz atravessa essas fibras cinzentas e espessas. Continue tentando ver e pensar por dentro dessa massa fibrosa e opaca.

4. À medida que você perde a consciência, imagine o algodão ficando cada vez mais denso, até que seja impossível ver através dele. Isso irá gerar a sensação de desmaio ou de apagão.

Para recuperar a consciência: Faça o mesmo exercício, mas comece com a massa de algodão muito densa, e vá tornando-a gradualmente mais translúcida. Permita que a luz vá penetrando aos poucos essa nuvem fibrosa e cinzenta, até que você sinta o mundo voltando ao seu campo de visão.

Capítulo 20

Experimentando a sensação de gravidez (do ponto de vista feminino e masculino)

Gravidez – não há SUBSTITUIÇÃO

QUANDO VOCÊ ENGRAVIDA OU ALGUÉM CARREGA SEU FILHO NO ventre, não há SUBSTITUIÇÃO que possa corresponder ao bebê que está no seu útero ou no de quem gesta o seu filho. Alguns atores acham que pensar em um bicho de estimação ou em um sobrinho irá gerar um sentimento semelhante ao amor de um filho. Mas, infelizmente, por mais que você ame Fluffy, seu cachorro, ou Amy, sua afilhada, ou até mesmo Adam, seu querido sobrinho, o modo como você se sente em relação ao seu próprio filho, sangue do seu sangue, é bem diferente.

O melhor modo de descrever como nos sentimos sobre nossos filhos é dizer que os vemos como versões pequenas de nós mesmos. É por isso que, quando alguém elogia seu filho dizendo que "é lindo" ou que é "tão inteligente!", agradecemos como se o elogio fosse para nós. Isso porque seu filho é um "minivocê", dando-lhe uma segunda chance de curar suas inseguranças que surgiram das suas experiências ruins. É por isso que um pai fica em alerta quando observa alguém tratar seu filho de modo similar ao de um abusador da sua própria história. Ele não enxerga a pessoa real na frente dele, mas, em vez disso, uma versão simbólica do seu próprio agressor, motivando-o a mudar isso *desta vez*, porque ele não pôde mudar da *primeira*. É quando surge a necessidade forte e inata de proteger e cuidar do seu filho – é a mesma necessidade que vem do seu próprio instinto de sobrevivência. E, assim, com o perdão do trocadilho, "nasceu" a fórmula a seguir.

**Fórmula para experimentar a sensação de gravidez
(do ponto de vista feminino e masculino)**

1. Sente-se. Relaxe. Feche os olhos.
2. Se você for a pessoa gestante na cena, repouse a mão sobre sua barriga, onde está o útero. Se não for, com a permissão da pessoa que interpreta a gestação, coloque a mão sobre a barriga dela.
3. Pense em uma foto de você quando bebê, e imagine esse bebê-você flutuando no útero ou aconchegado em seus braços (se você for a pessoa não gestante).
4. Concentre-se nos olhos do bebê-você e veja pureza, inocência e esperança (o tipo de esperança de que tudo é possível). O tipo de pureza, inocência e esperança que só podem existir antes que qualquer experiência dolorosa ocorra.
5. Então, converse mentalmente com o bebê-você e prometa que não permitirá que qualquer um daqueles acontecimentos dolorosos e/ou experiências de autoimagem negativa que você vivenciou pessoalmente aconteçam com ele. E prometa proteger o bebê-você das experiências horríveis pelas quais você teve de passar por saber como são prejudiciais e como são sérias suas consequências: quanta insegurança, comportamentos autossabotadores e autoaversivos você tem devido a isso. Como tomou decisões erradas em relação a um parceiro, como permitiu que as pessoas abusassem e tirassem vantagem de você, como fez escolhas de vida prejudiciais, tudo por causa dessas experiências terríveis. Continue a conversar, na sua mente, com o bebê-você e a assegurá-lo de que está compelido e determinado a impedir que seu bebê, seu filho, tenha que sofrer o que você sofreu. Seja bastante específico sobre os acontecimentos e sentimentos que você não quer que seu bebê-você passe. (Exemplos: "Nunca irei abandoná-lo como meu pai fez comigo quando eu tinha sete anos, vindo me visitar

somente quando era conveniente para ele. Sempre estarei com você." Ou: "Não deixarei ninguém fazer você se sentir feio, estúpido e sem valor como minha mãe fez eu me sentir." Ou: Jamais vou bater ou abusar de você como meu irmão fazia comigo. Vou garantir que ninguém o machuque como fui machucado.") Converse com o bebê-você por cerca de trinta segundos. Agora, olhe para o bebê-você sorrindo com ar inocente com as gengivas desdentadas, devolvendo-lhe um olhar com amor puro e incondicional, agradecendo-lhe seu amor e proteção. Deixe que o amor dele o invada, o tipo de amor que você nunca teve antes... Um amor incondicional.

6. Agora, com um gesto protetor, massageie a área da barriga e diga mentalmente: "Nunca permitirei que sinta a dor que senti quando estava crescendo, você sempre irá se sentir valorizado, amado e cuidado, sempre estarei ao seu lado, porque sou a mamãe (ou o papai) e te amo." (Se for a pessoa não gestante, diga essas palavras para o bebê-você em seus braços.)

7. Sinta o bebê-você olhá-lo novamente com amor incondicional, agradecendo-lhe e se sentindo seguro na sua proteção e no seu amor. Sentimentos que você dá ao seu filho e que não lhe foram dados, não de maneira tão pura e completa como está dando para o bebê-você. Sinta o amor do seu filho invadi-lo, fazendo com que se sinta especial e querido. Deixe que isso produza um efeito realmente bom.

8. DEIXE FLUIR.

A procriação é um instinto tão inerentemente humano que, ainda que não tenha desejo algum de ter filhos, esse exercício despertará sentimentos que você nem sabia que tinha.

Capítulo 21
Vivenciando a parentalidade

Criando a conexão orgânica com os filhos

QUANDO VOCÊ INTERPRETA O PAI OU A MÃE DE UM ATOR CRIANÇA é necessário estabelecer uma conexão entre vocês. Não importa quão bom ator você seja, é fácil notar quando um ator está "fingindo" ser um pai ou uma mãe. Quando trabalhei com Anna Friel no filme *A noiva da guerra* (dirigido por um brilhante diretor que por coincidência também era meu marido, hoje já falecido), ela precisava interpretar a mãe de uma criança. Aos 23 anos, Anna não era mãe nem tinha ideia sobre o que era a maternidade. Ainda assim, precisava lidar com uma criança de três meses gritando. A cena do bebê estava prestes a ser filmada, então pedi a ela que fizesse a fórmula do exercício a seguir conforme segurava o bebê manhoso. O bebê estava aos berros e esperneando (em um número de decibéis que só um bebê consegue atingir) e se mexendo para fugir dos braços de Anna, desesperado para voltar ao colo da verdadeira mãe. Ela começou a fazer o exercício e, momentos depois, o bebê tinha se aquietado e aconchegado amorosamente nos braços de Anna, a mãozinha dele tentando pegar o dedo mindinho dela. Esse é o comportamento de um bebê que sente que está nas mãos de alguém que o ama como pai ou mãe. Não é possível dirigir ou dar aulas de atuação a um bebê (bem, até se pode, mas não sei se terá algum efeito), porém, fazer esse simples exercício tornou a conexão entre mãe e filho real e natural tanto para a atriz quanto para a criança.

**Fórmula para criar de maneira natural
o sentimento por um filho**

1. Olhe bem nos olhos do bebê, da criança ou do adolescente que está interpretando seu filho e veja exatamente a mesma dor, raiva, paranoia, as mesmas inseguranças, os mesmos traumas e questões pessoais que você possui. Isso pode incluir:
   - Questões de abandono.
   - Raiva de si mesmo.
   - Vergonha ou aversão a alguma característica física própria.
   - Medo de rejeição.
   - Problemas de confiança.
   - Um histórico de abuso ou ser vítima de violência.
   - Medo e insegurança excessivos.
   - Querer agradar as outras pessoas.
   - Tendências suicidas.
2. Sem desviar os olhos da criança, pense nos fatos específicos que deram origem a esses problemas e visualize a criança à sua frente passando pelos mesmos traumas, do mesmo jeito que você (essencialmente fazendo o exercício de DOR EM COMUM). Ao fazer isso, está criando uma espécie de alma gêmea – alguém que despertará em você a necessidade de proteger e cuidar, porque essa criança nada mais é do que um "minivocê".
3. DEIXE FLUIR.

Ao utilizar essa fórmula, você está, em suma, transformando um desconhecido em uma versão infantil de você mesmo. Esse exercício funciona porque é dessa mesma maneira que vemos nossos filhos.

Capítulo 22
Interpretando um paraplégico ou tetraplégico

Reproduzindo, de forma orgânica, deficiências físicas graves

A DEFICIÊNCIA COSTUMA SER PRODUTO DE ALGUM EVENTO TRAUmático. Não só é importante fornecer a realidade da condição física à sua caracterização, mas também acrescentar a constante lembrança do trauma emocional envolvido na *causa* da deficiência. A fórmula seguinte combina esses dois elementos para obter uma interpretação verdadeira e orgânica de alguém que perdeu o controle dos seus membros.

> **Fórmula para se sentir paraplégico ou tetraplégico de forma orgânica**
>
> 1. Sente-se. Concentre-se nos membros afetados (paraplégico: parte inferior do corpo; tetraplégico: tudo abaixo do pescoço) e relaxe todos os músculos dessa área até sentir que não são mais músculos, e sim uma massa gelatinosa quente derretendo no chão. Não há mais forma ou solidez, apenas gelatina derretida no chão. Continue sentado e imóvel sentindo isso até ter a sensação de que de fato não consegue se mexer.
> 2. Então, apoie as mãos nas pernas e reviva um evento de dor emocional, empregando eventos traumáticos reais, medos e emoções que fazem sentido para seu trabalho interno. Então,

> com as mãos, pressione esses sentimentos e imagens nas suas pernas. Ou, se estiver interpretando um tetraplégico, transpasse para seu torso e, depois, para as pernas, pressionando essas áreas.
> 3. **Deixe fluir.**

O OBJETIVO GERAL do roteiro incluirá encontrar outras maneiras de sua personagem sobreviver emocional e fisicamente, apesar da situação difícil em que se encontra. Recorra também à deficiência como um OBSTÁCULO físico e emocional a ser superado ao analisar seu roteiro. Ser paraplégico ou tetraplégico é um poderoso OBSTÁCULO a se vencer para se alcançar qualquer objetivo, e produzirá um resultado dinâmico.

Capítulo 23

Criando realidades emocionais para cicatrizes e ferimentos

Reproduzindo, de forma orgânica, traumas físicos

NO DRAMA, OS FERIMENTOS OU AS CICATRIZES DE UMA PERSONAGEM são, em geral, decorrentes de maus-tratos – autoinfligidos ou infligidos de outro modo – ou consequência de algum tipo de acontecimento traumático. Para tornar a cicatriz ou o ferimento real para você, siga esta fórmula:

Fórmula para sentir, de forma orgânica, as cicatrizes e os ferimentos da sua personagem

1. Encontre um evento da sua vida que reproduza com emoção o acontecimento do roteiro que causou a cicatriz ou o ferimento. Por exemplo:
   - Se a personagem tem uma cicatriz causada por maus-tratos dos pais, pense na ocasião mais forte e profunda em que se sentiu física ou emocionalmente destruído por uma figura de autoridade (não precisa ser pai ou mãe, se houver alguma cicatriz emocional mais marcante causada por um professor, irmão mais velho, tio, avô, patrão etc.).
   - Se os ferimentos da sua personagem foram causados por um companheiro que a agride no rosto, lembre-se de uma ocasião em que a pessoa que tanto amava a culpou pelos

fracassos dela e o destruiu com palavras de desaprovação, fazendo você se sentir deprimido e inconsolável. Pode usar também algum ato de violência que sofreu cometido por alguém de quem você gostava.
- Se as marcas físicas foram causadas por um terrível acidente de carro ou por um crime violento, lembre-se de alguma ocasião em que você tenha se sentido emocionalmente sozinho e indefeso ou use um evento real de violência.
2. Pressione dois dedos na área onde a cicatriz ou o ferimento deve estar.
3. Enquanto pressiona com força, visualize o acontecimento que você escolheu para reproduzir de forma emocional e, ao mesmo tempo, a cena indicada no roteiro – lembrando-se do lugar, das palavras e ações –, voltando a sentir aquelas emoções dolorosas como se estivessem acontecendo agora. Seja muito específico e detalhista enquanto revive visceralmente esse acontecimento terrível, infundindo imagens e emoções na área apropriada com os dois dedos pressionados.
4. Tire os dedos e DEIXE FLUIR.

Ao tocar ou falar na cicatriz ou no ferimento, sentirá essa área sensível, e a ferida parecerá real.

Capítulo 24
Incorporando de forma orgânica o ofício, profissão ou carreira da personagem

A carreira define você

OS ATORES, COM FREQUÊNCIA, INTERPRETAM AS CARACTERÍSTICAS óbvias da profissão da sua personagem, sem reparar *como* e *por que* a personagem escolheu determinada carreira. Dedicamos a maior parte do nosso tempo à nossa carreira. É o que nos define. E sempre existe alguma razão pela qual se escolhe uma ou outra profissão. Seja essa profissão algo que sua personagem aspira a ser ou uma em que a personagem alcançou grande sucesso, sempre há alguma razão ou incentivo para se escolher aquela profissão específica. Com frequência, são a resolução e a realização de questões essenciais para sua sobrevivência emocional.

Ao estudar sua personagem, você não só deve compreender *o que* ela faz, mas também *por quê*. Analisei algumas ocupações comuns para lhe dar uma ideia de como pensar sobre o porquê de alguém escolher determinado plano de carreira, o que lhe proporcionará uma melhor compreensão da sua personagem.

Policial

Quem escolhe essa profissão costuma ter sido, de uma forma ou de outra, bastante afetado pelo crime. São pessoas que têm membros da família na polícia ou que presenciaram algum crime trágico ou as consequências de uma tragédia (como assassinato, assédio, golpe, incêndio criminoso, estupro etc.) que os envolveu ou envolveu um ente querido. Uma criança que é vítima ou testemunha de um crime se sente desamparada, e com razão, porque não há muito o que ela possa fazer a respeito. Na vida adulta, já capaz de tomar decisões, ela escolhe uma carreira que lhe dê poder para se defender ou proteger as vítimas que não pôde salvar na infância. Tornar-se policial capacita a jovem vítima/testemunha a empregar mudança em uma área conflituosa do seu passado.

Podemos, então, pensar que interpretar um policial consiste no seu meio de retificar algo que aconteceu na infância. Os casos que sua personagem investiga simbolizam o crime que ela viveu ou testemunhou quando criança. Como policial, você finalmente tem o poder de fazer a diferença. O sofrimento do passado irá alimentar os interrogatórios ou a investigação, porque a necessidade de resolver o crime do roteiro faz parte da sua cura e da cura da sua personagem. Seu antagonista na ficção passa a representar simbolicamente o autor do crime vivido na sua infância, uma SUBSTITUIÇÃO eficiente. Isso cria um ótimo cenário, que permite um possível desfecho para o trauma de infância que, por fim, irá levá-lo a uma resolução mais profunda. Assim, cada vez que você prende ou indicia um criminoso na ficção, você está fazendo mais do que um simples trabalho – está curando as feridas do passado.

Ladrão/criminoso profissional

Muitos dos que dedicam a vida ao crime vêm de famílias muito pobres. Cresceram observando que os poucos que fugiam da sua condição socioeconômica com facilidade e estilo eram os que tinham optado pela ilegalidade. Na periferia, por exemplo, são os criminosos que levam uma vida de luxo, têm dinheiro e vestem roupas caras. Sem dúvida, uma situação invejável, porém, mais importante, são os que possuem dinheiro que também têm poder, posição e dignidade.

Um possível histórico para esse tipo de personagem poderia ser um pai que trabalhava muito para sustentar a família, vivendo sem dinheiro, suportando um patrão explorador, tudo para poder colocar um prato de comida na mesa e manter um teto sobre a cabeça da esposa e filhos. O futuro criminoso cresce odiando o fato de que aqueles com dinheiro têm poder, enquanto as pessoas que ama, que mereciam mais, eram obrigadas a se curvar diante desses. Tornando-se ladrão (ou qualquer outra personagem na ilegalidade), ele não só ganharia mais dinheiro do que sua família costumava ter, mas também criaria sensação de poder e superioridade por ter sucesso, zombando da autoridade e da lei.

Interpretar alguém assim trata-se de retomar o poder daquela pessoa simbólica (SUBSTITUIÇÃO) que fez você e/ou sua família se sentirem inferiorizados e insignificantes. Uma classe social baixa foi imposta a você pelo sistema – seja por questões de raça, gênero, raízes familiares ou falta de dinheiro –, e isso é completamente inaceitável e injusto. Em tais circunstâncias, a atividade criminosa que sua personagem exerce não seria malvista, pois serviria para corrigir os erros do seu passado pessoal, o que justifica qualquer ato ilegal e lhe dá motivações justas.

Psiquiatra/psicólogo

A pessoa que escolhe uma dessas profissões costuma ter algum trauma emocional não resolvido na infância. O exercício da psiquiatria ou psicologia lhe permite tentar resolver o problema na vida adulta. São muitos os campos em que os terapeutas podem focar. Um terapeuta forense, especializado em crimes sexuais, pode ter sido vítima desses abusos na infância ou vir de uma família com problemas nesse aspecto. Um terapeuta de casais pode ter crescido em uma família desunida ou ter pais que vêm de uma. Um psiquiatra infantil pode ter problemas com as responsabilidades da vida adulta ou dificuldades para se relacionar com adultos.

Quando você interpretar um terapeuta, leve em conta que o paciente é a parte da sua personagem que precisa se curar naquela especialidade. O paciente, em essência, simboliza você (por isso, pode ser muito eficaz usar você mesmo como uma SUBSTITUIÇÃO para o paciente). Interpretar um terapeuta sob essa perspectiva cria uma necessidade mais urgente de restaurar a saúde mental do paciente, já que o que você está fazendo é para restaurar a sua própria saúde mental. Isso humaniza seu papel – e isso é importante porque, com muita frequência, os atores interpretam médicos, advogados, professores e outras figuras de autoridade de maneira unidimensional, isto é, atuam de forma autoritária sem reparar que, por trás das roupagens institucionais, existe um ser humano.

Uma vez descoberto o foco da prática profissional da personagem, você deve relacioná-lo com alguma questão emocional e específica da sua vida pessoal. Olhe o paciente à sua frente como a oportunidade de corrigir o duro trauma emocional que não lhe deixa em paz.

Médico

Essa carreira requer muitos anos de estudo, e mais vários anos de residência após a graduação, para decolar. Não é uma carreira que se escolhe por capricho. Tornar-se médico é uma missão de vida de curar.

Pense em um acontecimento da sua infância ou vida presente em que você se sentiu impotente por não poder curar alguém que ama e essa pessoa morreu, passou a viver com deficiência ou perdeu qualidade de vida. Tornar-se médico lhe dá uma segunda chance de curar o ente querido que, em vida, você não foi capaz de ajudar.

Prostituta/*stripper*

Embora essas ocupações tenham um tom sexual assumido, na verdade têm pouco a ver com sexo. Ao contrário, estão ligadas a um ato de vingança e poder, cujas raízes estão em uma menina ou jovem mulher que sofreu abuso sexual. Os clientes da prostituta e o público da *stripper* simbolizam, aos olhos delas, o homem que as assediou ou estuprou. O poder sexual que elas exercem sobre os homens é uma tentativa de retomar o poder que lhes foi tirado quando menina ou mulher. Elas usam o mesmo veículo que foi usado para tirar o poder delas – sexo – para transformar seu desamparo em empoderamento (a mesma dinâmica se aplica no caso dos homens que têm essas ocupações).

Se você tiver sofrido esse tipo de abuso, use a pessoa responsável pelo dano causado a você como SUBSTITUIÇÃO para os clientes da sua personagem. Felizmente, nem todo mundo é vítima de um crime sexual. No entanto, o estupro pode adotar várias formas. Se você sente que sofreu agressão emocional, você pode usar essa pessoa como SUBSTITUIÇÃO no seu jogo de poder estabelecido com sua clientela ou com seu público.

Advogado

Os bons advogados personalizam seus casos, tratando-os como uma questão que precisa ser reparada por eles. É verdade que há casos em que um advogado pode estar menos interessado e procura, então, concentrar-se nas questões legais que lhe permitem ganhar, mas comprometimento impessoal não é o que queremos ver na tela ou no palco. Sem ter algo pessoal em risco, a luta perde o sentido, a paixão para você e para o público. Um bom advogado personaliza o crime ou os danos do caso que defende como se fosse algo que aconteceu com ele ou com uma pessoa amada. A ideia de tornar isso uma vingança pessoal faz com que ele se esforce muito para vencer. O drama não consiste em recriar um momento da vida, o drama é a dramatização da vida ao extremo. Por isso, é de extrema necessidade atribuir seus intensos sentimentos pessoais ao material do roteiro.

Para isso, você deve usar uma briga, um crime ou mistério da sua vida atual (ou de algum problema passado que não foi resolvido) que o afeta ou está afetando uma pessoa amada. Ao interpretar o papel de advogado, você deve tentar achar uma solução, atribuir culpa ou se vingar, dependendo do que for melhor para o crime da sua vida pessoal que você relacionou com o da trama. Ou, se parecer se encaixar, procure os três tipos de solução. No seu trabalho interno, personalize os "vilões" do roteiro (aqueles que o prejudicaram – não precisam ter o perfil de pessoas ruins) com os "vilões" da sua vida que fazem sentido para seu cenário legal. E personalize os "mocinhos" (pessoas com quem você se importa, sem necessidade de serem boas) – aqueles que você deseja proteger ou que são vítimas no roteiro – com os "mocinhos" da sua vida que se encaixem com o cenário legal. Há, em geral, muitas personagens envolvidas em batalhas legais. Personalizar todas as que são importantes para o caso que o advogado está defendendo cria um realismo detalhado e um desejo mais ardente de vencer.

Forças armadas/militares

Quem se alista nas forças armadas está à procura de ordem, regras estritas e uma cadeia de comando. Talvez a infância dessa pessoa tenha sido desregrada e sem uma figura de autoridade efetiva. As crianças precisam de orientação por meio de regras e limites. Isso as ajuda a entender como lidar com a vida quando adultas. Se uma criança não tem muito controle, crescerá procurando por ele. E qual é a melhor maneira de adquirir o sentimento de *ordem* que vem de regras e regulamentos estritos do que ser um membro das forças armadas?

Do ponto de vista de uma pessoa alistada/militar de baixa patente:
Para desempenhar esse papel, você precisa olhar para seus sentimentos em relação a um dos pais, um professor, um tio, uma tia ou alguma outra figura de autoridade específica que não esteve presente para guiá-lo durante seu crescimento. Alguém que o fez sentir que você não valia a pena. Desse modo, o oficial que está encarregado da unidade, tropa etc. da sua personagem servirá como SUBSTITUIÇÃO para aquela figura de autoridade da sua infância. Seu relacionamento com o oficial irá se tornar mais como o de um pai que você nunca teve, mas de quem precisava. Isso personaliza o relacionamento para além do roteiro, já que o faz sentir necessidade de afetar e ser mais afetado pelo oficial encarregado. Além disso, o relacionamento que transparece do roteiro também se torna mais notável, profundo e cheio de emoção urgente do que uma simples interação não desenvolvida entre um oficial e um militar de baixa patente.

Do ponto de vista de um oficial:
O oficial, nas forças armadas, está em uma posição de poder de vida ou morte. As ordens de um oficial podem determinar se alguém vive ou morre. Ser um oficial do exército é uma das poucas ocupações legais com uma base tão ampla de poder. Quem necessita de um trabalho com tanto poder como esse pode ter crescido se sentindo impotente – talvez, porque sofreu, de forma sistemática, maus-tratos físicos ou emocionais, de um dos seus pais, das crianças do bairro, de uma babá etc., ou foi exposto ao ridículo

por uma dessas pessoas. Uma criança não tem poder para se defender, mas o adulto tem escolhas que lhe permitem reverter essa posição de poder.

Ser oficial das forças armadas dá à pessoa o poder de vida ou morte sobre um grupo de pessoas que, em função das regras militares, devem obedecer a cada ordem.

Ao interpretar este papel, pense em uma pessoa ou em um conjunto de pessoas (um grupo que faça sentido, como seus irmãos, outros membros do clube ao qual você pertence, colegas de classe ou trabalho, o grupo dos populares etc.) que você sente que abusaram de você de alguma forma, e para quem algum tipo de vingança teria um gosto especial. Use essa pessoa ou esse grupo como SUBSTITUIÇÃO para aquelas personagens que são suas subordinadas. Assim, dar ordens e humilhar com rigor os homens que estão abaixo da sua hierarquia no comando é justificável e satisfatório. Isso tira o fator da crueldade, e o público irá apoiá-lo, porque sua motivação não é ser mau, mas retomar o poder de quem de maneira simbólica o retirou de você.

Ator

A essência do que leva uma pessoa a se tornar ator é a necessidade de receber atenção e ser amada de forma incondicional por um grande número de pessoas. Essas necessidades levam o ator a ter uma tendência a dramatizar com exagero qualquer fato que aconteça na sua vida. Para ser ator, você precisa estar sempre com todas as emoções à flor da pele, disponível para os papéis que irá interpretar. Esconder-se ou ser introspectivo não conduz a grandes atuações, já que o ator deve estar preparado para trazer à tona quaisquer emoções de que a personagem precisar. Por conta disso, o ator aprecia suas emoções – quanto mais dolorosas, melhor. Ele as considera matéria-prima da sua performance, seja no palco ou não. E, você goste ou não disso, existem poucas diferenças entre o comportamento de um ator no palco e fora dele.

É por isso que, ao interpretar um ator, você tem a permissão para ser o rei do drama. O divertido de se interpretar um ator é que nada é considerado exagero. Pode fazer qualquer coisa para conseguir atenção e amor, porque qualquer um que esteja nas proximidades de um ator torna-se, de imediato, público das suas interpretações na vida, dignas do Oscar. A armadilha, ao interpretar um ator, é fazer uma versão caricata. Você deve ter em mente que o OBJETIVO GERAL e a paixão que direcionam o trabalho interno para alcançar o OBJETIVO DE CENA devem ser reais – e dramaticamente reais. Um ator, na tela ou fora dela, sempre sabe como encontrar o holofote, enganar o espectador (real ou imaginário), e está sempre tentando ganhar o Oscar.

A respeito do seu trabalho interno, bem, você *é* um ator – identifique as questões e os fatos da sua vida que o levaram a seguir esse caminho, e deixe que eles o guiem para querer vencer seu OBJETIVO GERAL e o OBJETIVO DE CENA, com intenção dramática e sem restrições.

Corretor da bolsa de valores/especialista financeiro/CEO etc.

As pessoas atraídas por essas atividades de alto poder aquisitivo estão dispostas a fazer de tudo para vencer. Inclusive, para chegar a essas posições específicas de poder, é necessário haver uma motivação inflexível. E você precisa ter um amor muito, muito grande pelo dinheiro e entender, profundamente, o poder do que ele pode comprar.

Para interpretar uma personagem desse tipo, você precisa descobrir o que o motivaria a se tornar agressivo e implacável, ao mesmo tempo que se sentiria correto ao fazê-lo. Encontre uma pessoa ou um grupo de pessoas que, de alguma forma, destruíram você ou alguém que você ama. Transforme a pessoa ou o grupo da sua vida pessoal na sua SUBSTITUIÇÃO para as pessoas a quem você está causando prejuízos no roteiro. Assim, a pessoa ou o grupo *merecerá* seus impiedosos jogos de poder e atos de vingança.

Mas independentemente de qual for a profissão da sua personagem...

A atuação lhe dá a possibilidade de realizar uma fantasia, algo que jamais poderá fazer na vida. Atuar é uma oportunidade de influenciar e mudar fatos sobre os quais você não tem poder na vida real.

Capítulo 25

ESCUTA ATIVA

OUVIR É UMA PARTE IMPORTANTÍSSIMA DA COMUNICAÇÃO. A ESCUTA ATIVA merece ter seu próprio capítulo, porque a incapacidade dos atores de realmente escutar é um problema universal. Tendo relações com diretores, diretores de elenco, roteiristas e produtores do mundo todo, sei por experiência própria qual é a maior reclamação que eles têm: os atores não escutam!

Às vezes, é só uma questão de eles se concentrarem apenas em seus diálogos, esperando sua vez de falar para se envolverem emocionalmente. Mas, na maioria dos casos, os atores bem que tentam ouvir o que as outras personagens estão dizendo. Muitas vezes, seja numa audição ou num papel já conquistado, quando perguntados se estão ouvindo, os atores dizem: "Eu ouvi cada palavra que a outra pessoa disse." E isso é verdade. Eles podem ter ouvido cada palavra, mas não estão ouvindo da forma como as pessoas no mundo real ouvem. Quando pessoas reais escutam uma história, elas também pensam sobre a forma como aquela história se relaciona com sua própria vida e histórias pessoais. Se eu contar a você detalhes sobre meu ex-marido abusivo, o que ele fez e como isso me afetou, você não vai tentar imaginar como ele se parecia ou visualizar o que estou descrevendo. Você vai me escutar pensando em um relacionamento abusivo da sua própria vida que se assemelhe ao meu. Se eu falar sobre minhas inseguranças específicas em relação à aparência e ao medo de nunca ser amada, você não vai apenas reagir com simpatia. Vai lembrar das suas próprias inseguranças e de como elas bagunçaram algum relacionamento do presente ou como fizeram você perder a esperança de ter algum no futuro. Essencialmente, sempre escutamos com os filtros de nossos próprios mundos, o que estimula uma conexão que chamo de DOR EM COMUM..

A escuta passiva pode ser entediante para o público – e, francamente, para você e para quem contracena com você. Para fazer uma cena avançar, mesmo que você esteja apenas ouvindo, é preciso elevar essa escuta à ESCUTA ATIVA.

Fórmula para ESCUTA ATIVA

5. O que você ouve, definido pela sua própria história/trabalho interno.
6. Como você se sente em relação ao que ouve.
7. O que você quer fazer a respeito.

Quando você está escutando de forma ativa, o público consegue escutá-lo – não no sentido tradicional, mas ele percebe suas escolhas proativas de pensamento. Isso faz com que eles torçam por sua jornada, pois você não está sendo complacente; está ativamente perseguindo seu OBJETIVO DE CENA, mesmo quando não está falando. Com frequência, o público observa mais quem escuta do que quem fala numa cena, porque quem escuta pode processar muitos pensamentos ao mesmo tempo. No entanto, quando você fala, precisa pensar de forma unilateral para se expressar, e isso torna mais difícil aplicar um raciocínio em camadas. Ao praticar a ESCUTA ATIVA, você é capaz de preencher um palco – ou uma tela.

Quando trabalhei com Judith Light na peça da Broadway *Other Desert Cities*, havia uma cena com várias personagens no palco que exemplifica bem a ESCUTA ATIVA. A peça se passa no Natal, quando uma família disfuncional (existe outro tipo?) se reúne em Palm Springs, na casa de Polly e Lyman. Judith interpretava Silda, a irmã de Polly, que havia acabado de sair da reabilitação por alcoolismo. Havia uma cena em que Judith tinha pouquíssimas falas, mas as outras personagens faziam longos monólogos. Não se tratava de uma cena curta – e no teatro quase todas as cenas são longas. Era, de fato, um grande exercício de ESCUTA ATIVA para Judith.

Nos monólogos, as outras personagens nem sequer falavam sobre Silda. Mas Judith e eu decidimos que aquela era a oportunidade perfeita para aplicar a ESCUTA ATIVA. Usando o dado do enredo de que Silda havia acabado de sair da reabilitação, assumimos que ela tinha um problema suficientemente grave para levá-la a uma internação. E, como a maioria das pessoas que sai de uma internação assim, ela ainda não estava preparada para lidar com a vida sem sua "medicação" habitual (o álcool), mesmo estando sóbria. Identificamos as personalizações de Judith, mas não vou revelá-las aqui. Em vez disso, vou mostrar o processo de ESCUTA ATIVA do ponto de vista da personagem.

O que você ouve.

Embora as outras personagens estivessem falando sobre seus próprios problemas com outras pessoas, Judith, como Silda, acreditava que elas estavam, na verdade, falando dela, e que só usavam outros nomes para disfarçar. Chegamos a essa escolha porque, depois da reabilitação, você não pode mais medicar sua dor com a substância da qual fora dependente por anos. E, como o álcool vinha anestesiando esses sentimentos por tanto tempo, agora as emoções se tornavam intensas, incontroláveis. Sem o álcool, era como se a represa emocional tivesse rompido e as sensações transbordassem. Uma emoção comum entre os recém-sóbrios é a paranoia. Então, fazia sentido que Silda achasse que os outros estavam falando mal dela, e não das pessoas mencionadas. Seu MONÓLOGO INTERNO era: "Eu não sou burra. Sei que estão falando de mim!"

Como você se sente em relação ao que ouve.

Silda se sentia com raiva e solitária. Seu processo de pensamento era: "Por que eles precisam mentir? Por que não conseguem me encarar e dizer o que realmente sentem? Estão tentando se livrar de mim, me tirar da família porque sou uma causa perdida? Vão me deixar à própria sorte, sem a ajuda do álcool? Vou conseguir sobreviver sem a minha família? Vocês todos me odeiam!"

O que você quer fazer a respeito.

Isso depende exatamente do que está sendo ouvido e do trabalho interno feito a partir da vida pessoal do ator. Mas, para preservar a privacidade (novamente), aqui vão algumas possíveis escolhas do ponto de vista da personagem: "Vou sair de perto de vocês antes que vocês me abandonem." "Vou fazer sua filha te odiar." "Vou voltar a beber e botar a culpa em você." "Vou contar aquele seu segredo, só pra você saber como é se sentir humilhado."

A ESCUTA ATIVA de Judith criou comportamentos únicos – um deles foi um tipo de TOC. Os comportamentos repetitivos criaram uma experiência muito visual para o público. A ESCUTA ATIVA inevitavelmente gera maneirismos e comportamentos peculiares que são orgânicos e não pré-planejados.

Judith ganhou um Tony por essa performance e, pela primeira vez na história do prêmio, venceu dois anos seguidos ao conquistar a estatueta novamente no ano seguinte.

A escuta passiva funciona, mas a ESCUTA ATIVA é arrebatadora.

Capítulo 26
Cenas com três ou mais pessoas

NUMA CENA COM MAIS DE DUAS PESSOAS, VOCÊ PRECISA IDENTIficar quem é a PESSOA ATRAENTE – aquela de quem você depende para alcançar seu OBJETIVO DE CENA, mantendo em mente que as regras continuam valendo: o OBJETIVO DE CENA deve servir ao OBJETIVO GERAL. Aplicar um OBJETIVO DE CENA para todos os presentes pode ser confuso para você e ainda atrapalha a narrativa ao tirar o foco de uma única história. Assim como na vida, podemos estar num grupo, mas geralmente existe uma pessoa – a PESSOA ATRAENTE – que importa mais que as outras, aquela de quem você depende mais do que de qualquer outra naquele grupo (sobretudo quando os riscos são altos, como devem ser sempre que você faz suas escolhas na análise do roteiro). As demais personagens atuam como ALIADOS CONSCIENTES ou INCONSCIENTES na conquista do que você quer (OBJETIVO DE CENA) da PESSOA ATRAENTE.

Exemplos da vida

ALIADO INVOLUNTÁRIO: Quando você está em uma festa, sempre tem aquela pessoa bonita, ou um produtor ou diretor importante, ou um ex, ou alguém do passado que representa algo bom ou ruim. Você talvez nem chegue a falar com essa PESSOA ATRAENTE, mas tudo o que você faz é por ela – para chamar sua atenção e conquistar o interesse especial dela. Digamos que o OBJETIVO DE CENA em relação à PESSOA ATRAENTE seja *quero que você se apaixone por mim para que eu retome meu poder.*

Enquanto fala com o seu ALIADO INVOLUNTÁRIO – aquele com quem você realmente está conversando para atrair a atenção da PESSOA ATRAENTE –, você age com um charme extra, com mais inteligência, mais carisma. Em resumo, você está sendo impressionante não por causa de quem está na sua frente, mas para a PESSOA ATRAENTE – com esperança de que ela esteja te observando do outro lado da sala. Agora, existe a situação em que você está com seu melhor amigo, o famoso *fiel escudeiro* que sabe da sua intenção e está ali para ajudar. Esse é o seu ALIADO VOLUNTÁRIO, pois está ajudando-o a obter o que deseja da sua PESSOA ATRAENTE.

ALIADO INVOLUNTÁRIO: Pense naquelas vezes em que você e seu acompanhante saíram com outro casal (uma cena com quatro pessoas). Quem é a PESSOA ATRAENTE? O par do seu amigo. O OBJETIVO DE CENA é *fazer com que você me escolha*. Não vai funcionar usar seu próprio par como PESSOA ATRAENTE, porque você já demonstrou ser capaz de ser escolhido por ele. Conquistar o par do amigo tem mais complexidade dramática. É mais interessante. Primeiro, porque você prova para si mesmo (e para seu amigo) que é desejável para seu par e para o dele. Segundo, porque existe um elemento de perigo ao ir atrás do par de alguém. Você pode perder a amizade, seu acompanhante, tudo por causa de um simples flerte. Você nem precisa levar isso adiante. O flerte por si só já aumenta os riscos, tornando a noite mais provocante. E se você atingir sua meta, ganha ainda uma boa injeção de autoestima. Nesse caso, seu próprio par e seu amigo se tornam seus ALIADOS INCONSCIENTES. A verdade é que a gente sempre quer o que não pode (ou não deveria) ter. Isso é da natureza humana.

ALIADO VOLUNTÁRIO: Suponha que a cena seja de você interpretando um trambiqueiro especialista em jogo de cartas. A PESSOA ATRAENTE é a vítima do golpe, e seu OBJETIVO DE CENA é *quero que você me ame e confie em mim*, para que gaste mais dinheiro no jogo. O cúmplice que finge ser um desconhecido ganhando no jogo é o seu ALIADO VOLUNTÁRIO, pois ajuda a enganar a vítima a partir da construção de sua confiança.

ALIADO VOLUNTÁRIO: Você é um vendedor de carros e precisa convencer o cliente, sem demonstrar que este é seu OBJETIVO. Você deve fazer o cliente acreditar que você coloca o interesse dele em primeiro lugar. A venda do carro deve aparecer em segundo plano, seu interesse é fazer um novo amigo – ou pelo menos é nisso que você quer que o futuro dono do carro acredite. O OBJETIVO DE CENA é *fazer você se tornar meu novo melhor amigo*. Ao fazer o negócio com o cliente, você, como vendedor, precisa sempre procurar o gerente para confirmar os preços incríveis que você está oferecendo. Quando o gerente aparece e diz algo como: "Uau, esse vendedor deve ter gostado muito de você para oferecer esses preços – quase não ganhamos nada com isso!", ele está sendo seu ALIADO VOLUNTÁRIO, ajudando-o a fechar a venda e a ganhar sua comissão.

ALIADO INVOLUNTÁRIO: Agora imagine que você está vendendo um carro para um casal. Mais uma vez, o OBJETIVO DE CENA é *fazer você se tornar meu novo melhor amigo*. A PESSOA ATRAENTE é quem toma as decisões. Digamos que não é a esposa. Nesse caso, ela se torna seu ALIADO INVOLUNTÁRIO. Você conquista a simpatia dela com frases como: "Seu marido é um grande negociador. Vai me fazer praticamente dar esse carro de graça. Aposto que você se orgulha dele! Tenho que tomar cuidado ou vou acabar sem nada!" Depois, de volta ao marido (a PESSOA ATRAENTE): "Ela é uma mulher de sorte por ter você protegendo-a." E para os dois: "Gosto muito dos dois. Em geral não faço essas coisas, mas vou deixar o carro por [quantia] e pedir autorização do meu gerente. Tenho minhas dúvidas, porque ele nunca deixa que negócios assim aconteçam." "Mas você" – o marido – "é um sujeito inteligente!" E, claro, você sai para "pedir autorização do gerente", conversa com ele sobre o clima ou outro assunto e volta depois de quinze minutos dizendo, cheio de surpresa: "Isso nunca acontece! O gerente deve ter gostado tanto de vocês quanto eu gostei. Parabéns pelo carro novo!" Naturalmente, o valor final inclui todos os opcionais – ar-condicionado, rodas especiais etc. – que compensam qualquer "desconto".

No mundo dos roteiros – que incluem policiais, detetives, agentes do FBI e semelhantes –, muitas vezes há cenas com mais de duas pessoas. Aqui está um exemplo do trabalho que fiz com Emily Deschanel e David Boreanaz na série *Bones*. Numa cena típica de interrogatório, usamos os conceitos de PESSOA ATRAENTE e de ALIADO VOLUNTÁRIO/INVOLUNTÁRIO para criar uma interação vibrante, que pudesse transcender o tédio de ouvir juridiquês e terminologia legal e tornar a cena divertida. Lembre-se: não existem muitas tramas novas. Por isso, o maior interesse do público está voltado para os relacionamentos. E os relacionamentos abrem caminhos para realidades únicas, pois só existe um você e você *ad infinitum*. Juntar duas realidades singulares e permitir que elas se comuniquem criará um número infinito de possibilidades para esta interação.

O enredo *facilita* o crescimento e a evolução de um relacionamento

Com isso em mente, nos interrogatórios de suspeitos ou testemunhas, muitas vezes fiz com que Emily, como Brennan, e David, como Booth, tornassem um ao outro sua PESSOA ATRAENTE. Já o suspeito ou testemunha era o ALIADO INVOLUNTÁRIO. Defendo também que um bom relacionamento, seja entre amantes ou amigos, floresce mais quando há uma competição saudável. É estimulante passar tempo com alguém que faz você se superar, porque essa pessoa é tão boa quanto você nos jogos da vida – ou até melhor. É também inspirador, pois é energizante competir com um oponente à altura. Com isso em mente, os OBJETIVOS DE CENA dos dois eram *vencer você* – no caso, disputando quem fazia as melhores perguntas e quem conseguia as melhores respostas no interrogatório do dia. O suspeito ou a testemunha não tinham ideia de que estavam no meio de uma disputa. Sem saber, acabavam funcionando como uma espécie de juiz involuntário num jogo que dependia das suas respostas. Isso também criava um ambiente divertido e leve, porque quem vencia, Booth ou Brennan, muitas vezes se gabava, enquanto o perdedor ficava emburrado ou com aquele ar de "da próxima vez eu ganho". Como não seguimos a fórmula óbvia de um interrogatório policial tradicional e transformamos esse momento em uma forma de explorar a história de amor em constante evolução das personagens, *Bones* durou doze anos e se tornou uma das séries policiais mais imitadas no mundo.

Utilizar a fórmula da PESSOA ATRAENTE e do ALIADO VOLUNTÁRIO/ INVOLUNTÁRIO também pode aumentar a tensão dramática e tornar mais envolvente até um papel pequeno com falas pouco empolgantes. Trabalhei com Eva Mendes quando ela participou do filme *Dia de treinamento*, no qual ela tinha apenas duas cenas. Uma delas tinha sete falas sem grande conteúdo (cumprimentos formais), durante menos de dois minutos; e a outra não tinha nenhuma fala – apenas um rápido momento em que ela corre, assustada.

A cena com diálogo envolvia três personagens. Eva interpretava Sara, Denzel Washington fazia Alonzo (namorado dela) e Ethan Hawke era Jake. A cena era a seguinte:

DIA DE TREINAMENTO
de David Ayer

Sara (fora de cena) – *(por trás da porta)* Papi!
Alonzo – Mami.
(Sara abre a porta.)
Sara – Oi, Papi.
(Eles se beijam enquanto Jake observa. Param quando fica claro que Jake estava desconfortável.)
Alonzo – *(para Sara, referindo-se a Jake)* O novato, Jake.
Sara – Oi, prazer em conhecê-lo. Bem-vindo à minha casa.
Alonzo – Dê comida pra ele, cuide dele.
Sara – Claro. Como vai?
(Na sala de estar)
Sara – *(para Jake, entregando um controle remoto)* Tenho bolo. Pode assistir ao que quiser, tá bom? Fique à vontade. Já volto.
(Sara retorna com uma bandeja de comida.)
Sara – Isso aqui é comida salvadorenha.
Jake – Obrigado, parece ótimo.
Sara – Preciso sair.
(Ela sai.)

Como se vê, não está claro de imediato o que faz essa cena se destacar. É aí que o trabalho do ator pode transformar até um papel pequeno em algo especial – especial o suficiente para tornar essa uma cena decisiva na carreira de Eva.

O que fizemos foi partir de suposições sobre o relacionamento entre Alonzo e Sara, com base no resto do roteiro (do qual ela praticamente não participava). Alonzo costumava ser cruel com Jake, exagerando, colocando-o em situações comprometedoras. Sempre testava Jake, muitas vezes de forma hostil. Então, partimos da suposição de que Alonzo era um homem difícil de conviver, e que esse comportamento abusivo podia, em certos momentos, ser até físico. Supusemos também que Sara o amava muito, e era por isso que ainda estava com ele. Mas queria que ele reconhecesse seu valor, que percebesse a sorte que tinha em tê-la – ou ela iria embora. E ela não queria isso; queria manter a família unida. Essas escolhas aumentavam as apostas dramáticas, tornavam a situação urgente. Se não conseguisse, se Alonzo não demonstrasse sua gratidão, ela teria que deixá-lo. Ao fazer esse trabalho, tornamos a cena significativa. Definimos o OBJETIVO GERAL de Sara como *ter valor*. E o OBJETIVO DE CENA era *provocar ciúmes* em Alonzo – a PESSOA ATRAENTE. Introduzimos a possibilidade real de que ela poderia falhar nesse OBJETIVO. O maior OBSTÁCULO era: se isso não funcionasse, ela teria que deixá-lo, ou ele a deixaria. Ela o amava, amava o filho dos dois, e não queria destruir sua família.

Jake era o ALIADO INVOLUNTÁRIO, o peão que ela usaria para fazê-lo se apaixonar por ela, a fim de alcançar seu OBJETIVO DE CENA. Ela precisava que Alonzo percebesse que Jake estava claramente atraído por ela e que, portanto, ele tinha muita sorte de tê-la. O MONÓLOGO INTERNO de Sara era algo como: *Está vendo, Alonzo, como foi fácil fazer o Jake gostar de mim? Então fique esperto. Se você não enxergar o quanto é sortudo por ter a mim, eu tenho opções.* (Claro que Eva também personalizou esse monólogo em seu trabalho, mas para preservar sua vida pessoal, mantemos aqui a versão do ponto de vista da personagem.) Essas escolhas fizeram com que a cena se tornasse fundamental para entender melhor Alonzo e o tema do filme. Alonzo não era o único a "treinar" alguém – Sara também o estava "treinando" para se tornar um homem e parceiro melhor.

Nunca diga que não precisa fazer a análise do roteiro só porque acha que o papel é pequeno, fraco ou mal escrito. Faça o processo e você pode elevar qualquer papel a um nível inesperado.

Resumo: em cenas com três ou mais personagens, usar o sistema da PESSOA ATRAENTE e do ALIADO VOLUNTÁRIO/INCONSCIENTE permite focar um único OBJETIVO DE CENA, o que evita a confusão de tentar lembrar vários OBJETIVOS diferentes. Os conceitos da PESSOA ATRAENTE e dos ALIADOS funcionam tanto em cenas com três personagens quanto em cenas com um estádio lotado.

PARTE 4
A aplicação prática das 12 ferramentas

Análise do roteiro de *Tio Vânia* utilizando as 12 ferramentas

COMO ACONTECE COM TODOS OS ROTEIROS COM QUE IRÁ TRABALHAR, você primeiro deve ler o texto na íntegra. É assim que você obterá os fatos e detalhes da história, dos quais você necessita para informar as escolhas que você fará para as 12 ferramentas de atuação. Sei como é fácil ler aqueles guias de estudo rápido tão úteis (*Cliff's Notes*) ou fazer leitura dinâmica do roteiro. Porém, uma leitura mais cuidadosa inspirará uma caracterização mais profunda, colorida e distinta.

Uma visão geral de *Tio Vânia*

Fazendo um resumo, *Tio Vânia* conta a história do professor Alexandre Serebriákov e da sua jovem e linda esposa Helena, que deixam São Petersburgo, na Rússia, em meados do século XIX, para se estabelecer na propriedade rural da primeira esposa falecida de Alexandre. Durante anos, Sônia, filha do primeiro casamento do professor, e o tio dela, Vânia, têm vivido e trabalhado na propriedade, aceitando pequenos pagamentos e enviando a maior parte dos seus ganhos para São Petersburgo, a fim de sustentar Alexandre e seus estudos.

A chegada de Alexandre e Helena transforma a propriedade em um caos, tirando dos trilhos a rotina diária da vida no campo e despertando paixões. Triângulos de tensão se desenvolvem conforme as personagens lutam com seus desejos frustrados e desilusões. Vânia e seu amigo Ástrov, o médico local, disputam a atenção de Helena, enquanto Sônia e Helena descobrem-se, de forma irresistível, atraídas por Ástrov.

Os fatos relevantes em torno de uma cena do Ato 3 de *Tio Vânia*.

A seguir estão os pontos-chave necessários para entender como essa cena se encaixa dentro do arco da história da peça. Isso inclui as ações que ocorrem imediatamente antes e após essa cena em particular, junto com o desfecho, que irão ajudá-lo a entender para onde cada personagem precisa ir e o que precisam superar para que haja uma resolução para suas jornadas:

- Tio Vânia é cunhado do professor Alexandre Serebriákov, do seu primeiro casamento. Desde que a esposa de Alexandre morreu, ele cuida da propriedade da família e da filha de Alexandre.
- Ástrov é um médico com consciência social. Sua solteirice e outras dificuldades pessoais transformaram esse homem, outrora idealista, em um cético. Ele ingere quantidades excessivas de álcool para anestesiar sua dor.
- Sônia, filha de Alexandre, tem quase a mesma idade que a segunda esposa do seu pai, Helena, e está apaixonada por Ástrov há muito tempo. Ástrov, todavia, não tem interesse em Sônia – é Helena quem ele quer.
- Tio Vânia e Ástrov estão apaixonados pela sensual e carismática Helena.
- Helena, cuja falta de amor por Alexandre é visível, coloca Vânia e Ástrov um contra o outro para competir pela sua atenção.
- *Antes dessa cena*: Helena promete a Sônia que irá ajudá-la a conquistar o amor de Ástrov. Ela persuade Sônia a confiar nela e contar seus segredos. Sua missão, diz a Sônia, é altruisticamente ajudá-la a criar um relacionamento com Ástrov. Parece, no entanto, que Helena tem uma agenda oculta, motivada mais por interesses egoístas do que ela revela a Sônia.
- *Na cena seguinte*: Tio Vânia flagra Helena e Ástrov em um clima romântico.
- *Após a cena seguinte*: Como se já não fosse o suficiente, Vânia fica ainda mais enfurecido quando Alexandre procura vender a propriedade da sua primeira mulher, e tenta matá-lo.

- **No final**: Alexandre sobrevive à tentativa fracassada de assassinato de Vânia. A família inteira está dividida pelas manipulações de Helena, e Alexandre e Helena deixam a propriedade.

E agora, a cena a ser analisada...

TIO VÂNIA
Anton Tchékhov
(Uma cena do Ato 3)

Ástrov – (*Entra com um desenho.*) Olá, você queria ver um pouco da minha arte?
Helena – Ontem você me prometeu que iria me mostrar seus desenhos. Você está livre agora?
Ástrov – Eu adoraria!
(*Ele estende o desenho em uma mesa próxima e fixa-o com tachinhas. Ela o ajuda.*)
Onde você nasceu?
Helena – Em Petersburgo.
Ástrov – E em qual escola estudou?
Helena – No Conservatório de Música.
Ástrov – Duvido muito que isso vá interessá-la de alguma forma.
Helena – Por que não? Você está certo em afirmar que não sei muito sobre o campo, mas sou bem instruída.
Ástrov – Olhe aqui. Isto é um mapa desta região há cinquenta anos. A cor verde indica a floresta. Metade desta área era coberta por floresta. Onde você vê a cor vermelha por cima da verde predominavam alces, cabras-selvagens e todo tipo de vida selvagem. Olhe para a terceira parte e verá como retratei a região nos dias de hoje. Há verde, mas é esporádico. Não há vida selvagem.
(*Pausa*)
Você pode dizer que isso é o progresso e eu concordaria, se no lugar das florestas derrubadas fossem construídas fábricas ou escolas.

Mas não, há um monte de terra inútil lamacenta com doenças e pessoas desamparadas.
(*Ele olha para ela de soslaio...*)
Parece-me que você se interessa pouco por isso.
Helena – Não, acontece que eu não entendo muito disso.
Ástrov – Não é difícil de entender, apenas acho que você não parece interessada.
Helena – Por favor, desculpe minha falta de concentração, estava pensando em outra coisa. Para ser honesta, queria lhe perguntar algo, mas não sei como começar.
(*Pausa*)
É um assunto sobre alguém que você conhece. Como amigos, vamos conversar, sendo totalmente sinceros um com o outro, e então esquecemos que tivemos esta conversa. O que você me diz?
Ástrov – Tudo bem.
Helena – É sobre Sônia, minha enteada. O que você acha dela, você gosta dela?
Ástrov – Admiro seu espírito.
Helena – Mas você gosta dela como mulher?
Ástrov – (*Pausa*)
Não.
Helena – (*Beijando a mão dele.*) Você não a ama, posso ver nos seus olhos. Sabe, ela está sofrendo. Tente entender que você deve parar de vir aqui.
(*Pausa*)
Ai! Odeio isso, sinto como se estivesse carregando o peso do mundo nos ombros. De qualquer forma, está feito, graças a Deus, então agora nós podemos esquecer que tivemos esta conversa e seguir em frente. Você é um homem inteligente, tenho certeza de que entende por que deve...
(*Pausa*)
Acho que estou ficando vermelha...
Ástrov – Se você tivesse me falado sobre os sentimentos dela há um ou dois meses, eu poderia ter refletido sobre isso... Mas se ela está sofrendo por minha causa, não há outro jeito...

(*Pausa*)
Mas diga-me, por que *você* teve de me perguntar?
(*Ele olha para ela por um momento.*)
Ahhhh, entendi!
Helena – Do que você está falando?
Ástrov – Você sabe. Claro, Sônia pode estar apaixonada, mas por que é você quem está me perguntando essas coisas? Por que você parece tão surpresa? Você sabe por que venho todos os dias, sabe muito bem o efeito que causa em mim, sua encantadora "ave de rapina".
Helena – Ave de rapina! Do que você está falando?!
Ástrov – Você é deslumbrante, esperta, fogosa... E sou sua vítima. Bem, você venceu, pode me devorar.
(*Ele abre os braços e abaixa a cabeça como um mártir na cruz.*)
Eu me rendo, estou aqui e pronto para ser devorado!
Helena – Você enlouqueceu?
Ástrov – Você é tão modesta.
Helena – Não sou tão ardilosa ou cruel quanto você diz. Honestamente, não sou.
(*Ela tenta sair. Ástrov avança para bloquear seu caminho.*)
Ástrov – Vou embora e nunca mais voltarei. Diga-me apenas...
(*Segura a mão dela e olha em volta para ver se tem alguém olhando.*)
Onde podemos nos encontrar? Depressa, alguém pode nos pegar – por favor, diga-me onde.
(*Sussurrando de forma sedutora.*) Seu cabelo tem um cheiro maravilhoso. Um beijo, por favor deixe-me lhe dar um beijo.
Helena – Eu imploro...
Ástrov – (*Impede que ela fale.*) Não precisa implorar, sou seu. Você é tão linda. E que mãos adoráveis, preciso beijar suas mãos.
(*Beija-lhe as mãos.*)
Helena – Pare com isso, por favor, pare... Vá embora...
(*Ela puxa as mãos.*)
Ástrov – Você sabe que é inevitável, estamos destinados a ficar juntos.
(*Ele a beija, e neste exato momento Tio Vânia aparece com uma dúzia de rosas e para na soleira da porta. Helena e Ástrov não o veem.*)

Helena – (*Não vê Vânia*) Não. Nós não devíamos estar fazendo isso...
(*Ela encosta a cabeça no peito de Ástrov.*)
Ástrov – Às duas horas me encontre na plantação. Prometa que irá.
(*Helena vê Vânia olhando para eles.*)
Helena – Me solte!
(*Ela faz força para se afastar de Ástrov. Vai até a janela.*)
(*Resmungando para si*) Isto é simplesmente horrível.
(*Vânia coloca as rosas em uma cadeira próxima com cuidado. Helena continua a olhar pela janela tentando imaginar o que irá dizer ou fazer a seguir, enquanto Ástrov parece dolorosamente culpado e tenta disfarçar.*)

Antes de começarmos a analisar...

As escolhas a seguir, feitas utilizando cada uma das ferramentas, são sugestões. Como atuar é uma forma de arte, tudo é subjetivo. Nada é absoluto. À medida que você lê e trabalha com as 12 ferramentas, use sua imaginação, sua história, suas necessidades e incorpore seu ponto de vista.

E SEMPRE, SEMPRE, SEMPRE, ESCREVA A LÁPIS, DIRETAMENTE NO ROTEIRO.

Você escreverá a lápis para poder apagar suas escolhas com facilidade quando/se for preciso alterá-las por outras, mais eficientes.

É *fundamental* que você escreva diretamente no seu roteiro, colocando as ferramentas de forma precisa junto às palavras ou atividades com que se relacionam. Assim, conforme você memoriza o roteiro e dá uma olhada no texto para relembrar as palavras, verá de imediato os pensamentos e as escolhas ligadas a elas. Como resultado, você estará memorizando palavras e pensamentos ao mesmo tempo, criando associações e relacionando a análise de forma precisa com a história. Se escrever suas anotações em outra folha de papel, o cérebro vai transformar seus escritos e o roteiro em duas entidades separadas, o que dificultaria o ato de vincular seu trabalho interno às palavras do texto.

Memorize suas falas só depois que tiver terminado seu trabalho.

Se você memorizar suas falas antes de ter feito seu trabalho, o diálogo se tornará um monte de palavras sem sentido. Quando o significado e as intenções das palavras não são claros, não há o que fazer a não ser memorizar um jeito de dizê-las. Torna-se uma leitura linear, e leituras lineares sempre soarão da mesma forma toda vez que você pronunciar sua fala. Esse tipo de interpretação memorizada fica cimentado na sua mente e, assim como o cimento, é bastante difícil de desconstruir. É claro que isso estraga qualquer chance de interpretar com veracidade e espontaneidade o papel. Ao passo que, se você aplicar as 12 ferramentas da atuação primeiro e depois memorizar suas falas, as palavras terão informações que significam algo pessoal a você, permitindo que os impulsos naturais surjam.

Ferramenta nº 1: OBJETIVO GERAL

A meta de vida da personagem, que é perseguida durante todo o roteiro.

OBJETIVO GERAL de Helena.

Após ter estudado o roteiro e coletado informações pertinentes e específicas sobre Helena, você deve explorar por que uma mulher tão jovem e bela se casaria com um homem tão velho e excêntrico. Talvez por segurança? Alexandre está velho e seu estado de saúde não é muito bom. Helena está prestes a herdar dinheiro e liberdade. Talvez ela tenha problemas com a figura paterna e Alexandre dê a ela o sentimento do pai que ela nunca teve.

Você também pode se questionar: "Por que Helena se muda da cidade onde nasceu e foi criada, para um lugar que considera tedioso e sem graça?" No roteiro, ela com frequência fala sobre estar entediada, no entanto, quando os outros lhe apresentam sugestões de atividades para fazer, ela não se interessa. O campo, porém, é uma nova área para ela causar seus típicos estragos. Ao criar caos e tumulto, ela se sente viva. Assumir riscos e passar dos limites faz a adrenalina fluir, o sangue correr mais rápido e cria uma montanha-russa emocional para ela e os que estão ao seu redor. Agora sim, *isso* é empolgante! E é a maneira que Helena tem de legitimar sua existência. Como?

Ela cruelmente flerta com Tio Vânia, sem intenção alguma de cumprir suas "promessas". Faz Sônia agir de acordo com seus sentimentos pelo dr. Ástrov, sabendo muito bem que será tempo perdido e que Sônia irá sofrer. Enquanto isso, ela compete com a ingênua enteada pelo afeto tanto de Alexandre quanto de Ástrov, fazendo Sônia pensar que elas são amigas – criando ainda mais caos. Helena é a causadora do clímax da história, que perturba todos os relacionamentos outrora seguros e deixa seu marido praticamente destroçado por todos os seus jogos e subterfúgios. Por que Helena faz isso?

Devemos presumir que ela não é uma pessoa inerentemente má. Então, ela deve ser motivada por inseguranças extremas. Na Rússia, em meados do século XIX, as mulheres não tinham oportunidade de seguir uma carreira que as definisse. Elas eram definidas pelo casamento, *se* fossem casadas e com *quem*. Uma mulher esperta tinha algumas saídas para sua inteligência. Para Helena, a domesticidade não era o suficiente. Além disso, Helena não tem um propósito de vida. Ela não é mãe, está em um casamento sem amor, não tem trabalho ou paixões, nem caridade alguma com a qual se envolver. Como resultado, ela faz muito estardalhaço para sentir como se estivesse realizando algo. Como uma criança malcriada, receber qualquer atenção – positiva ou negativa – torna-se sua meta. Em geral, as crianças que se comportam mal sentem que irão desaparecer se não fizerem algo chocante ou drástico (isso é verdadeiro sobretudo para as crianças com questões de abandono). Do mesmo modo, Helena causa destruição emocional para sentir um sopro de vida. Ela faz as pessoas se apaixonarem por ela e a admirarem. Com esse comportamento ela se sente poderosa e tem um propósito e uma razão para estar viva. Então...

OBJETIVO GERAL de Helena
- *Amor, para retomar meu poder.*

Objetivo geral de Ástrov.

Ástrov é médico em uma comunidade rural. Ele se tornou médico em uma busca idealista pela cura das doenças que consumiam a população. Mas logo descobriu que isso era impossível. Visto que seus esforços na medicina não estavam sendo recompensados, ele tentou se dedicar a um esforço para salvar a ecologia local. Para sua infelicidade, ele também estava fracassando na tentativa de curar a Terra de seus males modernos. Em suma, as grandes mudanças que ele iria fazer para a humanidade nunca aconteceram. Depois de anos tratando hipocondríacos ricos, ele se tornou cínico, solitário e recorreu ao álcool para anestesiar suas feridas.

Antes da chegada de Helena, ele ia à casa de Vânia uma vez por mês. Tudo isso muda com a chegada de Helena. Com a presença dela na casa, Ástrov usa as frequentes e, em geral, imaginárias queixas de dor e doença de Alexandre como desculpa para fazer visitas diárias. Antes de Helena, Ástrov quase havia perdido a esperança de encontrar o amor. Sua desesperança o deixou mal-humorado e bastante crítico, fazendo com que bebesse vodca em excesso.

Helena muda sua perspectiva. Devido aos seus fortes sentimentos por ela (a maioria manipulados pela própria dama, bela e calculista), Ástrov se sente romântico, esperançoso e quase leviano. Também não fere seu ego o fato de Sônia revelar ter uma antiga queda por ele. No final, Ástrov está tão esmagado pelas maquinações de Helena que ele proclama a Vânia e Sônia (as personagens que ainda estão na casa) que não irá retornar por pelo menos um ano. O fato principal é que o amor tem um efeito enorme na sua vida. Nós vemos como a falta dele faz com que Ástrov fique desesperançoso, pessimista e bêbado, enquanto o amor faz com que ele se torne esperançoso e trabalhador. Então...

Objetivo geral de Ástrov
- *Amor, para encontrar um propósito.*

Conforme você examina os elementos das metas e das circunstâncias da vida da sua personagem, esteja sempre atento à maneira como elas podem ser traduzidas com emoção para os elementos da sua própria vida.

Ferramenta n° 2: OBJETIVO DE CENA

A meta que sua personagem gostaria de atingir ao longo de uma cena individual. Ela deve apoiar o OBJETIVO GERAL.

OBJETIVO DE CENA de Helena.

Fatos da cena que afetam Helena:

1. Helena não se mostra muito interessada nos desenhos de Ástrov ou no seu entusiasmo por silvicultura e ecologia.
2. O que parece atrair Helena como assunto principal da conversa é qualquer coisa sobre ela e para ela. Até mesmo quando ela fala de Sônia para Ástrov, é uma maneira de fazer com que ele diga que não quer Sônia, mas que, em vez disso, anseia por ela, Helena.
3. Helena pode dizer "não" para as investidas de Ástrov, mas o comportamento dela o incita, dando a ele o tipo de sinais confusos que têm atormentado os homens por séculos: "Suas palavras dizem 'não', mas seus olhos dizem 'sim'."
4. Helena está casada com alguém que ela não ama.
5. Helena sabe que Vânia está apaixonado por ela (e deveria saber – afinal, foi ela quem provocou aquilo).

Para apoiar o OBJETIVO GERAL de Helena, *amar para retomar meu poder*, faria sentido o OBJETIVO DE CENA de Helena ser *fazer você* (Ástrov) *se apaixonar por mim*. Enquanto esse também pode ser o OBJETIVO DE CENA de Ástrov, porque ele está de fato apaixonado por ela, Helena iria atrás do coração de Ástrov para ter poder sobre ele, o que a faria se sentir viva e valorizada. Fazer com que Ástrov se apaixone por ela tornará Helena sua razão de existir, assim como alguém por quem ele está disposto a destruir a própria vida. Isso permite que ela se torne uma pessoa de grande importância. Sabemos que ela não o ama, porque quando tem a opção de deixar seu marido no final da história, ela escolhe ficar com o marido muito mais rico e se mudar, na sua jornada de vida, para outro local, e fazer mais homens desavisados se apaixonarem por ela. Para que Helena dê a si um sentimento de significância que valide sua existência, a escolha lógica seria...

OBJETIVO DE CENA de Helena
- *Fazer você se apaixonar por mim para retomar meu poder.*

OBJETIVO DE CENA de Ástrov.

Fatos da cena que afetam Ástrov:

1. Ástrov exibe seus desenhos e interesses eruditos sobre ecologia como uma maneira de impressionar Helena.
2. Ele deixa escapar, em um momento de fraqueza, que o único motivo para ir até a casa é para vê-la. Suas intenções por ela, obviamente românticas e sexuais, criam um estranho comportamento do tipo "gosto demais de você".
3. Ástrov quer um relacionamento amoroso que nunca teve.
4. Ele está solitário e desesperado, porque sente que Helena pode ser sua última chance de encontrar o amor.
5. Helena é casada e o melhor amigo de Ástrov também está apaixonado por ela, o que torna complicado e problemático fazer com que ela o ame.

Você poderia olhar para toda a sensualidade na cena e dizer que o OBJETIVO DE CENA de Ástrov poderia ser *fazer você fazer sexo comigo*, mas isso minaria suas intenções de vida, conforme indicado no seu OBJETIVO GERAL *amar para encontrar um propósito*. Se sexo fosse só o que ele quisesse, Ástrov poderia com facilidade ir para a cama com Sônia, que tem se comportado, durante muito tempo, como uma garotinha apaixonada. Além disso, Ástrov menciona, ao longo do roteiro, o quanto não quer mais ficar sozinho, mas que não consegue encontrar a mulher certa. Isso é, até... Helena. Sendo casada, Helena também tem a atração do fruto proibido, que sempre torna alguém ou algo mais desejável. Então...

OBJETIVO DE CENA de Ástrov
- *Fazer você se apaixonar por mim.*

O OBJETIVO DE CENA sempre deve apoiar o OBJETIVO GERAL e ser redigido de modo a exigir uma reação.

Ferramenta nº 3: OBSTÁCULOS

São as barreiras e os conflitos físicos, emocionais e mentais que atrapalham o OBJETIVO DE CENA de ser alcançado, tornando, assim, a busca mais emocionante e recompensadora.

OBSTÁCULOS de Helena.

Alguns dos OBSTÁCULOS no caminho do OBJETIVO DE CENA de Helena, *fazer você se apaixonar por mim*, são:

1. Possível rejeição.
2. Helena é casada.
3. Sônia, enteada de Helena, está apaixonada por Ástrov.
4. Vânia, o dono da casa, cunhado do seu marido e melhor amigo de Ástrov, está apaixonado por ela.
5. Helena não se interessa nada por ecologia, o que Ástrov ama.
6. Helena é da cidade. Ástrov é do campo. Os dois têm muito pouco em comum. E, de qualquer maneira, ela não demonstra interesse algum em nada que alguém do campo tenha a oferecer.
7. Helena tem uma natureza extremamente competitiva. Quando se trata de competição, ela gosta que as apostas sejam altas – nesse caso, competir com Sônia por Ástrov.

8. Ela pode ser flagrada por Alexandre, o marido; Sônia, a enteada e recém-declarada melhor amiga; Vânia, amigo de Ástrov, dono da casa, cunhado do seu marido e um homem que está perigosamente apaixonado por ela; ou qualquer uma dessas combinações.
9. Ela é flagrada.

OBSTÁCULOS de Ástrov.

Alguns dos OBSTÁCULOS no caminho do OBJETIVO DE CENA de Ástrov, *fazer você se apaixonar por mim*, são:

1. Possível rejeição.
2. Ástrov está apaixonado por Helena. (Como todos nós sabemos, estar apaixonado possui OBSTÁCULOS inerentes).
3. Helena é casada.
4. Ástrov nunca teve um relacionamento longo e é ingênuo.
5. Sônia está apaixonada por Ástrov e poderia representar um problema.
6. O melhor amigo de Ástrov, Vânia, também deseja Helena.
7. Seu problema com bebida alcoólica.
8. Desespero. (O desespero sempre cria comportamentos estranhos e indesejados).
9. Disparidade social e educacional.
10. A natureza pessimista de Ástrov.
11. Uma consciência pesada.

Nunca, nunca desista de ir atrás do seu OBJETIVO DE CENA, mesmo que os OBSTÁCULOS pareçam impossíveis de superar.

Ferramenta n° 4: SUBSTITUIÇÃO

> Associar ao outro ator/personagem alguém da sua própria vida que inspire uma necessidade pessoal para atingir o OBJETIVO DE CENA da sua personagem.

Mantenha em mente que, quando fizer uma escolha de SUBSTITUIÇÃO, ela deve criar um desejo pessoal de vencer, porque a SUBSTITUIÇÃO contém a história apropriada e os OBSTÁCULOS inerentes que se relacionam com a situação difícil da sua personagem. Escolha alguém difícil e necessário, porque se você conseguir obter com facilidade seu OBJETIVO DE CENA da sua SUBSTITUIÇÃO escolhida, a trajetória será monótona.

Não julgue ou moralize ao escolher uma SUBSTITUIÇÃO.

A atuação é um espaço no qual você pode ser mau, imoral e manipulador, porque não é real. É sua vida imaginária em toda sua liberdade. Não se censure. Essa forma de arte trata-se, apenas, do único lugar em que você pode legitimamente fazer o que nunca ousaria fazer na sua vida real. Então, aproveite.

As sugestões a seguir são apenas algumas em um infinito campo de possibilidades. As escolhas de SUBSTITUIÇÃO são tão variadas e numerosas quanto suas experiências de vida. Pense em algumas escolhas que considere lógicas, depois seja mais criativo e pense em outras que fazem menos sentido.

SUBSTITUIÇÃO de Ástrov para Helena.

Pergunte-se: "De quem na minha vida quero conquistar meu OBJETIVO DE CENA, *fazer você se apaixonar por mim para retomar meu poder*? Quem na minha vida inspira também a necessidade de manipular, correr riscos, e que representa OBSTÁCULOS naturalmente carregados de tensão?"

Experimente também fazer um DIÁRIO EMOCIONAL INFORMATIVO, usando o OBJETIVO DE CENA como estímulo. *Preciso que você se apaixone por mim para que eu retome meu poder, [nome da pessoa], porque...*

Sugestões de SUBSTITUIÇÃO

- **Seu ex**: Há uma razão para essa pessoa já não estar mais na sua vida. Mentiras, traição, constante condescendência e abuso são todas boas razões para fazer "joguinhos" como uma forma de vingança contra todas as manipulações que, originariamente, foram feitas com você. O risco é que, por meio de todas as suas manipulações, acabe se apaixonando de novo pelo seu ex, tornando o "jogo" perigoso. Pense nas pessoas que poderiam surpreendê-los: seu atual companheiro; seus pais ou um amigo que desaprovaria; o amigo ou membro da família dele que nunca gostou de você etc.
- **O companheiro de sua amiga**: Talvez você tenha uma amiga que tenha sido, de algum modo, perversa com você. Todos nós temos ou tivemos uma amiga assim. Pode ser masoquismo seu, mas essa pessoa, contudo, merece algum tipo de jogo que dê a você a reversão do poder. Correr atrás do companheiro de sua amiga e fazer com que ele se apaixone por você faria exatamente isso. O risco é perder a amizade e talvez a de outros amigos, que podem passar a conhecer seu comportamento e que deixariam de confiar em você. Os convidados indesejados que poderiam atrapalhar sua intimidade poderiam ser a amiga, outros amigos que ficariam chocados ou seu companheiro atual.
- **Seu chefe, professor, diretor, produtor (pessoas em posição de autoridade)**: Pessoas em posição de autoridade com frequência abusam disso. Se isso já aconteceu com você, aposte todas as fichas nessa pessoa. Ela merece boas jogadas de manipulações. Entre as possíveis escolhas para a pessoa perigosa que pode interromper, estão: seu companheiro, o companheiro dessa pessoa, outro aluno ou empregado etc.

- **Um parente distante da família (primo, tio, padrasto, cunhado etc.):** Esses não são membros da família tão próximos, e usá-los não seria tão repreensível quanto, digamos, usar um pai ou irmão de sangue, mas ainda assim isso seria considerado amoral e socialmente reprovável. Porém, se esse parente de algum modo machucou você (ou se o parente a quem essa pessoa está ligada feriu seu lado emocional), então todas as suas manipulações calculistas soarão de todo justificáveis. As escolhas podem ser outros membros da família, um parente a quem essa pessoa está ligada, seu atual companheiro etc.
- **Seu amigo:** Você sabe de quem estou falando. Daquele por quem sempre se sentiu atraída, mas tinha medo de correr atrás para não perder a amizade. Há questões de poder intrínsecas nesse tipo de amizade em particular, porque o amigo em geral sabe e, com frequência, sente a mesma atração. Se esse amigo não age por medo ou porque se conter dá a ele poder, não importa – você sente como se ele exercesse muito poder sobre você. Aqueles que entram e poderiam lhe causar uma parada cardíaca podem ser um outro amigo que sabe sobre vocês, seu companheiro etc.

SUBSTITUIÇÃO de Helena para Ástrov.

Pergunte-se: "De quem na minha vida quero conquistar o OBJETIVO DE CENA *fazer você se apaixonar por mim*? Com quem eu teria um relacionamento que parecesse proibido, errado, e que me daria uma sensação de amor não correspondido?" Experimente um DIÁRIO EMOCIONAL INFORMATIVO com o estímulo: *Meu amor por você me faz sentir culpado, [nome da pessoa], porque...*

Sugestões de SUBSTITUIÇÃO

- **Sua ex:** Qualquer problema que tenha levado essa pessoa a ser sua ex estará sempre presente. É improvável que essa pessoa tenha mudado muito, e a feiura do passado está prestes a reaparecer e causar dor de cabeça. Todos nós sabemos disso, mesmo assim a maioria de nós ignora que a possibilidade deles terem enxergado o erro e mudado é minúscula. Quanto mais errada essa relação parece ser, mais a desejamos. Isso faz com que o ex pareça proibido, o que o leva a se sentir estúpido por desejá-lo tanto, o que faz com que você se sinta culpado pelo amor não correspondido (ah, a natureza humana mostrando suas sombras). Todos aqueles que poderiam entrar provocando angústia: sua companheira atual; membros da família ou amigos que nunca aprovaram essa pessoa como sua companheira etc.

- **Sua aluna, funcionária ou enteada:** Quando se está em uma posição de autoridade, é considerado inapropriado, às vezes até mesmo ilegal, tirar vantagem de uma pessoa sobre quem você exerce poder. Você pode ser execrado e rejeitado pelas pessoas de quem gosta, simplesmente porque elas não entendem que seu amor é profundo e transcende convenções. Isso não anula seus sentimentos de culpa, nem o fato de que esse amor é extremamente proibido. Quem poderia interromper... Bom, praticamente qualquer pessoa seria um problema nessas circunstâncias.

- **Um homem por quem você se sente atraído:** Se você é um homem heterossexual e se vê atraído ou até mesmo obcecado por um homem, isso irá trazer sentimentos naturais de culpa, proibição, e por causa do estigma social, você não será correspondido. O fator crucial é que seria muito assustador obter o OBJETIVO DE CENA dessa SUBSTITUIÇÃO, tornando-a uma escolha poderosa. Pessoas que seriam problemáticas ao interferir – qualquer um.

- **Uma mulher financeira, social e intelectualmente, ou devido à idade, "inalcançável para você":** Se uma mulher ganha mais dinheiro, é mais atraente, mais instruída ou tem um nível socioeconômico mais alto, isso pode ser bastante intimidante e diminuí-lo. Você pode se perguntar se está sendo visto, em silêncio e em segredo, pelos seus amigos e familiares como um idiota. Contudo, você irá fazer qualquer coisa para que essa pessoa se apaixone por você – não importa quão extrema seja a disparidade – porque isso irá alimentar seu ego. Aqueles que entrariam sem ser convidados e podem se tornar um problema: qualquer membro da família ou amigo que ache que você está almejando algo muito além do seu alcance; sua atual companheira; a família ou os amigos dela que o desprezam etc.

- **A amiga da sua companheira, sua madrasta, cunhada (qualquer pessoa ligada a alguém que você ama):** Isto se enquadraria na seguinte categoria: "Você não deveria fazer isso." A sua culpa por esse desejo proibido e provavelmente não correspondido é evidente... Mas isso não o impede de tentar – porque o amor pode conquistar tudo, como deve ser. Isso se ela corresponder, o que pode não acontecer, e então tudo estará perdido, porque você a terá perdido e também perderá a pessoa amada a quem ela está ligada. Aqueles cuja presença seria um risco: a pessoa amada a quem ela está ligada; outros membros da família; sua atual companheira; um amigo que iria reprovar; seu pastor ou rabino, que iria chamá-lo de imoral etc.

Personalizando os OBSTÁCULOS levando em consideração sua escolha de SUBSTITUIÇÃO.

Uma vez que você tenha selecionado e testado algumas pessoas da sua vida como possíveis escolhas de SUBSTITUIÇÃO e tenha encontrado a SUBSTITUIÇÃO que funciona, você deve voltar ao roteiro e personalizar os OBSTÁCULOS da sua personagem, conforme eles se relacionam com essa pessoa. A personalização dos OBSTÁCULOS será, de maneira intrínseca, determinada a partir da SUBSTITUIÇÃO que você utiliza na cena. Isso significa que, se você mudar sua SUBSTITUIÇÃO, você deve mudar suas personalizações de acordo com ela.

Ao personalizar seus OBSTÁCULOS, faça escolhas vívidas e profundas – seja específico e detalhista ao atribuir informações pessoais aos seus OBSTÁCULOS. Isso intensificará seu esforço para alcançar seu OBJETIVO DE CENA, porque você se tornará hiper consciente do que irá acontecer caso não vença.

Ferramenta nº 5: OBJETOS INTERNOS

> São as imagens ligadas a pessoas, lugares, coisas ou acontecimentos da sua própria vida sobre as quais você pensa quando você ou as outras personagens estão falando sobre pessoas, lugares, coisas ou acontecimentos do roteiro.

Os OBJETOS INTERNOS são imagens, não palavras. Visualizar essas imagens de pessoas, lugares, coisas e acontecimentos cria associações *reais* para as palavras que você diz e ouve. O trabalho interno que você fez até agora irá ajudá-lo a definir suas escolhas de OBJETOS INTERNOS. Também se assegure de que seus OBJETOS INTERNOS têm OBSTÁCULOS inerentes (isso serve para todas as ferramentas). Se suas escolhas de OBJETOS INTERNOS não estiverem permeadas por uma história e um conflito altamente carregados, então as imagens que você criou não irão emergir com naturalidade quando chegar a hora de você interpretar.

Aqui estão algumas possíveis escolhas de OBJETOS INTERNOS para *Tio Vânia*. De novo, como todas as ferramentas que examinamos até agora, essas são meras sugestões para ajudar a inspirar um profundo entendimento da técnica e orientar você a propor suas próprias ideias. Os OBJETOS INTERNOS que mais o afetam serão únicos para quem você é como pessoa. Sempre faça escolhas baseadas nas suas experiências de vida.

Para os propósitos do livro, e para que você possa entender bem como os OBJETOS INTERNOS funcionam, as partes do diálogo de *Tio Vânia* que precisam de OBJETOS INTERNOS estarão *sublinhadas*, e minha lista de escolhas possíveis para esses OBJETOS INTERNOS estará escrita a mão. Aqui você irá ver uma lista, mas na prática você deverá escrever à mão apenas *uma* escolha diretamente abaixo da palavra que necessita de um OBJETO INTERNO. Se você mudar seu OBJETO INTERNO durante o processo de ensaio, apague e troque a escolha original pela nova. Mais uma vez, essa nova escolha deve ser escrita diretamente abaixo da palavra do roteiro que necessita de um OBJETO INTERNO (da mesma maneira que ilustramos na Parte 1, Ferramenta nº 5, em *A importância de ser Ernesto*).

Objetos internos do ponto de vista de Helena

TIO VÂNIA
Anton Tchékhov
(Uma cena do Ato 3)

Ástrov – (*Entra com um <u>desenho</u>.*) Olá, você queria ver um pouco da minha <u>arte</u>?

"... <u>desenho</u>" "... <u>arte</u>" =
Pense na sua SUBSTITUIÇÃO *para Ástrov. Por qual assunto ele é obcecado? Sobre qual assunto ele fala sem parar e que deixa você muito entediada?*
- *A campanha eleitoral em Juneau, Alaska*
- *Lei pela Libertação dos Furões;*
- *Ecologia;*
- *Mercado de ações.*

Helena – Ontem você me prometeu que iria me mostrar seus <u>desenhos</u>. Você está livre agora?

"...<u>desenhos</u>." =
Os mesmos OBJETOS INTERNOS *acima.*

Ástrov – Eu adoraria!
(*Ele estende o desenho em uma mesa próxima e fixa-o com tachinhas. Ela o ajuda.*)
Onde você nasceu?
Helena – Em <u>Petersburgo</u>.

"...<u>Petersburgo</u>." =
Você deve escolher um OBJETO INTERNO *visual de um lugar que poderia deixar sua* SUBSTITUIÇÃO *para Ástrov intimidada. Não precisa ser uma cidade, estado ou país onde você cresceu. Pode ser o local onde você reside hoje ou uma parte da cidade onde você vive que é social ou economicamente superior à parte onde sua* SUBSTITUIÇÃO *para Ástrov reside. Você também deve estar consciente de como sua* SUBSTITUIÇÃO *ficará angustiada ao comparar sua vida com a dela.*

- *Beverly Hills (ele mora em no vale).*
- *Manhattan (ele é do Bronx).*
- *Um bairro residencial (ele é do gueto).*
- *Uma casa grande (ele vive em uma quitinete).*
- *Você não divide a casa com ninguém (ele divide com várias pessoas).*

Ástrov – E em qual <u>escola</u> estudou?
Helena – No <u>Conservatório de Música</u>.

"*...<u>escola</u>*" "*...<u>Conservatório de Música</u>.*" =
Seu OBJETO INTERNO *deve ser algo que fará sua* SUBSTITUIÇÃO *para Ástrov parecer menos instruída, inteligente ou experiente. É um* OBSTÁCULO *adicional para você superar, porque ao mesmo tempo que você quer impressionar Ástrov, você certamente não quer diminuí-lo. Nessa resposta, residem tanto "boas quanto más notícias"...*

- *Cursou uma universidade federal (ele foi para uma de menos prestígio ou nem se graduou).*
- *Escola particular para superdotados (ele foi para uma escola pública).*
- *Experiente na escola da vida e dos descolados (ele teve uma criação ingênua, de interior).*
- *A mesma escola que sua* SUBSTITUIÇÃO *para Ástrov, mas com melhores notas ou em séries mais avançadas.*
- *Você é mandachuva numa grande empresa (ele conseguiu uma posição insignificante em uma empresa pequena).*

Ástrov – Duvido muito que isto vá lhe interessar de alguma forma.
Helena – Por que não? Você está certo em afirmar que não sei muito sobre <u>o campo</u>, mas sou bem instruída.

"*...<u>o campo</u>...*" =
Os mesmos OBJETOS INTERNOS *visuais que você usou para "desenho" e "arte".*

Ástrov – Olhe aqui. Isto é um <u>mapa desta região</u> <u>há</u> <u>cinquenta anos</u>. A cor verde indica a <u>floresta</u>. Metade desta área era coberta por <u>floresta</u>. Onde você vê a cor vermelha por cima da verde predominavam <u>alces, cabras-selvagens e todo tipo de vida selvagem</u>. Olhe para a terceira parte e verá como retratei a região nos dias de hoje. Há verde, mas é esporádico. <u>Não há vida selvagem</u>.

(*Pausa*)

Você pode dizer que isso é o progresso e eu concordaria, se no lugar das <u>florestas derrubadas</u> fossem construídas <u>fábricas ou escolas</u>. Mas não, há um monte de <u>terra inútil lamacenta com doenças</u> e <u>pessoas desamparadas</u>.

Agora, você tem que preencher os detalhes do assunto que você escolheu, que motiva a paixão da sua SUBSTITUIÇÃO para Ástrov e faz você querer tirar uma soneca. Vamos usar os "políticos americanos" como o tema que você acha maçante. À medida que ouve as palavras do roteiro, entenderá o significado como:

- "... <u>mapa da nossa região</u>..." =
  Um diagrama da história dos políticos americanos poderosos, incluindo suas realizações e falcatruas.
- "... <u>há cinquenta anos</u>..." =
  Há duzentos e cinquenta anos, nos primórdios da América.
- "... <u>florestas</u>..." e "... <u>alces, cabras-selvagens e todo tipo de vida selvagem</u>..." =
  Liberdade de expressão, liberdade religiosa etc.
- "... <u>Não há vida selvagem</u>..." =
  Não há verdade nem integridade na política e nos políticos.
- "... <u>florestas derrubadas</u>..." =
  Escândalos políticos destrutivos.
- "... <u>fábricas ou escolas</u>..." =
  Ajudar pessoas pobres.
- "... <u>terra inútil lamacenta com doenças</u>..."
  Guetos e áreas pobres.
- "... <u>pessoas desamparadas</u>." =
  ... pessoas pobres, dependentes químicos, vítimas de aids.

(*Ele olha para ela de soslaio...*)

Ástrov – Parece-me que você se interessa pouco por isso.
Helena – Não, acontece que não entendo muito disso.
Ástrov – Não é difícil de entender, apenas acho que você não parece interessada.
Helena – Por favor, desculpe minha falta de concentração, estava pensando em outra coisa. Para ser honesta, queria lhe <u>perguntar algo</u>, mas não sei como começar.

(*Pausa*)

É <u>um assunto sobre alguém que você conhece</u>. Como amigos, vamos conversar, sendo totalmente sinceros um com o outro, e então esquecemos que tivemos esta conversa. O que você me diz?

"*... <u>perguntar algo</u>...*" *e* "*<u>um assunto sobre alguém que você conhece</u>.*" =
Embora o nome de Sônia não esteja indicado no texto, ela deve ser um OBJETO INTERNO aqui, porque ela é o assunto da pergunta misteriosa de Helena. É claro que seu OBJETO INTERNO visual para Sônia é a SUBSTITUIÇÃO que você está usando para Sônia.

Ástrov – Tudo bem.
Helena – É sobre <u>Sônia, minha enteada</u>. O que você acha dela, você gosta dela?

"*... <u>Sônia, a minha enteada</u>.*" =
Mesmo OBJETO INTERNO para Sônia.

Ástrov – Admiro seu espírito.
Helena – Mas você gosta dela como <u>mulher</u>?

"*... <u>mulher</u>*" =
Sexo.

Ástrov – (*Pausa*) Não.
Helena – (*Beijando a mão dele.*) Você não a ama, posso ver nos seus olhos. Sabe, ela está sofrendo. Tente entender que você deve parar de vir <u>aqui</u>.

Sua SUBSTITUIÇÃO para Ástrov determinará qual será seu OBJETO INTERNO. De acordo com o contexto que você criou, onde você está?
"... <u>aqui</u>." =
- Minha casa.
- Meu escritório.
- Minha escola.
- A casa da minha família.
- A casa do meu namorado.

Ai! Odeio isso, sinto como se estivesse carregando o peso do mundo nos ombros. De qualquer forma, está feito, graças a Deus, então agora nós podemos esquecer que tivemos esta conversa e seguir em frente. Você é um homem inteligente, tenho certeza de que entende por que você deve...

(Pausa)

Acho que estou <u>ficando vermelha</u>...

"... <u>ficando vermelha</u>." =
- *Sexualmente excitada (imagine seu fetiche sexual preferido envolvendo Ástrov)*
- *Sentindo-se tonta e fraca (e se eu desmaiar, posso legitimamente cair nos seus braços...)*

Ástrov – Se você tivesse me falado sobre os sentimentos dela há um ou dois meses, eu poderia ter refletido sobre isso... Mas se ela está sofrendo por minha causa, não há outro jeito... Mas diga-me, por que *você* tinha de me perguntar?
(Ele olha para ela por um momento.)
Ahhhh, entendi!
Helena – Do que você está falando?
Ástrov – Você sabe. Claro, Sônia pode estar apaixonada, mas por que é você quem está me perguntando essas coisas? Por que você parece tão surpresa? Você sabe por que venho todos os dias, sabe muito bem o efeito que causa em mim, sua encantadora "<u>ave de rapina</u>".
Helena – <u>Ave de rapina</u>! Do que você está falando?!

"... *ave de rapina*." =
Mais uma vez, Ástrov está sendo ambíguo. Deixe as possíveis paranoias percorrerem sua mente.
- *Duas caras.*
- *Falsa.*
- *Mentirosa.*
- *Oportunista.*
- *Safada.*
- *Cobra.*

Ástrov – Você é deslumbrante, esperta, fogosa... E sou sua vítima. Bem, você venceu, pode me devorar.
(*Ele abre os braços e abaixa a cabeça como um mártir na cruz.*)
Eu me rendo, estou aqui e pronto para ser devorado!
Helena – Você enlouqueceu?
Ástrov – Você é tão modesta.

"... *modesta*." =
- *Mentirosa.*
- *Sorrateira.*
- *Promíscua.*
- *Duas caras.*
- *Manipuladora.*

Helena – Não sou tão ardilosa ou cruel quanto você diz. Honestamente, não sou.
(*Ela tenta sair. Ástrov avança para bloquear seu caminho.*)
Ástrov – Vou embora e nunca mais voltarei. Diga-me apenas...
(*Segura a mão dela e olha em volta para ver se tem alguém olhando.*)
Onde podemos nos encontrar? Depressa, alguém pode nos pegar – por favor, diga-me onde.
(*Sussurrando de forma sedutora.*) Seu cabelo tem um cheiro maravilhoso. Um beijo, por favor, deixe-me lhe dar um beijo.

"... *cabelo tem um cheiro maravilhoso*." =
- *Meu perfume.*

- *Meu cheiro natural.*
- *Meu xampu.*

"*... <u>deixe-me lhe dar um beijo</u>.*" =
O OBJETO INTERNO *aqui é uma fantasia "sexual" vívida e específica que motivaria uma sexualidade intensa em você – uma fantasia visual que é tão excitante que parte do* OBSTÁCULO *é não estar sendo capaz de controlar seus impulsos sexuais. Assim, há a possibilidade de ultrapassar os limites que você pretendia.*

Helena – Eu imploro...
Ástrov – (*Impede que ela fale.*) Não precisa implorar, sou seu. Você é tão linda. E que <u>mãos</u> adoráveis, preciso <u>beijar suas mãos</u>.
(*Beija-lhe as mãos.*)

"*... <u>mãos</u>...*" e "*... <u>beijar suas mãos</u>.*" (*e o* OBJETO INTERNO *ligado ao ato de beijar as mãos*) =
A fantasia imaginada tem que ser a mais proibida, as mãos simbolizando a parte do corpo considerada mais sensível. Quando ele fala sobre suas mãos e beija suas mãos, você está fantasiando que ele está, na verdade, fazendo isso na parte do seu corpo que é estimulada com mais facilidade.
- *Mordiscando o pescoço.*
- *Lambendo atrás dos joelhos.*
- *Chupando os dedos das mãos ou dos pés.*
- *Mordiscando as orelhas.*
- *Beijando a parte interna das coxas.*

Helena – Pare com isso, por favor, pare... Vá embora...
(*Ela puxa as mãos.*)
Ástrov – Você sabe que é inevitável, estamos destinados a ficar juntos.
(*Ele a beija, e neste exato momento Tio Vânia aparece com uma dúzia de rosas e para na soleira da porta. Helena e Ástrov não o veem.*)
Helena – (*Não vê Vânia*) <u>Não. Nós não devíamos estar fazendo isso</u>...

"... *Nós não devíamos estar fazendo isso*..."
O OBJETO INTERNO aqui é a imagem que expressa visualmente o perigo das suas consequências pessoais se for pega...
- Divórcio.
- Perda do emprego.
- Morte ou mutilação.
- Ficar sem emprego no futuro.
- Ser expulsa.
- Perda da família.
- Perda dos filhos.
- Perda dos amigos.
- Ficar sozinha para sempre.

(*Ela encosta a cabeça no peito de Ástrov.*)
Ástrov – Às duas horas me encontre na *plantação*. Prometa que irá.

"... *plantação*." =
Use um OBJETO INTERNO visual de um lugar que fará sentido para que você e sua SUBSTITUIÇÃO para Ástrov tenham um encontro particular.
- Casa dele.
- Um parque local.
- A casa de um amigo.
- Seu escritório ou o dele.
- O quarto de um motel ou hotel específico.
- Uma sala de aula vazia.

(*Helena vê Vânia olhando para eles.*)
Helena – Solte-me!
(*Ela faz força para se afastar de Ástrov. Vai até a janela.*)
(*Resmungando para si*) Isso é simplesmente horrível.
(*Vânia coloca as rosas em uma cadeira próxima com cuidado. Helena continua a olhar pela janela tentando imaginar o que irá dizer ou fazer a seguir, enquanto Ástrov parece dolorosamente culpado e tenta disfarçar.*)

Objetos internos do ponto de vista de Ástrov

TIO VÂNIA
Anton Tchékhov
(Uma cena do Ato 3)

Ástrov - (*Entra com um <u>desenho</u>*.) Olá, você queria ver um pouco da minha <u>arte</u>?

"... <u>desenho</u>" "... <u>arte</u>" =
Escolha a imagem de um OBJETO INTERNO que demonstre qual é sua paixão, porque esses desenhos ajudam a ilustrar a paixão de longa data de Ástrov por ecologia.
- Um time de futebol.
- Políticas de esquerda.
- Programa do governo para assistir pessoas com deficiência intelectual.
- Renascimento através do Cristianismo.
- PETA (Pessoas pelo Tratamento Ético dos Animais).

Helena - Ontem você me prometeu que iria me mostrar seus <u>desenhos</u>. Você está livre agora?

"... <u>desenhos</u>." =
O mesmo que acima.

Ástrov - Eu adoraria!
(*Ele estende o desenho em uma mesa próxima e fixa-o com tachinhas. Ela o ajuda.*)
Onde você nasceu?
Helena - Em <u>Petersburgo</u>.

"... <u>Petersburgo</u>." =
O OBJETO INTERNO aqui é um lugar que o intimida de alguma forma. Não precisa ser um local onde sua SUBSTITUIÇÃO para Helena nasceu. Pode ser onde ela vive agora ou um local de "estado de espírito" que faça você se sentir menos confiante.

- Nova York (versus minha origem de Hicksville, no interior).
- A carreira dela de sucesso (versus meu trabalho de servir batatas fritas no McDonald's).
- Classe alta (versus minha educação de classe média baixa).
- A fortuna dela (versus minha pobreza).
- A fama dela ou da família (versus meu anonimato medíocre ou da minha família).

Ástrov – E em qual <u>escola</u> estudou?
Helena – No <u>Conservatório de Música</u>.

"... <u>escola</u>" e "... <u>Conservatório de Música</u>." =
Aqui, escolha um OBJETO INTERNO *que o faça se sentir menos instruído, inteligente ou socialmente desigual.*
- Harvard (versus meu curso profissionalizante).
- Ela é graduada com honras (versus minha dificuldade em me formar).
- Ela é de uma família famosa que conhece as alegrias do nepotismo (versus minha incapacidade de conseguir até mesmo uma xícara de açúcar com o vizinho).
- Uma escola para superdotados (versus minha tentativa de entrar na mesma escola, e ser recusado).

Ástrov – Duvido muito que isto vá lhe interessar de alguma forma.
Helena – Por que não? Você está certo em afirmar que não sei muito sobre <u>o campo</u>, mas sou bem instruída.

"... <u>o campo</u>..." =
As mesmas imagens de OBJETOS INTERNOS *que você usou para "desenhos".*

Ástrov – Olhe aqui. Isto é um <u>mapa desta região há cinquenta anos</u>. A cor verde indica a <u>floresta</u>. Metade desta área era <u>coberta por floresta</u>. Onde você vê a cor vermelha por cima da verde <u>predominavam alces, cabras-selvagens e todo tipo de vida selvagem</u>. Olhe para a terceira parte e verá como retratei a região nos dias de hoje. Há verde, mas é esporádico. <u>Não há vida selvagem</u>.

(*Pausa*)

Você pode dizer que isso é o progresso e eu concordaria, se no lugar das <u>florestas derrubadas</u> fossem <u>construídas fábricas ou escolas</u>. Mas não, há <u>um monte de terra inútil lamacenta com doenças e pessoas desamparadas</u>.

Você precisa equiparar as imagens descritas no texto às imagens que correspondem ao assunto que você escolheu. Exemplo: usando o tema de descaso com as pessoas com deficiência intelectual.

- "... <u>mapa da nossa região há cinquenta anos...</u>" "...<u>floresta</u>." "...<u>coberta por floresta</u>..." =
Um diagrama do planejamento social de quarenta anos atrás, quando o governo financiava programas sociais e as pessoas com deficiência intelectual eram bem cuidadas.
- "... <u>predominavam alces, cabras-selvagens e todo tipo de vida selvagem</u>..." = Havia diversos programas sociais do governo.
- "<u>Não há vida selvagem.</u>" "...<u>florestas derrubadas...</u>" "...<u>construídas fábricas ou escolas</u>"

"... <u>um monte de terra inútil lamacenta com doenças e pessoas desamparadas.</u>" = Não há programas sociais subsidiados pelo governo. Grandes empresas mandam no mundo. Programas sociais destruídos. Pessoas com deficiência intelectual estão desabrigadas e desamparadas.

Você pode pegar qualquer assunto pelo qual é obcecado e que tenha muitos fatos e imagens na ponta da língua para poder relacionar as palavras no roteiro com imagens da sua questão pessoal.
(*Ele olha para ela de soslaio...*)
Parece-me que você se interessa pouco por isso.
Helena – Não, acontece que não entendo muito disso.
Ástrov – Não é difícil de entender, apenas acho que você não parece interessada.
Helena – Por favor, desculpe minha falta de concentração, estava pensando em outra coisa. Para ser honesta, queria <u>lhe perguntar algo</u>, mas não sei como começar.

(*Pausa*)

É um <u>assunto sobre alguém que você conhece</u>. Como amigos, vamos conversar, sendo totalmente sinceros um com o outro, e então esquecemos que tivemos esta conversa. O que você me diz?

"... <u>lhe perguntar algo</u>..." "... <u>assunto sobre alguém que você conhece</u>" = Pensando na sua SUBSTITUIÇÃO para Helena, o que poderia ser uma possível pergunta que ela faria, e ao mesmo tempo que seria pessoalmente inquietante para você? Como parte do OBJETO INTERNO visual, você tem que lidar com a grande possibilidade de que ela pode saber algo sobre você que seja revelador, humilhante ou depreciativo (não se esqueça do fator da paranoia humana). Seu grande segredo vergonhoso pode ser muito bem o assunto da pergunta que ela está levando tanto tempo para lhe fazer. As imagens do OBJETO INTERNO seriam de você engajado na ATIVIDADE que você não quer expor ao responder à pergunta dela. Possíveis "<u>perguntas</u>" de Helena =
- *"(Você é) alcoólatra?"*
- *"(Você gosta de) maltratar animais?"*
- *"(Você é) um pervertido sexual (especifique sua perversão escolhida)?"*
- *"(Você já) foi preso?"*
- *"(Você tem um histórico de) bater em mulheres?"*

Ástrov - Tudo bem.
Helena - É sobre <u>Sônia, minha enteada</u>. O que você acha dela, você gosta dela?

"... <u>Sônia, minha enteada</u>." =
Sua SUBSTITUIÇÃO para "Sônia".

Ástrov - Admiro seu espírito.
Helena - Mas você gosta dela como <u>mulher</u>?

"... <u>mulher</u>" =
Sexo.

Ástrov - (*Pausa*) Não.
Helena - (*Beijando a mão dele.*) Você não a ama, posso ver nos seus olhos. Sabe, ela está sofrendo. Tente entender que você deve parar de vir <u>aqui</u>.

"... *aqui.*" =
A imagem desse OBJETO INTERNO seria um local que você tem visitado de maneira descontrolada para ver sua SUBSTITUIÇÃO para Helena, e que conteria algum tipo de risco se você tivesse que parar de aparecer.
- A casa da sua SUBSTITUIÇÃO para Helena (o que significa que você nunca mais irá vê-la).
- A casa dos parentes da sua SUBSTITUIÇÃO para Helena.
- O local de trabalho da sua SUBSTITUIÇÃO para Helena (e se você trabalha no mesmo lugar, isso significa que você precisa pedir demissão e ficar sem emprego).
- A escola que vocês dois frequentam (o que significa que você tem que sair da escola).
- A casa do seu amigo (SUBSTITUIÇÃO para Vânia) (significa que você perderá o amigo).

Helena – Ai! Odeio isso, sinto como se estivesse carregando o peso do mundo nos ombros. De qualquer forma, está feito, graças a Deus, então agora nós podemos esquecer que tivemos esta conversa e seguir em frente. Você é um homem inteligente, tenho certeza de que entende por que você deve...

(Pausa)

Acho que estou ficando vermelha...

"*Acho que estou ficando vermelha.*" =
Isto poderia ter muitos significados. As imagens do OBJETO INTERNO aqui são as diferentes possibilidades do que ela quer dizer com isso, seja de medo ou desejo.
- Sexualmente excitada.
- Desconfortável.
- Com vontade de vomitar.

Ástrov – Se você tivesse me falado sobre os sentimentos dela há um ou dois meses, eu poderia ter refletido sobre isso... Mas se ela está sofrendo por minha causa, não há outro jeito...

(*Pausa*)

Mas diga-me, por que *você* tinha de me perguntar?
(*Ele olha para ela por um momento.*)

Ahhhh, entendi!
Helena – Do que você está falando?
Ástrov – Você sabe. Claro, Sônia pode estar apaixonada, mas por que é você quem está me perguntando essas coisas? Por que você parece tão surpresa? Você sabe por que venho todos os dias, sabe muito bem o efeito que causa em mim, sua encantadora "<u>ave de rapina</u>".

"*... ave de rapina.*" =
- *Cisne elegante.*
- *Uma fera.*
- *Uma bruxa.*
- *Femme fatale.*
- *Manipuladora sexual.*

Helena – Ave de rapina! Do que você está falando?!
Ástrov – Você é <u>deslumbrante, esperta, fogosa</u>... E sou sua vítima. Bem, você venceu, pode me devorar.

"*... <u>deslumbrante, esperta, fogosa</u>...*" =
O mesmo que acima.

(*Ele abre os braços e abaixa a cabeça como um mártir na cruz.*)
Eu me rendo, estou aqui e pronto para ser <u>devorado</u>!

"*... <u>devorado</u>*" =
- *Beijar.*
- *Preliminares.*
- *Sexo oral.*
- *Sexo com intensidade.*
- *Sexo depravado de acordo com sua predileção.*
- *Uma expressão não sexual de amor (por exemplo: as palavras carinhosas de Helena, abraçar, beijar na bochecha etc.).*

Helena – Você enlouqueceu?
Ástrov – Você é tão modesta.
Helena – Não sou tão ardilosa ou cruel quanto você diz. Honestamente, não sou.
(*Ela tenta sair. Ástrov avança para bloquear seu caminho.*)
Ástrov – Vou embora e nunca mais voltarei. Diga-me apenas...
(*Segura a mão dela e olha em volta para ver se tem alguém olhando.*) Onde podemos nos encontrar? Depressa, alguém pode nos pegar – por favor, diga-me onde.
(*Sussurrando de forma sedutora.*) Seu <u>cabelo tem um cheiro maravilhoso</u>. Um beijo, por favor, deixe-me lhe dar um beijo.

"... *cabelo tem um cheiro maravilhoso*." =
- Cheiro de morango.
- *O cheiro natural do corpo dela.*
- *Cheiro do seu perfume favorito.*
- *Cheiro sensual de almíscar.*
- *Cheiro da sua comida preferida.*

Helena – Eu imploro...
Ástrov – (*Impede que ela fale*) Não precisa implorar, sou seu. Você é tão linda. E que <u>mãos adoráveis, preciso beijar suas mãos</u>.

"... <u>*mãos adoráveis, preciso beijar suas mãos*</u>." =
Imagine sua atividade *sexual preferida, usando a parte do corpo feminino favorita como seu* OBJETO INTERNO *quando olhar para as mãos de Helena. Assim, você de fato precisará "beijar" as mãos dela.*

(*Beija-lhe as mãos.*)
Helena – Pare com isso, por favor, pare... Vá embora...
(*Ela puxa as mãos.*)
Ástrov – Você sabe que é inevitável, estamos destinados a ficar juntos.
(*Ele a beija, e neste exato momento Tio Vânia aparece com uma dúzia de rosas e para na soleira da porta. Helena e Ástrov não o veem.*)
Helena – (*Não vê Vânia*) Não. Nós não devíamos estar fazendo isso...

(*Ela encosta a cabeça no peito de Ástrov.*)
Ástrov – Às duas horas me encontre na <u>plantação</u>. Prometa que irá.

"... <u>plantação</u>." =
Imagine um local que faria sentido para vocês se encontrarem, considerando sua SUBSTITUIÇÃO para Helena.
- *Sua casa.*
- *Uma praia local.*
- *A casa dos seus pais.*
- *Um quarto de um hotel ou motel específico.*
- *Embaixo da arquibancada do campo de futebol da escola de vocês.*

(*Helena vê Vânia olhando para eles.*)
Helena – Solte-me!
(*Ela faz força para se afastar de Ástrov. Vai até a janela.*)
(*Resmungando para si*) Isso é simplesmente horrível.
(*Vânia coloca as rosas em uma cadeira próxima, com cuidado. Helena continua a olhar pela janela tentando imaginar o que irá dizer ou fazer a seguir, enquanto Ástrov parece dolorosamente culpado e tenta disfarçar.*)

**Os OBJETOS INTERNOS *fornecem mais detalhes,
camadas e verdade para a história interna que você estabeleceu.***

Ferramenta nº 6: UNIDADES e AÇÕES

**Considere cada combinação de UNIDADE
e AÇÃO um pequeno OBJETIVO.**

Uma UNIDADE é uma mudança de pensamento. Uma UNIDADE pode ser apenas uma frase ou uma página inteira. Há uma AÇÃO ligada a cada UNIDADE. Uma AÇÃO é a conduta específica ou são as táticas que você usa para alcançar seu OBJETIVO DE CENA. (Não confunda AÇÕES com ATIVIDADES.)

Embora isso tenha sido explicado com muito cuidado na Parte 1, as UNIDADES e AÇÕES são uma parte tão importante e integral da técnica que vale a pena repetir. As UNIDADES e AÇÕES trazem várias facetas do que fazer para conseguir alcançar seu OBJETIVO DE CENA. Elas informam caminhos específicos para se chegar à meta estabelecida. É por isso que UNIDADES e AÇÕES são formuladas da mesma maneira que você escreve seu OBJETIVO DE CENA: para gerar uma reação. Assim, você não está só falando com a pessoa, mas provocando uma reação nela.

Nunca desista de ir atrás das suas UNIDADES e AÇÕES quando você para de falar e a outra pessoa começa. Continue a persegui-las. Observe para ver se você está tendo a reação desejada. Esteja aberto para a reação dos outros atores às suas UNIDADES e AÇÕES e, por sua vez, deixe que isso motive uma reação emocional em você. Então, baseado no que você sente (sua reação), deixe que essa reação inspire uma razão para ir à próxima AÇÃO.

Você encontrará as UNIDADES entre colchetes e a AÇÃO para cada UNIDADE escrita à mão (e a lápis) ao lado *direito* dos trechos com colchetes na cena analisada a seguir (as ATIVIDADES são escritas à esquerda). É dessa forma que você deve escrever ao estabelecer suas UNIDADES e AÇÕES, em todo e qualquer roteiro. Repito: há muitas escolhas que você pode fazer para determinar suas UNIDADES e AÇÕES. As escolhas a seguir são apenas sugestões. Cabe a você encontrar a AÇÃO mais eficaz para cada UNIDADE que mais beneficiará o "quem-sou-eu" da personagem, assim como sua própria personalidade.

UNIDADES e AÇÕES do ponto de vista de Helena.

Tenha em mente o OBJETIVO DE CENA de Helena *fazer você se apaixonar por mim para retomar meu poder*, a fim de dar sentido à sua existência vazia. É comum acontecer de, ao dar poder a outra pessoa, ela ficar mais propensa a se apaixonar por você. Você se torna indispensável para a validação pessoal dela. É assim que gurus, mentores, líderes de cultos e de qualquer tipo inspiram seguidores fanáticos. A maioria de nós é muito egocêntrica, nosso assunto preferido é o eu, meu eu e eu mesmo. Então, quando alguém se volta para nós e para o que nos torna brilhantes e especiais, é como um viciado com uma droga – nós queremos sempre mais, porque a sensação é muito boa. Dar poder ao seu objeto de desejo é uma maneira bastante eficaz de fazer alguém se voltar – com intensidade – na sua direção.

Sugestões de UNIDADES e AÇÕES para Helena

TIO VÂNIA
Anton Tchékhov
(Uma cena do Ato 3)

Ástrov – (*Entra com um desenho.*) [Olá, você queria ver um pouco da minha arte?   *Fazer você se sentir importante.*

Helena – Ontem você me prometeu que iria me mostrar seus desenhos. Você está livre agora?
Ástrov – Eu adoraria!
(*Ele estende o desenho em uma mesa próxima e fixa-o com tachinhas. Ela o ajuda.*)]
[Onde você nasceu?   *Diminuir minha posição de classe alta em seu benefício.*

Helena – Em Petersburgo.
Ástrov – E em qual escola estudou?
Helena – No Conservatório de Música.]
Ástrov – [Duvido muito que isto vá lhe interessar de alguma forma.
    Fazer você acreditar que estou interessada.

Helena – Por que não? Você está certo em afirmar que não sei muito sobre o campo, mas sou bem instruída.]
Ástrov – [Olhe aqui. Isto é um mapa desta região há cinquenta anos. A cor verde indica a floresta. Metade desta área era coberta

por floresta. Onde você vê a cor vermelha por cima da verde predominavam alces,

Fazer você se sentir um gênio.

cabras-selvagens e todo tipo de vida selvagem. Olhe para a terceira parte e verá como retratei a região

Fazer você acreditar que estou Fascinada.

nos dias de hoje. Há verde, mas é esporádico. Não há vida selvagem.]

[(*Pausa*)

Você pode dizer que isso é o progresso e eu concordaria, se no lugar das florestas derrubadas fossem

Fazer você acreditar que eu tenho Empatia.

construídas fábricas ou escolas. Mas não, há um monte de terra inútil lamacenta com doenças e pessoas desamparadas.]
[(*Ele olha para ela de soslaio...*)
Parece-me que você se interessa pouco por isso.
Helena – Não, acontece que não entendo muito disso.

Fazer você se sentir mais inteligente do que eu.

Ástrov – Não é difícil de entender, apenas acho que você não parece interessada.}
Helena – [Por favor, desculpe minha falta de concentração, estava pensando em outra coisa. Para ser honesta, queria lhe perguntar algo, mas não sei como começar.]   *Fazê-lo sentir como sou grata por você se dignar a falar comigo.*

(*Pausa*)

[É um assunto sobre alguém que você conhece. Como amigos, vamos conversar, sendo totalmente sinceros um com o outro, e então esquecemos que tivemos esta conversa. O que você me diz?

Empoderar você compartilhando um segredo.

Ástrov - Tudo bem.]
Helena - [É sobre Sônia, minha enteada. O que você acha dela, você gosta dela?
Ástrov - Admiro seu espírito.   *Fazer você dizer que*
não se sente atraído por
(SUBSTITUIÇÃO para) Sônia.
Helena - Mas você gosta dela como mulher?
Ástrov - (*Pausa*) Não.]
Helena - (*Beijando a mão dele.*) [Você não a ama, posso ver nos seus olhos. Sabe, ela está sofrendo.]
   Fazer você se sentir
recompensado por dar a
resposta certa.

[Tente entender que você deve parar de vir aqui.

(*Pausa*)

Ai! Odeio isso, sinto como se estivesse carregando o peso do mundo nos ombros. De qualquer forma, está feito, graças a Deus, então agora nós podemos esquecer que tivemos esta conversa e seguir em frente. Você é um homem inteligente, tenho certeza de que entende por que você deve...]
   Fazê-lo acreditar que isto
é um sacrifício para mim.

(*Pausa*)

[Acho que estou ficando vermelha...
   Fazer você correr e
me segurar para
impedir que eu desmaie.

Ástrov - Se você tivesse me falado sobre os sentimentos dela há um ou dois meses, eu poderia ter refletido sobre isso... Mas se ela está sofrendo por minha causa, não há outro jeito...]

(*Pausa*)

[Mas diga-me, por que *você* tinha de me perguntar?
(*Ele olha para ela por um momento.*)
Ahhhh, entendi!
Helena – Do que você está falando?

                                      Impressioná-lo com
                                      a minha inocência.

Ástrov – Você sabe. Claro, Sônia pode estar apaixonada, mas por que é você quem está me perguntando essas coisas? Por que você parece tão surpresa? Você sabe por que venho todos os dias, sabe muito bem o efeito que causa em mim, sua encantadora "ave de rapina".
Helena – Ave de rapina! Do que você está falando?!
Ástrov – Você é deslumbrante, esperta, fogosa... E sou sua vítima. Bem, você venceu, pode me devorar.]
[(*Ele abre os braços e abaixa a cabeça como um mártir na cruz.*)
Eu me rendo, estou aqui e pronto para ser devorado!
                                  Fazer você correr atrás de mim.

Helena – Você enlouqueceu?
Ástrov – Você é tão modesta.
Helena – Não sou tão ardilosa ou cruel quanto você diz. Honestamente, não sou.]
[(*Ela tenta sair. Ástrov avança para bloquear seu caminho.*)]
                                  Fazer você me impedir de
                                  partir.

Ástrov – [Eu vou embora e nunca mais voltarei. Diga-me apenas...
                                  Fazer <u>você</u> <u>me</u> seduzir.

(*Segura a mão dela e olha em volta para ver se tem alguém olhando.*) Onde podemos nos encontrar? Depressa, alguém pode nos pegar – por favor, diga-me onde.
(*Sussurrando de forma sedutora.*) Seu cabelo tem um cheiro maravilhoso. Um beijo, por favor, deixe-me lhe dar um beijo.]
Helena – [Eu imploro...

Ástrov – (*Impede que ela fale*) Não precisa implorar, sou seu. Você é tão linda. E que mãos adoráveis, preciso beijar suas mãos.

> *Fazer você implorar para eu ficar com você.*

(*Beija-lhe as mãos.*)
Helena – Pare com isso, por favor, pare... Vá embora...
(*Ela puxa as mãos.*)]
Ástrov – [Você sabe que é inevitável, estamos destinados a ficar juntos.
(*Ele a beija, e neste exato momento Tio Vânia aparece com uma dúzia de rosas e para na soleira da porta. Helena e Ástrov não o veem.*)

> *Fazer você continuar me seduzindo (não importa o quanto eu peça para você parar).*

Helena – (*Não vê Vânia.*) Não. Nós não devíamos estar fazendo isso...
(*Ela encosta a cabeça no peito de Ástrov.*)
Ástrov – Às duas horas me encontre na plantação. Prometa que irá.]
[(*Helena vê Vânia olhando para eles.*)
Helena – Solte-me!   *Fazer Vânia acreditar que você (Ástrov) está me forçando a cair em seus braços e que eu sou uma vítima inocente, e fazer você (Ástrov) me ajudar a acobertar minha mentira.*

(*Ela faz força para se afastar de Ástrov. Vai até a janela.*)
(*Resmungando para si*) Isso é simplesmente horrível.
(*Vânia coloca as rosas em uma cadeira próxima com cuidado. Helena continua a olhar pela janela tentando imaginar o que irá dizer ou fazer a seguir, enquanto Ástrov parece dolorosamente culpado e tenta disfarçar.*)]

Unidades e ações do ponto de vista de Ástrov.

Considere que o OBJETIVO DE CENA de Ástrov é *fazer você se apaixonar por mim.*

Sugestões de UNIDADES e AÇÕES para Ástrov

TIO VÂNIA
Anton Tchékhov
(Uma cena do Ato 3)

Ástrov – [(*Entra com um desenho.*) Olá, você queria ver um pouco da minha arte? *Fazer você ficar intrigada.*

Helena – Ontem você me prometeu que iria me mostrar seus desenhos. Você está livre agora?]
Ástrov – [Eu adoraria!
Deixá-la animada.

(*Ele estende o desenho em uma mesa próxima e fixa-o com tachinhas. Ela o ajuda.*)]
[Onde você nasceu?
Helena – Em Petersburgo.
Fazer você se abrir comigo.

Ástrov – E em qual escola estudou?
Helena – No Conservatório de Música.]
Ástrov – [Duvido muito que isto vá lhe interessar de alguma forma.
Fazer você me implorar para continuar.

Helena – Por que não? Você está certo em afirmar que não sei muito sobre o campo, mas sou bem instruída.]
Ástrov – [Olhe aqui. Isto é um mapa desta região há cinquenta anos. A cor verde indica a floresta. Metade desta área era coberta por floresta. Onde você vê a
Criar expectativa em você.

cor vermelha por cima da verde predominavam alces, cabras-selvagens e todo tipo de vida selvagem. Olhe para a terceira parte e verá como retratei a região nos dias de hoje. Há verde, mas é esporádico. Não há vida selvagem.]

Fazer você ficar indignada.

(*Pausa*)

[Você pode dizer que isso é o progresso e eu concordaria, se no lugar das florestas derrubadas fossem construídas fábricas ou escolas. Mas não, há um monte de terra inútil lamacenta com doenças e pessoas desamparadas.]

Fazer você concordar comigo.

[(*Ele olha para ela de soslaio...*)
Parece-me que você se interessa pouco por isso.

Desafiar sua honestidade.

Helena – Não, acontece que não entendo muito disso.
Ástrov – Não é difícil de entender, apenas acho que você não parece interessada.]
Helena – [Por favor, desculpe minha falta de concentração, estava pensando em outra coisa. Para ser honesta, queria lhe perguntar algo, mas não sei como começar.

Fazer você me perguntar logo.

(*Pausa*)

É um assunto sobre alguém que você conhece. Como amigos, vamos conversar, sendo totalmente sinceros um com o outro, e então esquecemos que tivemos esta conversa. O que você me diz?
Ástrov – Tudo bem.]
Helena – [É sobre Sônia, minha enteada. O que você acha dela, você gosta dela?

Deixá-la feliz com minha resposta vaga.

Ástrov – Admiro seu espírito.]

Helena – [Mas você gosta dela como mulher?
Ástrov – (*Pausa*) Não.] *Deixar claro que eu estou*
disponível para você.

Helena – (*Beijando a mão dele.*) [Você não a ama, posso
Fazer você continuar me beijando.
ver nos seus olhos. Sabe, ela está sofrendo. Tente entender que você
deve parar de vir aqui.]

(*Pausa*)

[Ai! Odeio isso, sinto como se estivesse carregando o peso do mundo
nos ombros. De qualquer forma, está feito, graças a Deus, então
agora nós podemos esquecer que tivemos esta conversa e seguir em
frente. Você é um homem inteligente, tenho certeza de que entende
por que você deve...

(*Pausa*)

Acho que estou ficando vermelha... *Fazer você me ajudar*
a entender por que
eu tenho que ir.

Ástrov – Se você tivesse me falado sobre os sentimentos dela há
um ou dois meses, eu poderia ter refletido sobre isso... Mas se ela
está sofrendo por minha causa, não há outro jeito...]

(*Pausa*)

[Mas diga-me, por que *você* tinha de me perguntar?
(*Ele olha para ela por um momento.*)
Ahhhh, entendi!
Fazer você admitir que gosta
de mim.

Helena – Do que você está falando?
Ástrov – Você sabe. Claro, Sônia pode estar apaixonada, mas por que
é você quem está me perguntando essas coisas? Por que você parece

tão surpresa? Você sabe por que venho todos os dias, sabe muito bem o efeito que causa em mim, sua encantadora "ave de rapina".]
       Fazê-la correr para meus braços e fazer o que quiser de mim na cama.

Helena – [Ave de rapina! Do que você está falando?!
Ástrov – Você é deslumbrante, esperta, fogosa... E sou sua vítima. Bem, você venceu, pode me devorar.
(*Ele abre os braços e abaixa a cabeça como um mártir na cruz.*)
Eu me rendo, estou aqui e pronto para ser devorado!]
Helena – [Você enlouqueceu?
Ástrov – Você é tão modesta.   *Fazer você entrar no jogo comigo.*

Helena – Não sou tão ardilosa ou cruel quanto você diz. Honestamente, não sou.]
[(*Ela tenta sair. Ástrov avança para bloquear seu caminho.*)]
       Impedi-la de partir.

Ástrov – [Eu vou embora e nunca mais voltarei. Diga-me apenas... (*Segura a mão dela e olha em volta para ver se tem alguém olhando.*)
      Fazer você se comprometer com um horário e lugar (para que você não possa voltar atrás).

Onde podemos nos encontrar? Depressa, alguém pode nos pegar – por favor, diga-me onde.]
(*Sussurrando de forma sedutora.*) [Seu cabelo tem um cheiro maravilhoso. Um beijo, por favor, deixe-me lhe dar um beijo.
      Fazer você ficar sexualmente excitada.

Helena – Eu imploro...
Ástrov – (*Impede que ela fale*) Não precisa implorar, sou seu. Você é tão linda. E que mãos adoráveis, preciso beijar suas mãos.
(*Beija-lhe as mãos.*)
Helena – Pare com isso, por favor, pare... Vá embora...]
(*Ela puxa as mãos.*)

Ástrov – [Você sabe que é inevitável, estamos destinados a ficar juntos. *Fazer você admitir que me ama.*
(*Ele a beija, e neste exato momento Tio Vânia aparece com uma dúzia de rosas e para na soleira da porta. Helena e Ástrov não o veem.*)
Helena – (*Não vê Vânia.*) Não. Nós não devíamos estar fazendo isso... (*Ela encosta a cabeça no peito de Ástrov.*)]
Ástrov – [Às duas horas me encontre na plantação. Prometa que irá.]
Fazê-la prometer que irá me encontrar.
(*Helena vê Vânia olhando para eles.*)
Helena – [Solte-me!
Fazer você querer ficar nos meus braços.
(*Ela faz força para se afastar de Ástrov.*] [*Vai até a janela.*)
(*Resmungando para si*) Isso é simplesmente horrível.
Fazer Vânia acreditar na nossa inocência (e ser seu herói).

(*Vânia coloca as rosas em uma cadeira próxima, com cuidado. Helena continua a olhar pela janela tentando imaginar o que irá dizer ou fazer a seguir, enquanto Ástrov parece dolorosamente culpado e tenta disfarçar.*)]

AÇÕES e UNIDADES *lhe dão as cores,*
nuances e especificidades de como sua personagem vence a cena.

Ferramenta nº 7: MOMENTO ANTERIOR

É o acontecimento que ocorre antes de a cena começar.

O MOMENTO ANTERIOR dá a você uma razão terrível para querer vencer seu OBJETIVO DE CENA. Ele fala de *onde* você está vindo e *por que* você precisa tanto do seu OBJETIVO DE CENA agora. Lembre-se, você usa acontecimentos que incluem questões *presentes* não resolvidas, baseadas em situações reais ou hipotéticas de "e se o meu pior medo se tornasse realidade".

Lembre-se: o MOMENTO ANTERIOR é um reavivamento visceral de um acontecimento pouco antes de você se lançar em cena, e não deve levar mais do que trinta ou sessenta segundos. Como sempre, escreva a lápis, colocando sua escolha de MOMENTO ANTERIOR no topo da primeira página da cena.

MOMENTO ANTERIOR de Helena.

Na cena do Ato 3 de *Tio Vânia*, o MOMENTO ANTERIOR no roteiro é Helena ruminando sobre seu tédio absoluto com a vida enquanto conversa com Vânia e Sônia. Ela explica que está sem propósito ou direção. Vânia e Sônia fazem algumas sugestões úteis. Eles oferecem soluções, como cuidar da casa, ensinar crianças, cuidar dos doentes e menos afortunados. São esforços dignos para qualquer um, mas Helena declara que essas funções são para heroínas de romance. Ela, de carne e osso, deixará o trabalho filantrópico para aqueles que são caridosos. Ela acha que todas essas funções são tediosas e desinteressantes, então qual seria o propósito? Vânia sai, deixando Sônia e Helena sozinhas. Helena insiste que ela é mesmo a melhor amiga de Sônia, e amizade nova sempre requer uma troca de segredos. Sônia, no espírito da amizade e já sem forças para se controlar, confessa que ama Ástrov. Ela continua a dizer o quanto se sente sem esperança e teme que seu afeto nunca será retribuído. A nova melhor amiga de Sônia, Helena, oferece-se para ajudá-la a descobrir como Ástrov se sente em relação a ela. Sônia está tão torturada pelo seu amor não correspondido que concorda. Helena conta a Sônia que irá usar o estratagema de dizer a Ástrov que está interessada nos desenhos dele e solicita um encontro imediato. Após Sônia ir buscar Ástrov, Helena murmura sobre o que está prestes a fazer, admitindo a si mesma que se sente um pouco culpada, porque também se sente atraída por ele. Enquanto ela espera por Ástrov, esquece a culpa conforme desenvolve um desejo ardente pelo médico.

Considerando o MOMENTO ANTERIOR do roteiro, você deve correlacioná-lo emocionalmente aos acontecimentos reais da sua própria vida que tornem o OBJETIVO DE CENA mais honesto e importante para você. O OBJETIVO DE CENA de Helena é *fazer você se apaixonar por mim, para retomar meu poder*. Helena está muito entediada, e o amor não correspondido de Sônia é um jogo intrigante para ela. Não seria emocionante estabelecer uma competição entre ela e a desavisada Sônia, tendo Ástrov como prêmio? A melhor maneira de vencer a competição e provar o próprio valor é cumprir seu OBJETIVO DE CENA.

Resumo: Helena se sente um fracasso e uma ninguém por não fazer nada da sua vida. Ser capaz de ganhar o afeto do dr. Ástrov no lugar de Sônia validará sua importância, tornando-a essencialmente uma vencedora, uma alguém. Portanto, fazer Ástrov (que se torna o verdadeiro alvo em virtude da obsessão de Sônia por ele) se apaixonar por ela se torna mais do que apenas uma manipulação mesquinha de uma mulher desocupada. Torna-se crucial para ajudá-la a se sentir como se tivesse um propósito na sua vida, uma importância de existir.

Tenha em mente: o MOMENTO ANTERIOR deve ter relação com o OBJETIVO DE CENA e suas SUBSTITUIÇÕES para Ástrov e Sônia.

Sugestões de MOMENTO ANTERIOR para Helena

- **MOMENTO ANTERIOR:** Pense em um fato específico no qual você teve algum tipo de competição com sua SUBSTITUIÇÃO para Sônia e ela venceu (por exemplo, ela conseguiu notas melhores, um emprego melhor, um homem melhor, uma crítica melhor, melhores oportunidades financeiras, venceu um evento esportivo etc.). Isso fará você querer vencer a competição de hoje com grande entusiasmo. Reviva esse acontecimento (onde você foi a perdedora, e sua SUBSTITUIÇÃO para Sônia, a vencedora) na sua mente como se ele tivesse acabado de acontecer, e então se lance na cena.
- **MOMENTO ANTERIOR:** Pense na sua SUBSTITUIÇÃO para Sônia, uma pessoa com a qual você tem uma relação inerentemente competitiva e que não sabe ganhar, pois fica se vangloriando e se

gabando à sua custa. A SUBSTITUIÇÃO para Sônia a tem entretido sempre com seus problemas sobre um homem que ela ama (uma conversa que parece acontecer com mais frequência entre *amigas*). Se você gosta desse cara ou não, não importa. Ir atrás dele e conquistá-lo faria você ser a vencedora para si própria, porque ela nunca precisaria saber disso. Como seu MOMENTO ANTERIOR, reviva esse acontecimento no qual sua SUBSTITUIÇÃO para Sônia estava especialmente arrasada sobre algo que aconteceu com seu objeto de obsessão, e lance-se na cena com a missão – talvez ela não possa conquistá-lo, mas *eu* posso.

- **MOMENTO ANTERIOR:** Você sente que sua SUBSTITUIÇÃO para Sônia tem lhe traído, diminuído ou mostrou flagrante falta de respeito (e ela tem um namorado/marido). Usando um acontecimento que exemplifique isso, reviva-o na mente como se acontecesse no momento presente e se lance na cena usando o namorado/marido como sua SUBSTITUIÇÃO para Ástrov. Fazer o namorado/marido dela se apaixonar por você se torna, então, uma justa forma de vingança.
- **MOMENTO ANTERIOR:** Você sente que sua SUBSTITUIÇÃO para Ástrov a tem traído, diminuído ou mostrou flagrante falta de respeito. Conseguir que esse culpado *se apaixone* por você lhe daria o poder de volta nessa relação. Usar um acontecimento que você sentiu que foi o mais escandaloso como seu MOMENTO ANTERIOR fará com que precise ajudar esse patife a sentir o que você sentiu, e se ferir como você se feriu. Use a atual namorada dele como sua SUBSTITUIÇÃO para Sônia.

MOMENTO ANTERIOR de Ástrov.

No caso de Ástrov, não há MOMENTO ANTERIOR registrado no roteiro. Pelo que sabemos, ele está circulando em algum lugar pela casa, pensando coisas das quais somente Ástrov estaria ciente. Embora não tenhamos uma cena real que aconteça pouco antes incluindo Ástrov, podemos supor, a partir das cenas anteriores, que ele está, pelo visto, consumido por pensamentos sobre Helena. Afinal, ele de fato vai até a casa todos os dias, e antes da chegada dela ele quase nunca aparecia. Ele também fala sem parar sobre quão solitário é e quão sem esperança se sente quanto a resolver seu status de solteirão. Ele também está de imediato disponível quando Helena o chama.

> *Tenha em mente: o MOMENTO ANTERIOR deve ter relação com o OBJETIVO DE CENA para Ástrov e sua SUBSTITUIÇÃO para Helena*

Sugestões de MOMENTO ANTERIOR para Ástrov

- **MOMENTO ANTERIOR:** Pense nas fantasias específicas que você tem com sua SUBSTITUIÇÃO para Helena. Elas poderiam incluir, por exemplo, sua SUBSTITUIÇÃO para Helena cobrindo-o com beijos e dizendo que o ama mais do que a própria vida. Assim, quando você descobre que ela quer encontrá-lo, você pode cogitar a ideia de que talvez sua fantasia esteja prestes a se tornar realidade.
- **MOMENTO ANTERIOR:** Crie fantasias sexuais com a atriz que está interpretando Helena, e então se lance na cena. Isso o deixará estimulado e fisicamente necessitado do amor de Helena.
- **MOMENTO ANTERIOR:** Reviva um acontecimento no seu relacionamento atual que tenha dado terrivelmente errado. Repita esse acontecimento horrível na sua mente e se lance na cena. Isso fará com que você precise que sua SUBSTITUIÇÃO para Helena se apaixone por você, porque ela parece ser muito melhor em comparação à sua atual companheira.
- **MOMENTO ANTERIOR:** Relembre um acontecimento que tipifica sua solidão. Poderia ser imaginar sua residência, olhando para quatro paredes, sentindo-se sozinho e vazio. Ou você pode usar um fato *e se*, como se imaginar velho, em estado terminal e sem ninguém lá para lamentar sua morte. Viva isso por alguns momentos e então se lance na cena. Isso fará com que você dê mais de si para fazer com que Helena se apaixone por você, assim poderá evitar que essas imagens horríveis continuem ou se tornem realidade.

O MOMENTO ANTERIOR lhe dá a urgência de conquistar seu OBJETIVO DE CENA de imediato. Uma escolha forte de MOMENTO ANTERIOR o coloca bem rápido em tempo e necessidade reais.

*Escreva o seu MOMENTO ANTERIOR a lápis, sobre o início da cena.

Ferramenta nº 8: LUGAR e QUARTA PAREDE

Associar o LUGAR e a QUARTA PAREDE em que você está atuando ao LUGAR/QUARTA PAREDE da sua própria vida.

Aplicando informações da história interna que você tem criado a partir do seu OBJETIVO GERAL, OBJETIVO DE CENA, OBSTÁCULOS, SUBSTITUIÇÃO, OBJETOS INTERNOS e MOMENTO ANTERIOR, pergunte-se o seguinte: "Qual LUGAR da minha vida melhor daria base e adicionaria conflito às escolhas que já fiz?" Tendo feito a escolha do LUGAR, associe à QUARTA PAREDE o que estaria lá quando você olhasse em uma determinada direção. *Tio Vânia* pode se passar no século XIX, mas seu LUGAR/QUARTA PAREDE não, porque essa não é *sua* realidade. É difícil se sentir inteiramente reservado em ambientes que você precisa se esforçar para acreditar que existem. Por outro lado, se você atribui ao *set* LUGARES/QUARTAS PAREDES apropriados da sua própria vida, o público pensará que você é do século passado, porque você irá parecer muito familiarizado com sua casa do século XIX.

Tenha em mente que, ao fazer sua escolha de LUGAR e QUARTA PAREDE para Helena e Ástrov, há a realidade da sua SUBSTITUIÇÃO do Tio Vânia rondando os arredores do seu LUGAR. Essa pessoa pode entrar com facilidade no LUGAR e interferir na realização do seu OBJETIVO DE CENA.

Escreva a lápis sua escolha para LUGAR/QUARTA PAREDE no topo da página da cena do roteiro.

LUGAR/QUARTA PAREDE do ponto de vista de Helena.

Escolha um LUGAR/QUARTA PAREDE que seria bastante carregado de emoção e que se alinhe com o contexto que você criou com as outras ferramentas. O LUGAR/QUARTA PAREDE também tem que incutir um perigo em alcançar seu OBJETIVO DE CENA *fazer você se apaixonar por mim para retomar meu poder.*

Sugestões de LUGAR/QUARTA PAREDE (dependendo das suas escolhas de SUBSTITUIÇÃO para Ástrov e Vânia)
- **Seu quarto ou sala de estar:** Onde seu companheiro (ou pai ou mãe, sua irmã, seu irmão, amigo, qualquer um que odeie sua SUBSTITUIÇÃO para Ástrov) pode aparecer e, como uma consequência do que eles virem, cortar todos os laços com você.
- **O escritório do seu chefe:** (Quando o chefe é sua SUBSTITUIÇÃO para Ástrov). A esposa dele (ou secretária, uma colega de trabalho, o chefe dele) poderia entrar a qualquer minuto, levando você a perder seu emprego, possibilidades de promoção, o respeito dos colegas de trabalho etc.
- **Uma sala de aula na sua escola:** (Quando um aluno for sua SUBSTITUIÇÃO para Ástrov.) Seria devastador, tanto moral quanto legalmente, ser pega pelo reitor ou diretor (ou por um colega professor ou outro aluno).
- **O quarto da sua amiga:** (Ao usar o namorado/marido de uma amiga como SUBSTITUIÇÃO para Ástrov). Há uma enorme chance de sua amiga chegar mais cedo em casa e pegar vocês no ato.
- **O apartamento do seu namorado:** (Ao usar um grande amigo ou parente do seu namorado como sua SUBSTITUIÇÃO para Ástrov.) Isso é perigoso porque seu namorado pode entrar sem ser convidado a qualquer hora – em geral, ninguém precisa de convite para entrar na própria casa.

LUGAR do ponto de vista de Ástrov.

Escolha um LUGAR em que você sentiria a provável presença perturbadora de uma pessoa que seria perigosa para a realização do seu OBJETIVO *fazer você se apaixonar por mim.*

Sugestões de LUGAR (dependendo das suas escolhas de SUBSTITUIÇÃO para Helena e Vânia).

- **O quarto ou sala de estar do seu amigo**: De onde seu amigo pode vir de outra parte da casa e pegar você tentando seduzir a mulher dele.
- **Um escritório**: Onde seu chefe (ou colega de trabalho, companheiro de Helena etc.) pode pegá-lo no ato da sedução, criando a possibilidade de você perder o emprego ou a vida.
- **Uma sala de aula na escola que você frequenta**: Onde um professor (ou colega estudante, o companheiro dela, o diretor, reitor etc.) é capaz de interromper sua tentativa de atingir seu OBJETIVO DE CENA e, possivelmente, capaz de prejudicar a sua carreira escolar.
- **O quarto dela**: Onde o companheiro dela (ou amigo, pai, mãe, irmã, irmão – qualquer um que seja contra sua união com a SUBSTITUIÇÃO para Helena) pode invadir a qualquer momento.
- **Sua sala de estar**: Onde sua companheira (ou seu pai, sua mãe, seu amigo, sua irmã, seu irmão, colega de quarto – qualquer um que seria hostil com você a respeito da sua SUBSTITUIÇÃO para Helena) pode entrar e causar danos à sua vida.

Na análise do roteiro, o LUGAR e a QUARTA PAREDE são elementos fáceis de negligenciar. Mas não deixe de usá-los, pois realmente aumentam e reforçam a vida emocional e os OBJETIVOS da sua personagem.

Ferramenta nº 9: ATIVIDADES

> As ATIVIDADES consistem no manuseio de acessórios para produzir comportamentos.

O manuseio de adereços lhe permite se comportar com naturalidade, como se você estivesse realmente no ambiente em que sua personagem está vivendo. E todas as outras ferramentas da técnica irão refinar *o que* e *como* manipular esses adereços – quer você pegue um livro com raiva, com desejo ou como uma maneira de impressionar. Como resultado, o uso de acessórios informa ao público o que você está de fato pensando e sentindo.

Lembre-se: o que você FAZ em cena não é somente determinado pelas ATIVIDADES descritas no texto. Cabe a você, o ator, trazer mais comportamentos e vida à personagem, introduzindo mais do que está sendo pedido no roteiro.

Em *Tio Vânia*, as ATIVIDADES devem se relacionar com o fato de a história se passar em uma casa bem rica no campo, na Rússia do século XIX. Você deve considerar ainda que Helena e dr. Ástrov são bem instruídos e socialmente habilidosos.

A seguir, são apresentadas sugestões de possíveis ATIVIDADES. Elas devem ser escritas à mão (como sempre, a lápis) e colocadas ao lado esquerdo do diálogo, próximas ao momento em que as ATIVIDADES provavelmente acontecerão. Enquanto estiver lendo, tente pensar sozinho em algumas outras possibilidades de ATIVIDADES.

Possíveis ATIVIDADES do ponto de vista de Helena

TIO VÂNIA
Anton Tchékhov
(Uma cena do Ato 3)

Comendo um pêssego maduro.
(Há uma sensualidade não

ameaçadora em comer algo
que escorre e é suculento.
Quando escorrer no queixo,
Ástrov provavelmente "ajudará" a
limpar com o dedo - o que o
fará se sentir seguro para começar
uma sedução.)

Ástrov - (*Entra com um desenho.*) Olá, você queria ver um pouco da minha arte?
Helena - Ontem você me prometeu que iria me mostrar seus desenhos. Você está livre agora?
Ástrov - Eu adoraria!
(*Ele estende o desenho em uma mesa próxima e fixa-o com tachinhas. Ela o ajuda.*)
Onde você nasceu?

Ajuda-o a estender o mapa
(deste modo, você tem uma desculpa
legítima para tocá-lo "sem querer").

Helena - Em Petersburgo.
Ástrov - E em qual escola estudou?
Helena - No Conservatório de Música.
Ástrov - Duvido muito que isto vá lhe interessar de alguma forma.
Helena - Por que não? Você está certo em afirmar que não sei muito sobre o campo, mas sou bem instruída.

Examina o desenho de perto enquanto
ele aponta cada item. (Esta é uma forma
de parecer absorta e estar
fisicamente próxima).

Ástrov - Olhe aqui. Isto é um mapa desta região há cinquenta anos. A cor verde indica a floresta. Metade desta área era coberta por floresta. Onde você vê a cor vermelha por cima da verde predominavam alces, cabras-selvagens e todo tipo de vida selvagem. Olhe para a terceira parte e verá como retratei a região nos dias de hoje. Há verde, mas é esporádico. Não há vida selvagem.

(*Pausa*)

Você pode dizer que isso é o progresso e eu concordaria, se no lugar das florestas derrubadas fossem construídas fábricas ou escolas. Mas não, há um monte de terra inútil lamacenta com doenças e pessoas desamparadas.
(*Ele olha para ela de soslaio...*)
Parece-me que você se interessa pouco por isso.
Helena – Não, acontece que não entendo muito disso.
Ástrov – Não é difícil de entender, apenas acho que você não está interessada.

Pegue uma foto de Sônia
de uma mesa ou cômoda
próxima, fixe os olhos nela
com preocupação. Toque a foto
com amor e compaixão.

Helena – Por favor, desculpe minha falta de concentração, estava pensando em outra coisa. Para ser honesta, queria lhe perguntar algo, mas não sei como começar.

(*Pausa*)

É um assunto sobre alguém que você conhece. Como amigos, vamos conversar, sendo totalmente sinceros um com o outro, e então esquecemos que tivemos esta conversa. O que você me diz?
Ástrov – Tudo bem.
Helena – É sobre Sônia, minha enteada. O que você acha dela, você gosta dela?
Ástrov – Admiro seu espírito.
Helena – Mas você gosta dela como mulher?
Ástrov – (Pausa) Não.

*Beijar a mão dele ao mesmo tempo
que diz para ele ir embora é uma
mensagem confusa. Sua imprevisibilidade
é atraente.*

Helena – (*Beijando a mão dele.*) Você não a ama, posso ver nos seus olhos. Sabe, ela está sofrendo. Tente entender que você deve parar de vir aqui.

(*Pausa*)

Ai! Odeio isso, sinto como se estivesse carregando o peso do mundo nos ombros. De qualquer forma, está feito, graças a Deus, então agora nós podemos esquecer que tivemos esta conversa e seguir em frente. Você é um homem inteligente, tenho certeza de que entende por que você deve...

(*Pausa*)

Acho que estou ficando vermelha...

*Afrouxando o colarinho ou desabotoando
a blusa para pegar algum ar (o que também
mostra mais a pele e é provocante).*

Ástrov – Se você tivesse me falado sobre os sentimentos dela há um ou dois meses, eu poderia ter refletido sobre isso... Mas se ela está sofrendo por minha causa, não há outro jeito...

(*Pausa*)

Mas diga-me, por que *você* tinha de me perguntar?
(*Ele olha para ela por um momento.*)
Ahhhh, entendi!
Helena – Do que você está falando?

*Retirando um leque que estava
escondido em seu corpete,
e abanando-se de forma frenética.*

Ástrov – Você sabe. Claro, Sônia pode estar apaixonada, mas por que é você quem está me perguntando essas coisas? Por que você parece tão surpresa? Você sabe por que venho todos os dias, sabe muito bem o efeito que causa em mim, sua encantadora "ave de rapina".
Helena – Ave de rapina! Do que você está falando?!
Ástrov – Você é deslumbrante, esperta, fogosa... E sou sua vítima. Bem, você venceu, pode me devorar.
(*Ele abre os braços e abaixa a cabeça como um mártir na cruz.*)
Eu me rendo, estou aqui e pronto para ser devorado!
Helena – Você enlouqueceu?
Ástrov – Você é tão modesta.
Helena – Não sou tão ardilosa ou cruel quanto você diz. Honestamente, não sou.
(*Ela tenta sair. Ástrov avança para bloquear seu caminho.*)

"Acidentalmente" colide com um móvel
na saída (caia se for preciso – leve o máximo de tempo
possível para que Ástrov tenha tempo de impedi-la.
Além disso, coisas que estejam em cima do móvel estão
propensas a cair. A tentativa de Ástrov de ajudá-la
ou ajudar a pegar o que caiu dará a ele uma legítima
proximidade e uma oportunidade de ele avançar ainda mais).

Ástrov – Vou embora e nunca mais voltarei. Diga-me apenas...
(*Segura a mão dela e olha em volta para ver se tem alguém olhando.*)
Onde podemos nos encontrar? Depressa, alguém pode nos pegar – por favor, diga-me onde.
(*Sussurrando de forma sedutora.*) Seu cabelo tem um cheiro maravilhoso. Um beijo, por favor, deixe-me lhe dar um beijo.
Helena – Eu imploro...

Desabotoe outro botão
(porque você está muito afobada).

Ástrov – (Impede que ela fale) Não precisa implorar, sou seu. Você é tão linda. E que mãos adoráveis, preciso beijar suas mãos.
(*Beija-lhe as mãos.*)

Helena – Pare com isso, por favor, pare... Vá embora...
(*Ela puxa as mãos.*)

(*... de um modo que o faça querer
puxá-las de volta).*

Ástrov – Você sabe que é inevitável, estamos destinados a ficar juntos.
(*Ele a beija, e neste exato momento Tio Vânia aparece com uma dúzia
de rosas e para na soleira da porta. Helena e Ástrov não o veem.*)
Helena – (*Não vê Vânia.*) Não. Nós não devíamos estar fazendo isso...
(*Ela encosta a cabeça no peito de Ástrov.*)
Ástrov – Às duas horas me encontre na plantação. Prometa que irá.
(*Helena vê Vânia olhando para eles.*)
Helena – Solte-me!

*Abotoando a blusa com raiva
(como para sugerir que Ástrov
foi quem a desabotoou).*

(*Ela faz força para se afastar de Ástrov. Vai até a janela.*)
(*Resmungando para si*) Isso é simplesmente horrível.

Brincando com a corda ou trava da janela (para que
pareça que você tem um motivo real para estar lá).

(*Vânia coloca as rosas em uma cadeira próxima com cuidado. Helena
continua a olhar pela janela tentando imaginar o que irá dizer ou fazer a
seguir, enquanto Ástrov parece dolorosamente culpado e tenta disfarçar.*)

Possíveis ATIVIDADES do ponto de vista de Ástrov.

TIO VÂNIA
Anton Tchékhov
(Uma cena do Ato 3)

*Uma maleta mantida de forma
protetora debaixo do braço.*

Ástrov – (Entra com um desenho.) Olá, você queria ver um pouco da minha arte?
Helena – Ontem você me prometeu que iria me mostrar seus desenhos. Você está livre agora?
Ástrov – Eu adoraria!
(*Ele estende o desenho em uma mesa próxima e fixa-o com tachinhas. Ela o ajuda.*)
Onde você nasceu?

Faça movimentos amplos, estendendo o desenho
de maneira que lhe permita tocá-la de verdade.

Helena – Em Petersburgo.
Ástrov – E em qual escola estudou?
Helena – No Conservatório de Música.
Ástrov – Duvido muito que isto vá lhe interessar de alguma forma.
Helena – Por que não? Você está certo em afirmar que não sei muito sobre o campo, mas sou bem instruída.

Aponte para os diferentes itens exibidos
no desenho de um modo que a force a
se aproximar de você.

Ástrov – Olhe aqui. Isto é um mapa desta região há cinquenta anos. A cor verde indica a floresta. Metade desta área era coberta por floresta. Onde você vê a cor vermelha por cima da verde predominavam alces, cabras-selvagens e todo tipo de vida selvagem. Olhe para a terceira parte e verá como retratei a região nos dias de hoje. Há verde, mas é esporádico. Não há vida selvagem.

(*Pausa*)

Você pode dizer que isso é o progresso e eu concordaria, se no lugar das florestas derrubadas fossem construídas fábricas ou escolas. Mas não, há um monte de terra inútil lamacenta com doenças e pessoas desamparadas.
(*Ele olha para ela de soslaio...*)

Análise do roteiro de *Tio Vânia* utilizando... 401

Parece-me que você se interessa pouco por isso.
Helena – Não, acontece que não entendo muito disso.

Encha um copo com um pouco da vodca de uma mesa próxima e beba (como se dissesse: "Você me chateou").

Ástrov – Não é difícil de entender, apenas acho que você não está interessada.
Helena – Por favor, desculpe minha falta de concentração, estava pensando em outra coisa. Para ser honesta, queria lhe perguntar algo, mas não sei como começar.

Brinque com uma caixa ou qualquer item em cima da mesa ou da cômoda (então Helena não perceberá seu medo da pergunta).

(Pausa)

É um assunto sobre alguém que você conhece. Como amigos, vamos conversar, sendo totalmente sinceros um com o outro, e então esquecemos que tivemos esta conversa. O que você me diz?
Ástrov – Tudo bem.
Helena – É sobre Sônia, minha enteada. O que você acha dela, você gosta dela?
Ástrov – Admiro seu espírito.
Helena – Mas você gosta dela como mulher?
Ástrov – *(Pausa)* Não.
Helena – *(Beijando a mão dele.)* Você não a ama, posso ver nos seus olhos. Sabe, ela está sofrendo. Tente entender que você deve parar de vir aqui.

(Pausa)

Empacotando os desenhos e colocando-o de volta na sua maleta (um blefe, para fazer parecer que você está indo embora).

Ai! Odeio isso, sinto como se estivesse carregando o peso do mundo nos ombros. De qualquer forma, está feito, graças a Deus, então agora nós podemos esquecer que tivemos esta conversa e seguir em frente. Você é um homem inteligente, tenho certeza de que entende por que você deve...

(Pausa)

Acho que estou ficando vermelha...
Ástrov – Se você tivesse me falado sobre os sentimentos dela há um ou dois meses, eu poderia ter refletido sobre isso... Mas se ela está sofrendo por minha causa, não há outro jeito...

(Pausa)

Abruptamente, pare de empacotar
Os desenhos, a fim de apontar uma questão.

Mas diga-me, por que *você* tinha de me perguntar?
(*Ele olha para ela por um momento.*)
Ahhhh, entendi!
Helena – Do que você está falando?

Pegue um pente do seu bolso e se penteie.

Ástrov – Você sabe. Claro, Sônia pode estar apaixonada, mas por que é você quem está me perguntando essas coisas? Por que você parece tão surpresa? Você sabe por que venho todos os dias, sabe muito bem o efeito que causa em mim, sua encantadora "ave de rapina".
Helena – Ave de rapina! Do que você está falando?!
Ástrov – Você é deslumbrante, esperta, fogosa... E sou sua vítima. Bem, você venceu, pode me devorar.
(*Ele abre os braços e abaixa a cabeça como um mártir na cruz.*)
Eu me rendo, estou aqui e pronto para ser devorado!

Pegue uma uva, um pedaço de doce ou
uma castanha de uma tigela em uma mesa
próxima e jogue dentro da sua boca –
para ilustrar "devorado".

Helena – Você enlouqueceu?
Ástrov – Você é tão modesta.
Helena – Não sou tão ardilosa ou cruel quanto você diz. Honestamente, não sou.
(*Ela tenta sair. Ástrov avança para bloquear o seu caminho.*)
Ástrov – Vou embora e nunca mais voltarei. Diga-me apenas...
(*Segura a mão dela e olha em volta para ver se tem alguém olhando.*)
Onde podemos nos encontrar? Depressa, alguém pode nos pegar – por favor, diga-me onde.

Brinque com o cabelo dela – levante-o,
cheire-o, enrole-o, mexa nele.

(*Sussurrando de forma sedutora.*) Seu cabelo tem um cheiro maravilhoso. Um beijo, por favor, deixe-me lhe dar um beijo.
Helena – Eu imploro...
Ástrov – (*Impede que ela fale.*) Não precisa implorar, sou seu. Você é tão linda. E que mãos adoráveis, preciso beijar as suas mãos.
(*Beija-lhe as mãos.*)
Helena – Pare com isso, por favor, pare... Vá embora...
(*Ela puxa as mãos.*)

Puxe as mãos dela de volta para você
(só porque não está escrito nas rubricas,
não significa que você não possa fazer isto).

Ástrov – Você sabe que é inevitável, estamos destinados a ficar juntos.
(*Ele a beija, e neste exato momento Tio Vânia aparece com uma dúzia de rosas e para na soleira da porta. Helena e Ástrov não o veem.*)
Helena – (*Não vê Vânia.*) Não. Nós não devíamos estar fazendo isso...
(*Ela encosta a cabeça no peito de Ástrov.*)

Beije-lhe a cabeça, brinque com
seu cabelo, puxe ela para perto.

Ástrov – Às duas horas me encontre na plantação. Prometa que irá.
(*Helena vê Vânia olhando para eles.*)

Helena – Solte-me!
(*Ela faz força para se afastar de Ástrov. Vai até a janela.*)

*De maneira maníaca, coma o que está
na tigela, tentando parecer inocente.*

(*Resmungando para si*) Isso é simplesmente horrível.
(*Vânia coloca as rosas em uma cadeira próxima, com cuidado. Helena continua a olhar pela janela tentando imaginar o que irá dizer ou fazer a seguir, enquanto Ástrov parece dolorosamente culpado e tenta disfarçar.*)

As pessoas são complexas por natureza, e é função do ator reproduzir essa complexidade. Você cria várias camadas para sua caracterização quando usa ATIVIDADES. *As palavras podem mentir, mas o comportamento sempre diz a verdade.*

Ferramenta nº 10: MONÓLOGO INTERNO

> O MONÓLOGO INTERNO é o diálogo que passa na sua mente, o que você não diz em voz alta.

Quando estamos falando, ouvindo e até mesmo quando estamos sozinhos, nossa mente é uma sucessão contínua de pensamentos. O MONÓLOGO INTERNO é uma maneira de copiar esse sistema de processamento inato da mente.

Lembre-se: o MONÓLOGO INTERNO é, por definição, paranoia. São todos aqueles pensamentos que você não pode dizer em voz alta, porque o fariam parecer inseguro, vulgar, louco, estúpido ou preconceituoso. O MONÓLOGO INTERNO deveria ser escrito do modo como sua mente, de fato, pensa. Isso significa que ele não deveria ser determinado como reflexões introspectivas, mas sim como uma forma de se comunicar com as outras pessoas na cena. Ao trabalhar no seu MONÓLOGO INTERNO, sempre use "você" em vez de "ele" ou "ela". Atuar é criar relacionamentos – nunca é um exercício autoindulgente, de "tudo sobre mim".

O MONÓLOGO INTERNO escrito por você é apenas uma diretriz. Não é um diálogo adicional a ser memorizado. O que você escreve é uma base que fornece a faísca inicial e a direção para que seus pensamentos fluam com naturalidade. Quer você esteja ensaiando ou atuando, o MONÓLOGO INTERNO irá ligeiramente variar a cada vez que você executar a cena.

O guia para seu MONÓLOGO INTERNO deve ser escrito a lápis entre aspas e abaixo do diálogo para que você possa distingui-lo das outras escolhas que já fez.

MONÓLOGO INTERIOR do ponto de vista de Helena.

Repetindo, o objetivo de Helena é *fazer você se apaixonar por mim para retomar meu poder* para dar a ela um propósito e uma razão de viver. Portanto, o MONÓLOGO INTERIOR dela deve ser colorido pela sua necessidade de se sentir engrandecida pela paixão de Ástrov por ela, para dar sentido à sua existência. O MONÓLOGO INTERNO também irá incluir as fraquezas, vulnerabilidades, a rispidez, o *modus operandi* e as neuroses dela.

A seguir são apresentadas sugestões voltadas para a personagem de Helena no roteiro. Ao escrever seu próprio MONÓLOGO INTERNO, cabe a você torná-lo pessoal com pensamentos, necessidades e pessoas distintas da sua própria vida.

O MONÓLOGO INTERNO começa antes do diálogo do roteiro.

TIO VÂNIA
Anton Tchékhov
(Uma cena do Ato 3)

"Eu espero gostar do desenho dele, é muito difícil fingir quando não gosto de algo. Não sou uma boa mentirosa... Ih, aí vem ele... Vou fazer essa pose que diz 'venha cá' e 'pura inocência' ao mesmo tempo. É infalível..."

Ástrov – (*Entra com um desenho.*) Olá, você queria ver um pouco da minha arte?

"Ah, sim, estou tão ansiosa para ver suas tentativas rudes e amadoras..."

Helena – Ontem você me prometeu que iria me mostrar seus desenhos. Você está livre agora?

"É claro que você está livre. Você não faz nada o dia todo a não ser babar quando eu passo..."

Ástrov – Eu adoraria!

"Essa foi fácil. Vou me divertir vendo você suar enquanto sem querer e de propósito mostro meu decote para você e me curvo para ajudá-lo a estender seu desenho na mesa..."

(Ele estende o desenho em uma mesa próxima e fixa-o com tachinhas. Ela o ajuda.)

"Opa, derrubei uma das tachinhas. Então vou ter que me curvar para pegá-la, certificando-me de me curvar de tal modo que você tenha total visão das minhas nádegas rígidas..."

Ástrov – Onde você nasceu?

"Que pergunta estranha. Em geral, a visão da minha bunda e dos meus seios não inspira a falar do meu local de nascimento. A não ser que, bem, se você realmente parar para pensar nisso, ninguém pode nascer a não ser que você faça sexo, então até que faz sentido, um pouco..."

Helena – Em Petersburgo.

"Você está me olhando de modo estranho. Por quê? O fato de eu ser de uma cidade cosmopolita, sofisticada, culta e você ser um caipira do interior tem algo a ver com isso?..."

Ástrov – E em qual escola estudou?

"Má escolha de perguntas. Vou responder e só vai servir para fazer você se sentir mal. Quer dizer, é difícil superar o Conservatório. Mas não sou mentirosa (pelo menos não em relação às minhas referências), então..."

Helena – No Conservatório de Música.

"Aí está aquela cara de descontente. Eu sabia que você não ia gostar da resposta. Minha sugestão, meu querido Ástrov, é você parar de fazer perguntas capciosas. Você ficará muito mais feliz..."

Ástrov – Duvido muito que isto vá lhe interessar de alguma forma.

"Você acertou. Não sei nada sobre o campo, nem me importo com isso... Mas sou muito boa em fazer os homens se sentirem viris e inteligentes..."

Helena – Por que não? Você está certo em afirmar que não sei muito sobre o campo, mas sou bem instruída.

"Ninguém faz melhor 'a sincera' do que eu. Você acredita em mim, não acredita? Que eu me importo com o que você se importa e que estou animada para aprender com você, que é tão erudito, oh, tão sábio e chato..."

Ástrov – Olhe aqui. Isto é um mapa desta região há cinquenta anos. A cor verde indica a floresta. Metade desta área era coberta por floresta. Onde você vê a cor vermelha por cima da verde predominavam alces, cabras-selvagens e todo tipo de vida selvagem.

"Verde, vermelho, alces, cabras, florestas... Quem se importa?"

Olhe para a terceira parte e verá como retratei a região nos dias de hoje. Há verde, mas é esporádico. Não há vida selvagem.

"Falando em vida selvagem, estou com fome..."

Você pode dizer que isso é o progresso e eu concordaria, se no lugar das florestas derrubadas fossem construídas fábricas ou escolas.

"Preguiça. Vou só continuar balançando a cabeça, fazendo-o acreditar que estou mesmo ouvindo..."

Mas não, há um monte de terra inútil lamacenta com doenças e pessoas desamparadas.

"Odeio pessoas pobres e doenças..."

(*Ele olha para ela de soslaio...*)

"*Espero que não haja um teste surpresa mais tarde, porque não escutei nada...*"

Parece-me que você se interessa pouco por isso.

"*Você acha?*"

Helena – Não, acontece que não entendo muito disso.

"*Você sabe, sou muito bem instruída, então espero que meu disfarce de ignorante seja convincente para você.*"

Ástrov – Não é difícil de entender, apenas acho que você não parece interessada.

"*Caramba, você me pegou. Tenho que encontrar outro jeito de mantê-lo preso a mim. Talvez tenha subestimado você. Você tem coragem. Acho isso sexy...*"

Helena – Por favor, desculpe minha falta de concentração, estava pensando em outra coisa. Para ser honesta, queria lhe perguntar algo, mas não sei como começar.

"*Eu vou enrolá-lo por um tempo. Isso sempre deixa os homens nervosos. Você não tem ideia do que vou perguntar. Poderia ser qualquer coisa. Cara, você parece nervoso. Caramba, isso é divertido...*"

(*Pausa*)

É um assunto sobre alguém que você conhece.

"*Eu realmente vou explorar isso. Hmm... Deixe-me fazer isso soar ameaçador...*"

Como amigos, vamos conversar, sendo totalmente sinceros um com o outro, e então esquecemos que tivemos esta conversa. O que você me diz?

"*Eu sou tão brilhante, olhe para você se contorcendo. Você parece uma isca em um anzol de pesca. Ou isso ou você está desconfiado e estou interpretando errado. Adoro um bom desafio. Isso é melhor do que xadrez..."*

Ástrov - Tudo bem.

"Isso poderia sair pela culatra. É uma pergunta arriscada para se fazer a você. E se você amar Sônia? Então eu seria a idiota..."

Helena - É sobre Sônia, minha enteada. O que você acha dela, você gosta dela?

"Você está demorando muito para responder. Não é um bom sinal..."

Ástrov - Admiro seu espírito.

"Que diabos isso significa? Você está bagunçando minha cabeça? Você é melhor nisso do que eu pensava. Nossa, você é uma graça..."

Helena - Mas você gosta dela como mulher?

"Agora você não pode se esquivar de responder a essa pergunta, não há maneira obtusa de responder à minha brilhante escolha de palavras..."

Ástrov - (*Pausa*) Não.

"Isso! Eu sabia! Sônia é a perdedora. Perdedora!! E agora que aquela vadia rústica está fora do caminho, não há nada impedindo você de se apaixonar profundamente por mim..."

Helena - (*Beijando a mão dele.*)

"Agora chegamos naquele ponto do jogo, meu amor, chamado 'mensagem confusa'. Vou excitá-lo, beijando sua mão do jeitinho especial da Helena (eu deveria patenteá-lo)..."

Você não a ama, posso ver nos seus olhos. Sabe, ela está sofrendo. Tente entender que você deve parar de vir aqui.

"...e então pedir para você ir embora. O que estou na realidade tentando dizer? Você consegue descobrir? Todo homem ama uma mulher misteriosa, e não há ninguém mais misteriosa do que eu!"

Ai! Odeio isso, sinto como se estivesse carregando o peso do mundo nos ombros.

"É tão difícil ser o tipo de pessoa que se importa tanto com os outros. Você não acha? Sou tão compassiva..."

De qualquer forma, está feito, graças a Deus, então agora nós podemos esquecer que tivemos esta conversa e seguir em frente. Você é um homem inteligente, tenho certeza de que entende por que você deve...

"Aqui vai a jogada que nunca falha... Ooooh, me sinto tão fraca, eu vou cair e você me segura, seu gostosão..."

(*Pausa*)

Acho que estou ficando vermelha...

"Venha até mim, idiota, você não consegue ver que estou prestes a desmaiar?! Por que você não está se mexendo? Não dá para ser mais clara do que isso. Essa é sua deixa para ter uma razão legítima para me tocar e segurar..."

Ástrov – Se você tivesse me falado sobre os sentimentos dela há um ou

"Me segure, venha para mim..."

dois meses, eu poderia ter refletido sobre isso...

"Me abrace, me beije..."

Mas se ela está sofrendo por minha causa, não há outro jeito...

(*Pausa*)

Mas diga-me, por que *você* tinha de me perguntar?

"Opa, boa pergunta, você é mesmo bom neste jogo e isso me deixa excitada. Como eu deveria responder? Quero inspirá-lo com minha resposta inteligente. O que eu deveria dizer? Nada vem à minha mente... Apresse-se, cérebro, faça seu trabalho..."

(*Ele olha para ela por um momento.*)

Ahhhh, entendi!
"*Vou me fazer de inocente. Deve funcionar...*"

Helena – Do que você está falando?

"*Você está comprando meu jeito inocente? Você não está parecendo muito vendido... Opa, melhor tentar outra tática...*"

Ástrov – Você sabe. Claro, Sônia pode estar apaixonada, mas por que é você quem está me perguntando essas coisas? Por que você parece tão surpresa? Você sabe por que venho todos os dias, sabe muito bem o efeito que causa em mim, sua encantadora "ave de rapina".

"*Ave de rapina? Uau, boa palavra para descrever o que estou fazendo. Bom para você, ruim para mim. Novo jogo: indignada e ofendida...*"

Helena – Ave de rapina! Do que você está falando?!

"*Não posso olhar para você. Se vir meu rosto, saberá que estou de saco cheio...*"

Ástrov – Você é deslumbrante, esperta, fogosa... E sou sua vítima. Bem, você venceu, pode me devorar.

"*Você está vindo para cima. Boa jogada! Você é tão sexy quando está ganhando...*"

(*Ele abre os braços e abaixa a cabeça como um mártir na cruz.*)

"*Qual é a do lance de Jesus?! Isso que é mensagem confusa. Afinal, estamos falando de sexo ou religião?*"

Eu me rendo, estou aqui e pronto para ser devorado!

"*Você quer que eu vá até você? Você deveria estar em cima de mim!*"

Helena – Você enlouqueceu?

"*Ninguém nunca me enganou antes. Estou realmente perdida... E isso me deixa tão excitada...*"

Ástrov – Você é tão modesta.

"Você é implacável. Como eu rebato?!"

Helena – Não sou tão ardilosa ou cruel quanto você diz. Honestamente, não sou.

"Acredite em mim. Por favor, acredite em mim... Você é um jogador tão bom e estou sentindo o fogo, em mais de um lugar... É melhor eu sair daqui antes que isso deixe de ser um jogo e nós acabemos rolando pelo chão fazendo um amor louco e apaixonado. Só o que estou acostumada a fazer é sexo com um homem velho, e aposto que você pode durar mais do que três segundos... Ah, cara, tenho que sair daqui!"

(*Ela tenta sair. Ástrov avança para bloquear o seu caminho.*)
Ástrov – Vou embora e nunca mais voltarei. Diga-me apenas...
(*Segura a mão dela e olha em volta para ver se tem alguém olhando.*)

"Você me agarrando é tão forte, tão provocante. Quero você. Sou casada. Não posso. Sim, sou casada com um homem velho, muito velho, que tem rugas em lugares que você nem vai querer saber... Olhe para sua pele clara – é certo que você rompeu alguns vasos sanguíneos com tanta vodca, mas quem se importa? Quero você, muito! E se formos pegos? Ai, esse pensamento me deixa ainda mais excitada. Estou condenada..."

Onde podemos nos encontrar? Depressa, alguém pode nos pegar – por favor, diga-me onde.
(*Sussurrando de forma sedutora.*) Seu cabelo tem um cheiro maravilhoso. Um beijo, por favor, deixe-me lhe dar um beijo.

"Ajude-me a ser forte. Não sei quanto tempo mais consigo me segurar..."

Helena – Eu imploro...

"Não estou brincando. Ajude-me a sair daqui antes que eu chegue naquele nível em que não consigo mais dizer não..."

Ástrov – (*Impede que ela fale.*) Não precisa implorar, sou seu. Você é tão linda. E que mãos adoráveis, preciso beijar as suas mãos.

"Não, as mãos não. Sou muito sensível aí..."

(*Beija-lhe as mãos.*)

"Isso é tão bom, tão bom, pare, por favor, pare, estou perdendo o controle..."

Helena – Pare com isso, por favor, pare... Vá embora...

"Tenho que ser forte, não posso perder o controle. Senão perderei tudo... E se alguém aparecer?!"

(*Ela puxa as mãos.*)

"Tenho que me conter, estou totalmente fora de controle!... Ai, quero você... Não descansarei até ter você. Ai, meu Deus... Você tem que parar!..."

Ástrov – Você sabe que é inevitável, estamos destinados a ficar juntos.

"... Ah, dane-se. Vem. Me pega..."

(*Ele a beija, e neste exato momento Tio Vânia aparece com uma dúzia de rosas e para na soleira da porta. Helena e Ástrov não o veem.*)
Helena – (*Não vê Vânia.*) Não. Nós não devíamos estar fazendo isso...

"Não para! Isso é bom demais! Me pega, me toca, me come..."

(*Ela encosta a cabeça no peito de Ástrov.*)
Ástrov – Às duas horas me encontre na plantação. Prometa que irá.

"O que há de errado agora? Ah, eu te quero tanto. Venha me possuir... Espere aí, sinto que tem alguém me olhando..."

(*Helena vê Vânia olhando para eles.*)

"Ah, não, isso está pegando muito mal. Tenho que me afastar de você... Não é minha culpa, Vânia, Ástrov me forçou!..."

Helena – Solte-me!
(*Ela faz força para se afastar de Ástrov. Vai até a janela.*)

"Devo mentir? Será que devo fingir um estupro? Meu marido vai descobrir e se divorciar de mim e não terei mais dinheiro. Será que eu falo que estou bêbada? Ou melhor ainda, que Ástrov me hipnotizou e me fez obedecer-lhe? Serei abandonada sem nada..."

(Resmungando para si) Isso é simplesmente horrível.

"... insanidade temporária? Ou sonambulismo? Talvez deva me aproximar de Vânia. Ele sempre me quis. Ah, não, e se Vânia matar Ástrov? Ou pior, e se ele tentar me matar?!!!!..."

(Vânia coloca as rosas em uma cadeira próxima, com cuidado. Helena continua a olhar pela janela tentando imaginar o que irá dizer ou fazer a seguir, enquanto Ástrov parece dolorosamente culpado e tenta disfarçar.)

"... Amnésia? Isso é bom, poderia dizer que bati a cabeça ou algo assim. Mas se ele não acreditar em mim ficarei sem ter onde morar e sem dinheiro para roupas! Talvez eu possa convencer Vânia de que ele não viu o que ele pensou ter visto. Minha cabeça estava descansando no peito de Ástrov, porque ele estava verificando se há piolhos... Quero dizer, ele é um médico, poderia estar me examinando... Aaah, caramba, o mundo irá me ver como uma vagabunda e uma prostituta..."

MONÓLOGO INTERIOR do ponto de vista de Ástrov.

O OBJETIVO DE CENA de Ástrov é *fazer você se apaixonar por mim*. Seu OBJETIVO DE CENA é cheio de obsessão e coragem. Crie seu MONÓLOGO INTERNO para Ástrov com isso em mente. Volto a afirmar, os pensamentos a seguir são meras sugestões baseadas no que a personagem do roteiro pode ter como MONÓLOGO INTERNO. Você, todavia, deve personalizar seu MONÓLOGO INTERNO de maneira que faça sentido para seu trabalho interno. O modo como você manifesta seu MONÓLOGO INTERNO específico irá variar dependendo de como você lida individualmente com a vida – pensamentos que emanam da sua história e experiência próprias e únicas.

TIO VÂNIA
Anton Tchékhov
(Uma cena do Ato 3)

"Eu espero que você goste dos meus desenhos, e, por favor, não pense que eles são amadores e estúpidos. Digo, você é mais sofisticada do que eu, e meus desenhos me fazem parecer um caipira..."

Ástrov - (*Entra com um desenho.*) Olá, você queria ver um pouco da minha arte?

"Talvez 'arte' seja uma palavra muito forte. Parece que eu me considero muito bom. Talvez você estivesse sendo condescendente comigo quando disse que queria ver meu desenho ontem. Talvez você não esteja nem um pouco interessada e eu esteja parecendo muito desesperado..."

Helena - Ontem você me prometeu que iria me mostrar seus desenhos. Você está livre agora?

"Ah, sim, sempre ando por aí com meus desenhos em mãos. Claro que estou livre. Acho que eles são mesmo muito bons. Talvez você fique tão impressionada que irá gostar de mim, talvez até mesmo se apaixone por mim, case comigo e tenha filhos meus..."

Ástrov - Eu adoraria!

"Opa, opa, opa, pareço ansioso demais... E desesperado, ansioso e desesperado. Que combinação atraente. Como ela pode resistir. Pode me chamar de "El Tolo".

(*Ele estende o desenho em uma mesa próxima e fixa-o com tachinhas. Ela o ajuda.*)

"Você está pairando sobre mim e me tocando sem querer. Você me deseja sexualmente ou está sendo apenas prestativa e os toques são de fato acidentais? Bom, é melhor eu descobrir logo, porque a conversa parou e estou parecendo bem idiota. É melhor dizer algo, mas não sei o quê. O que falar? O que digo?..."

Onde você nasceu?

"Bom, isso foi realmente idiota. Sou um idiota, um burro. 'Onde você nasceu?!' Eu poderia ter perguntado algo mais chato? Anotação para mim mesmo: da próxima vez, trazer meu cérebro..."

Helena – Em Petersburgo.

"Você é da cidade. É cosmopolita e sofisticada, e não vamos esquecer que é casada... E eu não. Por que você iria querer ficar comigo? Até onde sei, não passo de um caipira do interior. Embora eu seja médico. Talvez possa superá-la com minha formação educacional..."

Ástrov – E em qual escola estudou?

"Agora, sim! Não há como você me derrotar, de jeito nenhum..."

Helena – No Conservatório de Música.

"Ooook, pelo jeito, consegue. Por que não podia ser um lugar qualquer, em vez do conhecido Conservatório? Cara, uma dose de vodca faria eu me sentir muito bem agora..."

Ástrov – Duvido muito que isto vá lhe interessar de alguma forma.

"Como pode qualquer coisa que me interessa interessar a você também?! Por que deveria? Você é jovem e gostosa e eu sou um bêbado suado. Por que comecei essa conversa?! Devo ser mais interessante do que seu marido enrugado, excêntrico e impotente (e eu sei, sou médico dele). O que estou fazendo? Você é casada e meu melhor amigo está apaixonado por você. Deus me ajude, sou desprezível... Um desprezível muito excitado... Mas ainda assim desprezível..."

Helena – Por que não? Você está certo em afirmar que não sei muito sobre o campo, mas sou bem instruída.

"Você está sendo condescendente comigo? Hein? Hein?! Ah, o que importa, enquanto eu e você estivermos aqui, quem sabe? Talvez você goste do que tenho a dizer. Assim, é emocionante para mim. Então aqui vai..."

Ástrov – Olhe aqui. Isto é um mapa desta região há cinquenta anos. A cor verde indica a floresta. Metade desta área era coberta por floresta. Onde você vê a cor vermelha por cima da verde predominavam alces, cabras-selvagens e todo tipo de vida selvagem.

"Esse assunto é bom. Amo falar sobre isso. É controverso e, ainda assim, benevolente. Me faz parecer inteligente de verdade..."

Olhe para a terceira parte e verá como retratei a região nos dias de hoje. Há verde, mas é esporádico. Não há vida selvagem.

"Esta é a melhor parte, você vai amar..."

Você pode dizer que isso é o progresso e eu concordaria, se no lugar das florestas derrubadas fossem construídas fábricas ou escolas. Mas não, há um monte de terra inútil lamacenta com doenças e pessoas desamparadas.

"Você parece tão entediada. Por que continuo sem parar? Você deve achar que sou um fracassado tagarela. Você me odeia. Eu me odeio..."

(Ele olha para ela de soslaio...)
Parece-me que você se interessa pouco por isso.

"Como você poderia se interessar por isso? Por que pensei que você se interessaria? O que sou, louco? Aaaah, amo o jeito que seus seios balançam quando você caminha..."

Helena – Não, acontece que não entendo muito disso.

"Ah, tá. Se eu ainda estivesse explicando economia..."

Ástrov – Não é difícil de entender, apenas acho que você não parece interessada.

"Isso é para mostrar que você não me engana. Agora você vai achar que sou forte, não um covarde, porque a confrontei. Por outro lado, e se você me levar a mal e for embora?! Ah, não, eu preferiria não ter dito isso. Não vá embora, por favor, não vá..."

Helena – Por favor, desculpe minha falta de concentração, estava pensando em outra coisa. Para ser honesta, queria lhe perguntar algo, mas não sei como começar.

"Esta pergunta pode ser muito, muito ruim... Talvez você me pergunte 'Por que você continua a vir com tanta frequência quando ninguém está doente? Ninguém mais solicita seus serviços?' Por que estou aqui o tempo todo? 'Porque você me tem nessas suas mãos cruéis, você... Certo, Ástrov, isso foi um pouco duro, espere e veja o que ela irá perguntar, não presuma nada..."

(*Pausa*)

É um assunto sobre alguém que você conhece. Como amigos, vamos conversar, sendo totalmente sinceros um com o outro, e então esquecemos que tivemos esta conversa. O que você me diz?

"Você quer que a gente esqueça que teve essa conversa? Isso não pode ser bom..."

Ástrov – Tudo bem.

"Por favor, não prolongue a agonia. Estou morrendo aqui. Pergunte de uma vez..."

Helena – É sobre Sônia, minha enteada. O que você acha dela, você gosta dela?

"Isso é uma armadilha? E se eu não responder do jeito certo? Então você irá me detestar. Devo mentir? Dizer a você que gosto de Sônia e fazer ciúmes em você?... Isso poderia sair pela culatra. Ou devo contar a verdade e deixar claro que estou disponível? Mais do que disponível, desesperado, na verdade. Ah, isso é muito atraente. Toda mulher ama o fedor de suor de um homem desesperado. Claro. Pense, Ástrov, pense... Beleza, aqui vai – tentarei responder de um modo realmente vago..."

Ástrov – Admiro seu espírito.

"Essa foi boa. Legal, mas não comprometedora. Por favor, aceite isso e mude o assunto para outra coisa, como por exemplo como você me acha bonito e sexy..."

Helena – Mas você gosta dela como mulher?

"O que você quer que eu diga? Dê uma dica. Por que você não pode tornar isso mais fácil para mim? Minha vida já é dura o suficiente. E se eu fizer a escolha errada? Eu me ferro em testes. Ai, será que posso tomar uma ou duas doses de vodca... Ótimo, responda primeiro, vodca só mais tarde... Eu lhe direi a verdade e espero que a aceite..."

Ástrov – (Pausa) Não.

"Você gostou da minha resposta? Gostou, hein, hein?"

Helena – (Beijando a mão dele.) Você não a ama, posso ver nos seus olhos. Sabe, ela está sofrendo. Tente entender que você deve parar de vir aqui.

"Nada como a velha mensagem confusa. Você beija minha mão e me pede para não voltar mais aqui. O que você está querendo e como devo responder?!"

(Pausa)

Ai! Odeio isso, sinto como se estivesse carregando o peso do mundo nos ombros. De qualquer forma, está feito, graças a Deus, então agora nós podemos esquecer que tivemos esta conversa e seguir em frente. Você é um homem inteligente, tenho certeza de que entende por que você deve...

"Isso não pode ser bom. Você me vê como um fardo nos seus ombros, não como um homem viril..."

(Pausa)

Acho que estou ficando vermelha...

"Contudo, você parece querer que eu a segure... Mas e se eu estiver errado e você se afastar?! Mulher, você é tão difícil de entender e estou tão excitado..."

Ástrov – Se você tivesse me falado sobre os sentimentos dela há um ou dois meses, eu poderia ter refletido sobre isso... Mas se ela está sofrendo por minha causa, não há outro jeito...

"Estou balbuciando. Pareço um caipira estúpido, mas espere um minuto... Você não tinha que me fazer esta pergunta... Talvez você goste de mim..."

(Pausa)

Mas diga-me, por que *você* tinha de me perguntar?

"Vamos! Admita. Você gosta de mim. Você me quer tanto quanto eu te quero, certo?!..."

(Ele olha para ela por um momento.)

"Você não está respondendo. Isso significa que está com muito medo de responder. Espero que isso signifique que você me quer tanto quanto eu te quero. Vou apostar nisso..."

Ahhhh, entendi!

"Apenas diga. Você me deseja! Sim, você deseja..."

Helena – Do que você está falando?

"Não finja que você não sabe. Você sabe do que estou falando. Você me quer, você me quer muito..."

Ástrov – Você sabe. Claro, Sônia pode estar apaixonada, mas por que é você quem está me perguntando essas coisas? Por que você parece tão surpresa? Você sabe por que venho todos os dias, sabe muito bem o efeito que causa em mim, sua encantadora "ave de rapina".

"Eu gostaria de sentir meus lábios contra os seus, te tocar com avidez, você me desejando como uma tigresa..."

Helena – Ave de rapina! Do que você está falando?!

"...eu quero você se enroscando em mim, me implorando por mais e mais, grrrrrrr..."

Ástrov – Você é deslumbrante, esperta, fogosa... E sou sua vítima. Bem, você venceu, pode me devorar.
(*Ele abre os braços e abaixa a cabeça como um mártir na cruz.*)

"...Venha para mim. Me pegue. Me toque. Me devore..."

Eu me rendo, estou aqui e pronto para ser devorado!

"Por que você está demorando tanto? Estou começando a parecer um louco aqui, de braços abertos, parecendo Jesus na cruz. E como vou sair desta posição?..."

Helena – Você enlouqueceu?

"...Opa, você realmente acha que sou louco. Ou talvez você só esteja se fazendo de difícil..."

Ástrov – Você é tão modesta.

"Isso me deixa ainda mais excitado. Aaaah, eu te desejo tanto..."

Helena – Não sou tão ardilosa ou cruel quanto você diz. Honestamente, não sou.
(*Ela tenta sair. Ástrov avança para bloquear o seu caminho.*)

"Você não pode sair. Se você sair, jamais terei outra chance. Tenho que impedi-la ou então nunca terei outra chance de fazer você ser minha... E além disso, estou muito excitado..."

Ástrov – Vou embora e nunca mais voltarei. Diga-me apenas...

"Eu irei prometer tudo o que você quiser..."

(*Segura a mão dela e olha em volta para ver se tem alguém olhando.*)

"...Opa, e se alguém entrar e interromper? Odeio quando isso acontece. Apresse-se. Nós não temos muito tempo. Aonde você quer ir para fazer sexo?..."

Onde podemos nos encontrar? Depressa, alguém pode nos pegar – por favor, diga-me onde.

"Esse cheiro é seu ou é perfume? Ah, amor, quero devorar você..."

(*Sussurrando de forma sedutora.*) Seu cabelo tem um cheiro maravilhoso. Um beijo, por favor, deixe-me lhe dar um beijo.

"Seu corpo, seu cabelo, seus lábios deliciosos estão se aproximando de mim! Pressione seus lábios carnudos contra os meus, beije-me como se você nunca tivesse beijado alguém antes... Por favor, por favor, por favor, por favor..."

Helena – Eu imploro...

"Ah, sim! Você está implorando agora, hein? Você me quer, hã?..."

Ástrov – (*Impede que ela fale*) Não precisa implorar, sou seu. Você é tão linda. E que mãos adoráveis, preciso beijar as suas mãos.

"Eu posso me safar dizendo "mãos". Isso é seguro de dizer, mas onde eu realmente gostaria de botar os meus lábios é..."

(*Beija-lhe as mãos.*)

"Isso, não pare agora..."

Helena – Pare com isso, por favor, pare... Vá embora...
(*Ela puxa as mãos.*)

"Não, não, não, não faça isso! Não se afaste! Você é de Leão, e eu, de Escorpião – astrologicamente nós devemos ficar juntos!"
Ástrov – Você sabe que é inevitável, estamos destinados a ficar juntos.

"E se eu estiver errado sobre você me querer?! E se você contar para Alexandre e Vânia que estive dando em cima de você?! O que fazer?

O que fazer?... Ah, esses lábios deliciosos. Quero devorá-los, sugá-los, lambê-los... Mas que diabos? Vou fazer isso logo!..."

(*Ele a beija, e neste exato momento Tio Vânia aparece com uma dúzia de rosas e para na soleira da porta. Helena e Ástrov não o veem.*)

Helena – (*Não vê Vânia.*) Não. Nós não devíamos estar fazendo isso...

"Venha aqui. Fique comigo. Vamos. Você me quer. Você sabe que sim..."

(*Ela encosta a cabeça no peito de Ástrov.*)

"Ah, um pedacinho do céu...!

Ástrov – Às duas horas me encontre na plantação. Prometa que irá.

"Eu estou tão perto. Posso ver nos seus olhos. Você mal pode esperar até as duas horas. Você me ama e eu te amo. E Ástrov, seu garanhão, você vai se dar bem..."

(*Helena vê Vânia olhando para eles.*)

"... Espere. O que você está olhando? Ah, não, é Vânia. Ele é uma pessoa raivosa e vai me matar e aí o que vou fazer?!..."

Helena – Solte-me!

"Como vou explicar isso?! Do jeito que estamos, está pegando muito, muito mal..."

(*Ela faz força para se afastar de Ástrov. Vai até a janela.*)

"Por que você está me fazendo parecer o errado, como se a tivesse forçado ou algo assim?..."

(*Resmungando para si*) Isso é simplesmente horrível.

"Tenho que alegar inocência, mas pareço culpado como o diabo. O que eu deveria dizer ou fazer para resolver isso para nós dois? Vânia, o que você viu? O que você ouviu? Quando foi que você entrou e como não vi?! Deve ter sido aquela última dose de vodca, porque, senão, sou em geral muito observador..."

(*Vânia coloca as rosas em uma cadeira próxima, com cuidado. Helena continua a olhar pela janela tentando imaginar o que irá dizer ou fazer a seguir, enquanto Ástrov parece dolorosamente culpado e tenta disfarçar.*)

"*Eu poderia dizer que estava tão bêbado que não sabia o que estava fazendo. Ele já testemunhou alguns dos meus apagões infames. Ou posso dizer que isto era um jogo de salão. Ou que ela veio até mim sentindo dores e eu estava justamente a examinando, sendo o médico da família. Exceto que o que eu estava fazendo não parecia muito medicinal... Tenho que dizer algo crível para que eu possa ser o herói de Helena e ainda ter uma chance de fazê-la me amar... Tem que haver um jeito. Tem uma que pode funcionar. Eu poderia dizer: 'Eu estava aquecendo-a para você...'*"

Prossiga o MONÓLOGO INTERNO até que o diretor mande cortar, até a cortina cair ou você sair de cena.

Ferramenta nº 11: CIRCUNSTÂNCIAS ANTERIORES

> É o passado da personagem que faz com que ela seja o tipo de pessoa que é hoje.

Com as CIRCUNSTÂNCIAS ANTERIORES você deve, primeiro, descobrir a história da sua personagem em relação ao roteiro. Então, você conecta as CIRCUNSTÂNCIAS ANTERIORES do roteiro às experiências emocionais paralelas da sua própria vida, de modo que possa se identificar com sua personagem com tanta compreensão e profundidade que você, por fim, "torna-se" a personagem.

CIRCUNSTÂNCIAS ANTERIORES para Helena

AS CIRCUNSTÂNCIAS ANTERIORES do roteiro
No final do século XIX na Rússia, ser casada com um homem rico e bem-visto era o melhor que uma mulher poderia desejar. Apesar da sua

beleza, educação e boas maneiras de classe alta, Helena não se casou com a mesma idade que a maioria das mulheres jovens. Por alguma razão, ela esperou. Como consequência, com o temido rótulo de solteirona ameaçando sua reputação, ela se casou com Alexandre, um homem que tem pelo menos o dobro da sua idade, é professor aposentado, hipocondríaco, mordaz, teimoso e assexuado. E, para o desânimo de Helena, o marido resolve se mudar de volta para o campo, um lugar que ela considera atrasado e distante.

Alexandre tem recursos para viver com bastante conforto, mas não é rico ao extremo. Então, a motivação de Helena para se casar com ele não seria acumular fortuna. Ela também não está com Alexandre por causa da sua aparência. Se Alexandre alguma vez foi bonito, acabou definhando com a idade. Então, por que ela se casaria com esse homem em particular? Somos levados a presumir que Helena é atraída por ele devido ao fato de ser um homem respeitado. Em função do comportamento dela ao longo do tempo decorrido no roteiro, podemos dizer que Helena é manipuladora, egocêntrica, obstinada, travessa, espirituosa, desenfreada, impetuosa – uma diaba. O que ocasionou esse comportamento? É evidente que algo que ela fez ou que foi feito a ela manchou seus primórdios afortunados e a tornou, de alguma forma, desonrosa e indigna de conseguir um bom marido. Então, ela se casou com o melhor que conseguiu. Com alguém que podia até ser velho e feio, mas que era um professor muito conceituado, alguém que, por associação, poderia lhe proporcionar respeitabilidade vicária. Além do mais, era alguém que poderia ajudá-la a retomar seu poder em um mundo que não valoriza as mulheres.

A seguir, estão algumas das CIRCUNSTÂNCIAS ANTERIORES
que você deve personalizar

1. As CIRCUNSTÂNCIAS ANTERIORES do roteiro: histórico de comportamento autodestrutivo de Helena.

    Sugestões de CIRCUNSTÂNCIAS ANTERIORES personalizadas: No próprio entusiasmo de viver a vida ao máximo, muitas vezes alguém pula de cabeça sem considerar as consequências. Olhando para alguns desses acontecimentos específicos

no passado, quando você mesma experimentou uma repercussão violenta como consequência de uma tentativa de criar emoção na sua vida, veja o ato de interpretar Helena como uma continuação das suas desventuras. O que Helena faz no período em que se desenrola *Tio Vânia* não é um comportamento novo. Por muito tempo ela tem se colocado, assim como a todos aqueles tolos o suficiente para estarem perto dela, em apuros. As CIRCUNSTÂNCIAS ANTERIORES que você compara à personagem do roteiro poderiam ser:
- Um histórico de inúmeras relações sexuais.
- Um histórico de roubo.
- Um histórico de festas irresponsáveis.
- Um histórico de abuso de drogas e/ou álcool.
- Um histórico de mentiras patológicas.
- Ficar grávida e ter feito aborto(s).
- Ser pega tendo um caso ou inúmeros casos com homens casados.

Agora, considere o que aconteceu como resultado do seu comportamento indisciplinado. Isso pode ter criado uma má reputação; cadeia; gravidez; perda da confiança daqueles que estão ao seu redor; a perda de um companheiro; de amizades; outras pessoas vendo você com maus olhos, então elas nem lhe dão chance para que se tornem amigos, companheiros, ou mesmo uma oportunidade de emprego.

2. As CIRCUNSTÂNCIAS ANTERIORES do roteiro: as expectativas em torno do tempo que uma mulher tem para se casar.

Sugestões de CIRCUNSTÂNCIAS ANTERIORES personalizadas: Você precisa trazer à tona o tipo de pressão para se casar que a forçaria a aceitar um casamento sem amor, como também a de ter ocupações "extracurriculares" (dei uma piscadinha). A seguir, estão algumas possibilidades para você criar CIRCUNSTÂNCIAS ANTERIORES semelhantes a partir da sua própria vida:
- As demandas sociais não mudaram tanto desde meados do século XIX. Ainda há um enorme status social associado a se

ter um namorado, noivo ou marido. Amigos e familiares dão muita importância ao pedido de casamento, anel de noivado, chá de panela e à cerimônia de casamento. Se você é uma mulher não comprometida, nunca se casou ou não tem nenhuma perspectiva de se unir a alguém, é provável que seja encarada como alguém de quem deva se sentir pena e seja colocada na categoria de não ser convidada, ou como um caso de emergência a quem "devo-apresentar-um-ótimo-médico-ou-advogado". Esse conjunto de CIRCUNSTÂNCIAS ANTERIORES lhe dará a necessidade de mudar seu status de solteira o mais rápido possível.

- Você é casada, mas só fez isso por causa de pressão de CIRCUNSTÂNCIAS ANTERIORES, como gravidez, não ter ninguém por perto, quem você de fato queria não estava disponível, foi planejado pela família, era esperado, porque vocês estavam juntos havia muito tempo, ou todas suas amigas já tinham casado, então você disse sim para o primeiro que pediu sua mão. Em caso afirmativo, use essas CIRCUNSTÂNCIAS ANTERIORES da sua vida como o ímpeto para se arriscar todos os dias a correr atrás da sua SUBSTITUIÇÃO para Ástrov.
- Talvez sua atual relação tenha surgido do amor, mas agora vocês amadureceram cada um de uma maneira, estão diferentes um do outro e entediados. Nesse caso, use os fatos do passado para ilustrá-los como as CIRCUNSTÂNCIAS ANTERIORES que a fariam sentir que é necessário fazer sua SUBSTITUIÇÃO para Ástrov se apaixonar por você, assim você pode dar uma *bagunçada* nas coisas...
- Talvez as CIRCUNSTÂNCIAS ANTERIORES na sua vida não incluam a importância de relacionamentos conjugais ou de longo prazo, mas talvez tenha a necessidade de provar seu valor em uma relação de longo prazo com um emprego. Algumas CIRCUNSTÂNCIAS ANTERIORES pessoais úteis poderiam ser: um histórico de problemas para manter um emprego; ser sempre deixado de lado na hora de aumentos e promoções; uma

rotina de muitas entrevistas (testes) e continuar sem emprego. Isso faria você querer arriscar o casamento com Alexandre (que seria a SUBSTITUIÇÃO para um chefe, produtor ou alguma autoridade relacionada ao trabalho não satisfatória nos dias atuais) por Ástrov (que seria a SUBSTITUIÇÃO para alguém que poderia dar a você um emprego ou o tipo de carreira com a qual você sonha).

3. As CIRCUNSTÂNCIAS ANTERIORES do roteiro: o passado de Helena de natureza chocante, escandalosa, ultrajante, vergonhosa e socialmente fora de controle como uma forma de se sentir viva.

   Sugestões de CIRCUNSTÂNCIAS ANTERIORES personalizadas: O que você tem feito, historicamente, que talvez arrisque sua segurança, mas que a faz se sentir compelida a se arriscar de qualquer maneira para impedir que sua vida seja maçante e monótona? Poderiam ser suas CIRCUNSTÂNCIAS ANTERIORES:
   - Ter casos extraconjugais.
   - Fazer muita fofoca.
   - Um problema com cleptomania (furto pode produzir adrenalina).
   - Viver deixando escapar coisas chocantes.
   - Estar propensa a dizer muitos palavrões.
   - Ser espalhafatosa e desagradável em locais inapropriados.
   - Brincadeiras descaradas (você pode até ser engraçada, mas deve ser em excesso para que essa seja uma boa escolha...).
   - Vestir-se com vulgaridade ou simplesmente para chocar.

4. As CIRCUNSTÂNCIAS ANTERIORES do roteiro: o histórico de joguinhos e manipulações de Helena nos relacionamentos.

   Sugestões de CIRCUNSTÂNCIAS ANTERIORES personalizadas: Relacionamentos não são motivados apenas por amor. Nós todos tivemos CIRCUNSTÂNCIAS ANTERIORES nas quais procuramos um relacionamento por outros propósitos que eram sensatos para nós, mas obscuros para aqueles que estavam vendo de fora. Razões como:
   - Segurança.

- Dinheiro.
- Conseguir um emprego.
- Posição social.
- Poder.
- Competição por um parceiro.
- Boa aparência.
- Solidão.

Olhe para algumas das amizades e relações que você tem instigado devido a outros fatores que não o amor eterno, e use como CIRCUNSTÂNCIAS ANTERIORES, a fim de fazer com que seu lado manipulador surja realmente quando se tornar Helena.

5. As CIRCUNSTÂNCIAS ANTERIORES do roteiro: a necessidade excessiva de Helena de fazer com que os homens a amem. Enquanto o álcool é a opção de Ástrov, o *amor* – em grande quantidade – é a droga escolhida por Helena. Ela tem Alexandre, que a ama, Vânia, que está claramente apaixonado, Sônia, que está presa sob seu feitiço de amiga e confidente, e Ástrov, cuja constante presença na casa desde sua chegada só pode significar uma coisa – ele a ama, também. Isso não ocorreu por acaso – Helena precisa que as pessoas se apaixonem por ela, e é obcecada em manipular para fazer com que isso aconteça.

Sugestões de CIRCUNSTÂNCIAS ANTERIORES personalizadas: Quais são suas CIRCUNSTÂNCIAS ANTERIORES que a fazem *necessitar* que as pessoas se apaixonem por você? Poderiam ser:

- Histórico de abandono?
- Pais que não demonstram afeto?
- Você era a criança "rejeitada" na infância?
- Um relacionamento amoroso anterior, no qual você era a pessoa que estava *mais* envolvida e sofreu muito com a separação?
- Você sempre se achou feia e precisa de atenção constante para provar o contrário?
- Você sofreu sérios abusos quando criança?

Lembre-se de acontecimentos e CIRCUNSTÂNCIAS ANTERIORES em que você estava muito carente de amor para cumprir o OBJETIVO DE CENA de *fazer você se apaixonar por mim para retomar meu poder*. Deixe que isso motive seu comportamento como Helena.

Circunstâncias anteriores para Ástrov

As circunstâncias anteriores do roteiro
Ástrov vem de um tempo da Rússia em que mudar de carreira ou posição social era quase impossível. Ele é um médico do campo que irá sempre trabalhar e viver no campo. No século XIX, as consultas em casa eram comuns, e muitas vezes ficavam a quilômetros de distância, e as constantes viagens dificultavam a vida social de um médico. Nessa época, a idade também era um problema. Ser visto como um solteirão por muito tempo não é um bom presságio para um futuro casamento. Todas as boas moças da mesma idade que ele já estão comprometidas, e as outras mulheres – solteironas – não casaram por alguma razão. Ele é solitário e não tem perspectivas de mudar isso. Porém, ainda sonha com uma esposa e uma família, e seu desejo está crescendo cada vez mais. Infelizmente, apesar desse desejo, Ástrov acha que suas chances para uma vida doméstica feliz são escassas. Isso o torna cínico. Por causa do seu cinismo crescente, Ástrov transferiu sua necessidade básica de amar e proteger uma família para um foco em amar e proteger o meio ambiente.

Podemos pressupor que Ástrov, pelo visto, teve dificuldades para assumir compromissos nos momentos-chave em que poderia ter casado. Também é importante notar que ele tem a oportunidade de ter uma esposa e filhos com Sônia, que está claramente disponível, mas escolhe, em vez disso, se apaixonar pela inatingível Helena.

As outras personagens da peça falam sobre o quanto ele bebe, e ele, de fato, parece ter um problema com o álcool, algo que evidentemente não é uma novidade. O alcoolismo é, em geral, aprendido ou geneticamente motivado a partir de fontes primárias. Também pode ser um caminho para ele administrar seus desejos e sua realidade.

Aqui estão algumas das CIRCUNSTÂNCIAS ANTERIORES
que você deve personalizar.
1. As CIRCUNSTÂNCIAS ANTERIORES do roteiro: Ástrov escolhe medicina como carreira.
    Sugestões de CIRCUNSTÂNCIAS ANTERIORES personalizadas: Seja qual for a carreira escolhida, nossa opção é feita por alguma razão. Nossa carreira é aquilo que nos define. Você deve encontrar acontecimentos do seu passado que o levariam a querer tornar-se um médico. Talvez:
    - Você tem um pai ou mentor na área médica, e quer agradar e seguir o exemplo desse alguém que você ama e respeita.
    - Você teve uma pessoa amada (um pai, irmão, amigo etc.) que morreu de uma doença e, naquele momento, você se sentiu impotente por não conseguir fazer nada a respeito disso. Tornar-se médico iria satisfazê-lo por oferecer-lhe o poder de fazer algo se essa situação voltasse a acontecer hoje.
    - Você tem um pai que trabalhou como operário e que deseja que você tenha um futuro melhor. Tornar-se médico daria a esse pai um sentimento de orgulho, porque você teria superado o legado de trabalho braçal da família.
2. As CIRCUNSTÂNCIAS ANTERIORES do roteiro: preso em uma camada social mais baixa – geográfica, educacional e socialmente. Isso afetará a habilidade de Ástrov de ir atrás de Helena, que é melhor do que ele em todas essas áreas.
    Sugestões de CIRCUNSTÂNCIAS ANTERIORES personalizadas:
    - Você nasceu ou ainda mora em uma cidade pequena, no interior. Pense sobre experiências do passado que o lembram dos seus sentimentos de inferioridade social (momentos em que você foi humilhado pelo seu jeito de falar, de se vestir ou pela sua falta de experiência).
    - Você nasceu ou ainda mora em uma parte da cidade que seria considerada pobre, gueto ou segregada racialmente. Lembre-se de acontecimentos em que questões financeiras ou étnicas lhe

causaram dor emocional ou talvez o tenham levado até a se envolver em brigas.
- Sua família veio de uma cidade (ou você e sua família ainda moram lá) na qual eles foram castigados, porque eram os únicos residentes representando um grupo racial ou religioso impopular (a única família negra de toda a vizinhança branca, a única família muçulmana em uma parte judaica da cidade etc.) e toda a degradação que veio com isso.
- Você faz parte de um grupo minoritário discriminado (afro-americano, latino, asiático, árabe, judeu etc.). Use o histórico de preconceito que você sofreu.
- Você cresceu na pobreza; lembre-se dos fatos do seu passado que o afetam hoje (ir para a cama com fome, ser motivo de chacota na escola por causa das suas roupas surradas etc.).
- Você não teve uma boa educação ou foi um péssimo estudante. Pense nas CIRCUNSTÂNCIAS ANTERIORES específicas que lhe causaram vergonha, como a necessidade constante de reforço escolar; ter sido ridicularizado por colegas de turma e professores; viver repreendido por seus pais por causa de notas baixas etc.

3. As CIRCUNSTÂNCIAS ANTERIORES do roteiro: as oportunidades do passado para conhecer mulheres foram limitadas, criando um Ástrov desesperado e solitário hoje em dia.

Sugestões de CIRCUNSTÂNCIAS ANTERIORES personalizadas: Você precisa encontrar CIRCUNSTÂNCIAS ANTERIORES com emoções similares da sua própria vida que o fazem perceber que tem oportunidades limitadas.
- Você tem um histórico de se sentir desinteressante de alguma forma (muito gordo, muito magro, pele manchada, cabelo feio, diferenças raciais, muito baixo, muito alto, simples ou acomodado etc.).
- Você teve um relacionamento ou casamento longo que terminou e agora você não sabe mais como se encontrar com outras mulheres, sentindo-se despreparado e desajeitado.

- Você tem um histórico de mulheres que queriam apenas ser amigas, excluindo qualquer outra forma de relacionamento.
- Você se sentiu tão explorado em um relacionamento longo e abusivo que se sente inseguro, acreditando que todas as futuras companheiras irão agir da mesma forma.
- Você é homossexual, e estar perto de uma mulher desse modo faz você se sentir desconfortável.
- Você nunca teve relacionamentos longos e não tem muita esperança de que isso irá mudar.

4. As CIRCUNSTÂNCIAS ANTERIORES do roteiro: Na década de 1890 na Rússia – questões de idade girando em torno de encontrar uma companheira produziram a atual desesperança de Ástrov.

Sugestões de CIRCUNSTÂNCIAS ANTERIORES personalizadas:

- Até mesmo hoje é senso comum que, quanto mais velho você fica, menos opções tem. O campo de escolhas para uma parceira, carreira e circunstâncias sociais fica bem limitado. Pegando quaisquer fatos relacionados ao mistério da idade que o levaram a se sentir sem esperanças para fazer mudanças na sua vida, elabore em detalhes quais mudanças você gostaria de realizar e quão difícil seria concluí-las, devido a sua idade atual. Por exemplo: você trabalha como engenheiro elétrico, o que levou algum tempo e treinamento. A fim de fazer uma mudança para se tornar ator, você teria que começar de baixo, e temeria sempre que atores mais jovens tivessem vantagem sobre você no processo de seleção de elenco. Use CIRCUNSTÂNCIAS ANTERIORES da sua própria vida – experiências reais que tornem isso verdade.
- E se seu problema não for a idade? O desespero não precisa, necessariamente, resultar da idade. Suas CIRCUNSTÂNCIAS ANTERIORES pessoais podem incluir a experiência de que, não importa o quanto tem se esforçado, você falha na maioria das suas tentativas de ser bem-sucedido. Poderiam ser constantes notas baixas na escola; amizades que sempre parecem voltar-se

contra você; garotas que, em qualquer hora do dia, repetidas vezes, o ridicularizam; ser demitido de um emprego atrás do outro. A cada mudança, use CIRCUNSTÂNCIAS ANTERIORES de fatos pessoais da sua vida que sejam frustrantes.

5. As CIRCUNSTÂNCIAS ANTERIORES do roteiro: o histórico de Ástrov de problemas com compromisso.

   Sugestões de CIRCUNSTÂNCIAS ANTERIORES personalizadas: Personalize qual compromisso tem sido um problema para você, olhando para fatos e experiências importantes que podem tê-lo levado a sentir desconfiança e medo quando se trata de estabelecer um compromisso.

   - Talvez você tenha sido criado em uma família que passou por um divórcio complicado e não queira repetir, na sua vida, o que testemunhou. Portanto, compromisso o assusta.
   - Você viu seus pais ficarem juntos sem se dar bem. Você não quer se comprometer com alguém e se sentir sufocado em um péssimo relacionamento como seus pais – então você evita qualquer compromisso.
   - Você apresenta um histórico de maus relacionamentos e não quer repetir a história com mais outro compromisso doloroso e devastador.
   - Você viu seus pais, que são amorosos e incríveis, desistirem dos seus sonhos e aspirações para sustentar a família, e não quer que isso aconteça com você. Por causa disso, no seu inconsciente, sente que o compromisso sempre significará trabalho e fim dos seus sonhos.

6. As CIRCUNSTÂNCIAS ANTERIORES do roteiro: o passado de Ástrov e a razão para sua obsessão com questões ambientais.

   Sugestões de CIRCUNSTÂNCIAS ANTERIORES personalizadas:

   - O amor e a preocupação de Ástrov pelo campo não são novos para ele. Uma devoção como a dele aumenta com o tempo – em grande parte porque ele não tem mais onde colocar todos esses sentimentos de paixão. As pessoas não ficam, de forma arbitrária, presas em uma questão a menos que se sintam motivadas pelas suas CIRCUNSTÂNCIAS ANTERIORES pessoais. Você tem que olhar para si mesmo e pensar pelo que é obcecado em corrigir e o porquê. Uma pessoa que se dedica a tentar mudar as leis de trânsito para quem dirige embriagado em geral teve alguma tragédia no passado causada por um motorista bêbado. Uma pessoa que se incomoda pela forma como os portadores de deficiência intelectual são tratados, normalmente tem alguém da família com deficiência e testemunhou os abusos sofridos por essa pessoa. Qualquer que seja o problema que você escolheu como OBJETO INTERNO para o tema contido nos "desenhos" de Ástrov, pense sobre sua própria história pessoal (CIRCUNSTÂNCIAS ANTERIORES) que o deixaria preocupado com seu problema, como Ástrov está preocupado com o dele.

7. As CIRCUNSTÂNCIAS ANTERIORES do roteiro: o alcoolismo de Ástrov.

    Sugestões de CIRCUNSTÂNCIAS ANTERIORES personalizadas: Primeiro, você deve identificar a "droga" que é um vício para você. O que você faz para suportar os tormentos da vida? Come demais? Usa drogas – de prescrição médica ou proibidas? Faz sexo? Dorme? Isola-se? Conta mentiras patológicas? Tem obsessão por computador? Então, elabore como e por que você tem um problema nessa área, olhando para suas próprias CIRCUNSTÂNCIAS ANTERIORES.

    - Se você é viciado em diazepam, lembre-se do fato que desencadeou seu vício na primeira vez que você tomou o medicamento, e o que aconteceu depois, de forma específica, para criar um problema crescente. Tratou-se de um trauma ou apenas insegurança decorrente de acontecimentos diários, que foi aumentando e tornando-se cada vez mais difícil de lidar? Como você teve conhecimento do diazepam? Sua mãe, um exemplo pra você, era predisposta a tomar? Um amigo ou amante que tem um problema com isso e o medicamento pareceu funcionar para ele? Começou como uma atividade de um grupo de amigos e terminou com você sendo o único a continuar após a fase ter passado para todos os outros? Compreender e saber suas CIRCUNSTÂNCIAS ANTERIORES desse aspecto irá determinar como seu vício pessoal foi aprendido e/ou geneticamente induzido.

As CIRCUNSTÂNCIAS ANTERIORES colocam a camada final para que você se torne um ser humano tridimensional que respira e é vivo. Você é Ástrov. Ou você é Helena. A essa altura não deveriam existir distinções entre você e a personagem. Agora...

Ferramenta nº 12: DEIXE FLUIR

Confie no trabalho que você realizou.

Acredite que você criou uma base forte para que a espontaneidade surja. Confie nas escolhas que você fez. Confie... e DEIXE FLUIR.

Epílogo:
E agora uma ou duas palavras sobre testes

HÁ MUITO MITO E MÍSTICA SOBRE O PROCESSO DE TESTE. AS PESSOAS acham que qualquer um que tenha poder de escalar um papel (como o diretor de elenco, o diretor ou o produtor) pode, de alguma forma, erguer seu cetro real e conceder a alguém o estrelato eterno. Odeio ser portadora de más notícias, mas esses profissionais são meros mortais tentando encontrar o melhor elenco possível para criar o melhor projeto possível. Eles querem se destacar e alcançar sucesso (ou mais sucesso) por meio das escolhas de elenco.

Como apresentar o nosso melhor para quem detém a chave de sermos escolhidos ou não para um papel? Aqui estão alguns pontos que podem te ajudar a ser mais eficaz no processo de audição.

1. FAÇA O TRABALHO

Seguindo os 12 passos da Técnica Chubbuck, faça a análise do roteiro com detalhes suficientes para gerar uma atuação orgânica. Não seja preguiçoso. Prepare-se! O esforço vale a pena em todas as áreas da sua vida.

2. NÃO AGRADE AO PAPEL

"Agradar ao papel" é como agradar às pessoas, mas aqui você tenta agradar o texto. Isso significa seguir cegamente as instruções escritas na página sobre como interpretar a cena, ou fazer escolhas com base no que você *acha* que o diretor de elenco (ou diretor ou produtor) quer ver. Assim como tentar agradar às pessoas, tentar agradar ao papel raramente funciona. Transmite necessidade, falta de autenticidade e acaba sendo desinteressante. Quando eu trabalhava com direção de elenco, ajudando diretores e roteiristas-produtores na escalação, era fascinante ver quantos atores faziam exatamente a mesma leitura – todos tentando oferecer a performance que *achavam* que os diretores queriam ver. Os atores que trazem autenticidade às suas escolhas e vão atrás dos seus OBJETIVOS de forma eficaz (não necessariamente do jeito que *acham* que querem que seja feito) geralmente são os que ficam com o papel. E mesmo quando não ficam com o papel, eles são lembrados para futuros trabalhos. Boas audições são recompensadas, cedo ou tarde. Seja você mesmo. Você é único – não existe ninguém igual a você. Ao trazer para a cena a sua forma de lidar com a vida e de lutar pelo que deseja (OBJETIVO), você expressa justamente aquele algo mais que todos estão procurando.

Odelya Halevi, que interpreta a promotora Samantha Maroun em *Law & Order*, foi minha aluna por muitos anos. Quando foi fazer o teste para esse papel, a descrição era de uma garota do sul dos Estados Unidos, com sotaque sulista. Parecia claro o que estavam procurando. Odelya é de Israel. O inglês é sua segunda língua, e ela tem sotaque israelense. Em vez de tentar se transformar numa garota sulista e fazer um sotaque do sul dos Estados Unidos, ela decidiu ser quem ela é e trabalhou seus objetivos e o conteúdo emocional com base em sua própria vida. Era uma audição por vídeo, e ela achava que não tinha a menor chance – afinal, a descrição do papel simplesmente não correspondia a ela. Mesmo assim, fez todo o trabalho e enviou.

Algumas semanas depois, seu agente disse que os produtores queriam fazer uma reunião por Zoom. Ela presumiu que seria para um novo teste, mas quando entrou na reunião, descobriu que tinha conseguido o papel – os produtores queriam conversar sobre sua vida para reescrever a personagem com base nela. Disseram também que já estavam havia meses procurando uma atriz do sul dos Estados Unidos e que, depois de verem centenas de vídeos, quando viram o dela, souberam imediatamente que

Odelya era a escolha certa. É muito raro ser escalado para um papel importante só com um vídeo – normalmente há várias etapas de seleção. Mas esse exemplo mostra que vale a pena correr o risco de ser sua versão mais autêntica, não importa o que a descrição do papel diga. Como artista, você tem a liberdade de ultrapassar limites, correr riscos e pensar fora da caixa.

E por falar nisso...

3. **Faça escolhas ousadas.**

Use o corpo. Escolha um trabalho emocional intenso durante a análise do roteiro. Arrisque – não jogue pelo seguro. Sinta-se à vontade para expressar fisicamente. Não estou falando de exagerar ou fazer mímicas entusiasmadas para representar o comportamento descrito no texto, mas também não tenha medo de se expressar de forma visível. Ao ouvir, tome decisões claras, de modo que o comportamento possa emergir (veja o capítulo 25, Escuta Ativa).

Quando diretores ou produtores me mostram os vídeos dos testes e me explicam por que escolheram determinados atores, quase sempre dizem para eu observar o comportamento ou a forma como o ator escuta com um MONÓLOGO INTERNO forte (o que gera comportamento). Raramente eles mencionam a forma como a fala foi dita.

Quando Charlize Theron e eu trabalhamos nos testes dela para *O advogado do diabo*, ela só tinha feito alguns papéis pequenos em filmes pequenos. A personagem era descrita como uma mulher de aparência comum, de trinta anos, natural da Flórida. Charlize era jovem demais, bonita demais e vinda da África do Sul. Não havia como ter "aparência comum", mesmo que estivesse sem maquiagem. Eu disse a ela que, se os responsáveis realmente quisessem um sotaque da Flórida, contratariam um preparador para isso. O que eles queriam era a melhor atriz, não apenas um sotaque. Entre as concorrentes da Charlize estavam mulheres com currículos muito mais impressionantes e que se encaixavam melhor no "tipo" esperado. E o papel era muito disputado, já que era um filme de grande estúdio estrelado por Al Pacino e Keanu Reeves.

Ela recebeu duas cenas para o teste. A primeira mostrava sua personagem chegando em casa e sendo recebida pela personagem de Keanu Reeves. Como estavam casados havia cinco anos, Charlize decidiu que eles teriam uma relação divertida, nada formal. A ideia dela foi que, ao entrar em casa e dizer as falas, tiraria o suéter (sob o qual usava um sutiã estilo maiô) e fingiria estar fazendo um *striptease*. Isso não estava no roteiro – o texto indicava apenas um diálogo típico de casal. Mas o trabalho emocional que fizemos junto com um comportamento leve e divertido estabeleceu uma relação sólida, afetuosa e de longa duração entre as personagens. Isso fez com que os conflitos mais adiante no roteiro tivessem um arco dramático mais forte.

A segunda cena do teste vinha depois que a personagem de Al Pacino – o sogro dela, literalmente o diabo – aborta o feto no útero da personagem. Ela tinha um monólogo, e usamos um evento profundamente doloroso da vida da Charlize como base emocional. Também decidimos que ela faria essa cena sentada no chão, balançando o corpo na posição fetal, tentando se acalmar.

As escolhas ousadas que ela fez nesse teste, diante de pessoas muito importantes, deixaram uma grande impressão – tão grande que, mesmo ela sendo "errada" para o papel conforme a visão inicial dos diretores, eles não conseguiam tirar o teste dela da cabeça. Após a primeira audição, essas pessoas disseram ao empresário dela que adoraram a atuação, mas não seguiriam adiante porque ela não era o tipo certo. Eles continuaram testando outras atrizes e... acabaram decidindo chamá-la de volta. Charlize e eu nos reunimos novamente e intensificamos ainda mais as escolhas para a segunda audição. Mais uma vez, disseram que adoraram, mas que não iriam continuar – e que o currículo dela ainda era fraco.

Claro que o processo de seleção não parou por aí. Eles chamaram a Charlize para um teste atrás do outro... e, após cada teste, ligavam para a equipe dela dizendo: "Não vai ser ela." Encontrei o seu empresário numa festa por essa época e disse que eu tinha a sensação de que ela acabaria ficando com o papel. As escolhas que ela fazia a tornavam uma força impossível de ignorar.

E, no fim, ela não foi ignorada. Mesmo sendo jovem demais, bonita demais e nada parecida com o tipo americano tradicional, ela ficou com o papel. A carreira de Charlize foi construída em grande parte sobre escolhas ousadas – e isso é um dos motivos do sucesso icônico que ela conquistou. Não tenha medo de correr riscos.

4. Tenha um pensamento final

Ter PENSAMENTO FINAL faz com que os diretores de elenco (produtores, diretores etc.) fiquem curiosos para ver o que você fará a seguir – o que só vão descobrir se te escalarem. Eles deixam de acreditar que você é a personagem se você simplesmente "cair fora" no fim da cena (geralmente quando a fala termina). O PENSAMENTO FINAL permite que você continue a trajetória da personagem a partir de um ponto de vista forte de MONÓLOGO INTERNO. Isso ajuda quem tem o poder de decidir a continuar acreditando que você *é* a personagem – e por isso terão mais tendência a te escalar.

Esses quatro pontos principais não servem apenas para fazer uma boa audição – <u>eles também são eficazes na sua análise de roteiro quando você já está atuando</u>. Então, lembre-se:

1. Faça o trabalho
2. Não agrade ao papel
3. Faça escolhas ousadas (corra riscos)
4. Tenha um pensamento final

APÊNDICE A
Dez conselhos para atores

1. Certifique-se de que seu OBJETIVO GERAL represente uma necessidade humana primitiva, que crie uma jornada universal – algo pelo que qualquer pessoa possa torcer e apoiar. Dessa forma, públicos de qualquer parte do mundo e de todos os segmentos da sociedade poderão se identificar e, por meio dessa experiência, crescer e se transformar.
2. Não interprete a personagem. *Seja* a personagem. Encontre uma conexão pessoal com a figura descrita no papel para que você possa estar sempre presente e no momento. Seu desejo surgirá de um lugar verdadeiro e necessário.
3. Nunca atue como vítima. Na vida real, não apoiamos pessoas que sentem pena de si mesmas. Nós amamos e apoiamos aquelas que – apesar de todos os conflitos, OBSTÁCULOS e adversidades terríveis – continuam lutando para superar e tentar vencer.
4. Celebre suas falhas, medos e inseguranças – são essas qualidades que te tornam interessante e especial.
5. Nunca pinte o lado sombrio do seu trabalho com tristeza. A tristeza gera letargia e inércia – a incapacidade de agir. Em vez disso, encontre a raiva. A raiva é um combustível que nos faz fazer coisas que, em circunstâncias normais, jamais faríamos. A raiva gera comportamento apaixonado. Eu sempre digo: "A raiva move montanhas. A tristeza cava um buraco."

6. O humor, mesmo nos dramas mais sombrios, é essencial. Você não pode enxergar a escuridão sem ter com o que compará-la – e o humor proporciona essa luz. Ele também torna a experiência de assistir a uma peça, filme ou programa de TV muito mais envolvente. As peças de Tchékhov são repletas de sátira (humor) ao lado de drama profundo. É por isso que ele é um dramaturgo tão celebrado e que resistiu ao tempo. Isso também é verdade para Shakespeare, Tennessee Williams, David Mamet, August Wilson, Noël Coward, Samuel Beckett, Sófocles, Oscar Wilde, Aristófanes, George Bernard Shaw, Harold Pinter, Lillian Hellman, Jean-Paul Sartre e todos os grandes dramaturgos que têm valor histórico.
7. A química é essencial para uma grande atuação. E a química – ou a ausência dela – pode determinar o sucesso ou fracasso de um filme (ou de uma série ou de uma peça). A química é algo que todas as pessoas do mundo entendem e com que se identificam, independentemente da religião, localização, idioma, valores morais, nível intelectual, classe social ou profissão. Fazer com que os colegas de cena e o público sintam que você é acessível faz parte do que define uma estrela. Em qualquer lugar do mundo, as pessoas preferem estar ao lado de quem as atrai e por quem sentem admiração, do que ao lado de alguém que não desperta interesse.
8. Arrisque. Nunca jogue pelo seguro. Há mais satisfação – para o ator e para o público – quando as escolhas vêm da coragem. Em resumo: o medo é antítese da arte.
9. A grandeza está nos detalhes. Leva tempo e esforço criar os detalhes. Mas, se queremos reproduzir o comportamento humano real, temos que reproduzir também a complexidade de ser humano.
10. Tenha uma sólida ética de trabalho. O sucesso em QUALQUER área exige tempo e dedicação. Preguiça é coisa de perdedor. As pessoas que se dedicam de verdade à análise de roteiro, que ensaiam muito e que investem o imenso tempo necessário para construir um ser humano tridimensional a partir de uma personagem – são essas que vencem.

Apêndice B
Técnica Chubbuck: checklist em 12 passos

1. OBJETIVO GERAL
2. OBJETIVO DE CENA
3. OBSTÁCULOS
4. SUBSTITUIÇÃO
5. OBJETOS INTERNOS
6. UNIDADES e AÇÕES
7. MOMENTO ANTERIOR
8. LUGAR e QUARTA PAREDE
9. ATIVIDADES
10. MONÓLOGO INTERNO
11. CIRCUNSTÂNCIAS ANTERIORES
12. DEIXE FLUIR

Agradecimentos

Gostaria de agradecer, em primeiro lugar, a Farrin Jacobs, por me ajudar a trilhar o caminho entre todas as atualizações que acumulei ao longo dos vinte anos desde a publicação da primeira edição de *O poder do ator*. A Brian DeFiore, por ser um agente excepcional, que tomou decisões brilhantes e contribuiu para tornar minha jornada mais rica e fortalecida. E a Linda Kaplan, colega de Brian na mesma agência, por ter tido a ideia de fazer uma "atualização" do livro em comemoração aos seus vinte anos. A Hannah Steigmeyer, por sua competência editorial, e à equipe da Avery, por apoiarem com entusiasmo esta nova e aprimorada edição. A Halle Berry, por ser amiga, aliada, alma afim, apoio inabalável para mim e para minha família – e peça-chave na escrita do livro original.

Ao meu amigo e parceiro Deryl Carroll, por me fazer sentir amada e protegida, e por transformar tudo o que era complicado em algo simples no meu dia a dia com a Técnica Chubbuck e *O poder do ator*. E à querida amiga e apoio constante Cameron McCormick, por assumir esse papel quando Deryl se aposentou. À minha família, os Gottfried, por sua disfunção criativa e muitas vezes hilária, que ajudou a tornar a técnica mais acessível e relacionável. Os Gottfried são: Helene e Bernard (mamãe e papai), e Nan, Linda, Heidi, Hagen, Joe e Erika (meus irmãos). Aos milhares de alunos que ensinei ao longo dos anos – obrigada por se dedicarem a esse ofício tão amado. Aprendemos e crescemos juntos. Ao meu marido, já falecido, por ter tido a ideia de que eu deveria escrever este livro – e depois por ter insistido para que eu o escrevesse. E, por fim, à minha filha, Claire Chubbuck, por ser minha inspiração em tudo, e por ser um verdadeiro legado – uma pessoa talentosa e prolífica da qual me orgulho profundamente e tenho o prazer de chamar de minha cria.

Sobre a autora

Ivana Chubbuck é criadora da Técnica Chubbuck, um método de atuação amplamente adotado e ensinado em universidades e estúdios oficiais credenciados ao redor do mundo. Seus alunos conquistaram prêmios importantes, incluindo Oscars, Emmys e Tonys. *O poder do ator* foi traduzido para mais de vinte idiomas.

Por meio de sua técnica, Ivana leva adiante sua missão de promover o empoderamento por meio da arte. Vive em Los Angeles, onde dirige o Ivana Chubbuck Studio. Sua filha, Claire Chubbuck, premiada cineasta e professora da Técnica Chubbuck, dá continuidade ao legado e à missão de Ivana.

Este livro foi composto na tipografia Minion Pro,
em corpo 11,5/15,5, e impresso em
papel off-white no Sistema Cameron da
Divisão Gráfica da Distribuidora Record.